[개정판]

이종명 교수의

BIG PICTURE로 보는

마케팅원론

이종명 저

세명서관

머리말

이 책은 마케팅을 처음 접하는 대학생이나, 마케팅에 관심을 갖고 있는 경영자, 관리자, 직원 등 일반인들을 대상으로 한 마케팅 전략 보고서를 작성하는 입문서의 성격을 갖고 있다.

우리는 마케팅환경이 급속도로 변하고 있는 시대에 살고 있는 것은 분명해 보인다. 글로벌 환경 속에서 정치 · 경제 · 사회 · 문화 · 기술적 환경의 급격한 변화는 기업의 마케팅환경의 패러다임(Paradigm)을 급속하게 변화시켰으며 각 기업들의 신제품 개발주기까지 앞당기게 되었다. 이러한 환경들 속에 소비자들(Consumer)의 욕구에 대한 기업들의 연구도 계속해서 진행되고 있으며 기업들은 소비자들이 어떠한 정보처리과정을 통해 제품의 구매의사결정과정이 이루어지는지를 연구하는 등 급변하는 글로벌 환경 속에서 소비자들의 심리적 욕구를 충족시키기 위해 많은 노력을 기울인 것이 사실이다.

이러한 환경적인 변화에 대비하기 위해서 기업의 경영자와 마케팅 관리자, 직원들은 기업의 수명주기를 지속시켜 장수기업을 만들기 위한 전사적 전략계획 수립과정과 사업부 전략 계획서를 작성하고 수립하는 방법에 대한 이론과 실무를 학습하여 기업을 지속 가능한 기업으로 성장시켜야만 한다.

이 책은 4단계로 구성되었으며 마케팅 부서에서 마케팅전략 계획서를 작성하는 마케팅 과정 모형을 한눈에 보여준다. "이종명 교수의 BIG PICTURE로 보는 마케팅원론"은 Step 1에서 Step 4까지의 단계로 내용의 구성이 진행되며 4단계를 통한 이론에만 머무는 것이 아니라 4단계를 공부하게 되면 마케팅부서에서 하는 핵심적인 실무인 기업의 마케팅전략 보고서를 만들 수 있으며 본 교재의 마지막 단원에서는 4단계를 통해 작성된 마케팅전략 보고서를 제시할 것이다.

Step 1단계를 통해 기업은 보유하고 있는 많은 사업부들 중에 어떠한 사업부에 더 많은 예산 지원을 할 것인지 분류를 하는 단계로 예를 들면 삼성그룹의 경우 삼성전자, 삼성중공업, 에버랜드, 삼성SDS, 삼성SDI, 제일모직, 삼성건설 등과 같은 많은 사업부 중에서 한정된 예산을 모든 사업부에 지급을 해 줄 수 없다. 그러므로 성과물(Output)을 가장 많이 낼 수 있는 사업부를 선정하여 밀어주어야 한다. 그러한 사업부를 선정하는 단계로 BCG와 GE 매트릭스를 통해 가장 많은 성과물을 낼 수 있는 사업부를 선정하여 사업부의 규모를 키워 세계의 기업과 싸울 수 있도록 사업부의 규모를 키우는 전략인 성장전략 9가지에 대해서 공부할 것이며 이렇게 사업부의 규모를 키운 후에 세계시장의 경쟁기업과 경쟁해서 이기기 위한 경쟁전략 3가지에 대해서 공부할 것이다.

Step 2단계에서는 Step 1단계를 통해 선발된 사업부가 높은 성과를 내기 위해서는 어떠한 일을 잘하는지 분석을 하는 과정으로 선발된 사업부의 거시적 환경(PEST 분석)과 미시적 환경(3C 분석)을 통해 도출된 요인을 가지고 SWOT 분석을 통해 사업부의 강점과 약점, 기회요인과 위협이 되는 요인을 분석하여 가장 잘할 수 있는 핵심성공요인(CSF)을 뽑아서 핵심성공요인을 수행할 구체적인 실행 행동사항인 핵심성과지표(KPI)를 뽑아내어 팀과 조직원에게 우리 사업부가 성공할 수 있는 일을 배치시키는 과정을 배울 것이다. 즉 Step 2단계에서는 환경분석을 통해 선발된 사업부가 가장 성공할 수 있는 일이 무엇인지 선발해 내는 과정을 공부할 것이다.

Step 3단계에서는 마케팅 부서에서 해야 될 일에 대한 필수과목인 마케팅원론, 소비자행동론, 마케팅조사론 중 소비자행동론과 마케팅조사론과 관련된 내용으로 본 교재에서 다루지 않는 소비자행동론과 마케팅조사론 부분으로 Step 1, 2단계를 통해 선발된 사업부의 가장 잘할 수 있는 일과 관련된 신제품을 제작하여 노출에서 구매에 이르는 과정 속에서 소비자들의 행동을 분석하는 단계로 소비자행동론이라고 하는 과목을 통해 구체적인 내용은 추후 소비자의 행동을 분석해 볼 것이며 이러한 신제품이 시장에서 높은 매출을 일으킬 수 있을지에 대한 합리적인 마케팅조사 방법을 통해 신제품을 사업화할지 여부에 관한 사업성 분석을 배우는 과목으로는 마케팅조사론이 있다.

Step 4단계에서는 소비자의 욕구에 맞게 신제품에 대한 시장세분화(Segmentation)를 시키는 방법에 대해서 공부할 것이며 시장세분화 이후 신제품이 기존의 제품과의 차이점이 무엇인지 소비자의 기억에 차별점을 인식시키는 포지셔닝(Positioning) 작업에 대해서 공부할 것이며 이렇게 포지셔닝시킨 제품에 대해서 몇 개의 제품을 생산하여 몇 개의 시장에 타깃팅(Tarketing) 할 것인지에 대한 STP 전략에 대해서 공부해 볼 것이다. 또한 타깃팅한 시장에 어떠한 제품으로 가격은 얼마를 받고 유통은 어떻게 시키며 촉진은 어떤 방법으로 했을 때 현재의 매출보다 몇 % 이상을 더 신장시킬 수 있는지에 대한 4P 전략에 대해서 공부해 볼 것이다.

이 책에서는 마케팅에 관한 Step 1에서 Step 4단계 중에 특히 Step 1, Step 2, Step 4단계에 대한 마케팅부서의 마케팅 전략보고서를 작성하여 선별된 사업부가 기존의 매출에 비해 경영진이 세운 목표에 대해 얼마만큼의 매출을 더욱 극대화할 수 있는지와 관련한 보고서를 작성하는 방법에 대해서 구체적인 전략 도구(Tool)을 사용하여 작성하는 방법에 대해서 살펴볼 것이다.

마지막으로 수년간 경영학도를 양성하고 배출할 수 있도록 물심양면(物心兩面)으로 도움을 주신 이갑준 아버님, 오영환 어머님과 하늘에 계신 하느님과 김순재 데레사님께도 다시 한 번 깊은 감사를 드리며 이 책의 출판을 허락해 주신 출판부 관계자분들에게도 깊은 감사를 드리는 바이다.

저자 이 종 명

▮차 례

제 1 부
마케팅개념의 이해

제 2 부

마케팅개념의 이해

제3부

마케팅전략의 이해

제 4 부

마케팅표적의 이해

제 5 부
사업계획서의 이해

제 1 부
마케팅개념의 이해

제1부에서는 마케팅원론이 경영학 속에 어느 곳에 있는지 한눈에 볼 수 있는 경영학 Big Picture를 통해 경영학의 필수과목들과 그 속의 마케팅원론의 위치에 대해서 거시적인 시점에서 볼 수 있는 시야를 가지게 될 것이며 기업의 마케팅 부서에서 하는 업무를 '마케팅원론', '소비자행동론', '마케팅조사론'과 같은 마케팅 필수과목에 대한 Big Picture를 통해 마케팅을 전공하고자 하는 학생들에게 한눈에 볼 수 있는 마케팅 공부의 방향을 제시해 줄 것이다.

학습내용 및 핵심포인트

1. 경영이란 조직의 목적이나 목표를 달성할 수 있도록 경영자는 조직구성원들에게 기업이 나가야 할 방향(Vision)을 제시해 주는 활동을 말한다.
2. 기업의 경영구조를 보면 직원들이 배치되어 하는 일들을 직무별로 나누어 보면 크게 마케팅, 회계관리, 생산관리, 인적자원관리(HR), 경영정보시스템(MIS)으로 5가지의 기능 관리적 측면으로 나누어 볼 수 있다.
3. 마케팅이란 소비자의 Needs & Wants에 맞는 재화와 서비스를 제공해 주고 그에 대한 대가로 화폐를 받아 기업들은 성장과 생존을 하는 일련의 활동을 말한다.
4. 소비자행동론의 Big Picture(소비자 구매의사결정과정 5단계와 소비자 정보처리 과정 5단계, 하이어라키모델 3단계)는 기업이 소비자의 심리를 파악하는 중요한 이론이다.

제 1 장

마케팅의 기본 개념

이 장에서 학습하는 내용

- 마케팅의 개요
  경영학의 구조
  마케팅의 구조
  소비자행동론의 구조
- 마케팅의 정의
- 마케팅 패러다임의 변화
  마케팅개념의 발전단계
- 마케팅의 핵심개념
  소비자 구매행동 모델
- 소비자 구매행동에 대한 이해
  문제인식
  정보탐색
  대안평가
  구매결정
  구매 후 행동

이 장의 학습목표

- 경영의 정의와 경영학에서 다루는 필수 교과에 대해서 이해한다.
- 마케팅의 정의와 마케팅과 연관 과목에 대해서 이해한다.
- 마케팅에서 소비자행동 분석의 중요성에 대해서 이해한다.
- 마케팅개념의 발전단계에 대해서 이해한다.
- 소비자 구매의사결정과정 5단계에 대해서 이해한다.

01 마케팅 콘셉트

1.1 마케팅의 개요

1.1.1 경영학의 구조

1.1.1.1 경영학의 정의

경영학(Business Administration or Management)은 "경영활동의 합리성을 추구하기 위한 다양한 경영방법을 연구하는 학문"이다. 다시 말하면 경영학이란 기업에 있어서 어떠한 의사결정이 목표달상의 최적 수단이 될 수 있는지에 대한 접근방식을 탐색해 보고 또한 전략적 측면에서 최적의 경영수단 확보를 위한 여러 기법을 연구하는 학문이라고 할 수 있다.

경영학의 정의에 대하여 학자들에 따라 다양한 의견을 제시하고 있다. 피터 드러크(P.Drucker)는 "경영은 기업의 목표를 달성하기 위하여 나아갈 방향을 제시하여 리더십을 발휘하고 경영자원을 사용하는 방법을 결정해 나가는 과정"이라 하였고 폴레트(M.P.Follet)는 "경영은 사람을 통하여 일을 성취하는 기술"이라 하였다.

바하(G.L.Bach)는 "경영학이란 기업을 효율적으로 운영하는 방법을 연구하는 학문이다"라고 하였으며, 또한 페욜(H.Fayol)은 "경영의 개념을 동태적인 순환과정으로 정의하고" 경영을 계획(Planning), 조직(Organizing), 지휘(Directing), 통제(Controlling)하는 과정으로 보고 오늘날의 경영과정론(Management Process Theory)의 기틀을 제공하기도 하였다.

이들을 종합해 보면 경영학은 "기업의 목표를 달성하기 위하여 한정된 인적·물적자원을 효율적으로 배분하고 집행하는 순환활동"을 의미한다고 할 수 있다.

1.1.1.2 경영학의 BIG PICTURE

기업은 경영하기 위해 하나의 제품을 만들기 위해서는 [그림 1-1]과 같이 '경영자원(제품을 만들기 위한 원자재)'을 구입하여 구입한 원자재를 가지고 기업의 내부 조직인 '경영전략'을 만드는 부서, 경영하기 위한 조직을 만드는 '경영조직' 부서, 기업의 인적자원을 모집하고 훈련시키는 '사람관리' 부서, 기업을 운영하는 생산관리, 마케팅, 재무·회계, 정보시스템을 관리하는

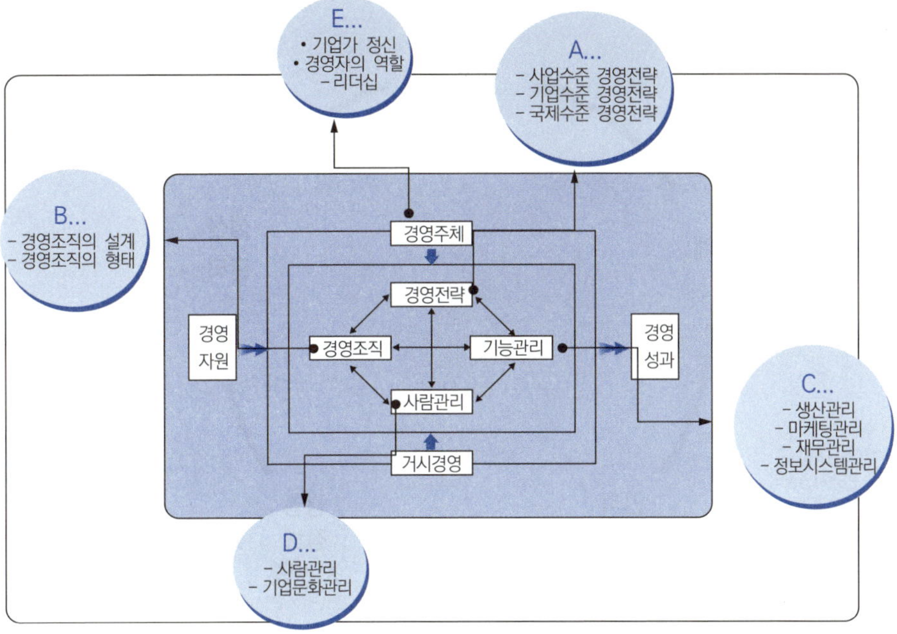

[그림 1-1] 경영학의 BIG PICTURE(1)

'기능관리' 부서와 같이 크게 4개의 부서로 나눌 수 있다. 이러한 4개의 부서에 의해서 경영자원(제품을 만들기 위한 원자재)는 경영성과(제품)의 성과물을 만들어 기업은 매출을 극대화시켜 기업의 생존과 성장을 이루게 된다.

이러한 기업이 경영성과물(제품)을 만들어 내는 데 있어 가장 중요한 '사람관리'와 '기능관리'를 구체화한 모형이 [그림 1-2]로 경영하기 위한 경영의 기술(Skill)을 배우는 과목으로 경영학개론, 국제경영, 경영사례연구, 경영전략론, 경영조직론과 같은 과목을 통해 경영관리 기술을 공부하며 기업의 마케팅 부서에서 주로 하는 핵심적인 내용을 다룬 과목으로는 마케팅원론, 소비자행동론, 마케팅조사론, 인터넷마케팅, 브랜드, 광고론과 같은 과목을 통해 마케팅 부서의 업무를 습득할 수 있으며 생산관리 부서에서 주로 하는 핵심적인 내용을 다룬 과목으로는 생산관리론, 유통물류관리 등과 같은 과목을 통해 생산관리부서의 업무를 습득할 수 있으며 경영정보시스템(MIS) 부서에서 주로 하는 핵심적인 내용을 다룬 과목으로는 경영정보시스템 등과 같은 과목이 있으며 인적자원관리(HR) 부서에서 주로 하는 핵심적인 과목으로는 인적자원관리, 노사관계론, 리더십 등과 같은 과목이 있으며 회계 부서에서 주로 하는 핵심적인 내용을 다룬 과목으로는 회계원리, 재무관리, 세법 등과 같은 과목을 통해 경영학에서 말하고자 하는 "경영

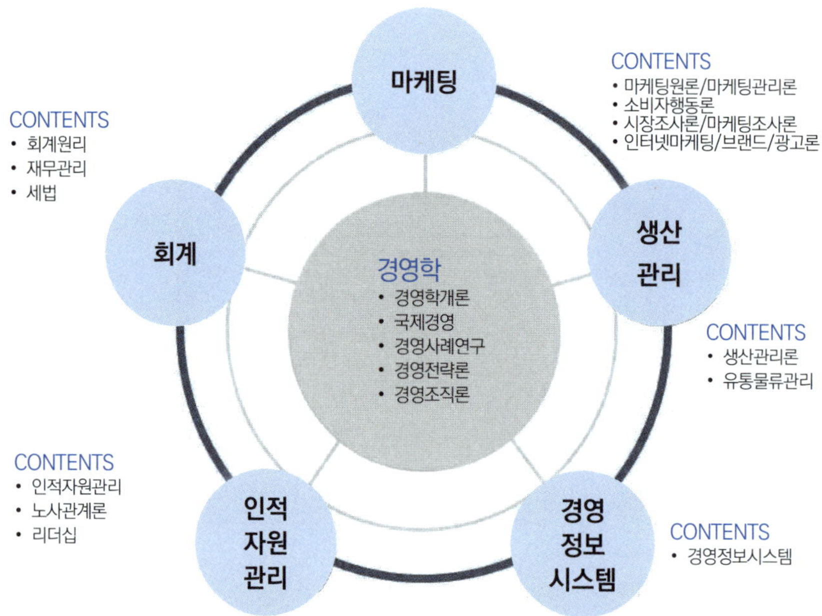

[그림 1-2] 경영학의 BIG PICTURE(2)

주체(경영인)가 세운 한해의 목표를 향해 우리 회사의 마케팅, 생산관리, 경영정보시스템, 인적자원관리, 회계 부서가 그 목표를 향해 갈 수 있도록 인도해 주고 이끌어 주는 역할을 하는 것"이 경영이다. 그러므로 우리는 경영학이 무엇인지 알기 위해서는 경영관리의 기술(Skill)과 5개의 부서가 어떤 일을 하는지 각 부서를 알기 위해 다룬 과목들을 통해서 기업을 파악하는 것이 경영학이라고 할 수 있다.

이러한 경영학의 정의는 좁은 의미로는 영리를 목적으로 하는 기업조직을 대상으로 하고 있지만 넓은 의미로는 기업은 물론이고 학교와 병원, 교회, 사찰, 사회공동체 등과 같은 비영리 조직체와 공동조직인 국가, 지방자치단체 그리고 가정단위인 가계와 개인의 자기경영에 이르기까지 경영의 주요기능 도입과 활동이 필요하다. 이는 경영이 모든 조직을 운영하는 기본원리가 되고 있기 때문이며, 경영이라는 기본원리를 도입한 조직은 뚜렷한 경영 성과를 나타내고 있기 때문이다.

이러한 성과를 바탕으로 하여 경영학은 같은 사회과학 분야인 경제학이나 행정학 · 법학 · 사회학 등에 비하여 짧은 역사적 배경에도 불구하고 사회과학 분야를 선도하는 독립된 지위를 확보하고 있는데, 이는 인간사회의 모든 조직에 경영원리가 적용되고 있고 이에 따라 국가경영, 학교경영, 종교기관경영, 마을경영 등 모든 분야에서 경영마인드가 요구되는 경영의 시대를 맞이하고 있기 때문이다.

경영학은 이러한 시대적 요구에 맞춰 기업 등의 경영체가 경영성과 창출을 통해 지속할 수 있는 경영을 할 수 있도록 경영이론을 연구개발하고 다양한 경영사례 발굴과 실제 기업현장에서 이루어진 성공과 실패 사례를 분석하여 기업경영의 현실에 영향을 미치는 요인들을 포괄적이고 체계적으로 제시할 수 있도록 하는 학문적이고 실무적인 노력도 함께 요구되고 있다.

1.1.2 마케팅의 구조

1.1.2.1 마케팅의 정의

많은 사람이 마케팅(Marketing) 하면 판매와 광고를 주로 떠올린다. 일상적으로 TV 광고, 직접 우편 광고, 판매원 방문, 인터넷광고의 홍수 속에 사는 우리들이 마케팅에 대해 그렇게 생각하는 것이 당연해 보인다. 그러나 판매와 광고는 마케팅이라는 빙산의 일각일 뿐이다.

마케팅은 '판매하는 행위'라는 오래된 개념에서 벗어나 고객욕구를 충족시키는 과정이라는 새로운 관점에서 이해되어야 한다. 마케터가 고객욕구를 이해하고, 탁월한 고객가치를 제공하는 제품과 서비스를 개발하고, 효과적인 가격책정, 유통정책, 그리고 촉진정책을 개발한다면, 제품의 판매는 매우 쉬워질 것이다. 경영학 분야의 석학이었던 Peter Drucker는 "마케팅의 목적은 판매노력을 불필요하게 만드는 것이다"라고 제안했다. 판매와 광고는 '마케팅믹스(제품전략, 가격전략, 유통전략, 촉진전략)' 중 일부분일 뿐인데, 여기서 마케팅믹스란 고객욕구를 충족시키고 고객관계를 구축시키기 위해 사용되는 마케팅 도구들의 집합을 말한다.

넓은 의미에서 마케팅은 개인과 조직들이 자신들이 원하는 것을 가치창출 및 거래 상대방과의 가치교환을 통해 얻기 위해 이루어지는 사회적 · 관리적 과정을 말한다. 기업과 관련지어 상대적으로 좁은 의미에서 본다면 마케팅은 수익성과 가치를 발생시키는 고객과의 교환관계를 구축하는 과정이다. 이 책에서는 마케팅을 기업이 고객을 위해 가치를 창출하고 강한 고객 관계를 구축함으로써 그 대가로 고객들로부터 상응한 가치를 얻는 과정으로 정의한다.

1.1.2.2 마케팅과 소비자 욕구(Consumer Needs)의 관계

기업들이 고객과의 관계를 구축하여 매출을 극대화하기 위해서 [그림 1-3]의 그림에서와 같이 우리는 할인점 방문 시 구매하고자 하는 제품을 구매한 후에 쇼핑카트를 밀고 계산대에 서면 카드 결제와 포인트 카드를 적립하게 된다. 이러한 포인트 카드는 소비자들에게 포인트 점수를 통해 새로운 물건들을 살 수 있게도 해 주지만 이런 포인트 카드의 결제를 통해 소비자의 정보(구매 제품 목록, 구매 날짜, 성별, 구매 시간 등)를 할인점에 제공하는 조건으로 포인트 점수를 받는 것이다. 이렇게 할인점은 마케팅을 통해 매출을 극대화하기 위해 구매한 제품에 대한 설문

[그림 1-3] 마케팅의 구조

조사를 하는 번거로움을 피하려고 포인트 카드를 통해 소비자들이 4계절 중 어떠한 계절이 어떠한 물건이 잘 팔리는지에 대한 정보를 수집하여 2~3년에 한 번씩 매장의 디스플레이를 바꾸어 소비자들이 많은 왕래가 있는 할인점 내부의 통행로에 가장 많이 팔리는 제품을 진열하므로 제품에 대한 많은 노출을 통해 구매 욕구를 높여 제품의 매출을 극대화하는 마케팅전략을 구사하는데 소비자의 욕구를 분석하고 있다.

이러한 사례로 아마존의 경우 로고에서 제시하는 것과 같이 A부터 Z까지 모든 제품을 구매할 수 있는 매장의 경우 '대쉬 버튼(Dash Button)'과 '알렉사(Alexa) - 음성인식 스피커'를 통해 소비자의 욕구를 분석하여 고정비를 줄이기도 한다.

'대쉬 버튼'의 경우 아마존은 세탁기에 대쉬 버튼을 부착하여 대쉬 버튼만 누르면 다음날 집까지 세제를 배달해 주는 사물인터넷(Iot) 서비스를 진행하고 있다. 대쉬 버튼에는 구매자의 이름, 성별, 나이, 주소, 전화번호와 같은 개인정보가 입력되어 있어 버튼만 누르면 플랫폼에 의해 자동으로 다음날 집으로 배달해 주므로 소비자에게 여러 세제 중 선택을 해야 하는 불편함을 해소하였으며 인터넷에 접근하여 시간을 소비하는 불편을 해소해 줌으로써 소비자의 욕구를 충족시켰다고 할 수 있다. 또한 아마존의 입장에서는 대쉬 버튼을 사용함으로써 정기적인 구매가 이루어지는 소비자의 파악을 통해 도시별로 물류창고의 규모를 정할 수 있어 물류 보관비용에 대한 절약을 할 수 있게 됨으로써 고정비를 줄일 수 있는 장점이 있다고 할 수 있다.

이렇게 기업들은 마케팅을 통해 소비자의 욕구를 분석함으로써 매출을 극대화할 뿐 아니라 생산물량을 파악함으로써 고정비를 줄이는 데 활용하고 있다. 그러므로 소비자의 욕구, 즉 소비자의 심리는 마케팅과 분리해서 생각하려고 해도 할 수 없으며 소비자의 욕구를 분석하는 마케팅은 소비자의 심리를 분석하는 심리학과도 밀접한 관계가 있는 학문이라고 할 수 있을 것이다. 그러므로 마케팅을 공부하기 위한 여러 심리학(가족심리학, 긍정심리학, 인지심리학, 범죄심리학, 사회심리학, 행동심리학, 소비자심리학, 정서심리학, 설득심리학, 생물심리학 등)을 소비자행동론이라는 과목을 통해 소비자의 심리와 행동을 분석하고 있다.

1.1.2.3 소비자 욕구의 종류

소비자의 욕구는 [그림 1-4]에서 보는 바와 같이 일반적으로 본원적 욕구(Generic Needs)와 구체적 욕구(Specific Wants)로 구분할 수 있다. 본원적 욕구는 인간이 가지고 있는 어떤 기본적인 욕구의 만족이 결핍된 상태를 말한다. 인간은 의식주와 같은 생리적 욕구와 안전, 소속감, 애정과 같은 사회적 욕구, 자아실현욕구 등을 가지고 있는데, 이런 기본적인 욕구가 결핍된 것을 느낄 때 본원적 욕구가 발생한다. 만약 소비자가 배가 고프다거나 갈증을 느낄 때 무엇인가를

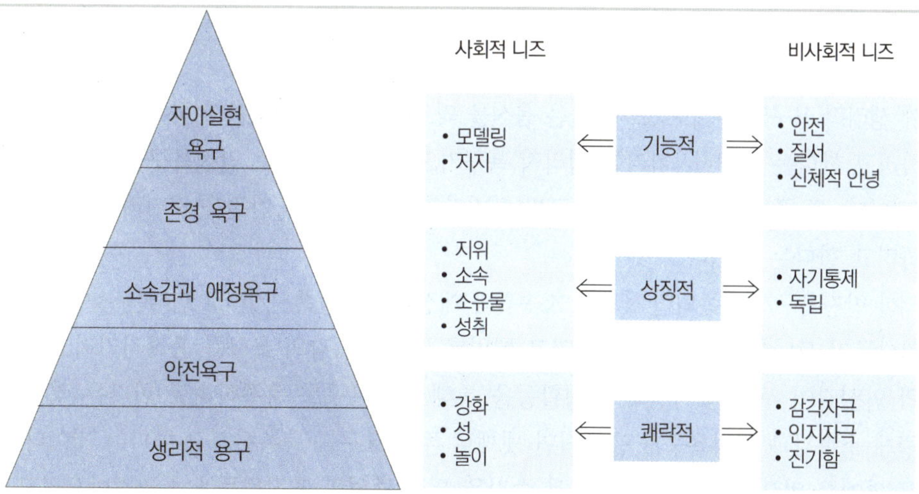

〈Maslow의 욕구 피라미드〉

〈니즈의 유형〉

특징

① 생리적 욕구(음식, 물, 수면 등)
② 안전 욕구(주거, 보호, 안전)
③ 사회적 욕구(애정, 우정, 수용)
④ 이기적 욕구(위신, 성공, 성취, 자존심)
⑤ 자아실현 욕구(자기 달성, 풍부한 경험)

특징

① 사회적 또는 비사회적
② 기능적, 상징적 또는 쾌락적 특성에 따라 분류될 수 있다. 이 분류 방법은 마케터들로 하여금 소비자들의 니즈에 대해서 생각하도록 돕는다.

[그림 1-4] Maslow의 욕구 5단계

먹고 싶다든지, 피곤할 때 휴식을 취하고 싶다든지 하는 기본적인 욕구나 욕망이 결핍되었을 때 주로 발달할 것이다.

구체적 욕구는 인간의 본원적 욕구를 만족시켜 주는 구체적인 수단에 대해 필요로 하는 것을 말한다. 이는 인간의 지식, 문화, 개성에 의해서 형성되는 욕구이다. 소비자가 배고픔을 느낄 때 배고픔을 채워줄 수 있는 음식은 무엇이든지 본원적 욕구에 해당한다. 만일 배가 고파서 식사하기 위해 식당을 찾으면 소비자들은 우선 한식당, 중식당, 일식당 등을 선택해야 할 것이고, 일단 식당이 선정되면 그 다음에는 된장찌개, 불고기, 자장면, 짬뽕, 회초밥 등 식당의 주요 메뉴 중에서 선택함으로써 구체화할 수 있는데, 이처럼 소비자의 본원적 욕구를 만족시켜 주는 수단들을 구체적 욕구라고 할 수 있다.

메슬로우(Abranham Masolw)에 의하면 소비자들은 항상 부족한 부분, 즉 결핍을 보충해 가면서 삶을 영위하는데 이러한 결핍을 충족하는 단계에는 5가지가 있다고 주장하였다.

① 생리적 욕구 : 배고픔, 목마름, 수면
② 안전욕구 : 보호, 질서, 안정
③ 소속감과 애정욕구 : 소속감, 우정, 사랑
④ 존경욕구 : 위신, 성공, 성취
⑤ 자아실현욕구 : 자기개발과 자기실현

첫째 생리적 욕구의 단계로 소비자들은 음식을 먹고 옷을 입고 수면을 취하는 등과 같은 욕구를 충족하려고 한다는 것이다. 이러한 생리적 욕구가 충족되면 둘째로 안전욕구를 충족하려고 한다는 것이다. 즉 주거공간을 소유함으로써 소비자의 몸을 도모와 안전을 지키려고 하는 욕구를 충족하려고 한다는 것이다.

이러한 안전욕구가 충족되면 셋째로 소속감과 애정욕구를 충족시키려고 한다는 것이다. 직장에 취직한다든지 모임을 통해 친구를 사귀고 행위를 통해 소속감의 욕구를 충족시키려고 하며 소속감의 안정감이 생기면 이성과 애정활동을 통해 애정욕구를 충족하려고 한다는 것이다.

이렇게 소속감과 애정욕구가 충족되면 넷째로 존경 요구를 충족하려고 한다는 것이다. 사회적으로 명예를 얻으려고 하며 직장에서 승진을 통해 주위의 조직원들에게 존경받으려고 하는 욕구를 충족시키려고 한다는 것이다. 이러한 존경욕구가 충족되면 마지막으로 자아실현욕구를 충족시키려고 한다는 것이다. 소비자들은 자기개발을 통해 소비자가 세운 목표에 대한 자기달성을 통해 자아실현의 욕구를 충족하려고 한다는 것이다.

이렇게 소비자들은 Masolw의 욕구 5단계를 통해 결핍을 충족시키려고 하는데 생리적 욕구가 충족되어야 안전욕구를 채우려고 하고 안전욕구가 충족되어야 소속감과 애정욕구를 충족시키려고 한다는 것이다. 또한 소속감과 애정욕구가 충족되어야 존경욕구를 충족시키며 존경욕구가 충족되어야만 자아실현욕구를 충족시킨다는 것이다. 즉 자아실현욕구를 충족하려는 소비자는 생리적 욕구, 안전욕구, 소속감과 애정욕구, 존경욕구가 충족된 소비자만이 자아실현욕구를 충족하려 한다는 것이다.

이러한 Maslow의 욕구 5단계에서 시사하는 것은 기업이 마케팅전략을 수립하는 데 있어 마케팅 타깃(Tarketing)을 정한 시장의 소비자들이 Maslow 욕구 5단계 중 어느 단계에 있는지 파악을 할 수 있어야만 소비자의 욕구에 적합한 제품을 만들 수 있고 소비자의 욕구에 적합한 제품을 만들어야만 기업의 매출을 극대화할 수 있다는 것이다. 그러므로 마케팅전략을 수립하는 마케팅 부서에서는 소비자의 욕구를 분석하는 것이 기업의 매출을 극대화하는 데 있어 중요한 요소라고 할 수 있다.

1.1.2.4 마케팅의 BIG PICTURE

[그림 1-5]는 4단계로 구성된 마케팅 부서에서 마케팅전략 계획서를 작성하는 마케팅 과정 모형을 보여준다. "BIG PICTURE로 보는 마케팅원론"은 Step 1에서 Step 4까지의 단계로 내용의 구성이 진행되며 4단계를 통한 이론에만 머무는 것이 아니라 4단계를 공부하게 되면 마케팅 부서에서 하는 핵심적인 실무인 기업의 마케팅전략 보고서를 만들 수 있으며 본 교재의 마지막 단원에는 4단계를 통해 작성된 마케팅전략 보고서를 제시할 것이다.

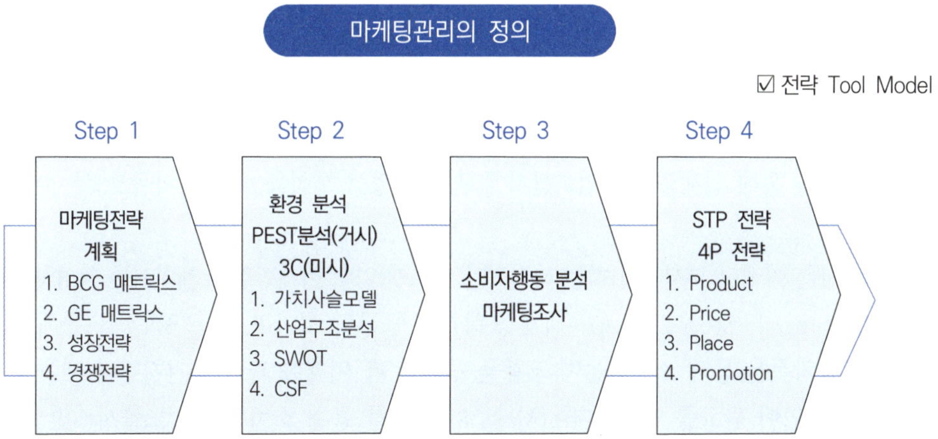

- 전략 TOOL MODEL은 4단계로 정리
- 고객의 욕구 충족과 기업 이윤 창출의 목표를 위하여 주어진 환경을 분석하고 시장, 고객, 경쟁사와 관련된 자료를 수집 분석하여 표적시장을 선정하여 고객을 확보, 유지 증대시키는 전략을 수립 실행하며 평가하고 통제하는 행위

[그림 1-5] 마케팅의 BIG PICTURE

Step 1단계를 통해 기업은 보유하고 있는 많은 사업부 중에 어떠한 사업부에 더 많은 예산 지원을 할 것인지 분류를 하는 단계로 예를 들면 삼성그룹의 경우 삼성전자, 삼성중공업, 에버랜드, 삼성SDS, 삼성SDI, 제일모직, 삼성건설 등과 같은 많은 사업부 중에서 한정된 예산을 모든 사업부에 지급해 줄 수 없다. 그러므로 성과물(Output)을 가장 많이 낼 수 있는 사업부를 선정하여 밀어주어야 한다. 그러한 사업부를 선정하는 단계로 BCG와 GE 매트릭스를 통해 가장 많은 성과물을 낼 수 있는 사업부를 선정하여 사업부의 규모를 키워 세계의 기업과 싸울 수 있도록 사업부의 규모를 키우는 전략인 성장전략 9가지에 대해서 공부할 것이며 이렇게 사업부의 규모를 키운 후에 세계시장의 경쟁기업과 경쟁해서 이기기 위한 경쟁전략 3가지에 대해서 공부할 것이다.

Step 2단계에서는 Step 1단계를 통해 선발된 사업부가 높은 성과를 내기 위해서는 어떠한 일을 잘하는지 분석하는 과정으로 선발된 사업부의 거시적 환경(PEST 분석)과 미시적 환경(3C 분석)을 통해 도출된 요인을 가지고 Swot 분석을 통해 사업부의 강점과 약점, 기회요인과 위협이 되는 요인을 분석하여 가장 잘할 수 있는 핵심성공요인(CSF)을 뽑아서 핵심성공요인을 수행할 구체적인 실행 행동사항인 핵심성과지표(KPI)를 뽑아내어 팀과 조직원에게 우리 사업부가 성공할 수 있는 일을 배치시키는 과정을 배울 것이다. 즉 Step 2단계에서는 환경분석을 통해 선발된 사업부가 가장 성공할 수 있는 일이 무엇인지 선발해 내는 과정을 공부할 것이다.

Step 3단계에서는 마케팅 부서에서 해야 할 일에 대한 필수과목인 마케팅원론, 소비자행동론, 마케팅조사론 중 소비자행동론과 마케팅조사론과 관련된 내용으로 본 교재에서 다루지 않는 소비자행동론과 마케팅조사론 부분으로 Step 1, 2단계를 통해 선발된 사업부의 가장 잘할 수 있는 일과 관련된 신제품을 제작하여 노출에서 구매에 이르는 과정에서 소비자들의 행동을 분석하는 단계로 소비자행동론이라고 하는 과목을 통해 구체적인 내용은 추후 소비자의 행동을 분석해 볼 것이며 이러한 신제품이 시장에서 높은 매출을 일으킬 수 있을지에 대한 합리적인 마케팅조사 방법을 통해 신제품을 사업화할지에 관한 사업성 분석을 배우는 과목으로는 마케팅조사론이다.

이 책에서는 마케팅 부서에서 하는 핵심적인 일로 기업의 마케팅전략 계획서를 작성하는 과정을 이 책에서 Step 1, Step 2, Step 4과정을 통해서 공부할 것이며 Step 3과정을 통해 소비자행동론이라는 과목을 통해 소비자들이 제품을 구매할 때 어떠한 과정을 거치면서 제품을 구매하는지 또한 기업이 광고를 매스미디어(Mass Media)를 통해 소비자에게 노출시키면 어떠한 과정을 거치면서 기억하게 되는지 그리고 소비자들이 제품을 구매하는 판단을 할 때 좋은지 좋지 않은지에 대해서 제품의 종류와 관여도에 따라서 어떻게 판단하는지와 같은 소비자의 행동에 대해서 분석한다.

Step 4단계에서는 소비자의 욕구에 맞게 신제품에 대한 시장세분화(Segmentation)를 시키는 방법에 대해서 공부할 것이며 시장세분화 이후 신제품이 기존의 제품과의 차이점이 무엇인지 소비자의 기억에 차별점을 인식시키는 포지셔닝(Positioning) 작업에 대해서 공부할 것이며 이렇게 포지셔닝시킨 제품에 대해서 몇 개의 제품을 생산하여 몇 개의 시장에 타깃팅(Tarketing) 할 것인지에 대한 STP 전략에 대해서 공부해 볼 것이다. 또한 타깃팅한 시장에 어떠한 제품으로 가격은 얼마를 받고 유통은 어떻게 시키며 촉진은 어떤 방법으로 했을 때 현재의 매출보다 몇 % 이상을 더 신장시킬 수 있는지에 대한 4P전략에 대해서 공부해 볼 것이다.

이 책에서는 마케팅에 관한 Step 1에서 Step 4단계 중에 특히 Step 1, Step 2, Step 4단계에 대한 마케팅 부서의 마케팅전략 보고서를 작성하여 선별된 사업부가 기존의 매출에 비해 경영진이 세운 목표에 대해 얼마만큼의 매출을 더욱 극대화할 수 있는지와 관련한 보고서를 작성하는 방법에 대해서 구체적인 전략 도구(Tool)를 사용하여 작성하는 방법에 대해서 살펴볼 것이다.

1.1.3 소비자행동론(Consumer Behavior)의 구조

소비자들은 일상생활에서 많은 구매의사결정을 하게 되는데, 소비자들의 구매의도와 구매행동을 이해한다면, 마케팅관리자들로서는 소비자들의 욕구를 효율적으로 충족시켜 줄 뿐만 아니라, 소비자들의 만족을 극대화할 수 있을 것이다. 그러나 소비자 구매행동을 이해한다는 것은 그렇게 쉬운 일은 아니다. 왜냐하면, 소비자행동은 정치, 경제, 사회, 문화, 기술 등 여러 가지 환경요인뿐만 아니라, 기업이 사용하는 마케팅활동을 통해 전달되는 다양한 자극과 소비자의 개인적·심리적 요인들에 의해 나타나는 소비자반응의 결과이기 때문이다. 그래서 소비자행동과 관련된

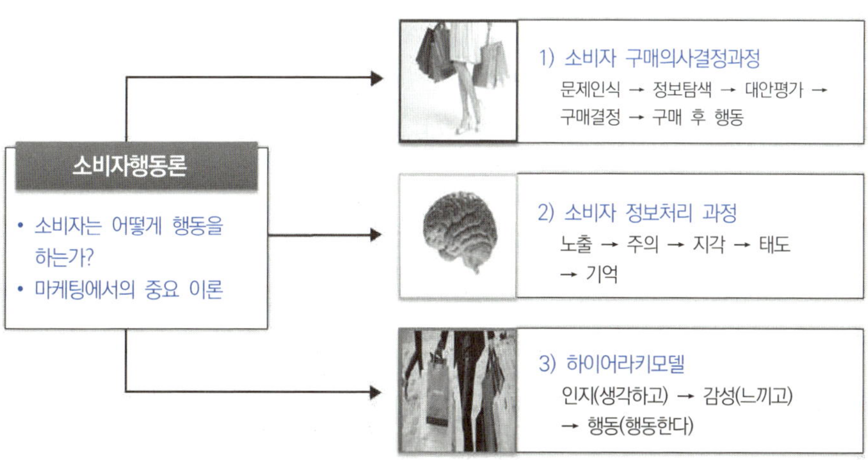

[그림 1-6] 소비자행동론의 BIG PICTURE

대부분의 연구는 여러 가지 자극물에 대해 소비자의 반응이 어떠한 과정을 거쳐서 나타나며, 이러한 반응에 영향을 미치는 요소들이 무엇인가를 조사하는 데 중점을 두고 있다.

이에 [그림 1-6]은 기업으로서 소비자의 욕구를 충족시키는 제품을 만들어 매출을 극대화하기 위해서는 소비자의 행동을 분석할 필요성이 있다. 이러한 소비자의 욕구와 행동을 분석한 과목이 바로 '소비자행동론'이다. 소비자행동론은 앞에서 제시한 바와 같이 마케팅 부서에서 하는 일을 분석한 필수과목 3가지(마케팅원론, 소비자행동론, 마케팅조사론) 중 한 가지로 아래의 3가지 이론을 근거로 소비자의 행동을 분석할 수 있다.

1.1.3.1 소비자 구매의사결정과정(Consumer Decision Making Process)

기업은 소비자가 제품을 구매할 때 제품을 보자마자 구매하는 것이 아니라 문제인식 → 정보탐색 → 대안평가 → 구매결정 → 구매 후 행동의 5개 단계를 거치면서 제품을 구매한다는 이론이다. 소비자들은 현재 사용하고 있는 제품과 사고자 하는 신제품에 대한 성능의 차이가 크면 클수록 신제품을 사고자 하는 문제인식을 느끼게 되며 이러한 문제인식을 통해 신제품을 구매하고자 하는 확신이 들게 되면 정보탐색 과정을 통해 광고에서 선전하는 제품이나 혹은 여러 지인의 추천이나 댓글의 사용 후기 등을 통해 여러 제품에 대한 정보를 습득하게 된 후 여러 제품을 사고자 하는 후보군에 올리게 된다.

이런 많은 사고자 하는 후보군 중에 신제품이 가지고 있는 속성을 분석하여 몇 개의 살만한 제품군으로 압축시키는 대안평가과정을 거친 후 구매결정을 하게 되며 구매를 한 후에는 제품을 사용해 본 후 구매 전에 생각했던 신제품의 성능과 신제품을 사용했을 때의 차이를 통해 구매 후 행동을 통해 만족과 불만족이라는 감정이 발생하게 된다. 소비자 구매의사결정과정은 소비자행동론의 3가지 이론 중 소비자의 정신과 행동 중 소비자의 행동을 연구한 이론이라고 할 수 있다.

1.1.3.2 소비자 정보처리 과정(Consumer Information Process)

기업은 몇 억 혹은 몇 십 억의 광고비를 투자하여 광고를 제작한다. 이러한 광고가 소비자에게 노출이 되어 광고에 대한 태도를 형성하고 기억에 이르기까지 소비자들은 TV에서 광고를 보자마자 광고를 기억한다고 생각하지만, 기업들은 소비자의 두뇌를 분석하여 광고가 어떠한 단계(노출 → 주의 → 지각 → 태도 → 기억)를 거치면서 광고가 소비자의 기억에 이르는지를 분석함으로써 어떻게 하면 좀 더 효과적으로 올바른 광고 태도를 형성시키는 광고를 만들 수 있는지 연구하여 매출을 극대화하는 데 노력하고 있다. 소비자 정보처리 과정은 소비자행동론의 3가지 이론 중 소비자의 정신과 행동 중 소비자의 정신을 분석한 이론이라고 할 수 있다.

1.1.3.3 하이어라키 모델(Hierarchy Model)

기업들은 소비자들이 제품을 구매하는 행동을 할 때 제품에 대해 좋은지 좋지 않은지에 대한 태도를 형성하는데 이러한 태도 형성은 이성과 감성을 가지고 태도를 형성하게 되는데 어떠한 제품은 이성적인 측면으로 제품에 대한 태도를 형성하고 어떠한 제품은 감성적인 측면에 더 치중해서 제품에 대한 태도를 형성하여 제품을 구매하는 행동을 하게 된다.

이렇게 제품에 대한 태도를 형성할 때 예를 들면 가격이 비싼 제품 집과 자동차와 같은 제품을 구매할 경우는 감성보다는 이성적으로 제품에 대한 속성(가격, 품질, 브랜드 등)을 구체적으로 신중하게 제품에 대해서 분석한 후 제품을 구매하는 행동을 한다.

반면 가격이 저렴한 치약이나 비누 등과 같은 저가격의 제품을 구매하면 소비자들은 이성보다는 감성에 의해 제품에 대한 태도를 형성하는 예를 들면 TV 광고를 통해 많은 노출이 된 비누나 치약의 브랜드만을 보고 제품에 대한 속성을 분석하려 하지 않고 브랜드만 보고 좋은 제품일 그것으로 판단하여 제품을 구매하는 행동을 하게 된다.

이렇게 소비자들은 제품을 구매할 때 이성과 감성을 통해 제품을 구매하는 행동을 한다는 이론이 하이어라키 모델로 소비자의 정신과 행동을 모두 분석한 이론이라고 할 수 있다.

1.2 마케팅의 정의

마케팅은 기본적으로 기업과 소비자 간의 교환과정이라고 할 수 있다. 이런 교환과정에서 기업은 자사의 목적을 달성하기 위해서 제품이나 서비스를 제공하고, 소비자는 자신의 욕구를 충족시키기 위해 그 대가를 지불하게 된다. 그리고 교환과정은 시장에서 이루어진다.

마케팅이란 무엇인가? 일반적으로 생각하기에 따라서는 인적판매와 같은 단순한 판매활동으로 생각하는 사람도 있을 것이고, 어떤 경우에는 광고, 판매촉진 등의 촉진활동과 같은 의미로 받아들이는 사람도 있을 것이다. 또 어떤 경우에는 상점에서 판매 가능한 제품을 만들어서 진열시키고, 앞으로 판매할 재고품을 유지하는 일과 관련된 것으로 생각할 수도 있다.

실제로 마케팅은 이러한 모든 활동을 포함하는 훨씬 더 넓고 광범위한 활동을 나타낸다. 즉 마케팅은 생산자가 원재료를 구입해서 제품이나 서비스를 생산하여 최종소비자에게 이전시키는데 필요한 모든 활동을 포함한다. 이러한 점에서 볼 때, 마케팅은 제품이나 서비스를 고객에게 단순히 이동시키는 판매라는 개념보다도 더 넓은 영역을 포함하고 있다고 할 수 있다.

1980년대에는 마케팅개념의 확장론을 기초로 하여 오늘날의 마케팅개념을 확립하였다. 이 시대의 대표적인 정의로는 1985년에 발표된 미국 마케팅협회(American Marketing Association)의 정의를 들 수 있는데, 그 내용을 보면 다음과 같다.

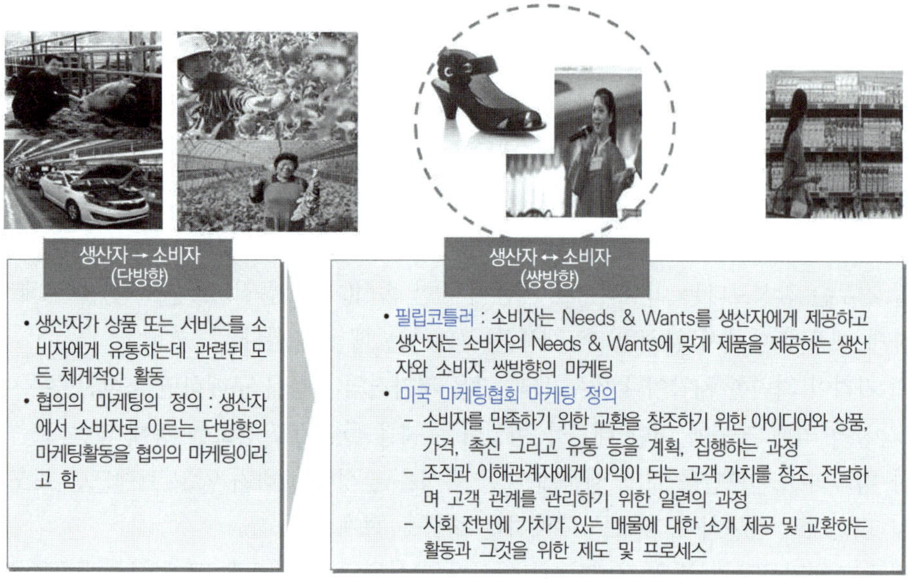

[그림 1-7] 마케팅의 정의

마케팅은 "개인과 조직의 목적을 달성하게 해 주는 교환을 창출하기 위해 제품, 서비스, 아이디어의 개념, 가격, 촉진, 유통을 계획하고 실행하는 과정"으로 정의하였다. 다시 말해서 기업과 소비자는 시장에서 각자의 욕구를 충족시킬 목적으로 행하는 교환활동이며 기업 측면에서 생존과 성장을 위해서 고객을 만족시킬 수 있는 제품과 서비스, 가격, 유통, 촉진활동을 계획하고 실행하는 관리과정이라고 할 수 있다. 일반적으로 경영관리라고 하는 것은 조직의 목적을 달성하기 위해서 기업이 처해 있는 상황을 분석하고 과업을 수행하기 위한 계획을 수립하고 실행하며 통제하는 일련의 과정을 말한다.

따라서 마케팅관리란 마케팅개념을 기업의 관리적 차원에서 구체화하는 과정이라고 할 수 있다. 마케팅개념과 마케팅 관리개념을 통합하여 마케팅관리를 정의해 보면, 마케팅관리는 "조직의 목적을 달성하고 표적시장의 욕구를 충족시키기 위한 바람직한 교환을 초래하기 위해 조직이 처한 시장상황을 분석하고, 효과적인 프로그램을 계획하며, 집행하고, 통제하는 경영활동"이라고 할 수 있다.

이러한 마케팅의 정의는 여러 해에 걸쳐서 미국 마케팅협회(American Marketing Association)에서 마케팅에 대한 새로운 정의를 제시하고 있다. 그러나 현재까지 가장 보편적으로 마케팅에 대한 정의로 널리 알려진 것은 필립코틀러(Philip Kotler)의 마케팅은 "소비자의 Needs & Wants를 생산자에게 제공하고 생산자는 소비자의 Needs & Wants에 맞게 제품을 제공하는

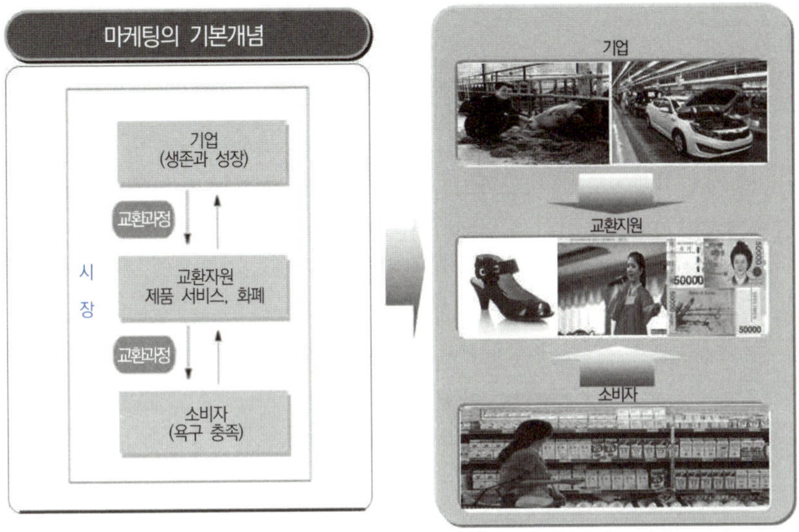

[그림 1-8] 마케팅의 기본개념

생산자와 소비자의 쌍방향의 커뮤니케이션"이라는 마케팅의 정의이다.

최초의 마케팅은 '단방향적인 마케팅'으로 생산자가 한 개이던 우리나라의 경우 1970년대의 경우에는 치약하면 럭키 치약만을 판매하였다. 이 당시는 생산자가 한곳이기 때문에 기업은 제품을 어떻게 하면 저렴하게 대량으로 만들 수 있을 것인가에만 신경을 쓰면 되었다. 이렇게 기업이 만들어서 유통만을 관리하는 마케팅을 '단방향적인 마케팅'이라고 하였다.

시간이 흐르면서 이렇게 생산자가 한 곳에서 여러 생산자가 생기면서 기업들은 경쟁하게 되었고 경쟁이 치열해지면서 기업들은 제품을 판매하기 위해서는 소비자의 Needs & Wants를 분석하여 소비자 욕구에 맞는 제품을 만들게 되었는데 이런 마케팅을 '쌍방향적인 마케팅'이라고 한다.

오늘날 많은 기업이 고객지향적인 경영철학을 갖추고 운영하고 있으며, 그들은 고객들이 무엇을 원하는지를 찾아내어 교환과정을 거쳐서 자사의 고객들이 원하는 제품이나 서비스를 제공하며 적절한 가격을 결정하고, 유통 및 촉진활동을 하길 원한다. 이러한 경영철학이 곧 마케팅 개념이고 활동인 것이다. 마케팅개념에서 핵심적인 용어는 교환이며, 마케팅은 기본적으로 기업과 소비자 간의 교환과정이라고 할 수 있다. [그림 1-8]과 같이, 기업은 자사의 목표를 달성하기 위해 제품이나 서비스를 생산하여 시장에서 판매하면, 소비자는 자신의 욕구를 충족시키기 위해 일정한 대가(화폐)를 지불하고 구매할 것이다. 이와 같이 시장에서 이루어지는 기업과 소비자 간에 이루어지는 일련의 과정이 교환과정이다. 이러한 마케팅개념을 구상하고 있는 핵심요소는 욕구, 제품과 서비스, 교환, 그리고 시장이다.

1.3 마케팅 패러다임(Paradigm)의 변화

마케팅관리는 조직의 목표를 달성하기 위해 표적고객과의 교환을 창출·유지하고, 이러한 교환의 창출·유지를 위한 프로그램의 분석, 계획, 실행, 통제를 수행하는 것이다. 말하자면 마케팅은 하나의 사회현상이고 마케팅관리는 특정 조직의 관점에서 마케팅활동을 분석, 계획, 실행, 통제하는 과정인 것이다. 이러한 마케팅관리의 과정(Process)을 다음과 같은 단계(Step)로 구성하였다(그림 1-9).

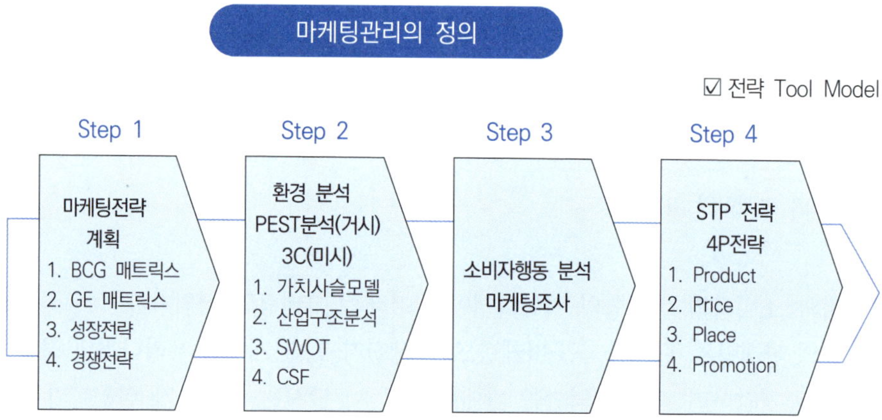

- 전략 TOOL MODEL은 4단계로 정리
- 고객의 욕구 충족과 기업 이윤 창출의 목표를 위하여 주어진 환경을 분석하고 시장, 고객, 경쟁사와 관련된 자료를 수집 분석하여 표적시장을 선정하여 고객을 확보, 유지·증대시키는 전략을 수립 실행하며 평가하고 통제하는 행위

[그림 1-9] 마케팅의 BIG PICTURE

마케팅활동의 주된 이해관계자(Stakeholders)인 조직과 소비자 및 사회의 이해관계는 상충되는 경우가 많다.

마케팅관리자는 이러한 이해관계자 중 누구에게 더 큰 비중을 두어야 하는가? 보다 일반적으로 마케팅활동을 관리하는 지침 또는 원칙이 무엇이어야 하는가? 마케팅관리 지침은 환경변화에 따라 [그림 1-10]과 같이 변해 왔다.

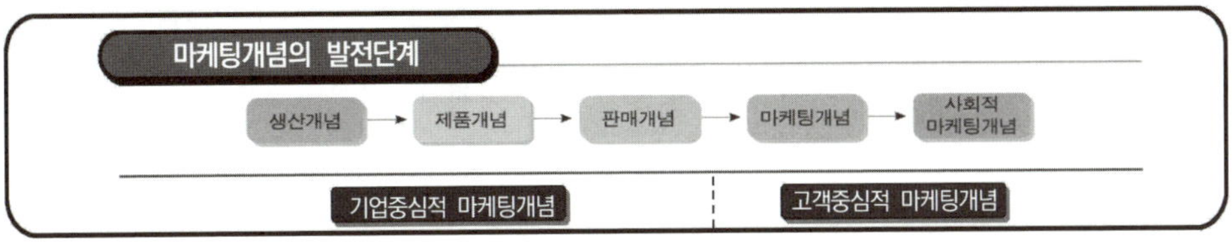

1 생산개념

- 상품의 수요가 공급을 초과하는 경우 → 제품을 만들기만 하면 팔리는 상황
- 표준화된 제품으로 브랜드와 상관없이 저렴한 가격의 제품을 선호한다.
- 공급이 곧 수요가 되는 개념으로 생산개념에서의 전략은 가격이 가장 중요하다.

2 제품개념

- 상품의 수요가 공급을 초과하는 경우 → 소수의 회사가 독점하고 있을 때 경쟁기업과 조금 다르게 만드는 경우
- 기업들은 기술적으로 우수한 혁신적 제품을 만들고 지속적으로 개선하는 데 주력
- 소비자들은 여러 경쟁업체와 비교 평가해서 품질이 가장 높은 제품을 선택하였다.
- 제품의 개념이 충실한 기업의 핵심성공요인은 제품의 품질을 향상시키는 것이다.

[그림 1-10] 마케팅개념의 발전단계 1

1.3.1 마케팅개념의 발전단계

1.3.1.1 생산개념

생산개념(Production Concept)은 시장의 욕구보다는 기업의 내적인 능력에 초점을 맞추고 있는 관리철학을 말한다. 이 개념은 산업혁명이 발생하면서 시작이 되어 19세기 말까지 거의 모든 제품이 수공업을 통해 생산되는 시기에 지배적인 기업경영의 이념이었다.

대부분 제품이 수공으로 생산되다 보니 표준화된 제품품목들은 거의 없었으며, 가격은 상대적으로 비쌌다.

그리고 제품의 수요가 공급을 초과하였기 때문에 소비자 입장에서는 제품의 정확한 용도나 장점보다는 제품획득이 우선이므로 기업은 생산량 증대에 최대한으로 노력해야 했다. 생산과정에 일부 기계가 도입되면서부터는 제조 원가가 크게 떨어지면서 이로 인해 인하된 제품가격으로 시장에서 급속하게 판매될 수 있었다.

그래서 수공으로 생산한 제품가격보다 훨씬 싼 제품가격 때문에 소비자들은 정확하게 자신들의 욕구를 충족시켜 줄 수 없는 제품이라도 받아들일 준비가 되어 있었다. 또한 제품의 유통시스템은 소규모 제조업자들과 소규모 상점에 의하여 주로 이루어졌다. 따라서 기업이 성공하기 위한 핵심성공요인은 대량 생산능력과 생산성을 향상시키는 것이었다.

1.3.1.2 제품개념

제품개념(Product Concept)은 소비자들이 우수한 품질이나 효용을 가진 제품을 선호한다는 개념이다. 제품개념에 충실한 기업은 무엇보다도 우수한 품질의 제품을 생산하고 개선하는 데 초점을 두고 있다.

제품개념이 기업경영에 주요 경영 콘셉트이던 시기에는 경쟁업체 수가 점차 늘어남에 따라 시장에는 유사제품들이 많이 있기 때문에, 소비자들은 특정제품이나 상표가 경쟁업체의 제품과 비교해서 어떤 특성이 있는지를 알게 되었다.

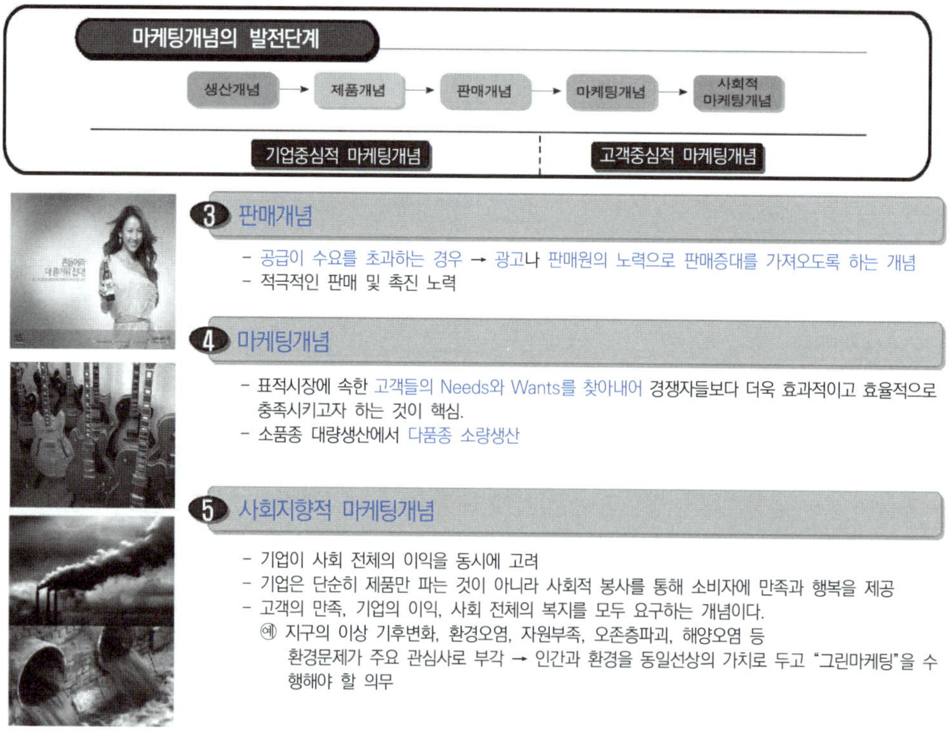

[그림 1-11] 마케팅개념의 발전단계 2

그래서 소비자들은 여러 경쟁업체 제품 중에서 비교 평가해서 품질이 가장 높은 제품을 선택하였다. 따라서 제품개념에 충실한 기업의 핵심 성공요인은 제품의 품질을 향상시키는 것이었다.

1.3.1.3 판매개념

판매개념의 마케팅개념은 공급이 수요를 초과하는 경우로서 광고나 판매원의 노력으로 판매증대를 가져오도록 하는 개념으로 적극적인 판매 및 촉진 노력을 한 마케팅개념이다. 소비자는 많은 판매활동과 촉진활동을 하지 않는 한 충분히 구매하지 않는다고 가정한다. 따라서 기업은 판매조직을 통한 활발한 판매와 대량광고 및 홍보 등을 통해 소비자 흥미를 유발하고자 한다.

구매빈도가 낮은 백과사전이나 문학전집 또는 생명보험 상품 등의 경우에 이러한 지침이 흔히 실행되고 있다. 정치마케팅이 또 하나의 전형적인 예이다. 대통령 선거나 국회의원 선출 때 정당은 자당 공천자가 최적임자임을 알리기 위하여 가능한 모든 수단을 동원한다. 공천자는 많은 유권자에게 긍정적 이미지를 심기 위하여 악수, 절, 연설, 공약 등을 되풀이하며 명함, 벽보, 현수막, 우편물 등 여러 광고수단을 사용한다.

지금까지의 세 개념은 모두 고객보다 기업을 관리활동의 출발점으로 하였다. 근래에는 고객을 기업 활동의 중심에 두어야 기업의 장기적 존속과 성장을 할 수 있다고 한다.

1.3.1.4 마케팅개념

마케팅개념(Marketing Concept)은 고객중심적인 마케팅 관리이념으로, 판매 개념이 판매자의 욕구에 초점을 두는 판매자 위주의 시장과 달리 구매자의 욕구에 초점을 둔 구매자 위주의 시장을 전제로 하였다. 기업의 존재를 위한 사회적이고 경제적인 정당화가 기업의 목적 달성과 함께 고객의 니즈(Needs)와 바람(Wants)의 만족이라는 철학이다. 다시 말해서 판매는 공격적인 판매력에 의존하는 것이 아니라 오히려 제품을 구입하는 고객의 결정에 달려있다는 지식에 바탕을 둔다. 표적시장에 속한 고객들의 니즈와 바람을 찾아내어 경쟁자들보다 더욱 효과적이고 효율적으로 충족시키고자 하는 것이 핵심으로 소품종 대량생산에서 다품종소량생산을 추구한다.

1.3.1.5 사회적 마케팅개념

사회적 마케팅개념(Social Marketing Concept)은 1980년대 이후 기업의 급격한 대·내외적인 환경변화로 인해 새로운 차원으로 출현한 마케팅개념이다. 기업의 사회·문화적 환경, 정치·경제적 환경 변화뿐만 아니라 지구의 이상기후변화, 환경오염, 자원부족, 오존층파괴, 해양오염 등의 환경문제가 주요 관심사로 부각되었다.

이러한 환경보호에 관한 관심을 고려할 때, 기업은 사회적 마케팅개념에 근거해서 '인간과 환경'을 동일선상에 놓는 새로운 가치 기준인 '그린마케팅(Green Marketing)'을 수행해야 할 의무가 점차 증대되고 있다.

이러한 예로 온실가스 배출권거래제를 들 수 있으며 기업과 공장이 온실가스 배출량을 미리 정하고 배출량을 초과하거나 남는 부분은 다른 기업과 거래할 수 있도록 허용하는 제도로서 환경보호를 위해 전 세계의 정상들이 일본 교토에 모여 교토의정서를 발휘하였다. 기업들은 이러한 협약에 동참함으로써 세계적으로 어려움에 처해 있는 환경문제를 해결해 나가고 있다.

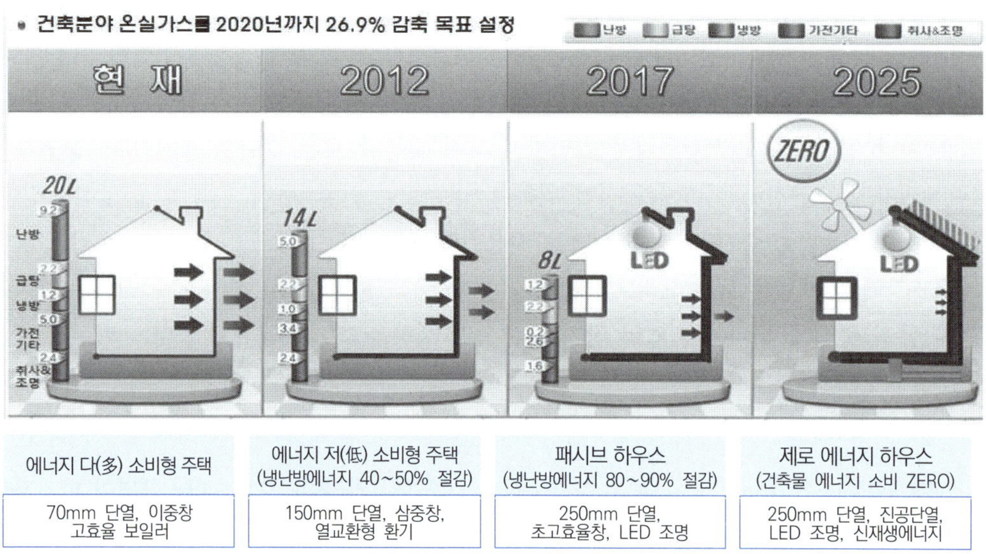

[그림 1-12] 제로하우스

02 소비자행동과 욕구의 이해

2.1 마케팅의 핵심개념

2.1.1 소비자 구매행동 모델 / 심리적 핵심요인

소비자 구매행동 모델은 마케팅 부서가 소비자의 행동을 분석하는 소비자행동론의 3가지 이론인 소비자의 행동을 분석하는 '소비자 구매의시결정과정'과 소비자의 정신을 분석하는 이론인 '소비자 정보처리 과정' 그리고 소비자의 정신과 행동을 같이 분석하는 이론인 '하이어라키모델'이 서로 어떻게 연결되어 있는지 보여주는 모델이다.

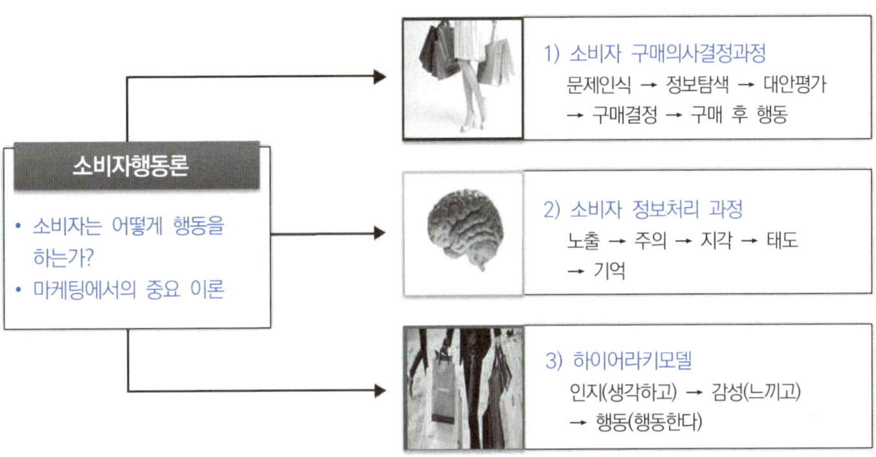

[그림 1-13] 소비자행동론 BIG PICTURE

소비자행동과 소비자 구매의사결정과정에 관한 기존의 많은 이론은 소비자가 제품을 구매할 것인지 안 할 것인지를 선택하기 위해서 그들의 외적요인들에 비추어 내적으로 마케팅자극을 처리한다고 설명한다. 이런 관점에서 [그림 1-14]의 소비자 구매의사결정과정 모델은 소비자가 구매 여부를 결정하는 데 영향을 미치는 요인들을 나타내고 있다. 소비자 구매의사결정과정에 영향을 미치는 요인들로는 소비자의 외적 영향요인과 내적 영향요인을 비롯한 마케팅믹스 영향요인 등으로 구분될 수 있다. 외적 영향요인에는 사회·문화적, 개인적, 상황적 요인들이 있으며, 내적 영향요인에는 개인의 심리적 요인이 있다. 이들 영향 요인 중에서 외적요인으로 사회·문화적 요인은 문화, 사회계층, 준거집단, 가족 등을 포함하며, 소비자 구매의사결정과정에 가장 폭넓게 영향을 미친다. 그리고 연령, 성별, 소득, 가족생활주기, 라이프스타일 등을 포함하는 개인적인 요인은 개인마다 독특하며, 소비자들이 원하는 제품이나 서비스의 유형을 선택하는데 주요 역할을 수행한다.

시간, 무드, 쇼핑환경 등의 상황적 요인은 제품을 어떻게 평가하고 선택할 것인지에 많은 영향을 미친다.

마지막으로 심리적인 요인에는 지각, 동기, 학습, 개성, 신념과 태도, 자기 개념 등이 포함되는데, 이러한 심리적인 요인들은 소비자가 환경요인들을 어떻게 지각하고 상호작용하는 데 영향을 미칠 뿐만 아니라, 최종 구매의사결정을 하는데도 크게 영향을 미친다. 그리고 마케팅믹스 영향요인에 대해서는 4P전략에서 자세하게 설명하기로 한다.

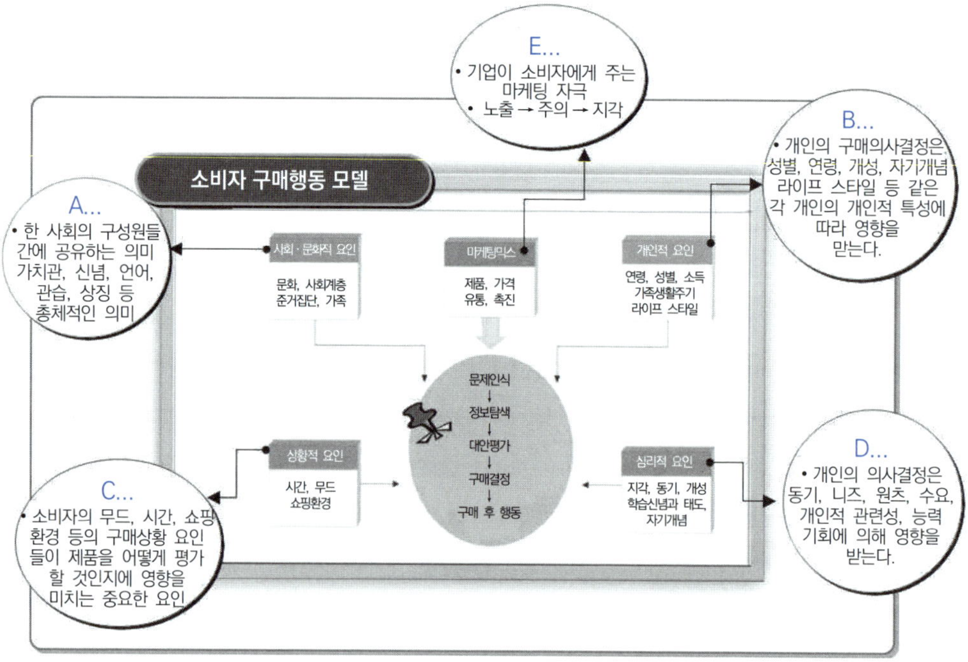

[그림 1-14] 소비자 구매행동 모델

2.1.1.1 사회 · 문화적 요인

소비자 구매의사결정과정에 영향을 미치는 영향요인 중에서 사회 · 문화적 요인은 개별 소비자행동과 의사결정에 가장 넓고 깊게 영향을 미친다. 마케팅관리자는 개별 소비자들의 문화뿐 아니라 사회계층, 준거집단, 가족 등의 사회 · 문화적 요인들이 개별 소비자의 구매의사결정에 영향을 미치므로 이들을 이해해야 한다.

1. 문화

문화는 한 사회집단을 다른 집단과 구별할 수 있는 중요한 특징이다. 문화는 '한 사회의 구성원들 간에 공유하는 의미, 가치관, 신념, 언어, 신화, 관습, 상징, 의례의식, 법률, 전통 등을 포함하는 총체적인 의미이다. 문화는 자유나 독립과 같은 추상적인 아이디어와 개별 집단에서 가치가 있는 자동차, 의류, 음식, 예술품, 스포츠와 같은 물질적인 대상이나 서비스들을 모두 포함하고 있다. 또한 문화는 소비자의 태도, 신념과 지각에 영향을 미치며, 한 세대에서 다음 세대로 전승되어 넘어갈 때 문화뿐만 아니라 문화유산인 제품에 대한 소비자행동을 형성하는 데 영향을 준다. 따라서 문화는 소비자행동을 결정하는 가장 폭넓은 환경요소이기 때문에, 마케팅관리자는 국내 · 외의 소비자 구매의사결정에서 문화의 역할을 이해할 필요가 있다.

2. 사회계층

사회 대부분은 사회계층적 시스템을 형성하고 있다. 사회계층은 사회계층적 시스템 속에서 같은 계층에 속하는 사람들이 유사한 가치관과 행동규범을 공유하고 있으며, 생활양식, 교육, 소득 측면에서도 거의 유사한 사람들의 집단이다. 이들 사람은 같은 사회계층에 포함된 다른 사람들과 공식적 혹은 비공식적으로 그들 자신 사이에서 사회화를 이루는 경향이 있으며, 의류, 레저 활동, 멋을 부리는 스타일 등에서 항상 비슷한 취미와 행동양식을 가지고 있다. 사회계층은 한 사회 내에서 거의 동일한 지위와 소득을 가진 사람들로 구성된 집단이라고 할 수 있으며, 지위는 사회시스템 안에서 타인에 의해 지각된 개인의 서열을 의미한다. 이때 지위를 결정하는 기준과 각 기준의 상대적 중요성은 그 사회의 지배적 가치에 따라 달라진다. 일반적으로 재산, 소득, 직업, 교육 수준, 가문, 사회적 유대관계 등이 지위를 결정하는 중요한 요소로 고려된다. 이들 요소를 기준으로 한 사회 내의 구성원들을 몇 개의 사회계층으로 분류할 수 있다.

3. 준거집단

대부분 소비자는 특히 의사결정 시에 느끼는 지각된 위험이 증가할 때, 그들의 탐색과 평가노력 혹은 불확실성을 줄이기 위해 다른 사람의 의견을 구하고 싶어 한다. 소비자들은 또한 신제품이나 서비스, 그리고 제품속성 정보가 부족하거나 유익하지 못하기 때문에 개인의 이미지와 연관된 제품의 구매 시에 다른 사람의 의견을 구할 수도 있다. 특히 소비자들은 제품정보와 의사결정 동의를 얻기 위해서 준거집단(Reference Group), 의견선도자(Opinion Leader), 그리고 가족 구성원들과 사회적인 상호작용을 한다.

구매행동에 영향을 주는 공식적·비공식적 모든 집단은 그 사람의 준거집단이다. 소비자들은 어떤 집단의 구성원임을 확인하거나 구성원이 되기 위해서 제품이나 브랜드를 사용할 수 있다. 소비자들은 그들의 준거집단의 구성원들이 어떻게 소비하는지를 관찰함으로써 배우며, 그들 구성원이 의사결정을 할 때 사용한 똑같은 기준을 이용한다.

4. 가족

가족은 많은 소비자에게 가치관, 태도, 자아개념과 구매행동에 강하게 영향을 미치는 중요한 사회집단이다. 가족은 어린 자녀들에게 문화적인 가치관이나 규범을 물려주는 사회화 과정(Socialization Process)을 책임지고 있다. 어린 자녀들은 그들 부모의 구매행동과 소비패턴을 관찰함으로써 학습하고, 차후에 자기 자신이 소비 주체가 되었을 때 부모와 유사한 소비 형태를 나타내는 경향이 있다.

가족구성원들 간의 구매의사결정에서 역할은 구매한 제품유형에 따라 구매 제안자, 영향자, 의사결정자, 구매자, 사용자 등 다양하며, 구매과정에서도 서로 다른 역할을 맡을 수도 있다. 제안자는 구매과정에서 구매하자고 제안하거나 구매의향을 시사하는 사람이다.

제안자는 가족구성원 중에서 누구나 될 수 있다. 예를 들어, 막내 동생의 생일선물을 위해서 롤러브레이드가 필요하다고 형제나 부모님 중에서 누구나 제안자가 될 수 있다.

영향자는 가족구성원 중에서 의견이 존중되어야 하는 사람이다. 예를 들어, 엄마는 롤러브레이드의 적정한 가격대에 대해 의사결정의 지침을 줄 수도 있고, 형은 브랜드에 대한 의사결정에 영향을 줄 수도 있다.

의사결정자는 실제로 구매할 것인지에 대해 의사결정을 하는 가족구성원이다. 부모님 중에서 한 분이 의사결정자가 되어 형이나 누나에게서 색상과 디자인 등과 같은 외장에 관한 더 많은 정보를 추구하고 내구성이나 안전성과 같은 부가적인 기준을 부여한 후에, 최종적으로 구매할 롤러브레이드의 브랜드나 모델을 선택할 것이다. 구매자는 실제로 제품을 돈으로 교환하는 사람이다.

마지막으로 소비자는 제품을 사용하는 사람으로, 롤러브레이드의 경우는 막내 동생이 제품의 최종소비자가 된다.

이와 같이 가족집단은 일반 집단과 달리 구매의사결정과정에서 구성원들 간의 역할이 다양하기 때문에 마케팅관리자들은 소비자와 의사결정자의 역할 구분에 따라 가족구매 상황을 고려해야 한다.

2.1.1.2 개인적 요인

개인의 구매의사결정은 성별, 연령, 개성, 자기 개념, 라이프스타일 등 같은 각 개인의 개인적 특성에 따라 영향을 받는다. 개인적인 특성은 일반적으로 일생동안 안정적이다. 예를 들어, 그들의 성별은 변하지 않을 것이고, 개성이나 혹은 라이프스타일을 변화시키는 행동은 완전히 자기 인생의 방향전환을 필요로 한다. 연령이나 생활주기 단계에서도 이러한 변화는 시간이 지나면서 점진적으로 일어난다.

1. 성별

남성과 여성 간의 생리적인 차이는 건강과 미용제품에서처럼 서로 다른 욕구를 나타낼 수 있다. 또한 성별에 따라 수행되는 문화적 · 사회적 · 경제적 역할 차이는 중요하며, 이러한 것은 구매의사결정 과정에서도 나타난다.

예를 들어, 여성들은 남성보다 자동차를 구입할 때 여러 가지 다른 특징을 찾는 경우가 많다. 어린 자녀를 둔 여성 운전자들은 대부분이 어린이를 키우는 활동을 생각해서, 학교나 스포츠 등 여가활동을 시키는 데 적합할 만큼 충분히 넓고 다양도로 활용할 수 있는 것을 찾는다. 그래서 미니밴 자동차회사의 경우, 여성들의 작은 손으로도 쉽게 다룰 수 있게 자동차 문의 크기, 의자나 페달의 위치를 조정했다.

성별 간의 차이는 소비자들의 쇼핑행동에서도 차이가 있는데, 대부분 여성은 쇼핑을 즐기는 데 반해 남성들은 대부분의 장시간 쇼핑 경험을 싫어하는 경향이 높다. 그래서 남성들은 대체로 다양한 상점에서 여기저기 기웃거리는 것보다는 단순히 몇 개의 상점만을 둘러보고 편리하게 단지 필요한 제품만을 쇼핑하고 구매하길 좋아한다.

2. 연령과 가족생활주기

소비자의 연령과 가족생활주기(Family Life Cycle) 단계는 소비자행동에 상당한 영향을 미칠 수 있다. 일반적으로 소비자의 연령은 어떤 제품이나 서비스를 구매하는 데 관심이 있는지를 나타내 준다. 음식, 옷, 자동차, 가구, 레크리에이션 등에 대한 소비자의 기호는 연령과 밀접한 관련이 있다. 다시 말해서 동일한 연령층에서는 가치관이나 생활태도 등이 유사하기 때문에 이러한 제품부류에 대한 기호가 비슷하다.

그리고 소비자의 연령은 가족생활주기 상에서의 위치를 나타내 준다. 가족생활주기는 나이, 결혼상태, 자녀유무 등을 고려해서 구분한 일련의 단계들로 이루어져 있다. 즉 가족생활주기의 단계는 미혼생활부터 결혼한 이후에 자녀의 유무와 자녀의 성장과 독립, 노후생활 등에 따라 구분하고 있는데, 단계별 소비자의 제품이나 서비스의 구매행동이 달라질 수 있다. 예를 들어,

미혼일 경우는 주류, 교육, 오락 등에 더 많은 소비를 하는 반면에, 결혼한 부부의 가정은 초기에는 의류, 주택, 음식 등에 지출이 점차 증가하고 어린애를 가진 가정은 음식, 오락, 교육, 자동차 등에 더 많이 소비한다. 자녀가 성장해서 독립한 노부부 가정은 여성용 의류, 건강식품 및 의료 등에 전형적으로 지출이 늘어난다.

3. 라이프스타일

라이프스타일(Lifestyle)은 사람들의 생활양식을 말한다. 다시 말하면, 라이프스타일은 한 개인의 생활패턴으로서 개인의 활동, 관심, 의견 등을 표현하는 것으로 이해할 수 있다.

활동은 개인이 어떻게 시간을 활용하고 있는가를 나타내는 것으로, 직업, 취미생활, 쇼핑, 스포츠, 사회적 행사 등의 참여활동을 말한다. 관심은 주위환경에서 중요하게 생각하고 있는 것은 어떤 것인가를 나타내는 것으로, 음식, 패션, 가족, 레크리에이션 등에 관한 관심을 말한다. 그리고 의견은 자신과 주위의 사회나 세계에 대해 어떻게 생각하고 있는가를 나타내는 것으로, 사회적 이슈, 제품이나 서비스, 자기자신 등에 대한 의견을 말한다.

라이프스타일의 특성은 소비자의 구매행동과 밀접한 관련이 있기 때문에, 매우 중요한 개념이다. 또한 라이프스타일의 특성은 소비자의 가치 변화를 이해하고, 소비자들을 범주화시켜 시장세분화 변수로도 활용할 수 있어서 마케팅관리자에게는 유용한 정보를 제공해 준다.

2.1.1.3 상황적 요인

구매상황은 흔히 구매의사결정과정에 중요한 영향을 미친다. 소비자의 무드, 시간, 쇼핑환경 등의 구매상황 요인들은 제품을 어떻게 평가하고 선택할 것인지에 영향을 미치는 중요한 요인들이다. 이러한 상황의 요인들은 비계획적인 구매를 하도록 하거나 혹은 계획된 구매를 연기하도록 자연스러운 의사결정을 유발할 수도 있다.

1. 소비자 무드

무드(Mood)는 특정상황이나 시간에 발생하는 일시적인 느낌 상태이다. 무드는 일시적인 감정 상태이지만 개성(Personality)은 좀 더 지속적인 상태이기 때문에 개성변수와도 다르며, 무드보다 더 강렬하고 주의를 끄는 감성(Emotion)과도 다르다. 무드의 짧고 알맞은 긴장 상태에도 불구하고 무드는 소비자가 정보를 회상하는 데 영향을 미친다는 것이다. 특히 소비자들은 자신들의 무드상태와 같은 감정적인 정보를 회상할 때 더 잘할 수 있다. 이를테면 사람들이 슬플 때 그들은 슬픈 정보를 더 잘 회상하는 것 같다. 반대로 행복할 때 행복한 정보를 더 잘 기억하는 것 같다.

그래서 좋은 무드상태에 있는 소비자가 의사결정할 때 좋은 무드상태에 있지 않은 소비자들보다 더 자발적으로 정보처리를 하며 더 많은 시간을 할애한다는 것이다.

2. 쇼핑환경

흔히 쇼핑환경은 소비자들의 구매의사결정에 많은 영향을 미치기 때문에 대부분 마케팅관리자는 쇼핑환경에 많은 관심이 있다. 백화점, 레스토랑, 편의점, 은행 등 거의 대다수의 소매점은 가능한 최고의 쇼핑환경을 조성하려고 노력하고 있다. 외부상점디자인, 상점 레이아웃, 상점설비, 색상, 조명, 향기, 음악, 기타 상점 환경요소들은 소비자들의 무드나 구매의사결정에 영향을 미칠 수 있다. 많은 소비자는 붐비고 혼잡한 상점에서는 짜증이 나서 사고 싶은 마음이 있었던 제품조차도 사려고 우물쭈물하지 않을 수 없다. 그러나 흥미를 느끼게 하는 환한 색상과 화려한 디스플레이는 소비자들에게 새롭고 과감하게 무엇인가를 구매하도록 자극을 줄 수도 있다.

예를 들어, 레스토랑에서 경쾌하고 빠른 음악을 들은 고객은 더 많이 먹는 경향이 있으며, 술집의 고객들은 오히려 음악이 부드럽고 느릴 때 술을 더 많이 마시기 쉽다.

2.1.1.4 심리적 요인

개인의 구매의사결정에는 동기, 니즈, 원츠, 수요, 개인적 관련성, 능력, 기회 등의 심리적 요인에 의해 영향을 받는다. 이러한 요인들은 소비자들이 그들의 세계와 상호작용하기 위해

소비자 동기와 그 영향

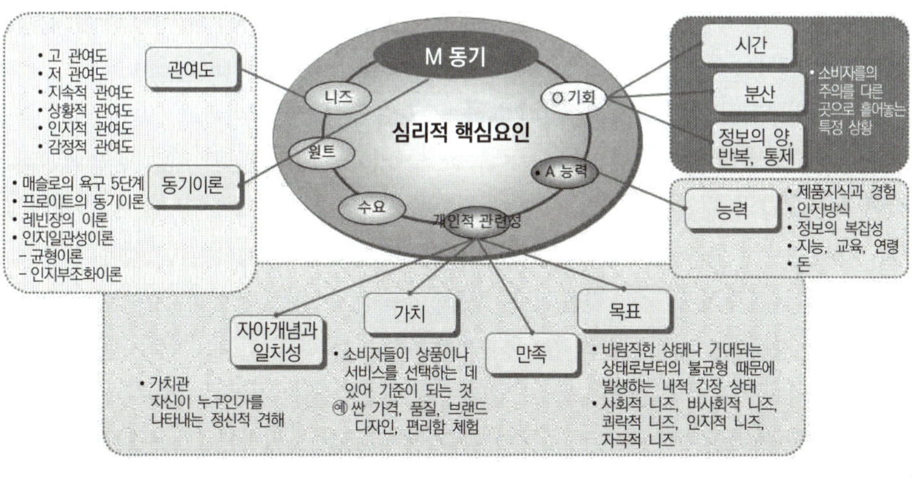

[그림 1-15] 심리적 핵심요인

이용하는 것들로서, 그들의 느낌을 인식하고, 정보를 수집하고 분석하며, 사고와 의견을 분명하게 나타내고, 행동을 취하기 위해 이용하는 도구들이다. 소비자행동에 영향을 미치는 다른 세 가지 요인과는 달리, 심리적인 영향요인은 개인의 환경에 의해서 영향을 받을 수 있다. 소비자는 여러 가지 상황에서 끊임없이 자극들을 받으면서 생활하고 있는데, 예를 들어, 자극을 받은 환경이 수업시간 중, 친구와 대화 중, 혹은 TV 시청하고 있느냐에 따라 자극을 다르게 지각하고, 이들 자극도 다른 방식으로 진행될 것이다.

[그림 1-15]의 심리적인 핵심요인 7가지(동기, 니즈, 원츠, 수요, 개인적 관련성, 능력, 기회)는 소비자들이 태어나서 현재에 이르기까지 직·간접적으로 주위의 환경에 많은 영향을 받으면서 형성이 된다. 우리가 태어나면서 현재 살고 있는 시점까지 우리가 눈에 보이지 않는 심리적인 어떤 요인들에 의해서 우리의 이성과 감성이 영향을 받고 이렇게 형성된 이성과 감성이 제품을 구매하는 데 있어서 영향을 주는 데 있어 어떠한 심리적 요소들이 제품을 구매하는 데 있어서 영향을 주는지 한눈에 볼 수 있도록 만든 BIG PICTURE라고 할 수 있다. 아래에서는 소비자들이 제품을 구매하는데, 있어 의사결정을 하는 데 영향을 주는 이성과 감성을 형성시킨 심리적인 핵심요인의 종류에 대해서 구체적으로 알아보고자 한다.

1. 동기

동기(Motivation)는 목표 지향적 행동을 가능케 하는 내적 상태 또는 과정을 말하며, 행동의 방향과 강도, 지속성을 결정하는 긴장 상태이다. 동기는 소비자가 충족시키기를 원하는 욕구(Needs), 즉 내적인 긴장상태가 발생할 때 나타난다.

소비자가 제품을 구매할 때, 소비자는 어떤 욕구를 충족시키기 위해 구매한다. 그러나 대부분의 욕구는 사람들이 행동에 이르게 할 정도로 강력하지 못하다. 특정 욕구가 어떤 사람에게 행동을 유발할 정도로 강한 수준까지 환기될 때, 이러한 욕구는 동기(Motivation)가 된다.

동기란 목표지향적인 인간이 충족시키려고 하는, 혹은 긴장을 완화하려고 하는 자극된 욕구라고 할 수 있다. 다시 말해서 동기란 인간의 행동을 불러일으키는 개인의 내적 충동력이라 한다.

이러한 욕구유발의 원천은 메슬로우(Masolw)의 욕구 5단계와 프로이드(Freud)에서 찾아볼 수 있다. 메슬로우의 욕구 5단계에서는 인간의 욕구에는 배고픔이나 갈증 같은 생리적 욕구, 물리적 안전이나 경제적 안정과 같은 안전 욕구, 소속감과 같은 사회적 욕구, 자존심, 사회적 인정과 같은 존경 욕구, 자아개발과 같은 자아실현욕구 등 다섯 단계의 욕구계층들이 있는데, 이러한 욕구들이 동기유발의 원천이 될 수 있다는 것이다. 이러한 욕구를 소비자가 인식한 이후에 즉각적인 행동을 불러일으킬 정도로 충분히 강할 때 비로소 소비자는 그 욕구를 충족시키고자 하는 동기를 갖게 된다. 예를 들어, 어떤 소비자가 고급주택 구매에 관심이 많다면, 단순히 생리적 욕구, 안전 욕구, 소속감과 애정 욕구들 때문에 동기가 유발되었다 할 수 없을 것이다. 그의 고급 주택 구입은 열심히 노력해서 사회적으로 인정받고 싶은 존경 욕구나 한 차원 높은 자아실현욕구로부터 동기유발이 되었다고 할 수도 있다.

1) 메슬로우 이론

임상심리학자인 메슬로우는 인간의 욕구를 다섯 단계로 나누었으며, 이러한 욕구는 서열화되어 있어서 낮은 수준의 욕구에서 높은 수준의 욕구로 이동이 된다. 가장 기본적인 욕구가 충족되면 이 욕구는 더 이상 동기부여의 요인이 될 수 없으며 그 다음의 욕구를 충족시키려고 한다.

메슬로우는 인간의 욕구를 다섯 단계, 즉 생리적 욕구(음식, 물, 공기, 주거, 성생활), 안전 욕구(보호, 안전, 안정), 소속감과 애정욕구(소속감, 사랑, 우정), 존경 욕구(위신, 자존심, 지위, 존경, 성공), 자아실현욕구(자기 달성)로 나누고 있다.

① 생리적 욕구 : 욕구계층 이론에서, 생리적 욕구(Physiological Needs)는 인간의 욕구 중에서 가장 기본적 요구이다. 생물학적 삶을 유지하는 데 필요한 이런 욕구들은 음식, 물, 공기, 주거, 성생활 등을 포함하고 있다. 메슬로우에 의하면, 생리적 욕구는 사람들이 오랫동안 불만족한 상태로 남겨졌을 때 확실히 나타난다고 한다. 예를 들어, 아주 배가 고픈 사람은 단지 음식에만 관심이 있지 다른 데는 흥미가 없다. 그는 먹는 꿈을 꾸고, 음식에 대해서만 생각할 것이다. 우리나라도 일반적으로 생리적 욕구는 축적됐다고 볼 수 있으며, 따라서 좀 더 높은 수준의 욕구 충족에 관심을 가진다고 볼 수 있다. 그러나 불행하게도 IMF 이후에 본격적으로 등장한 노숙자들의 삶은 대부분 생리적 욕구에 초점을 맞추고 있다.

② 안전 욕구 : 가장 낮은 단계인 생리적 욕구가 충족되면 그다음 단계인 안전 욕구(Safety Needs)가 대두된다. 이 욕구는 신체적 안전뿐만 아니라 자신의 보호와 안전을 추구한다. 또한 이 욕구는 건강과 건강관리에도 관심을 가진다. 저축예금이나 보험정책, 교육, 직업훈련 등은 개인이 안전에 대한 욕구를 충족시키는 하나의 도구로 볼 수 있다.

③ 소속감과 애정욕구 : 안전 욕구가 충족되면 소속감이나 사랑, 우정과 같은 욕구를 포함하는 사회적 욕구(Social Needs)가 대두된다. 사람들은 다른 사람과의 따뜻한 인간관계를 갖기를 희망하며, 이는 가족에 대한 사랑으로 인해 동기가 부여된다. 기업에서는 사회적 동기의 중요성을 인식하기 때문에 종종 제품을 가족과 연관시켜 광고에 활용한다.

④ 존경 욕구 : 소속감과 애정욕구가 충족되면 존경 욕구가 대두된다. 이 욕구는 내부지향과 외부지향으로 구분할 수 있다. 내부지향적 자아욕구(Inwardly-directed Ego Needs)는 자부심, 독립심, 성공에 대한 개인적 욕구를 포함하며 외부지향적 자아욕구(Outwardly-directed Ego Needs)는 위신, 평판, 다른 사람부터 인정과 같은 욕구를 포함한다.

⑤ 자아실현욕구 : 자아 욕구가 충족되면 가장 높은 단계인 자아실현 욕구(Self Actualization Needs)가 대두된다. 이 욕구는 사람마다 각각 다른 방법으로 표현된다. 장군은 전투에서 승리하기 위해 최선의 노력을 기울일 것이며, 운동선수는 자신의 분야에서 최고가 되기 위해 노력할 것이며, 과학자는 암을 제거할 수 있는 새로운 약을 개발하기 위해 노력할 것이다. 특히 외국의 모병제(군대를 지원해서 입대하는 제도)에서 군인을 모집할 때 주로 자아실현욕구에 호소한다. 그러나 소비자가 낮은 단계의 욕구계층으로 이동하는 경우가 있다. 이런 경우는 소비자가 실직을 했거나 이혼했을 때 발생할 수 있다. 특히 요즘과 같은 불경기시대에 놓여 있는 우리나라의 소비자들이 바로 이 경우에 속한다.

욕구가 발생하고 난 후 이 욕구는 1차적 구매동기나 선택적 구매동기로 분류된다. 1차적 구매동기(Primary Buying Motive)는 제품의 영역을 구매하는 것과 관련이 있다. 예를 들어, 자기 집을 아름답게 꾸미려는 욕구가 카펫을 구매하려는 1차적 동기가 될 수 있다. 선택적 구매동기(Selective Buying Motive)는 제품영역 내에 있는 특정 상표 선택과 관련이 있다. 카펫의 색상과 섬유의 질, 그리고 가격 등이 특정상표를 결정하는 선택적 동기가 될 수 있다.

따라서 마케팅관리자는 자신의 제품이나 서비스를 소비자에게 충족시켜 줄 수 있는 동기를 파악하여 이들 동기에 적합한 마케팅믹스를 개발해야 한다. 프로이트와 메슬로우 동기이론에 대해서는 소비자행동론 교재에서 상세히 다루고자 한다.

2) 프로이드 이론

프로이드(Sigmund Freud)의 정신분석이론(Psychoanalytic Theory)은 현대 심리학의 토대이다. 이 이론은 무의식의 욕구나 충동, 특히 성적 충동이나 생물학적 충동이 인간의 동기와 개성을 형성하는 데 본질적이라는 가정에서 만들어졌다. 프로이드는 환자들 어린 시절의 경험이나 갈등을 회상시키도록 하며 또한 그들의 꿈을 분석함으로써 자신의 이론을 구축하였다.

이러한 분석을 통하여 프로이드는 인간의 개성이 세 가지의 상호작용체계(이드, 에고, 슈퍼에고)로 구성되어 있다고 설명하고 있다. 이를 살펴보면 다음과 같다.

① 이드(Id)

이드의 사전적 의미는 개인의 본능적 충동의 원천을 뜻하며, 리비도(Libido : 성 본능의 에너지)와 같은 의미로 사용된다. 이드는 배고픔과 갈증, 성적 본능, 자아보호와 같은 인간의 가장 기본적인 욕구를 추구한다. 이드는 기쁨을 추구하고 고통을 회피하려는 행동을 원칙으로 해서 작동한다. 또한 이드는 완전히 무의식적이며 갓 태어난 어린이는 이드에 의해 지배된다.

② 에고(Ego)

에고는 개인의 자아개념이며 이는 의식적으로 통제할 수 있는 상황을 뜻한다. 또한 자아는 경험과 학습에 의해 현실에 적절히 적응할 수 있도록 개인의 능력을 만들어 준다. 예를 들어, 반사회주의적인 방법으로 자신의 기본적 욕구를 표출하기보다는 할리데이비슨 오토바이를 구입하여 탁 트인 남해순환도로를 달림으로써 이러한 반사회적인 기본적 욕구를 어느 정도 해소시킬 수 있다.

③ 슈퍼에고(Superego)

슈퍼에고는 이드에 대한 통제를 나타내며, 무의식적으로 작동된다. 초자아는 자기 행동을 억누르기 때문에 실제보다는 이상적인 것을 추구한다. 또한 슈퍼에고는 사회의 도덕성을 중요시하는 방향으로 행동하도록 유도하는 역할을 한다. 그러나 이드와 슈퍼에고가 갈등의 상태가 되면, 에고가 이 양쪽을 조정하는 역할을 하게 된다.

2. 니즈(Needs)

니즈는 바람직한 상태나 기대된 상태로부터의 불균형 때문에 발생하는 내적 긴장 상태를 가리킨다. 예를 들어, 하루 중 어떤 시간에 배가 불편한 것을 느끼기 시작한다고 하자. 우리는 이때 배가 고픈 것을 느끼고, 어떤 결과를 향하여 행동하도록 동기가 부여된다(예 냉장고 문을 여는 것). 배가 고픈 경우 음식을 먹음으로써 니즈가 충족되고 긴장은 해소된다.

특정한 니즈를 충족시키도록 동기가 부여되면, 그 니즈와 관련 없는 대상은 매력이 줄어든다. 만사가 잘 안 풀리는 날에 머리를 손질하고 싶다면, 머리 모양을 내는 젤 같은 제품은 팝콘이나 다른 제품보다는 훨씬 더 매력적인 것으로 보일 것이다. 또 니즈는 어떤 제품이나 서비스로부터 소비자들을 멀어지게 만들기도 한다. 고통을 싫어하기 때문에 우리는 치과에 가지 않을 수도 있을 것이다.

니즈의 유형으로는 사회적 니즈, 비사회적 니즈, 기능적 니즈, 상징적 니즈, 쾌락적 니즈, 인지적 니즈와 자극적 니즈 6가지가 있다.

1) 니즈

① 사회적 니즈 : 이것은 타인과 관계되는 외부 지향적 니즈이다. 그러므로 이 니즈의 충족을 위해서는 다른 사람들의 행위나 존재가 있어야 한다. 예를 들어, 지위에 대한 니즈는 다른 사람이 나에 대한 높은 관심을 유지하고 있어야 한다. 도움에 대한 니즈는 다른 사람이 나의 짐을 덜어주어야 충족될 수 있다. 모델링에 대한 니즈는 다른 사람이 행동하는 것을 우리에게 보여주어야 충족된다.

② 비사회적 니즈 : 이것은 타인과 관련 없는 성취를 위한 욕구이다. 수면, 진기함, 지배, 특이함, 이해 등 단지 자신과 관련된 것으로써 어떤 제품이나 서비스 사용에 영향을 줄 수 있다. 자신이 세계에서 일관성을 유지하기 위해 동일한 상표를 반복적으로 구매할 수도 있고, 다양성 욕구 충족을 위해 구별되는 것을 구입할 수도 있을 것이다.

③ 기능적 니즈 : 기능적 니즈(Functional Needs)는 소비 관련 문제를 해결할 수 있는 제품을 탐색하도록 만드는 욕구이다. 예컨대, 측면 에어백을 갖춘 자동차 구매를 고려할 경우가 있는데, 그 제품이 우리의 안전 욕구를 불러일으키기 때문이다(기능적, 비사회적 욕구). 어린이가 있는 어머니들이 유모를 구하는 것은 도움이 욕구를 해결하기 위함이다(기능적, 사회적 니즈).

④ 상징적 니즈 : 이것은 우리가 자신을 인식하는 것과 타인이 우리를 인지하는 것에 영향을 주는 욕구이다. 성취, 독립, 자기 통제 등은 자기 스스로의 느낌과 관련된 것이기 때문에, 이런 것들을 상징적 니즈(Symbolic Needs)라 한다. 같은 방법으로, 특이함도 상징적 니즈이다. 자신의 정체성을 표현하는 방법에 대한 구매의사결정을 유도해 내기 때문이다. 예컨대, 많은 소비자는 그들의 사회적 신분을 표현하기 위해 Jimmy Choo 구두를 신는다.

⑤ 쾌락적 니즈 : 이것은 감각적 자극, 인지적 자극, 진기함(비사회적 니즈)에 대한 욕구와 강화, 성, 놀이(사회적 니즈)에 대한 욕구를 가리킨다. 쾌락적 니즈(Hedonic Needs)는 감각적 즐거움에 대한 내재적 욕구를 나타낸다. 이 욕구가 충분히 고조되면, 즐거움과 불쾌감을 동시에 가져다주는 환상적인 제품에 대한 니즈가 고무된다. 소비자들은 그것이 주는 감각적 즐거움을 위해 향수를 사기도 하거나 눈길을 끄는 분위기를 느끼기 위해 라스베이거스에 있는 Palazzo 같은 고급 쇼핑센터를 찾기도 할 것이다.

⑥ 인지적 니즈와 자극적 니즈 : 이것 역시 동기와 행동에 영향을 미친다. 높은 인지적 니즈를 가진 소비자들은 의사결정을 내릴 때 정보를 읽거나 깊이 처리하는 등 정신적으로 힘든 활동에 몰입하는 것을 좋아한다. 반면에, 낮은 인지적 욕구를 가진 소비자들은 의사결정을 하는 동안 TV 시청, 정보처리에 적은 활동을 하는 등 생각을 많이 필요로 하지 않은 활동을 선호한다. 소비자들이 때로는 자극적 니즈가 필요하기도 하다. 고도의 최고 자극 수준의 니즈를 가진 소비자들은 감각적 자극을 좋아하고 쇼핑과 브랜드 정보탐색에 몰입하게 된다. 또 이들은

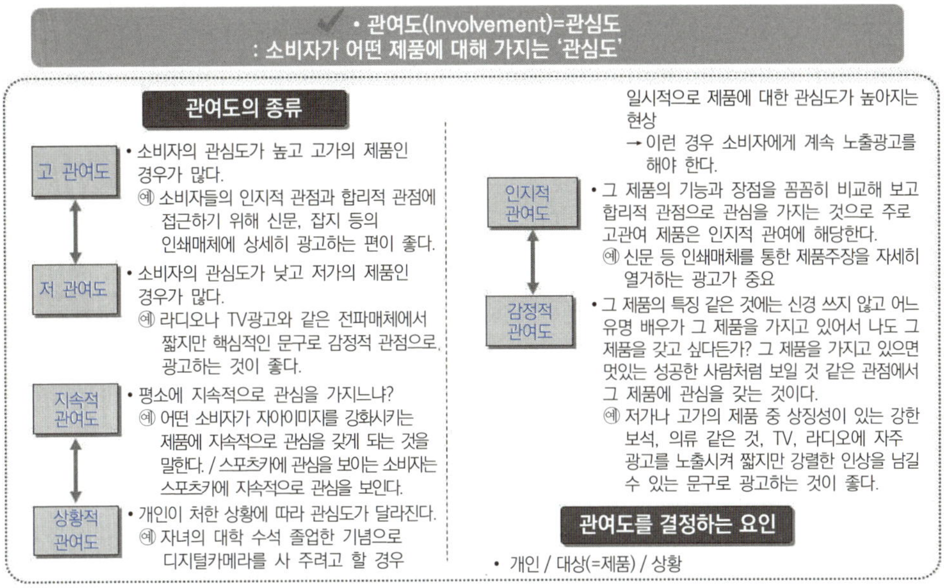

[그림 1-16] 관여도

광고에 몰입한다. 스릴을 추구하는 소비자들은 스카이다이빙과 급류 타기 래프팅을 좋아한다. 이와는 달리, 과대자극을 느끼는 소비자들은 사람, 소음, 부담스러운 것으로부터 벗어나기를 원하고, 수도원과 안식처와 같은 곳에서 휴가를 보내려고 할 것이다.

2) 관여도

관여도는 소비자가 어떤 제품에 대해 가지는 '관심도'를 의미하며 자극에 의해 유발되어 지각된 개인적인 중요성이나 관심도의 수준을 나타낸다.

관여도의 종류는 크게 고관여도, 저관여도, 지속적 관여도, 상황적 관여도, 인지적 관여도, 감정적 관여도로 6가지로 나눌 수 있는데 관심도의 높고 낮음에 의해 고관여도와 저관여도로 나누며 관심을 지속적으로 갖느냐 일시적으로 갖느냐에 따라 지속적 관여도와 상황적 관여도로 구분하며 합리적 관점으로 관심을 가지느냐 감정적 관점으로 관심을 가지느냐에 따라서 인지적 관여도와 감정적 관여도로 나눈다.

① 고관여도(High-involvement)는 소비자의 관심도가 높고 고가의 제품인 경우가 많으며 소비자들의 인지적 관점과 합리적 관점에 접근하기 위해 신문, 잡지 등의 인쇄매체에 상세히 광고하는 편이 좋다.

② 저관여도(Low-involvement)는 소비자의 관심도가 낮고 저가의 제품인 경우가 많고 라디오나 TV광고와 같은 전파매체에서 짧지만 핵심적인 문구로 감정적 관점으로 광고하는 것이 좋다. 저관여도 제품으로는 볼펜, 껌, 치약 등이 있다.

③ 지속적 관여도(Enduring Involvement)는 오랜 시간에 걸쳐 어떤 제품에 관한 관심이나 행동을 보일 때 존재하는 관여도이다. 열광적인 자동차 팬들은 본질적으로 자동차에 관심이 많고 그것에 지속적인 관여도를 보인다. 지속적 관여도는 평소에 지속적으로 관심을 가지는지에 따라서 구분하며 그 예로서는 어떤 소비자가 자아 이미지를 강화시키는 제품에 지속적으로 관심을 갖게 되는 것을 말한다. 그러므로 광고전략에 있어서는 소비자들의 특성을 파악해서 광고해야 한다.

④ 상황적 관여도(Situational Involvement)는 개인이 처한 상황에 따라 관심도가 달라진다. 그 예로 자녀의 대학 수석 졸업한 기념으로 디지털카메라를 사줄 경우에 일시적으로 그 제품에 대한 관심도가 높아지는 현상을 예로 들 수 있겠다. 이러한 경우 광고전략으로는 소비자들에게 계속 노출광고를 해야 한다.

⑤ 인지적 관여도(Cognitive Involvement)는 소비자들이 목표와 관련된 정보를 처리하거나 생각하는 것에 관심이 있음을 의미한다. 그러므로 소비자들의 목표는 제품에 관한 학습을 포함하게 된다. 에이스 투수인 야구 선수 Pedro Martinez에 관해 모든 것을 알고 싶어 하는 스포츠광은 인지적 관여도를 보일 수 있다. 인지적 관여도는 그 제품의 기능과 정점을 꼼꼼히 비교해 보고 합리적 관점으로 관심을 가지는 것으로 주로 고관여도 제품들이 인지적 관여에 해당이 된다. 광고전략으로는 신문 등 인쇄매체를 통한 제품주장을 자세히 열거하는 광고가 중요하다.

⑥ 감정적 관여도(Affective Involvement)는 제품이나 활동에 대해 소비자들이 감정적 에너지를 소모하거나 감정을 강화하려는 것을 의미한다. 강력한 감정을 경험하려고 음악을 듣는 소비자는 감정적 관여도를 나타낸다. 감정적 관여도는 그 제품의 특징 같은 것에는 신경쓰지 않고 어느 유명 배우가 그 제품을 가지고 있어서 나도 그 제품을 갖고 싶다든가? 그 제품을 가지고 있으면 멋있는 성공한 사람처럼 보일 것 같은 관점에서 그 제품에 관심을 두는 것이다. 광고전략으로는 저가나 고가의 제품 중 상징성이 있는 강한 보석, 의류 같은 것으로 TV나 라디오에 자주 광고를 노출시켜 짧지만, 강렬한 인상을 남길 수 있는 문구로 광고하는 것이 좋다.

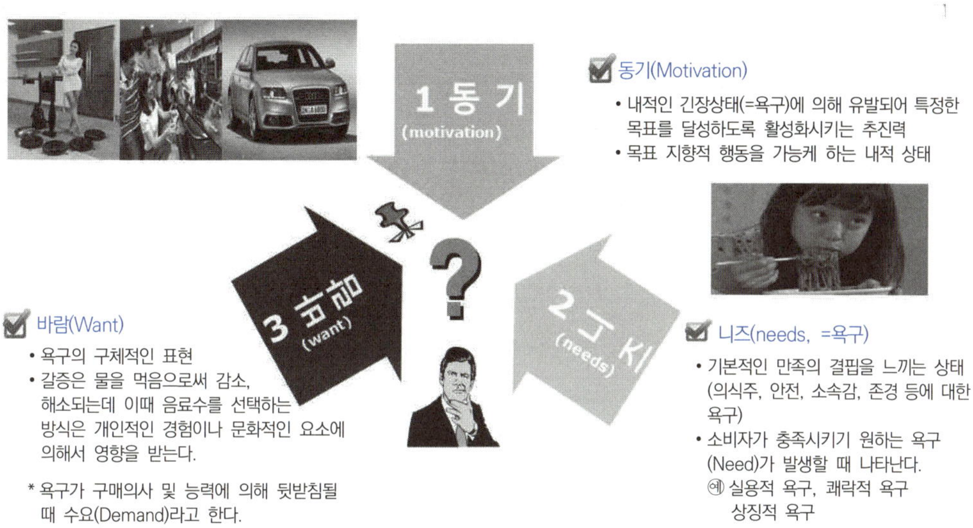

[그림 1-17] 동기, 니즈, 원츠(바람)의 정의

3) 원츠

외부적인 요인으로 작용하는 목표나 목적에 대한 욕구이며 추상적 동기를 구체화하여 표현한 것이다. 예를 들어, 갈증을 해소하기 위해 게토레이를 찾는다면 이것이 원츠(Wants)이다.

4) 수요

수요는 '소비자들이 어떠한 제품을 사고자 하는 의지'를 말하며 수요'는 물건이나 용역을 사려고 하는 것을 말한다. 수요자의 입장에서 생각해 볼 때 물건의 가격이 내리면 사려고 하는 수요량은 늘어난다.

예를 들어, 3,000만 원에 팔던 자동차를 어떤 대리점에서 하루 동안 500만 원에 판다면 훨씬 많은 소비자들이 살 것이다. 반대로 6,000만 원에 판다면 웬만해서는 사지 않을 것이다. 이렇게 가격이 내리면 사려고 하는 수요가 늘어나고, 가격이 오르면 수요가 줄어든다. 이처럼 수요는 가격에 따라 수요량이 변하는 것을 '수요의 법칙'이라고 한다.

5) 개인적 관련성

사람들은 자신의 가치관, 니즈, 목표, 감정 등과 일치되는 것들을 개인적인 관련성이 있는 것으로 지각한다. 이러한 관련성 때문에 소비자들은 정보를 처리하고 의사결정을 하며 행동하게 된다. 이러한 개인적 관련성의 유형으로는 자아개념과 일치성, 가치, 만족, 목표 4가지가 있다.

① 자아개념과 일치성 : 자아개념(Self-concept)은 '자신이 누구인가를 나타내는 정신적 견해'로서 자아개념 또는 자신에 대한 스스로의 관점과 타인이 자신을 보는 방법이라고 여기는 것을 어느 정도 나타내는 것들도 개인적 관련성이 있다고 볼 수 있다. 자아개념은 자신이 누구인지를 밝히는 데 도움이 되고, 그것은 종종 우리의 행동을 이끌어 가기도 한다. 자아개념은 시간에 따라 현저히 달라질 수 있음을 유념해야 한다. 옷을 구입할 때, 우리는 자신이 누구인지 예컨대 전문가, 학생, 또는 스포츠팬 등과 같은 어떤 모습을 자주 진술해 보곤 한다.

② 가치 : 가치(Value)는 '옳고 중요하거나 좋게 여기는 것에 관한 신념'을 말하며 소비자들은 그들의 가치와 관련이 있는 정보에 주의를 기울이고 그것을 처리하도록 동기가 부여된다. 가치는 사람들이 중요하고 좋은 것으로 여기는 신념을 가리킨다. 우리가 교육을 매우 중요한 것으로 보면, 학위 취득과 같은 가치와 일치되는 행동을 하도록 동기가 활성화될 것이다.

③ 만족 : 만족(Satisfaction)은 소비자들이 긍정적 평가하거나 그들의 의사결정에 행복을 느낄 때 나타나는 감정을 말하며 구체적인 내용에 대해서 소비자 구매의사결정과정에서 자세하게 설명하고자 한다.

④ 목표 : 목표(Goal)는 '우리가 달성하고 싶은 결과'를 말한다. 목표 역시 개인적 관련성과 동기에 많은 영향을 준다. 목표는 사람이 달성하고 싶어 하는 특정한 결과나 최종 상태이다. 우리는 돈을 버는 것, 공부하고 싶은 과목에 등록하는 것, 특별한 만찬에 누구를 데리고 가는 것과 같은 목표들을 가질 수 있다.

6) 능력

지식, 경험, 인지 형태, 정보 복잡성, 지능, 교육, 연령, 돈 등은 상표, 의사결정, 구매, 사용, 처분 등에 대한 정보를 처리할 수 있는 소비자들의 능력에 영향을 준다.

① 제품지식과 경험 : 소비자들은 제품에 대한 다양한 지식을 가지고 있다. 그들은 광고, 판매원과의 교류, 친구나 매체를 통한 정보, 이전의 의사결정이나 제품 사용, 또는 기억 등과 같은 제품 또는 서비스 경험으로부터의 지식을 얻게 된다.
많은 연구에서, 제품지식이나 전문지식이 많은 소비자와 그렇지 않은 소비자들의 정보처리 행위가 비교되어 왔다. 연구 결과의 핵심은, 똑같은 동기가 있는 경우라도 지식이 적거나

초보적인 '소비자들'보다 지식이 많거나 '전문가들'이 정보를 더 깊이 생각할 수 있다는 것이다.
이전 지식의 차이가 분명히 소비자들의 의사결정에 영향을 준다. 예를 들면, 자동차를 리스하려는 소비자가 자본비용 개념, 리스료 계산 방법 등을 모르거나 더 낮은 가격으로 협상해야 할 필요성을 모른다고 하자. 이런 비용을 이해할 능력이 없으면, 최적의 의사결정을 할 수가 없게 될 것이다.

② 인지방식 : 소비자들은 정보가 제시되는 방법에 따라 인지방식이나 선호도가 다를 수 있다. 어떤 소비자들은 시각적으로 정보를 처리하는데 능통한 반면, 어떤 사람들은 언어적인 정보를 선호한다.
예컨대, 목적지 도착 계획을 수립할 때, 어떤 사람들은 지도를 선호하고, 어떤 사람들은 표지판을 보고 가는 것을 선호한다.

③ 정보의 복잡성 : 소비자들에게 노출되는 정보의 복잡성은 그것을 처리하는 능력에 영향을 줄 수 있다. 정보가 너무 전문적이거나 복잡한 경우에 사람들은 방해받을 수 있다. 즉 정보가 복잡해서 그것을 처리하는 능력이 감소한다. 정보를 복잡하게 하는 것은 사람들은 비전문적이고 정성적인 데이터보다 전문적이거나 정량적인 정보를 처리하는 것을 더 어렵게 느낀다는 연구 결과가 있다. 전문품과 의약품은 복잡한 정보를 수반한다. 또 단어가 없는 사진을 포함하고 있는 정보는 모호한 경향을 띠고, 그 결과 처리에 힘이 든다는 연구 결과도 있다.

③ 지능, 교육, 연령 : 지능, 교육, 연령 역시 정보처리 능력과 의사결정과 관련되어 있다. 특히, 지능이 높고 교육을 많이 받은 소비자들은 의사결정과 복잡한 정보를 더 잘 처리할 수 있다.
연령 또한 처리 능력의 차이를 설명해 준다. 청소년은 정보탐색의 편익이 때로는 비용보다 크다는 사실을 더 민감하게 받아들이는 것으로 보이지만, 어린아이들은 똑같은 능력을 가지고 있지 않은 것 같다. 노인들은 확실히 인지적 기술이 쇠퇴하여 정보처리 능력이 감소한다.
한 연구에서, 노년층의 소비자들은 젊은 층보다 영향 정보처리에 많은 시간을 보내고 정확도가 떨어지는 의사결정을 한다고 밝혔다.

⑤ 돈 : 돈이 부족하기 때문에 소비자들은 다른 방법으로 획득과 관련된 행동을 하는 것은

분명하다. 비록 돈이 부족한 소비자들은 여전히 정보를 처리하고 구매 결정을 하도록 동기는 부여되지만, 마케터들이 제공하는 제품을 즉시 구매할 수 있는 능력에는 많은 제한을 받게 된다.

7) 기회

어떤 소비자가 건강을 위해 열심히 운동해야겠다는 생각을 충분히 하고 헬스클럽 가입에 필요한 충분한 돈(능력)도 있다고 하자. 그러나 그는 너무 바빠서 실제로 헬스클럽에 갈 시간이 없을 수도 있다. 이 경우 동기와 능력은 매우 높지만 시간 부족, 분산, 기타 행동할 능력을 지연시키는 요인들 때문에, 실제로 운동하거나 의사결정을 할 수 없게 된다.

① 시간 : 시간은 소비자들의 정보처리, 의사결정, 행동 실행에 영향을 줄 수 있다. 시간 압박을 받는 소비자들이 크리스마스 시즌에 자신을 위한 상품을 구매할 가능성이 더 높다는 연구결과가 있다. 왜냐하면 이들은 쇼핑해야 할 기회가 거의 없기 때문이다.

② 분산 : 분산은 소비자들의 주의를 다른 곳으로 흩어놓는 특정한 상황을 가리킨다. 예를 들면, 중요한 시험은 정말 하고 싶은 요가수업으로부터 소비자들의 주의를 돌리게 한다. 소비자가 광고를 보고 있거나 의사결정을 하는 동안 다른 사람이 이야기하면, 그런 분산은 소비자들의 정보처리 능력을 억제할 수 있다. 음악이나 매력적인 모델과 같이 광고의 배경 요소는 광고의 메시지로부터 소비자들을 분산시킬 수 있다.

③ 정보의 양, 반복, 통제 : 제시되는 정보의 양은 소비자의 메시지 처리 기회에 영향을 줄 수 있다. 또 소비자들의 정보처리 능력은 시간, 분산, 정보의 양과 복잡성에 의해 제약을 받는 반면, 반복은 실제로 그것을 강화시킨다.
어떤 정보에 반복해서 노출되면, 소비자들은 그것을 생각하고 면밀히 조사하며, 그 정보를 기억할 기회를 더 많이 갖기 때문에 그것을 쉽게 처리할 수 있게 된다. 특히 TV와 라디오를 이용한 광고주들은 정보처리 기회를 증가시키기 위해, 표적 청중들에게 한 번 이상 메시지를 노출할 수 있는 계획을 수립해야 한다. 그러나 상표가 낯설고 반복 노출될 경우 소비자들이 부정적인 반응을 보여 그것 때문에 커뮤니케이션 효과를 감소시킨다는 사실을 제시한 연구도 있다. 반대로, 잘 알려지고 친숙한 브랜드에 기인한 반복 광고에 대해서는 소비자들이 더 많이 인내한다.

2.2 소비자 구매행동에 대한 이해 - 소비자 구매의사결정과정

제품을 구매할 때, 소비자들은 일반적으로 [그림 1-18]과 같이 문제인식, 정보탐색, 대안평가, 구매결정, 구매 후 행동 등 소비자 구매의사결정과정을 따른다. 구매의사결정 다섯 단계는 제품이나 서비스에 대한 문제인식 단계에서 구매 후 행동 단계에 이르기까지 소비자가 거치는 일반적인 구매의사결정 과정을 나타낸 것이다. 이런 과정은 소비자들이 어떻게 의사결정을 하는지를 연구하는 데 지침이 된다. 중요한 것은 소비자들이 언제나 의사결정 다섯 단계를 밟을 것이라고 가정해서는 안 된다는 것이다. 일반적으로 소비자는 가격이 높고 개인에게 중요한 제품인 고관여 제품의 경우에는 보다 많은 정보를 탐색하고 보다 신중하게 대체 안을 비교하고 평가하며, 가격이 낮고 중요하지 않은 제품인 저관여 제품의 경우에는 정보탐색을 거의 하지 않거나 전혀 하지 않고 대체 안을 비교하거나 평가과정을 생략하기도 한다. 또한 경우에 따라서는 의사결정단계를 도중에 그만둘 수도 있고, 심지어는 구매하지 않을 수도 있다.

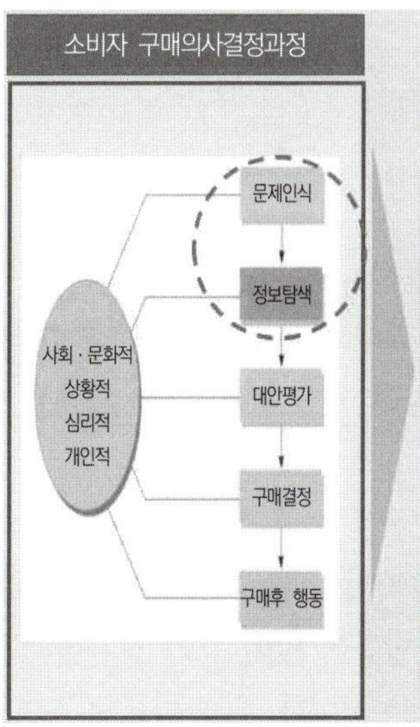

1) 문제인식(필요의 인식)
- 소비자는 자신이 처해 있는 현재 상황과 이상적인 상황과의 괴리가 심할 때 문제를 인식
- 자극 (1) 내부적 자극 : 필요는 배고픔, 목마름 등의 내부적 자극에 의해서 발생
  (2) 외부적 자극 : 소비자들로 하여금 자신의 필요나 문제를 인식하고 구매행동을 유발할 수 있다.(㉰ 광고)
- 해결책은 소비자들의 능력 범위에 있어야 가능

2) 정보탐색
- 필요를 인식한 소비자는 욕구가 강하고 그 욕구를 채울 만큼 제품이 머릿속에 오른다면 구입할 것이다.
- 정보 (1) 상업적 원천 : 소비자들은 마케팅관리자들에 의해서 통제됨(㉰ 광고)
  (2) 개인적 원천 : 중요하고 효과적인 정보의 원천
- 탐색 (1) 내적 탐색 : 제품이 머릿속에 직접 떠 오른다.
  (2) 외적 탐색 : 외부의 정보를 획득한다.
    1〉 개인적 정보원천 → 가족, 친구, 이웃
    2〉 상업적 정보원천 → 광고, 판촉사원, 중간상, 진열
    3〉 공공적 정보원천 → 신문기사, 방송뉴스, 잡지
    4〉 경험적 정보원천 → 시험구매, 제품의 직접적인 사용

[그림 1-18] 소비자 구매의사결정과정(1)

2.2.1 문제인식

소비자 구매의사결정과정에서 첫 번째 단계인 문제인식(Problem Recognition) 단계는 소비자들이 실제 상태와 바람직하거나 이상적인 상태 사이에 상당한 차이가 발생했을 때 일어난다. 이러한 차이의 정도가 크거나 그 문제의 중요성이 클 때, 동기유발이 강하게 일어난다. 충분한 동기유발이 있어야 문제인식 단계에서 구매의사결정과정을 거쳐서 구매행동으로 이어질 수 있다. 동기유발은 내 · 외적 자극을 통해서 활성화된다.

문제인식은 소비자가 내 · 외적 자극을 통해 노출되고 환기될 때까지 그 욕구가 잠재되어 있을 수 있다. 배고픔이나 갈증 등의 내적 자극으로는 격렬한 운동을 한 후에 갈증을 느껴서 게토레이 음료를 먹고 싶어 하는 경우, 두통이 와서 아스피린을 찾는 경우 등의 예를 들 수 있다. 외적 자극으로는 새로운 스포츠카에 대한 TV광고를 보고 사고 싶어 하는 경우, 새로운 자동차에 대한 친구의 얘기를 듣고 갖고 싶어 하는 경우, 타인이 사용한 향수의 향을 맡고 나서 향수를 사고 싶어 하는 경우, 세일행사 광고를 보고 가죽잠바를 구입해야겠다고 생각하는 경우 등을 예로 들 수 있다.

이러한 자극들에 의해서 문제 인식을 하지만 소비자가 제품을 다 사용했다든지, 현재 사용하고 있는 제품에 불만족스러운 경우에도 구매의사결정 과정을 시작하게 된다.

2.2.2 정보탐색

소비자들은 문제를 인식하고 나면, 인식한 문제를 해결하기 위해 대안을 탐색하게 된다. 정보탐색은 내적 탐색과 외적 탐색으로 나눌 수 있는데 욕구에 따라서 이를 해결해 줄 수 있는 제품에 대한 정보를 기억 속에 저장된 정보를 회상해 내는 과정을 내적 탐색이라고 하며, 이런 저장된 정보는 주로 제품과 관련된 사전 경험으로부터 나온다. 예를 들어, 쇼핑하는 동안에 당신이 얼마 전에 구매했던 특정 회사의 스낵제품을 보았다면, 당신의 기억 속에 저장되어 있는 정보를 탐색해서, 아마도 당신은 그 스낵제품이 맛이 좋았다든지, 손님들이 맛이 좋아 칭찬했다든지, 혹은 손님들에게 대접하기가 쉬웠다든지 등의 기억을 할 수 있을 것이다. 이와 다르게 소비자가 자신의 문제를 해결할 만큼 충분한 정보를 갖고 있지 못한 경우에는 보다 많은 시간과 노력을 기울여서 많은 정보를 수집하기 위해 외부에 있는 정보원으로부터 정보를 탐색하는 외적 탐색이 있다.

소비자가 외적 탐색을 어느 정도 하는가는 욕구 인식의 강도, 제품이나 서비스에 대한 관심의 정도, 지식, 사전경험, 지각된 위험에 달려있으며, 그리고 기억하는 정보의 양, 추가적인 정보 획득의 용이성과 가치, 시간과 노력의 정도, 정보탐색으로부터 얻는 만족감의 정도 등에 의해서

결정된다. 일반적으로 외적 정보탐색은 구매 제품에 대한 지각된 위험이 증가할 때, 정보탐색이 커지고 훨씬 더 많은 대안을 고려할 것이다. 주로 개인적으로 중요한 제품이거나 고가 제품인 경우에는 정보탐색의 양이나 시간과 노력이 증가한다. 예를 들어, 당신이 자동차를 한 대 구매하는 것이 비누나 치약 등 일상용품을 구매하는 것보다 구매의사결정 시에 비용 때문에 상대적으로 지각된 위험이 크다고 할 수 있다. 그래서 자동차 모델, 연비, 내구성, 실내공간, 탑승인원 등에 관한 자세한 정보를 탐색과 더 많은 정보 수집을 위해서 노력과 시간을 많이 기울일 것이다. 왜냐하면, 자료 수집하는 데 걸리는 시간이 자동차를 잘못 구매했을 때 지불하게 되는 대가보다 작기 때문이다.

정보탐색 방법은 마케팅으로 통제 불가능한 정보원과 통제 가능한 정보원 등 기본적으로 두 가지 정보원이 있다. 마케팅으로 통제 불가능한 정보원은 제품을 촉진하는 마케팅관리자와는 관련이 없다. 예를 들어, 어떤 소비자는 갤럭시 휴대폰을 좋아하거나 구입했던 친구로부터 그 휴대폰을 추천받을 수도 있다.

이와 같이 마케팅으로 통제 불가능한 정보원에는 친구, 가족, 직장동료, 이웃 주민, 기타 아는 사람 등과 같은 대인적 자료원과 신제품을 주의 깊게 관찰해 본 개인적 경험, 대중매체 중립적인 기관인 소비자원이나 언론, 관련 기관의 간행물과 같은 공공적 자료원, 제품을 취급, 검사, 조사해 본 경험이 있는 사람이나 기관 등으로부터 수집한 정보원 등이 포함된다. 그리고 마케팅으로 통제할 수 있는 정보원은 마케팅관리자가 특정 제품을 촉진하는 것에서 비롯된다. 통제 가능한 정보원에는 TV, 라디오, 신문, 잡지 광고 등의 대중매체 광고, 콘테스트, 디스플레이, 프리미엄 등의 판매촉진, 판매원, 제품 라벨이나 패키지 등이 포함된다.

이와 같이 소비자가 선택 대안에 대한 정보를 탐색하는 과정에서 정보 원천으로서 내적 정보탐색과 외적 정보탐색 과정이 일반적으로 이루어진다. 따라서 마케팅관리자는 소비자가 의존하는 정보 원천을 파악하고, 각 정보 원천이 다음 단계의 구매의사결정에 어떤 영향을 미치는지 잘 파악해야 한다.

2.2.3 대안평가

소비자가 정보탐색 활동에 참여하여 복수의 대체 안에 관한 정보가 수집되면 이어서 이들 대체안의 평가가 이루어지게 된다. 즉 대안 평가 단계는 소비자가 의사결정에 있어 중요하다고 느끼는 평가 기준 또는 제품 속성들에 견주어 다양한 대체 안들을 비교하는 단계로 탐색단계에서 획득된 정보들을 자신의 기존 신념 및 가치관의 구조에 관련지어보는 작업이 이루어지게 된다.

2.2.3.1 보안적 평가방식

소비자가 상표 대안들에 대한 평가를 할 때, 평가 기준에 따라 각 대안이 갖고 있는 개별 속성들은 강점과 약점들을 갖고 있을 수 있다. 이때 소비자는 각 상표에 대해 어떤 평가 기준의 약점을 다른 평가기준의 강점으로 보완하여 전반적인 평가를 할 수 있는데, 이런 평가 방식을 보안적 평가 방식이라고 한다.

보안적인 평가 방식에서는 각 상표는 모든 차원 혹은 속성들에 대해 평가되며 전체적인 평가는 속성들의 중요도를 고려한 가중 평점을 모두 더하면 종합점수가 되고 가장 높은 종합점수를 획득한 상표가 구매된다. 예를 들어, 어떤 소비자가 자동차를 구입하려고 할 때, 중요시하는 제품의 속성과 각 제품의 속성별 평가점수가 [그림 1-19]와 같다고 가정하자. 각 평가 기준의 가중치는 가격에 0.2, 연비에 0.4, 승차감에 0.3, 디자인에 0.1의 중요도를 각각 부여하고, 상표별로 속성별 평가점수가 1에서 10까지 점수를 부여한다고 하면, 그 결과는 하단과 같다. 이는 속성의 평가점수를 자동차별로 더하여 평균값을 낸 것의 종합점수가 높은 상표일수록 호의적인 평가를 얻어서 가장 높은 점수를 획득한 상표가 선택되게 된다.

따라서 이 소비자는 자동차에 대한 각 대안을 평가한 결과 B자동차가 가장 많은 평가점수를 받았기 때문에 선택할 가능성이 가장 높다.

2.2.3.2 비보안적 평가방식

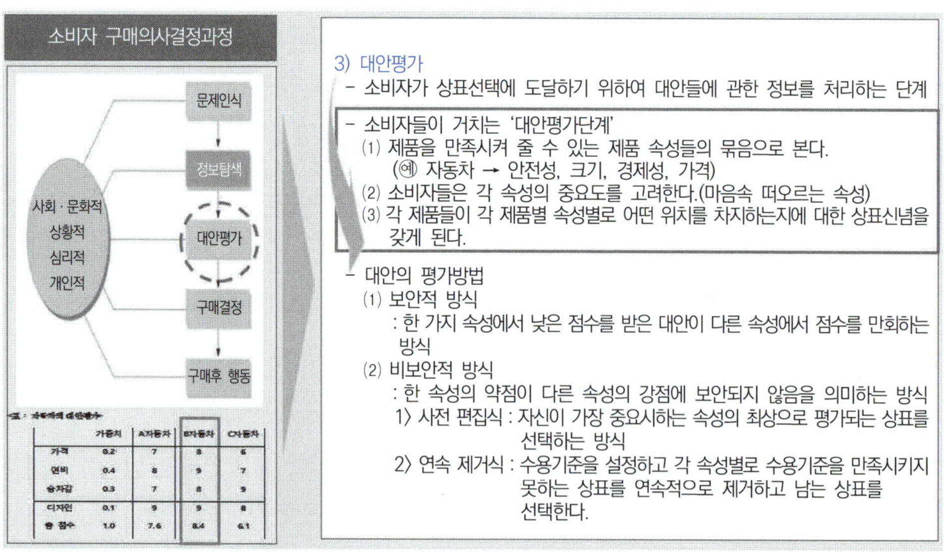

	가중치	A자동차	B자동차	C자동차
가격	0.2	7	8	6
연비	0.4	8	9	7
승차감	0.3	7	8	9
디자인	0.1	9	9	8
총 점수	1.0	7.6	8.4	6.1

[그림 1-19] 소비자 구매의사결정과정(2)

비보안적 평가방식은 보안적 평가방식과는 달리 상표대안들에 대한 평가기준들 상호 간의 강점과 약점들이 서로 보완되지 않는 비교적 간단한 방법이다.

1. 사전 편집식 평가

사전 편집식 평가(Lexicographic Rule)는 속성의 중요도에 따라 순위를 부여하고, 1순위의 속성에서 가장 뛰어난 대안에 대해 좋은 태도가 형성된다는 것이다. 만약 1순위에서 가장 뛰어난 대안이 없이 모두 동일하다면, 2순위 속성으로 넘어갈 것이다. 예를 들어, [그림 1-19]에서 자동차의 평가 기준에서 연비를 가장 중요하게 여긴다면, B자동차를 선택할 것이고 승차감을 중요하게 여긴다면, C자동차를 선택할 것이다.

2. 연속 제거식 평가

연속 제거식 평가(Elimination by Aspect Rule)는 가장 중요한 속성에서부터 허용할 수 있는 최저 수용 기준(Cutoffs)을 정해두고, 이 최저 수용 기준을 충족시키지 못하는 대안부터 제거해 나감으로써 태도가 형성된다는 규칙이다. 예를 들어, [그림 1-19]에서 자동차의 평가 기준에서 최저수용기준을 각 속성에 대해서 8점 이상으로 한다면, B자동차가 선택 대안으로 고려될 것이다.

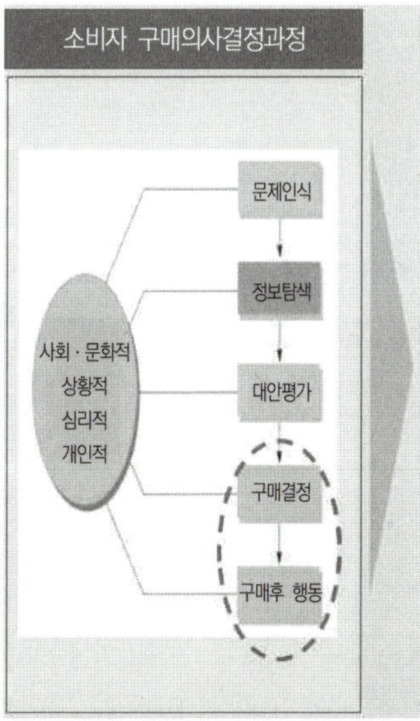

4) 구매결정
- 평가단계에서 각 제품에 대안 평가가 이루어진 후 소비자는 구매의사결정을 하게 된다.
- '구매하기를 원하는 제품과 실제 구매의 차이' 사이의 두 가지 요인
  (1) 자기와 가깝고 영향력을 주는 가족, 친지, 동료 등의 사람들에게 영향을 받음
  (2) 예기치 않는 상황변수
    (예 구매하려는 상표의 변화, 위험성, 두려움, 호의적, 유명제품-보증수리)
    → 소비자는 지각된 위험 수준이 높은 경우 이를 감소시키기 위해 추가적인 정보를 제공하거나 제품에 대한 보증을 실시한다.

5) 구매 후 행동
- 제품 구매 후 소비자들은 제품에 대해 만족과 불만족을 경험하게 된다.
  (1) 만족한 소비자는 1〉 재구매할 가능성이 높으며 2〉 호의적인 구전을 행하고 3〉 경쟁상표의 광고에 관심을 덜 갖고 4〉 자사에서 나온 다른 제품도 구매함.
  (2) 불만족한 소비자는 1〉 기업은 소비자가 불만족을 얘기할 수 있는 제안제도를 사용하여 문제점이 얼만큼 개선되었는지 측정하고 2〉인지 부조화를 줄이는 노력(〈1〉 구매한 제품을 반환, 환불하거나 〈2〉 구매한 제품의 편익을 전달하는 광고내용에 귀를 기울이거나 〈3〉 구매한 제품을 좋은 친구와 이야기 하는 합리화를 거치는 경우)을 해야 한다.

[그림 1-20] 소비자 구매의사결정과정(3)

2.2.4 구매 결정

대안 평가를 했다고 해서 바로 구매로 이어지는 것은 아니고 이 단계에서 여러 가지를 결정한다. 정말 살까, 언제 살까, 어떤 형태를 살까 등 구체적인 의사결정이 남아 있다. 하지만 구매(Purchase)에서의 쟁점은 대안 평가에서 구입하려 한 브랜드를 실제로 구매하는가이다. 구매의도가 구매로 이어지는 경우가 있고 그렇지 않은 경우도 있다.

소비자가 대체안의 평가 과정을 마치게 되면 구매선택 단계로 나아가게 되는데, 이 단계에서는 자신이 수집 및 평가할 정보를 특정 대체안의 결정에 이용할 수 있도록 결합 내지 통합하게 된다.

따라서 이 단계에서 소비자는 정보처리자로서의 역할을 하게 되는데, 소비자는 자신의 환경과 상호작용을 통해 다양한 정보 원천에서 정보를 수집, 평가 및 처리하게 되는 것이다.

소비자는 정보처리의 능력이 제약되어 있으므로 반드시 복잡한 분석 과정을 거치는 것은 아니고, 때로는 단순한 선택 룰을 이용하기도 한다. 소비자가 정보탐색 및 평가를 통해 특정 대안을 선택했다고 하더라도 때로는 예기치 못한 여건들에 의한 구매 의도가 좌절되거나 상표 변경이 이루어지기도 하는데, 이러한 결과는 자금 부족, 점포 내 자극, 구매 조건 변화, 상표 재고, 소진 등에 의해 나타낼 수 있다.

따라서 정보평가의 결과가 실제 선택행위로 이어지기 위해서는 흔히 자금조달, 제품의 설치 및 이용, 그리고 구매할 품목과 관계되는 제품 또는 서비스에 관한 의사결정이 추가로 필요한 경우가 많다.

2.2.5 구매 후 평가

제품을 구매할 때, 소비자는 구매행위를 통해 어떤 결과를 기대한다. 이러한 기대가 얼마나 잘 충족했느냐에 따라 소비자는 구매한 결과에 대해 만족하느냐 혹은 불만족을 하느냐가 결정된다. 실제 소비자 만족과 불만족은 소비자가 구매한 제품에 대해 사전에 가지게 되는 전반적인 느낌이나 태도 등에 의해 영향을 받는다.

일반적으로 제품에 대한 만족은 사전 기대를 충족시키거나 초과한 정도에 따라 이루어진다. 소비자의 사전 기대는 광고와 판매원을 통한 마케팅 커뮤니케이션, 친구나 가족과 같은 비공식적인 정보원, 개인적인 사용 경험 등의 정보를 통해서 형성된다. 제품에 대한 사전 기대와 실제로 제품을 구매한 후에 사용하면서 느끼는 지각된 성능 간의 차이에서 고객의 만족과 불만족이 나타난다.

예를 들어, 어떤 소비자가 실제 제품 성능보다 약간 낮은 기대를 갖고 중고 자동차를 한 대샀는데, 놀랍게도 제품의 성능이 기대 이상으로 너무 좋은 경우에 이 소비자는 지금까지 소유한 자동차 중에서 가장 좋은 것이라고 생각할 수도 있다. 따라서 제품에 대한 기대치가 낮다고 생각하고 구매했는데, 막상 제품을 구매한 후에 실제 성과 치는 기대치를 훨씬 초과했기 때문에 이 소비자의 만족은 매우 높을 것이다.

반대로 높은 기대를 하고 자동차를 한 대 구입했는데, 막상 구매 후에 성능은 기대치보다 훨씬 모자랄 때는, 제품 성능이 소비자의 기대를 충족시켜 주지 못했기 때문에 불만족을 느낄 것이다. 따라서 마케팅관리자는 실제 제품 성능에 비하여 비합리적으로 지나치게 높은 기대는 불만족을 초래하므로, 제품의 성능을 고려하여 현실적인 메시지를 전달해야 한다.

일반적으로 소비자들은 구매 결정이 내려진 후에 그들의 다양한 인지, 태도 혹은 신념 사이에 심리적인 내적 갈등을 종종 느끼는 경향이 있는데 이를 인지부조화(Cognitive Dissonance)라고 한다. 인지부조화의 강도는 구매 결정이 심리적 혹은 금전적인 측면에서 매우 중요하거나, 이미 알고 있는 좋은 대안들이 많이 존재하고 쉽게 구할 수 있을 때 더욱 커진다. 예를 들어, 승용차, 주택, 가구 등과 같은 제품의 구매자들 사이에 흔히 인지적인 부조화가 나타난다. 심리적 긴장감인 인지부조화를 해소시키기 위해서 소비자는 자신이 선택한 제품에 대한 긍정적인 정보를 탐색하거나 혹은 선택하지 않은 제품에 대해서는 부정적인 정보를 수집하여 받아들임으로써 심리적으로 불편한 긴장감을 소멸시키려 노력한다.

따라서 마케팅관리자는 구매 후 행동 단계에서 한 가지 중요한 임무는 소비자들이 구매 결정 후에 가지게 되는 부조화를 축소하고 구매 결정에 대한 확신을 심어주는 일일 것이다. 그래서 판매 직후에 소비자들에게 효과적인 광고 커뮤니케이션, 애프터서비스와 수선유지, 제품 보증 제도 실시, 서신이나 안내 책자 발송, 전화 통화 등을 통해서 구매자의 선택이 현명했음을 확인시켜 줌으로써, 구매 후 인지부조화를 감소시키려는 소비자들의 의도를 도와줄 수 있고 자사의 제품을 구매했을 때 느낄 수 있는 부조화의 원인을 제거시킬 수 있다.

학습정리

이번 장에서 이해해야 할 내용을 정리해 보겠다.

1. 경영학의 개요

1) 경영의 정의

(1) 경영이란 조직의 목적이나 목표를 달성할 수 있도록 조직 구성원들에게 방향(비전)을 제시해 주는 활동의 형태이다.

(2) 경영의 주체(CEO)가 5가지(마케팅/생산관리/경영정보시스템/인적자원관리/회계)의 조직이 회사의 비전에 맞는 방향으로 활동할 수 있도록 방향을 제시해 주는 것이 경영이다.

(3) 경영 주체(CEO)의 특권은 조직의 조직도와 인사권을 행사할 수 있다.

2) 경영의 구조

(1) 조직의 경영구조를 보면 직원들이 배치되어, 하고 있는 직무별로 나누어 보니 크게 5가지의 기능 관리적 측면으로 나누어 볼 수 있다.

(2) 경영학사 과정에서 배워야 할 것들을 과목으로 분류하여 보면 다음과 같다.

① 마케팅부서(마케팅원론, 마케팅관리론, 소비자행동론, 마케팅조사론, 인터넷마케팅, 브랜드, 광고론 등),

② 생산관리부서(생산관리론, 유통물류관리 등)

③ 경영정보시스템부서(경영정보시스템)

④ 인적자원관리부서(인적자원관리, 노사관계론, 리더십 등)

⑤ 회계부서[회계원리, 재무관리, 세법 등)]

2. 마케팅의 개요

1) 마케팅의 정의

마케팅은 시장(Market)을 움직이는 것을 말하며 시장을 움직이기 위해서는 소비자가 필요로 하는 제품의 편익과 욕구가 무엇인지 알고 그러한 Need & Wants에 맞는 재화와 서비스를 제공해 주고 그에 대한 대가로 화폐를 받아 기업들은 성장과 생존을 하는 쌍방향의 활동을 말한다.

2) 마케팅의 구조

(1) 소비자의 Needs & Wants를 알기 위해서는 소비자가 어떻게 행동하고 생각하는지와 관련한 소비자 심리를 분석해야 하므로 마케팅과 소비자심리학은 매우 깊은 관계를 가지고 있다.
심리학의 종류는 크게 인지심리학과 정서심리학으로 나눌 수 있다.

(2) 소비자의 욕구에는 Maslow의 욕구 5단계가 있다.

① 생리적 욕구 : 음식, 물, 수면 등에 대한 욕구를 말한다.

② 안전욕구 : 주거, 보호안전에 대한 욕구를 말한다.

③ 소속, 애정욕구 : 애정, 우정, 수용에 대한 욕구를 말한다.

④ 존경욕구 : 위신, 성공, 성취, 자존심에 대한 욕구를 말한다.

⑤ 자아실현욕구 : 자기달성, 풍부한 경험에 대한 욕구를 말한다.

3. 소비자행동론의 개요

1) 소비자행동론 이론

(1) 소비자 구매의사결정과정

소비자들이 제품을 구매하는 의사결정 과정 5개 단계를 알 수 있다.

(문제 인식 → 정보 탐색 → 대안 평가 → 구매 결정 → 구매 후 행동)

(2) 소비자 정보처리 과정(Information Processing)

소비자들이 어떠한 브랜드를 기억하는 과정 5개 단계에 대해서 알 수 있다.

(노출 → 주의 → 지각 → 태도 → 기억)

(3) 하이어라키모델

소비자들이 제품을 구매하는 행동을 하는 단계 3단계를 알 수 있다.

인지 → 태도 → 행동

4. 마케팅의 정의

1) 마케팅의 정의는 단방향적 마케팅에서 쌍방향의 마케팅으로 변화하였다.
2) 마케팅의 정의는 소비자는 Need & Wants를 생산자에게 제공하고 생산자는 소비자의 Needs & Wants에 맞게 제품을 제공하는 생산자와 소비자의 쌍방향 마케팅을 말한다(필립코틀러 교수).
3) 필립코틀러 교수는 미국의 노스웨스턴대학에 석좌교수로 계시며 마케팅의 아버지라고 불린다.
4) 피터드러커 교수는 "변화리더의 조건", "프로페셔널의 조건", "이노베이터의 조건" 등과 같은 경영학책을 저술하였으며 경영학의 아버지로 불린다.

연습문제

✎ 정답 및 해설

1. 다음 가로에 공통으로 들어갈 단어를 선택하세요.

> 마케팅의 정의를 "소비자는 (&)를 생산자에게 제공하고 생산자는 소비자의 (&)에 맞게 제품을 제공하는 생산자와 소비자의 쌍방향의 커뮤니케이션"이라고 필립 코틀러 교수는 정의하였다.

① Motivation & Wants ② Value & Wants
③ Needs & Wants ④ Needs & Value

[정답] ③
소비자가 제품 구매와 같은 욕구를 채우기 위한 행동을 일으키는 단계로 결핍을 느끼는 상태이며 구체적인 표현을 하는 단계라고 할 수 있다.

2. 소비자의 구매의사결정과정을 바르게 나열한 것은?

① 문제인식 → 정보탐색 → 대안평가 → 구매결정 → 구매후 행동
② 문제인식 → 정보탐색 → 구매결정 → 대안평가 → 구매후 행동
③ 정보탐색 → 문제인식 → 구매결정 → 대안평가 → 구매후 행동
④ 정보탐색 → 문제인식 → 대안평가 → 구매결정 → 구매후 행동

[정답] ①
제품을 구매해야겠다는 문제인식 후 정보탐색을 한 후 몇 가지의 제품을 놓고 속성을 분석하는 대안평가를 한 후에 구매를 결정하며 구매 후 행동으로는 만족과 불만족을 갖게 된다.

3. 소비자 구매행동 모델 중 소비자의 구매의사결정과정에 영향을 받지 않는 것은?

① 사회계층 ② 쇼핑환경
③ 개성 ④ 핵심역량

[정답] ④
소비자 구매행동모델 중 소비자의 구매의사결정에 영향을 받는 환경 5가지에 해당하지 않는 것에 대해서 찾으면 된다.

4. 소비자의 심리적 핵심요인이 아닌 것은?

① 관여도 ② 동기이론
③ 개인적 관련성 ④ 쇼핑환경

[정답] ④
소비자의 심리적 핵심요인이 아닌 것을 찾는 문제이다.

5. 소비자의 심리적 핵심요인 중 '내적인 긴장상태'를 무엇이라고 정의하는가?

① Want ② Need
③ Motivation ④ Management

[정답] ③
Motivation은 소비자가 욕구를 채워야겠다는 불편한 생각을 하는 단계라고 할 수 있다.

6. 다음 마케팅개념의 발전단계를 바르게 연결한 것은?

① 생산개념 → 제품개념 → 마케팅개념 → 판매 개념 → 사회적 마케팅개념
② 생산개념 → 제품개념 → 판매 개념 → 마케팅개념 → 사회적 마케팅개념
③ 제품개념 → 생산개념 → 마케팅개념 → 판매 개념 → 사회적 마케팅개념
④ 제품개념 → 제품개념 → 판매 개념 → 마케팅개념 → 사회적 마케팅개념

[정답] ②
마케팅개념은 소비자와 생산자의 수요와 공급량에 의해서 마케팅의 개념은 변화하였다.

7. 아래의 마케팅의 개념의 정의가 말하는 마케팅의 개념은?

> 상품의 수요가 공급을 초과하는 경우의 시대에 마케팅개념으로 소수의 회사가 독점하고 있을 때 경쟁기업과 조금 다르게 만드는 경우로 기업들은 기술적으로 우수한 혁신적 제품을 만들려고 한다.

① 생산개념 ② 판매 개념
③ 제품개념 ④ 마케팅개념

[정답] ③
제품개념은 소비자들이 우수한 품질이나 효용을 가진 제품을 선호한다는 개념이다. 제품개념에 충실한 기업은 무엇보다도 우수한 품질의 제품을 생산하고 개선하는 데 초점을 두고 있다.

8. 다음 소비자의 구매의사결정과정 5단계를 바르게 연결한 것은?

① 문제인식 → 정보탐색 → 구매결정 → 대안평가 → 구매후 행동
② 문제인식 → 구매결정 → 정보탐색 → 대안평가 → 구매후 행동
③ 문제인식 → 대안평가 → 정보탐색 → 구매결정 → 구매후 행동
④ 문제인식 → 정보탐색 → 대안평가 → 구매결정 → 구매후 행동

[정답] ④
소비자가 제품을 구매하는 구매의사결정과정을 말한다.

9. 소비자의 구매의사결정과정 중 대안평가의 방식 중 아래에 설명한 대한 평가방식은?

자신이 가장 중요시하는 속성의 최상으로 평가되는 상표를 선택하는 방식

① 보안적 방식　　② 사전 편집식
③ 사전 편찬식　　④ 연속 제거식

[정답] ②
소비자가 제품을 구매할 때 가장 중요하게 생각하는 속성 한 가지만 보고 제품을 평가하여 구매 태도를 형성하려는 평가 방식을 말한다. 예를 들어 자동차를 구매할 때 가격에 민감한 소비자는 가격이라는 한 가지의 속성만 보고 살려고 한다. 다른 디자인과 성능, 연비 등의 다른 속성을 보지 않으려 하는 경향이 있다.

10. 소비자가 구매의사결정을 한 후에 만족과 불만족의 감정이 발생한다. 다음 중 만족의 감정이 발생한 후의 행동이라고 볼 수 없는 것은?

① 재구매할 가능성이 높다.
② 호의적인 구전을 한다.
③ 경쟁상표의 광고에 관심을 덜 둔다.
④ 인지부조화를 줄이려고 노력한다.

[정답] ④
소비자들은 제품을 구매한 후에 만족하게 되면 다시 사용하던 브랜드의 제품을 재구매하려 하고 주위에 친구들에게 호의적인 구전을 전달하며 tv에서 다른 브랜드의 광고가 나와도 주의 깊게 보지 않으려는 경향을 보인다.

제 2 부

마케팅환경의 이해

제2부 제2장에서는 기업 전체의 전사적 전략계획프로세스 6단계에 대해서 이해하기 위해 비전 체계도와 핵심역량, IMC(통합적 마케팅커뮤니케이션)와 전략계획에 대한 정의와 개념에 대해서 이해하며 기업 전체의 전사적 전략계획프로세스 6단계에 대해서 알아보기로 한다.

제3장에서는 우리 사업부에서 가장 잘할 수 있는 것이 무엇인지에 대한 핵심성공요인(CSF)을 돌출시키기 위해서 우리 사업부 조직의 거시적인 환경(PEST) 분석에 이어 미시적인 환경(3C)에 대한 분석을 하고자 한다. 거시적인 환경(PEST) 분석요인으로는 정치적·법적 환경과 경제적 환경, 사회문화적 환경 그리고 기술적 환경으로 나누어서 거시적 환경(PEST)에 대한 분석요인에는 어떠한 요소들이 있는지 공부해 보고 앞으로 근무하게 될 조직에 대한 환경을 분석하는 방향을 제시해 줄 것이며 미시적인 환경(3C) 분석요인으로는 자사(Company) 분석과 고객(Customer) 분석, 경쟁사(Competitor) 분석으로 나눌 수 있으며 각 분석에는 어떠한 요소들이 있는지 공부해 보고 이러한 미시적 분석을 통해 SWOT분석을 도출시켜 우리 조직의 핵심성공요인(CSF)을 조직과 조직원에게 우리 조직이 가장 성공할 수 있는 과업을 제시해 줄 수 있다.

제 2 장

마케팅전략 프로세스

이 장에서 학습하는 내용

- 전략 용어 관련 정의
  비전체계도
  핵심역량
  IMC(통합적 마케팅 커뮤니케이션)
- 전략계획
  기본계획
  전략계획
  운영계획
  운영계획의 조정 및 통제
- 전략계획 프로세스의 절차 및 고려사항
  기업사명의 정의
  기업목표의 정의
  사업단위의 확인
  사업단위에 대한 자원배분
  성장전략 수립
  경쟁전략 수립
- 마케팅전략 프로세스의 개념

이 장의 학습목표

- 비전체계도에 대해서 이해한다.
- 핵심역량에 대해서 이해한다.
- IMC의 정의와 전략계획을 이해한다.
- 전략사업단위(SBU)에 대해서 이해한다.
- BCG와 GE매트릭스에 대해서 이해한다.
- 성장전략 9가지에 대해서 이해한다.
- 경쟁전략 3가지에 대해서 이해한다.

“ 마케팅(Marketing)의 BIG PICTURE ”

마케팅의 BIG PICTURE는 4단계로 구성된 마케팅 부서에서 마케팅전략 계획서를 작성하는 마케팅 과정 모형을 보여준다. “BIG PICTURE로 보는 마케팅원론”은 Step 1에서 Step 4까지의 단계로 내용의 구성이 진행되며 4단계를 통한 이론에만 머무는 것이 아니라 4단계를 공부하게 되면 마케팅 부서에서 하는 핵심적인 실무인 기업의 마케팅전략 보고서를 만들 수 있으며 본 교재의 마지막 단원에는 4단계를 통해 작성된 마케팅전략 보고서를 제시할 것이다.

마케팅관리의 정의

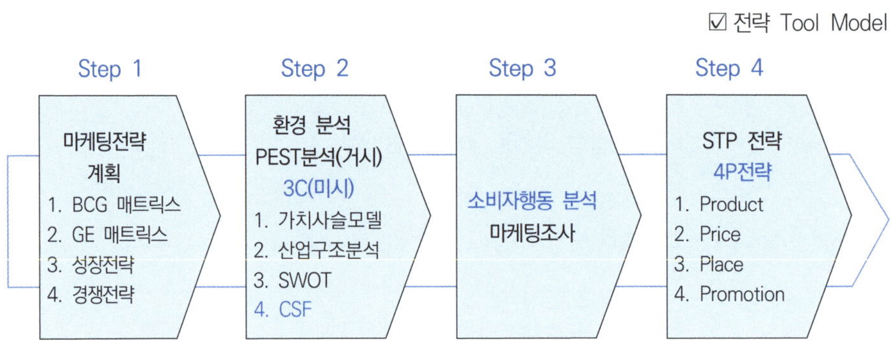

- 전략 TOOL MODEL은 4단계로 정리
- 고객의 욕구 충족과 기업 이윤 창출의 목표를 위하여 주어진 환경을 분석하고 시장, 고객, 경쟁사와 관련된 자료를 수집 분석하여 표적시장을 선정하여 고객을 확보, 유지 증대시키는 전략을 수립 실행하며 평가하고 통제하는 행위

마케팅의 BIG PICTURE

Step 1단계를 통해 기업은 보유하고 있는 많은 사업부 중에 어떠한 사업부에 더 많은 예산 지원을 할 것인지 분류를 하는 단계로 예를 들면 삼성그룹의 경우 삼성전자, 삼성중공업, 에버랜드, 삼성 SDS, 삼성 SDI, 제일모직, 삼성건설 등과 같은 많은 사업부 중에서 한정된 예산을 모든 사업부에 지급해 줄 수 없다. 그러므로 성과물(Output)을 가장 많이 낼 수 있는 사업부를 선정하여 밀어주어야 한다. 그러한 사업부를 선정하는 단계로 BCG와 GE 매트릭스를 통해 가장 많은 성과물을 낼 수 있는 사업부를 선정하여 사업부의 규모를 키워 세계의 기업과 싸울 수 있도록 사업부의 규모를 키우는 전략인 성장전략 9가지에 대해서 공부할 것이며 이렇게 사업부의 규모를 키운 후에 세계시장의 경쟁기업과 경쟁해서 이기기 위한 경쟁전략 3가지에 대해서 공부할 것이다.

01 기업 사업부 전략계획

1.1 전략 용어 관련 정의

전략(Strategy)이란 군사용어로써 전술(Military Tactics)과 대립되는 말이다. 다시 말해서 국지적 · 단기적 내지 소단위적 전투와 관련되는 방안인 전술에 비하여 전략은 전쟁수행이라는 대국적 입장에서 보다 장기적이고 대단위적인 전쟁수행과 관련된 용어이다. 이 용어가 경영학에 이용된 것은 약 50년 전이며 개념상 확대에 자극한 것은 게임이론(Game Theory)이라고 한다. 따라서 전략이란 한 조직이 나아가야 할 장기적인 방향을 제시하고 그 조직의 사명과 목표를 지속적 경쟁우위를 유지하면서 달성하고자 자원을 활용토록 하는 종합적인 행동계획이라고 할 수 있다.

게임이론에서 경영전략이란 개념은 경쟁적인 조건 위에서 경영활동을 소망스러운 확률로 개선하기 위해서 사용되는 통계학적인 일련의 법칙을 말하나, 이는 다른 유사 용어와 혼동하면서 점차 순화하는 과정에 있다. 경영전략에 대한 개념은 두 가지로 구분하여 볼 수 있는데, 첫째는 경영전략을 경영관리나 조직구조와 같은 다른 경영시스템들을 통합 · 조정하는 상위시스템으로 보는 관점이며, 둘째는 경영전략을 계획(Plan), 실행(Do), 통제(See)의 프로세스인 Management Cycle 중에서 계획과정의 하나로 보고, 생산 · 판매와 같은 경영관리의 하위과정으로 보는 관점이 있다.

경영전략이 기업경영에 있어서 중요한 경영요소가 되는 이유는 경영전략이 변화하는 경영환경에 기업이 유연하게 대처할 수 있도록 하는 조직의 환경적응 능력을 촉진시킬 수 있기 때문이다. 경영전략은 기업의 경영자원을 전사적인 관점에서 효율적으로 배분할 뿐만 아니라 기업내부의 다양한 경영활동을 통합시키는 데 이바지한다.

1.1.1 비전체계도

비전이란 주어진 시간 안에 어떤 기업이 되고자 하는 꿈을 의미한다. 비전은 구체적인 전략들을 추상적으로 표현한 것이다. '언제까지 어떤 회사가 된다.'로 환경변화의 급속한 변화요인으로 인하여 자주 변하지는 않지만, 정기적으로 변하기도 한다. 비전은 시간을 두고 변할 수 있지만 미션을 염두에 두고 이를 이루기 위한 목적을 가지고 있으므로 이 둘의 관계는 서로 아주 밀접하게 연관되어 있다. 비전 수립의 구체적인 실행 단계는 [그림 2-1]과 같다.

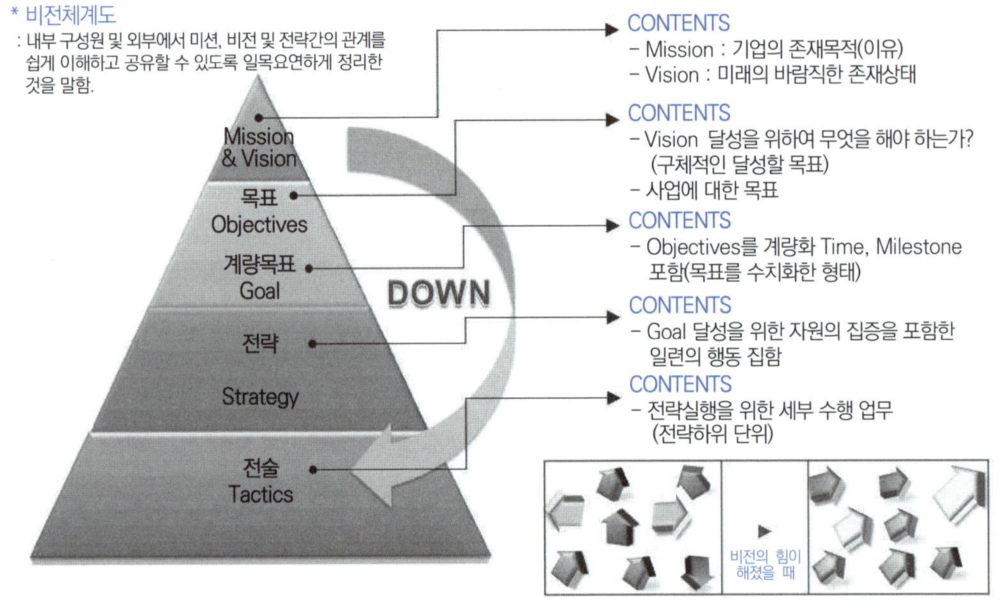

[그림 2-1] 비전체계도

따라서 비전은 향후 5년~10년 후 달성하거나 이루어야 할 조직의 공통 목표를 가리킨다. 또한 비전은 그 내용과 표현이 잘 구성될 경우 구성원들의 힘과 노력을 기업이 원하는 방향으로 집중시키는 역할을 한다. 그리고 이러한 비전 아래에서 모든 자원배분 행위가 일관성 있게 이루어질 때 초우량 기업으로 거듭나게 된다.

그러므로 비전은 기업의 중요한 성공요인으로 인식되고 있는 것이다. B사의 경우 Vision에서 회사의 비전을 'A Most Valuable Company'라고 밝히면서 이러한 비전을 뒷받침할 수 있는 4가지 미션을 각각 정한 바가 있다. 비전체계도는 위와 같이 세운 회사의 경영진이 세운 회사의 비전을 내부 구성원 및 외부 구성원들이 회사의 미션, 비전 및 전략적인 관계를 쉽게 이해하고 공유할 수 있도록 일목요연하게 정리한 것을 말한다.

1.1.2 핵심역량

핵심역량 경영은 경쟁기업에 비하여 훨씬 우월한 경쟁우위를 유지시켜 주기 위한 새로운 핵심역량을 발견하고, 이것을 전사적 차원에서 이용하여 기존의 핵심역량에 새로운 기술 · 제품 · 서비스 등을 연계시켜 새로운 성장분야로 다각화하는 경영기법이다. 핵심역량은 고객에게 가치를 높이거나 그 가치가 전달되는 과정을 더 효율적으로 할 수 있는 특정한 방법의 능력을 나타내며, 이러한 능력은 또한 기업이 신규 사업으로 진출할 수 있는 능력이 된다. 핵심역량은 여러 조직 단위에 내재되거나 통합되어 있는 능력이나 기술이다. 그러므로 핵심역량은 정체되어 존재하는 것이 아니며 산업 환경의 변화나 경쟁자의 등장이나 고객의 새로운 욕구에 따라 항상 변화하고 있다.

핵심역량이란 조직구성원들이 보유하고 있는 독자적 기술과 지식의 조합체로서 구체적으로는 경쟁사보다 몇 단계 뛰어난 수준에서 고객에게 이익을 제공할 수 있는 힘, 조직구성원의 내재된 능력을 결집하여 새로운 기술 · 기능을 만들어 내는 힘, 그것을 다양한 상품에 응용하고 발전시켜 나가는 힘, 조직구성원이 하나가 되어 환경변화에 재빠르게 대응하는 힘 등을 말한다.

이와 같은 핵심역량은 기업 활동의 전 과정 중의 하나 또는 여러 측면에서 세계 최고의 자리를 확보하는 능력으로 과거에 이끌어 왔으며 또한 적절하게 전환하거나 추가의 역량을 축적시키면서 미래 성장의 견인차 역할을 할 수 있는 기업내부에 공유되고 있는 특유의 총체적인 능력 · 기술 · 지식 · 문화를 의미한다. 이와 같은 힘은 매우 본질적이고 근원적이기 때문에 특정사업 분야에서뿐만 아니라 이것을 활용하여 다른 관련 사업으로의 진출까지도 성공을 보장해 주는 특성을

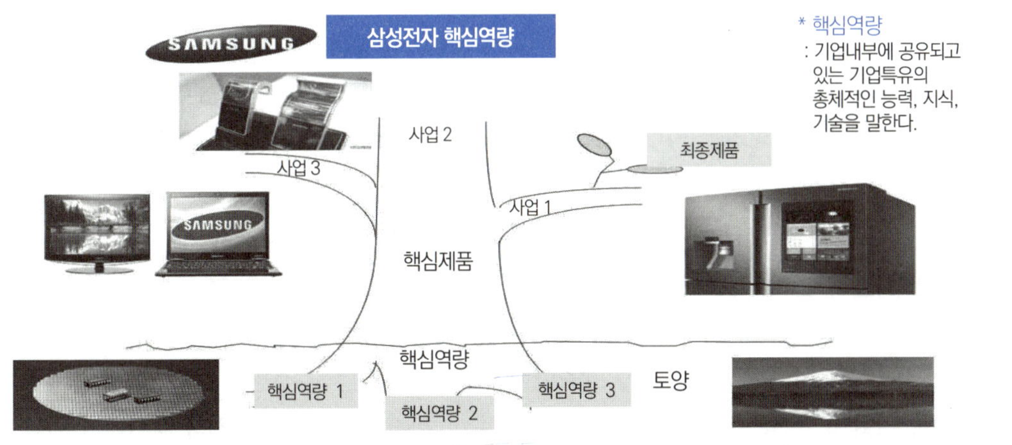

[그림 2-2] 삼성전자 핵심역량

가지고 있다.

경영환경 변화에 따라 핵심역량을 어떻게 파악하고 확보해야 하는지는 매우 중요한 일이다. 미래 경영환경에 대한 통찰력이 반영된 자사의 핵심역량을 정확하게 파악하는 것이야말로 경쟁자와 승부에서 이길 수 있는 중요한 무기가 된다.

1.1.2.1 핵심역량의 특징

핵심역량은 다른 사람이 개발해 놓은 제품을 뒤쫓아 가기 위한 것이 아니라 신수요의 창조를 위한 새로운 제품의 개발로 시장을 주도해 가는 것으로 다음과 같은 특징을 갖는다.

- 제품이나 기능이 아닌 능력이나 지식의 집합이다.
- 최종제품에 대하여 고객이 느끼는 편익을 제공해 준다.
- 핵심역량은 한정된 초점을 맞추어야 한다.
- 경쟁자들이 모방하기 어려워야 한다.
- 핵심역량은 경쟁 상대를 능가할 수 있는 분야이다.
- 지속적으로 축적되어 더 큰 역량을 발휘할 수 있다.
- 조직 시스템으로 인식되어야 한다.
- 핵심역량은 매우 다양한 시장으로 진출할 수 있는 가능성을 제공하여 준다.

1.1.2.2 핵심역량의 필요성

모든 기업의 전략수입 단계에서 자연스럽게 등장하는 단어가 핵심역량의 확보일 것이다. 전략을 효과적으로 전개하기 위해서 등장하는 이 단어가 전사차원에서 고려될 때는 사업 전체의 연결고리를 형성하는 중요한 개념으로 작용한다. 핵심역량을 이처럼 강조하는 이유는 다음과 같다.

첫째, 기업의 핵심역량을 파악함으로써 현재 영위하고 있는 사업의 경쟁력을 판단할 수 있다. 또한 사양산업에서의 철수는 그 분야가 가지고 있는 기술력을 포기하는 것과 같은 것이므로 자사의 핵심역량이 판단의 기준이 될 수 있다.

둘째, 전략적 제휴를 효과적으로 활용할 수 있는 기반이 된다. 전략적 제휴나 라이선스를 통하여 새로운 핵심역량을 확보하기 위해서는 자신이 보유하고 있는 핵심역량을 정확히 알고 있어야 한다.

셋째, 사업 다각화에 대한 기준을 제공한다. 기업들이 사업을 전개해 나갈 때 핵심사업의 기본으로, 이를 적극적으로 활용할 수 있는 분야로 진출을 모색하기 위해서는 자사의 핵심역량이 무엇인가를 정확하게 파악하는 것이 우선되어야 한다.

넷째, 조직의 활성화를 주도할 수 있다. 핵심역량을 추구하고 발전시켜 나가는 기업들의 공통적인 특징은 조직이 능동적이며 활동적이라는 것이다. 이는 전사차원의 목표를 명확하게 함으로써 개별사업부의 목표와 일치할 수 있으며 사업부 간 시너지 확대와 조직구성원의 시야를 넓혀주는 역할을 하게 되는 것이다.

1.1.3 IMC(통합적 마케팅 커뮤니케이션)

기업이 소비자들에게 커뮤니케이션할 때 시너지효과를 창출하기 위해서 통합된 방법으로 촉진수단들을 이용하는 과정이다. 즉 이용가능한 모든 커뮤니케이션 수단은 분명하고 일관성 있는 메시지를 의도된 청중들에게 커뮤니케이션하도록 해야 한다. 여기서 청중이라고 하는 대상은 소비재를 구매하는 일반 소비자를 비롯해서 도매상, 소매상, 공급업자 등과 같이 중간 거래를 하는 소비자들도 포함된다.

이와 같이 촉진, 촉진믹스와 통합적 마케팅 커뮤니케이션 간의 관계를 요약하면 [그림 2-3]과 같이, 촉진은 커뮤니케이션 과정 그 자체를 말하며, 촉진수단과 활동들을 나타낸다. 그리고 통합적 마케팅 커뮤니케이션은 촉진수단들이 서로 통합하고 조정해서 시너지효과를 창출할 수 있도록 커뮤니케이션 과정이나 활동들을 관리하는 방법을 말한다.

1990년대 이후의 주요한 마케팅 흐름의 하나는 통합적 마케팅 커뮤니케이션(IMC;

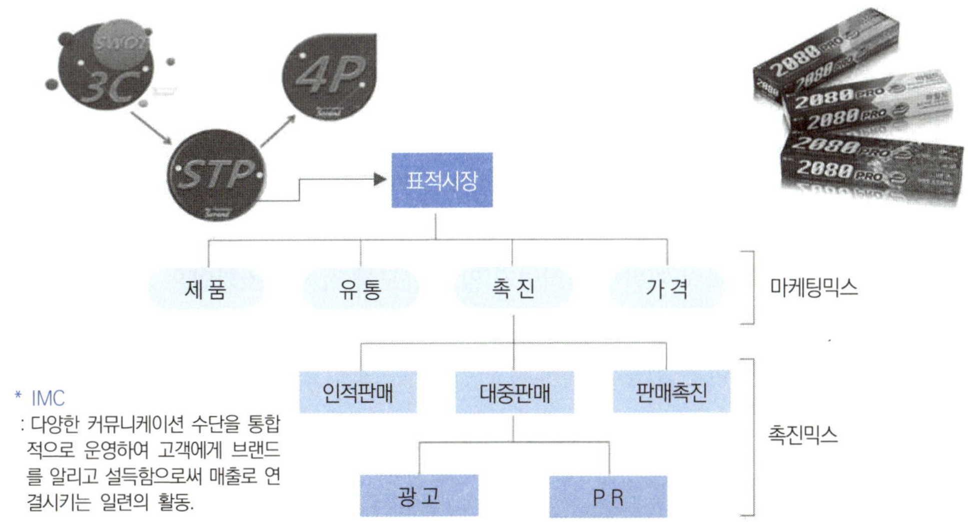

자료 : Perreault, Jr. William D. and McCarthy, E. Jerome(1999), "Basic Marketing", Irwin/McGraw-Hill, p.383.

[그림 2-3] 마케팅믹스와 촉진믹스의 관계

Integrated Marketing Communication)에 대한 관심의 확산이다. 과거에는 광고, 판매촉진, 홍보, 이벤트, 구매시점 디스플레이 등과 같은 커뮤니케이션 수단들이 별개의 마케팅활동으로 수행되었으나, 최근 들어 많은 기업들이 일관된 브랜드이미지를 창출 · 유지하기 위해서 이들을 조정 · 통제해야 할 필요성에 대해 공감하고 있다.

IMC는 광고, 인적판매, 판매촉진, PR 등 다양한 커뮤니케이션 수단들의 전략적인 역할을 비교 · 검토하여, 고객 및 유망고객의 행동에 간접적 혹은 직접적으로 영향을 미칠 수 있도록 이들을 효과적으로 결합한 설득적 커뮤니케이션 프로그램을 개발 · 실행하는 과정으로 정의된다.

IMC는 오케스트라를 구성하는 각각의 악기에 해당되는 마케팅 커뮤니케이션 도구들(즉 광고, 인적판매, 판매촉진, PR)의 독자적인 소리를 지휘자인 마케터의 지휘에 의해 단일의 조화된 소리로 전달함으로써 소비자의 마음속에 명확한 브랜드이미지 및 브랜드자산을 형성해 가는 과정으로 볼 수 있다.

여러 마케팅 커뮤니케이션 활동이 통합적으로 관리될 때, 소비자는 브랜드의 핵심개념을 쉽게 이해하고 그 결과로 형성되는 강하고 독특한 브랜드이미지는 기업에게 무형적인 자산가치를 제공한다. 예를 들어, 청정원의 브랜드가치는 '신뢰와 정성'이라는 브랜드이미지(브랜드콘셉트)를 소비자의 마음속에 심고 자연식품(즉 특정 제품군)하면 청정원이 자연스럽게 떠오를 수 있도록 청정원 자체에 대한 차별적 브랜드이미지를 구축하기 위해서 지속적인 통합적 마케팅 커뮤니케이션 노력을 기울여야 할 것이다.

1.2 전략계획

전략은 분석 수준에 따라 기업전략 · 사업부전략 · 기능전략의 세 가지로 나눌 수 있으며, 이는 전략적 의사결정이 이루어지는 조직의 계층에 따른 구분이기도 하다. 전략적 경영이라는 개념은 기업의 규모나 영리성에 상관없이 원칙적으로 적용이 가능하지만, 이미 기업의 기반이 잡혀있고 규모가 큰 대기업과 아직 기반이 잡혀있지 않고 규모가 작은 중소기업은 기업을 운영하는데 있어서 많은 차이가 있다. 따라서 기업전체를 상위와 하위단위로 나누어 전략을 살펴봄으로써 다양한 계층에서 추구하는 전략의 개념과 범위, 또는 구성요소를 살펴볼 수 있을 것이다.

1.2.1 기업전략(Corporate Strategy) – 기본계획

기업전략은 전사적 전략이라고도 하며 기업전체가 나아갈 방향을 결정짓는 문제를 다룬다. 따라서 사업을 영위할 영역인 제품과 시장을 결정하고, 기업전체 조직구조를 어떤 형태로 갖출

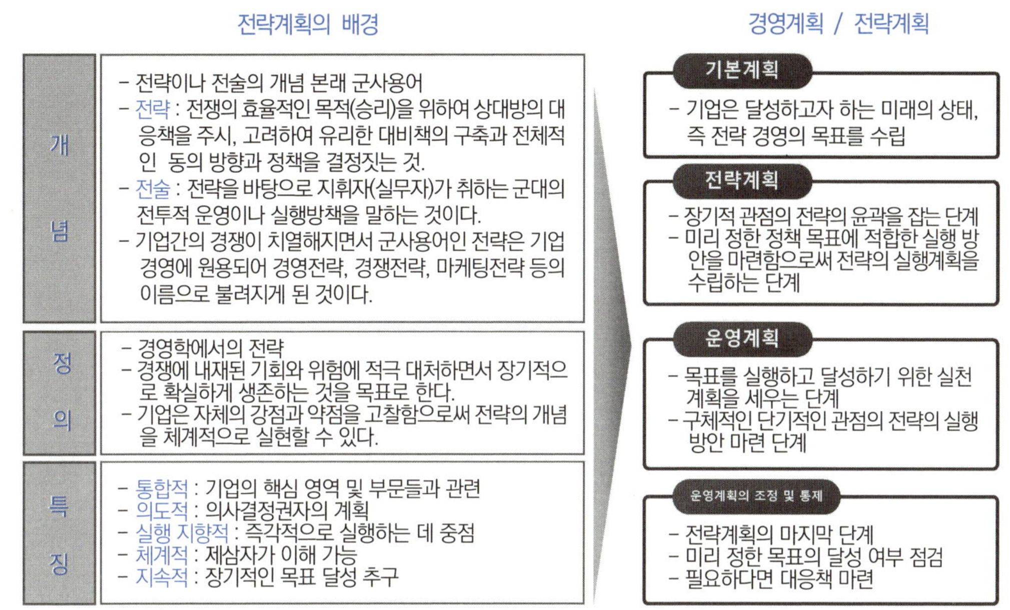

[그림 2-4] 전략계획의 배경과 종류

것인가를 결정짓는다. 또한 기업전체를 범위로 함으로써 기업전략의 성과측정 기준은 기업전체의 생존 · 성장 혹은 기업전체의 이윤 등이 된다.

- 성장전략(Growth Strategy) : 기업을 성장 또는 확장전략
- 안정전략(Stability Strategy) : 안정을 추구하며 현재의 수준으로 유지전략
- 축소전략(Retrench Strategy : 사업부문의 부분적 철수 또는 축소
- 다각화전략(Diversification Strategy) : 기업을 새로운 제품과 영역으로 다양화

1.2.2 사업계획(Business Strategy) - 전략계획

경쟁전략이라고도 하며 기업전략이 정한 각각의 사업영역에서 '어떻게 경쟁할 것인가'를 결정짓는 문제를 다룬다. 특정 산업마다 다른 경쟁자와 대면하게 되므로 모든 사업영역에서 동일하게 적용될 수 없다. 일반적으로 사업마다 핵심성공요인이 다르기 때문에 특정 산업이나 시장에서 기업의 제품 혹은 서비스의 경쟁우위를 향상하기 위한 경쟁전략(Competitive Strategy)을 말한다.

사업전략은 마이클 포터에 의해 '본원적 전략'이라는 개념으로 확립되었으며 경쟁은 본원적으로 저원가로 경쟁할 것인가, 차별화로 경쟁할 것인가 하는 문제를 다룬다고 할 수 있다. 사업전략의

성과측정 기준은 기업전략보다는 더 구체적인 것으로 시장점유율 및 이윤 등이다.

- 원가전략(저원가/고원가)
- 차별화전략

1.2.3 기능별계획(Functional Strategy) - 운영계획

기능전략은 사업전략 등 상위전략을 효과적으로 뒷받침해 줄 수 있도록 각 사업부나 부서 내에서 각 기능이 얼마나 효율적으로 수행되도록 할 것인가의 문제를 다루고 있다. 기능별전략의 가장 주된 목적은 자원을 효율적으로 사용하는 생산성 혹은 비용절감이라 할 수 있다.

기능별전략이 중요한 이유는 원활한 기능전략의 수행 없이는 경쟁전략이나 기업전체의 전략 수행이 어렵기 때문이다. 이러한 하위전략인 기능전략은 상위전략의 보조적 개념으로 본다.

- 마케팅전략
- 재무관리전략
- 생산관리전략
- 인사관리전략

1.3 전략계획 고려사항 및 프로세스의 절차

1.3.1 전략계획 고려사항

전략적 경영이 이루어지는 과정과 순서는 기업의 전략적 의사결정과정의 논리적 프로세스와 일치한다.

첫째, 경영전략을 수립하기 위해서는 현상에 대한 객관적인 분석이 선행되어야 한다. 즉 기업의 외부환경과 내부역량에 대한 체계적인 분석을 통해 외부환경의 기회요인과 위협요인, 그리고 기업내부의 강점과 약점을 파악할 필요가 있다.

둘째, 현상에 대한 객관적 분석이 이루어지면 몇 개의 전략적 대안을 도출한다. 새로운 전략적 대안을 도출하기 위해서는 기존의 관행이나 고정관념에서 탈피하여 과감하고 혁신적인 사고의 발상을 하는 것이 중요하다. 각 전략적 대안은 예상되는 재무적 효과, 실행상의 난이도 및 예상되느니 위험요인을 평가한 후 최적의 전략 안을 선정한다.

셋째, 선정된 전략 안이 성공적으로 실행되기 위해서는 현장부서의 적극적인 참여하에 세부적인 활동계획이 준비되고, 명확한 책임소재와 일정계획 하에 경영자원의 배분이 이루어져야 한다. 그리고 경영전략의 실행 여부 및 중간결과가 수시로 관리되고 평가될 수 있어야 한다.

그 과정을 구체적으로 살펴보면 전략경영과정은 기업에서 전략이 개발되거나 형성되는 과정과 이 전략들이 조직 내에서 여러 요인과 상호작용하면서 실행되는 과정 및 이에 대한 통제에 이르기까지의 전 과정을 포괄한다.

1.3.2 전략계획 프로세스의 절차

전략적 마케팅계획(Strategic Marketing Planning)이란 전사적 차원의 마케팅계획으로서 기업의 목표와 자원을 변동적인 마케팅 기회에 전략적으로 접목시켜 기업의 생존과 성장을 도모하기 위한 관리과정을 의미한다. 전략적 마케팅계획의 목표는 변동적인 마케팅환경과 치열한 경쟁상황에서 기업의 사업과 제품들이 만족스러운 수익과 성장을 창출할 수 있도록 결속하기 위하여 그 사업과 제품들을 구성해 나가는 데 있다.

1) 기업사명의 정의	2) 기업목표의 정의	3) 사업단위의 확인	4) 사업단위 자원분배	5) 성장전략 수립 6) 경쟁전략 수립
- 기업의 존립목적을 제시하는 것으로 기업이 장기적으로 지향하는 목표와 방향을 제시하는 것	- 생산지향적인 목표가 아니라 소비자지향적 목표로 정의	- 기업사명과 목표를 설정한 다음 기업의 강점과 시장기회를 잘 살릴 수 있는 구성으로 최적의 라인을 유지	- BCG의 성장 & 점유율 분석 - GE & 맥킨지의 산업매력도 & 사업강점 분석	- 기업성장전략의 유형 - 제품/시장 매트릭스에 의한 성장전략 - 본원적 경쟁전략

[그림 2-5] 전사적 전략계획 수립 과정

기업 전체적인 관점에서 전사적 전략적 마케팅계획을 수립하는 과정은 다음과 같다.

먼저, 기업은 기업 수준에서 기업의 사명(Mission)을 정의하고 이를 달성하기 위한 기업(사업) 목표를 설정한다. 그런 다음, 기업의 제한된 가용자원을 최적으로 배분할 수 있는 사업(또는 제품) 포트폴리오를 결정하고 기업의 성장전략을 수립한다. 그리고 사업부 수준에서 사업(제품) 단위별 경쟁전략을 수립하고, 마지막으로 각 사업(제품) 단위의 사업목표를 달성할 수 있는 마케팅계획과 전략을 수립하게 된다. 물론 이 단계에서는 마케팅계획뿐만 아니라 생산 · 재무 · 인적자원부문 등의 기능전략계획이 함께 수립되어야 한다.

전사적 전략계획 수립 과정 6단계에 대해서 명확하게 검토해 보기로 한다.

1) 기업사명이 정의

- 기업사명(Corporate Mission)이란 기업의 존립목적을 제시하는 것
  - ► 기업의 사명문 (1) 실질적이고 구체적인 내용으로 구성
    (2) 구성원들에게 동기를 부여
    (3) 기업의 비전과 방향을 포함
    (4) 표적시장의 욕구를 반영하는 것
    (5) 시장지향적인 것
  - ► 기업의 장래설계를 기술해 놓은 것
  - ► 사업 초기에는 명확한 기업사명을 갖지만, 점차 불명확해지기도 한다. 기업사명이 명확하더라도 새롭게 변화된 내 · 외적 마케팅환경에 더 이상 적합하지 않을 수 있다.

2) 기업목표의 정의

- 기업의 목표는 소비자지향적 목표로 정의되어야 한다.
  - ► 기업의 사명이 정의되고 나면 (1) 회사의 사업목표 (2) 마케팅목표 (3) 마케팅전략이 수립된다.
  - ► 전략사업단위(SBU)는 기업의 다른 사업부와 독립적으로 계획을 실행할 수 있는 사업단위
  - ► 기업목표의 정의
    (1) 구체적인 것, 계층적 서술 (2) 가능한 계량적 서술 (3) 실현 가능한 것
    (4) 일관성이 유지

[그림 2-6] 전사적 전략계획 수립 과정(1. 기업사명의 정의 2. 기업목표의 정의)

1.3.2.1 기업사명의 정의

사람들은 각자 미래에 성취하고자 하는 인생목표를 가진다. 인간은 스스로를 성찰하여 자신에 대한 강 · 약점을 파악하고 주어진 기회가 무엇인지에 대한 적절한 판단을 함으로써 인생목표를 설정한다. 사람들이 인생목표를 설정하듯이 기업도 자신에 대한 장래설계가 필요하다. 이와 같은 기업의 장래설계를 기술해 놓은 것을 기업사명이라고 한다. 사업을 처음 시작하는 대부분 기업은 명확한 기업사명을 갖지만, 기업의 성장을 통해 새로운 사업이나 제품이 추가됨에 따라 기업사명이 점차 불명확하게 된다. 또는 기업사명이 명확하더라도 새로이 변화된 마케팅환경에 더

이상 적합하지 않을 수도 있다. 예를 들어 삼성그룹은 사업보국, 인재제일, 합리주의라는 기존의 가치관이 새로운 환경변화에 적응하지 못함으로써 새로운 경영이념을 정립할 필요성이 대두되었고, 그 와중에서 이병철 회장이 작고하고 이건희 회장이 신임회장으로 등장했다. 이에 따른 삼성은 "인재와 기술을 바탕으로 최고의 제품과 서비스를 창출하여 인류사회에 공헌한다"라는 새로운 경영이념을 제정하였다. 이건희 회장은 다시 "세계에서 가장 존경받는 기업"이라는 삼성이 추구해야 할 장기적 비전을 제시하였다. 최근 통신기업 KT는 그동안 국내시장을 중심으로 추진해 온 통신사업에서 벗어나 콘텐츠 기반의 글로벌 미디어 유통기업으로 재도약하겠다는 기업비전을 제시했다. KT가 동영상콘텐츠와 글로벌 중심으로 사업의 방향을 돌린 것은 갈수록 복잡해지는 경쟁구조, 통신비 인하요구 등으로 인해 국내 통신시장의 성장가능성이 크지 않다는 판단에서다. 실제로 KT 무선매출과 유선/인터넷전화로 구성된 전화매출은 감소세를 보여 왔다.

바람직한 기업사명은 다음과 같은 특성을 갖추고 있다.

첫째, 기업사명은 명확한 가치를 제공해야 하며 모든 것을 나열하는 것이 되어서는 안 된다. 즉 기업사명은 종업원들이 독립적으로 수행하는 업무들이 전체적으로 기업목표와 조화되도록 이끌어 주는 보이지 않는 손의 역할을 수행해야 하는 것이다. 가령, "우리 기업은 세계시장을 상대로 최고품질의 제품을 최저의 가격과 최선의 서비스로 판매함으로써 초우량기업이 되기를 원한다"라는 기업사명은 그럴듯해 보이지만 종업원들의 경영활동을 위한 명확한 지침을 제공해 주지는 못한다.

둘째, 기업사명은 기업이 활동할 사업영역(Business Domain or Competitive Domain)을 명시해야 한다. 기업은 기업사명 속에 자신이 진출할 산업들의 범위와 각 산업 내에서 자사의 사업이 공략해야 할 시장의 범위를 명확히 정의해야 한다. 하버드대학의 마케팅 교수인 Theoredore Sevitt는 사업(영역)을 제품에 의해 정의하는 것보다는 시장(혹은 고객욕구)에 의해 정의하는 것이 바람직하다고 주장한다. 그러므로 기업은 고객욕구를 중심으로 사업을 정의하는 것이 새로운 시장기회를 포착하는 데 있어 보다 바람직하다.

셋째, 기업사명은 종업원들의 동기를 유발하는 것이어야 한다. 기업사명은 종업원들이 수행하는 일이 의의 있고 다른 사람들의 삶에 공헌하는 것으로 자부심을 느끼게 할 필요가 있다. 단지 이익을 추구하는 것이 기업사명이 되어서는 안 된다. 예컨대, 농심이 자사의 사명을 "더 많은 라면을 파는 것"이나 "라면시장에서 선도기업이 되는 것" 등으로 표현한다면 종업원들의 동기부여에 큰 도움이 되지 못할 수 있다. 매출이나 이익 등은 고객들과 사회에 유익한 어떤 일을 수행한 결과로 얻어지는 것이어야 한다.

넷째, 기업사명은 기업 장래에 대한 비전(Vision)을 제공해야 한다. 마케팅환경의 변화로 인해 과거의 기업사명이 기업의 나아갈 방향을 제시하는 데 공헌하지 못한다면, 그 기업사명은 새로운 기업비전이 포함되도록 재정립되어야 할 것이다. 기업사명은 수시로 변경되어서는 안

되지만 그것이 신뢰성을 잃거나 전략수립의 바람직한 방향을 제시하지 못한다면 새롭게 정의되어야 한다.

전사적 전략계획 수립과정의 첫 번째의 구성요소는 기업의 사명을 정의하는 것이다. 기업사명은 다른 기업과 구별되는 독특한 존재 의의와 그 활동영역을 규정하는 것이다. 즉 기업의 사명은 최고경영자의 가치가 반영된 것으로 기업의 제품시장영역과 그 활동범위를 규정하며 이 영역에서 어떠한 방법으로 어떤 요소에 중점을 두고 기업 활동을 전개하겠다는 의지를 담고 있는 것이다. 즉 기업사명(Corporate Mission)이란 기업이 존립목적(Purpose)을 제시하는 것으로서 기업이 장기적으로 지향하는 목표와 방향을 제시하는 것을 의미한다.

기업의 사명문(Mission Statement)은 실질적이고 구체적인 내용으로 구성되어야 하며, 그 구성원들에게 동기를 부여하고, 기업이 준수하고자 하는 중요한 방침과 미래지향적인 기업의 비전과 방향을 포함하는 내용을 담고 있어야 한다. 또한 기업사명은 표적시장의 욕구를 반영하는 것이어야 하며, 시장 환경에 적합하고 제품 지향적이 아니라 시장지향적인 것(Market Oriented)이어야 한다.

1.3.2.2 기업목표의 정의

흔히 기업은 너무 추상적이거나 광범위하게 기업목표를 정의함으로써 마케팅 전략수립의 방향을 제시하지 못할 수 있다. 가령, 삼성그룹의 질 위주의 경영이나 LG그룹의 고객을 위한 가치창조라는 기업사명(혹은 경영이념)은 매우 추상적이다. 그러므로 기업사명은 이의 실현을 위해 보다 구체적인 기업목표로 전환되어야 한다.

GE의 회장으로 취임했던 Welch는 첨단기술과 서비스 분야에서 세계적인 선도기업이 되는 것을 새로운 기업사명으로 설정하였다. 이러한 기업사명은 여러 기업목표(가령, 새로운 사업의 인수, 기존사업의 처분, 그리고 재무목표)를 정의하는 데 지침이 된다. GE는 새로운 기업사명을 토대로 세계에서 가장 경쟁력이 있는 기업으로 만들기 위해 세계 1위 혹은 2위의 경쟁력을 보유한 사업만 존속시키기로 결정했으며, 전통적인 주력사업의 비중을 줄이고 미래유망분야인 첨단기술사업과 고부가가치사업인 서비스사업의 비중을 크게 증가시키는 방향으로 전반적인 기업목표를 설정하였다.

바람직한 기업목표는 다음과 같은 기준들을 충족시켜야 한다.

첫째, 수행되어야 할 여러 가지 기업목표는 추상적인 것에서부터 구체적인 것에 이르기까지(혹은 중요도에 따라) 계층적으로(Hierarchical) 서술되어야 한다. 세계에서 가장 존경받는 기업이 되겠다는 장기적 기업비전을 세운 삼성전자는 글로벌 넘버 1 기업으로 도약한다는 전반적 목표를 세웠다. 이러한 전반적 목표를 기반으로 각 제품별 목표를 구체적으로 설정했는데, 세계

1위인 TV, 반도체, LCD 모니터 등은 2위와의 격차를 더욱 벌리고, 2위인 휴대폰은 스마트폰에서 애플을, 피쳐폰에서 노키아를 추월할 수 있도록 하고, 컴퓨터와 가전사업부도 1위에 오른다는 목표를 세웠다. 그리고 세계시장 점유율이 낮은 PC, 프린터, 냉장고, 세탁기 등의 가전 부분을 새로운 성장 동력으로 삼으려고 한다. 삼성전자는 세계 전자업체 중 세트와 부품을 동시에 제조하는 회사의 장점을 살려 다른 기업이 만들지 못한 혁신적 제품을 빠른 시간에 만들어냄으로써 이러한 목표를 실현하려고 한다.

둘째, 기업목표는 가능한 한 계량적으로 서술되어야 한다. 계층적 구조 속의 상위에 위치한 기업목표들은 계량화하는 것이 쉽지 않지만, 가능한 한 측정 가능하도록 기업목표가 결정되는 것이 바람직하다. 가령, '시장점유율의 증가'라는 기업목표보다는 "2년 내로 시장점유율을 20% 증대시킨다"라는 기업목표가 보다 구체적인 양적 목표로 서술된 점에서 더 바람직하다.

셋째, 기업목표는 실현가능한 것이어야 한다(Realistic). 기업목표는 시장기회와 자사의 경쟁적 강·약점 등을 토대로 한 객관적 분석에 의해 설정되어야 하며 단순히 경영자의 바람(Wish)을 반영한 것이 되어서는 안 된다.

넷째, 기업목표들은 서로 상치되지 않고 일관성이 유지되어야 한다. 우리는 흔히 "매출과 이익을 동시에 극대화한다"라는 기업목표나 "최소의 비용과 최선의 서비스 제공을 통해 최대의 매출을 실현한다"는 기업목표를 본다. 그러나 이들을 유심히 살펴보면 각 목표가 서로 상치되어 일관성이 결여되어 있음을 알 수 있다. 가령, 기업은 최대의 매출을 실현하기 위해서 보다 많은

3) 사업단위의 확인

- 기업사명(Corporate Mission)이란 기업의 존립목적을 제시하는 것
  - 기업의 사명과 목표를 결정한 다음 기존 사업들의 매력도를 평가하여 기업의 강점과 시장기회를 가장 잘 살릴 수 있는 사업들로 구성되는 최적의 라인을 유지해야 한다.
  - 전략적 마케팅 계획의 수립을 용이하게 하기 위해 관련된 사업들이나 제품들을 묶어 별개의 사업단위로 분류한다. 이러한 사업단위는 전략수립 계획과 관련하여 전략적 사업단위(SBU)라고 불린다.
  - 바람직한 전략적 사업단위는 사업단위 자체에 대한 이익과 비용의 측정과 이에 대한 책임이 이루어지는 조직단위이어야 한다.
  - 전략사업단위(SBU : Strategic Business Unit)
    - 개별적인 사업과 목표를 갖는 기업의 구성단위
    - 기업의 다른 사업부와 독립적으로 계획을 실행할 수 있는 사업단위

[그림 2-7] 전사적 전략계획 수립 과정(3. 사업단위의 확인)

마케팅비용을 지출해야 하므로 단기적으로 이익의 감소를 감수해야 함을 인식해야 할 것이다.

기업의 목표는 기본적으로 생산 지향적 목표가 아니라 소비자의 승인 또는 긍정적 반응을 위에서 소비자 지향적 목표로 정의되어야 한다. 기업의 사명이 정의되고 나면, 그 사명을 달성하기 위한 구체적인 목표가 경영단계별로 설정되어야 한다. 먼저 경영자는 가장 상위 단계의 기업목표로서 회사의 사업목표(Business Objectives)를 설정한다. 또, 그 사업목표를 달성하기 위한 마케팅목표(Marketing Objectives)가 설정되며, 마지막으로 마케팅목표를 실천하기 위한 마케팅전략(Marketing Strategy)이 수립된다. 전략사업단위(SBU; Strategic Business Unit)는 개별적인 사업과 목표를 갖는 기업의 구성단위로서, 기업의 다른 사업부와 독립적으로 계획을 실행할 수 있는 사업단위를 말한다. 즉 사업단위는 시장중심으로 사업범위를 정해야 하며, 사업단위는 기업이 봉사할 고객집단과 표적고객의 욕구 및 이러한 욕구를 충족시킬 수 있는 기술의 세 가지 차원을 고려하여 결정해야 한다.

1.3.2.3 사업단위의 확인

기업의 사명과 목표를 결정한 다음, 마케터는 자사가 거느리고 있는 기존사업들의 매력도를 평가하여 기업의 강점과 시장기회를 가장 잘 살릴 수 있는 매력적인 사업들로만 구성되는 최적의 사업포트폴리오(혹은 사업 Mix)를 유지해야 한다. 마케터는 기존 사업믹스의 매력도에 대한 평가를 하기에 앞서 기업을 구성하는 복수의 사업이나 제품들을 전략수립에 용이한 전략사업단위로 나누는 작업을 먼저 수행해야 한다.

많은 대기업이나 중견기업들(혹은 중소기업들)은 수많은 사업과 제품들을 거느리고 있다. 예를 들어, CJ제일제당은 서로 특성이 다른 2천여 종의 제품들을 생산 · 판매하고 있다. 문제는 서로 특성의 사업들이나 제품 간에 추구하는 목표 및 전략에서 차이가 있을 수 있다는 것이다. 예를 들어 CJ제일제당의 식품사업과 제약사업이 추구하는 목표와 전략은 상당히 다를 것이다. 그러므로 전략적 마케팅계획의 수립을 용이하게 하기 위해, 마케터는 흔히 관련된 사업들이나 제품들을 묶어 별개의 사업단위(사업부)로 분류한다. 이러한 사업단위는 전략수립계획과 관련하여 전략사업단위라고 불린다. 전략사업단위는 독자적인 마케팅 전략수립이 필요한 관련 사업들끼리 함께 묶은 조직으로 정의될 수 있다. 한 전략사업단위는 다른 전략사업단위와 별개로 비용지출 및 마케팅전략의 수립 · 집행이 이루어진다.

이와 같이 전략사업단위의 수준은 개별사업 간의 관련성에 의해 결정된다. 만약 생산공정, 유통경로, 고객 등에서 공통성을 가지고 있는 사업들을 하나의 전략사업단위로 묶으면, 전략의 수립 · 집행과정에서 각 사업 간 조정이 용이해지는 이점이 있다. 그러나 전략사업단위(SBU)를 너무 넓게 정의한다면(가령, 각 사업부가 너무 많은 사업이나 제품들을 포함한다면), 각 SBU를 구성하는 개발사업이나 제품군에 대한 구체적이면서 시너지효과를 거둘 수 있는 전략적 방향을 제시하기 어려울 것이다. 마찬가지로 SBU를 너무 좁게 정의한다면, 기업 수준에서의 전략적 마케팅계획을 담당하는 경영층이 너무 많은 수의 SBU들을 평가하고 이에 대한 전략적 방향을 제시하는 데 상당한 시간과 노력을 투입해야 할 것이다. 바람직한 SBU는 잘 정의된 자체 고객과 경쟁자를 가지며, 독자적인 마케팅전략을 가지고 있을 뿐 아니라 사업단위 자체에 대한 이익과 비용의 측정과 이에 대한 책임이 일어지는 조직단위이어야 한다.

1.3.2.4 사업단위에 대한 자원배분

자사의 사업단위가 모두 시장 내에서 보다 큰 이익을 창출하기를 바라지만, 주변 환경변화, 경쟁상황 변화, 자사가 보유한 자원의 한정 등으로 인해서 모든 사업단위를 시장에서 경쟁적 우위로 유지시켜 나가는 일은 쉽지 않다. 그러므로 많은 이익을 창출시켜 줄 강점이 있는 사업단위에는 더 많은 자원을 배분해 주고, 향후 시장전망이 밝지 않은 사업단 위에는 배분되는 자원의 양을 줄이는 것이 자원의 효율적 배분 및 수익성 제고에 효과적이다. 따라서 사업단위들에 대한 포트폴리오 분석의 첫 번째 단계는 기업을 구성하고 있는 핵심 사업부문인 전략사업단위를 식별하는 것이다.

이러한 전략사업단위 식별을 통하여 기업이 가장 매력적인 사업기회를 포착하여 각 사업단위에 대한 자원배분을 위한 의사결정을 내려야 한다. 즉 전략사업단위의 매력도 분석을 통한 자원배분 전략을 강구해야 되는데, 이러한 자원 배분결정을 돕기 위해 여러 가지 포트폴리오 분석모델(Portfolio Analysis Model)이 개발되었다. 그중에서 가장 많이 사용되는 도구가 BCG 모델(Boston Consulting Group Model)과 GE 모델(General Electric Model)이다.

1. BCG의 성장 & 점유율 분석

미국의 보스턴 경영자문회사(BCG; Boston Consulting Group)에 의해 개발된 BCG 매트릭스(BCG Matrix)는 기업의 전략사업단위를 시장성장률(Market Growth Rate)과 상대적 시장점유율(Relative Market Share)의 두 가지 차원으로 분류하여 각 전략사업단위의 위치를 평가하고 새로운 전략을 제시해 주는 모델이다. [그림 2-8]은 시장성장률과 상대적 시장점유율의 두 가지 차원에 대한 각 사업단위의 위치를 좌표상에 나타낸 것으로 각 원의 크기는 각 전략사업단위의 매출액을 나타내고, 종축의 시장성장률은 당해 전략사업단위가 속해 있는 시장의 연간 성장률로서 시장의 매력도를 나타내는 척도이다. 그리고 횡축의 상대적 시장점유율은 동일산업에서 가장 큰 경쟁자의 시장점유율에 비해 당해 전략사업단위의 상대적 시장점유율을 나타낸 것으로 전략사업단위의 경쟁력을 반영하고 있다.

BCG 매트릭스의 기본적인 특성은 시장성장률과 시장점유율이 기업의 현금흐름과 관련 있다고 보는 것인데, 일반적으로 시장의 성장률이 높으면 시설 및 운전자본에 대한 투자가 많이 필요하므로 성장률이 높을수록 자금의 유출도 늘어난다. 그리고 시장점유율이 높을수록 수익성이 높아질 경우가 많기 때문에 시장점유율이 높을수록 현금이 많이 들어온다고 보는 것이다.

1) BCG 매트릭스 유형의 정의

BCG 매트릭스 기법에서 전략사업 부문은 시장성장률과 시장점유율을 기준으로 4가지 유형별(물음표, 별, 자금젖소, 개)로 구분된다.

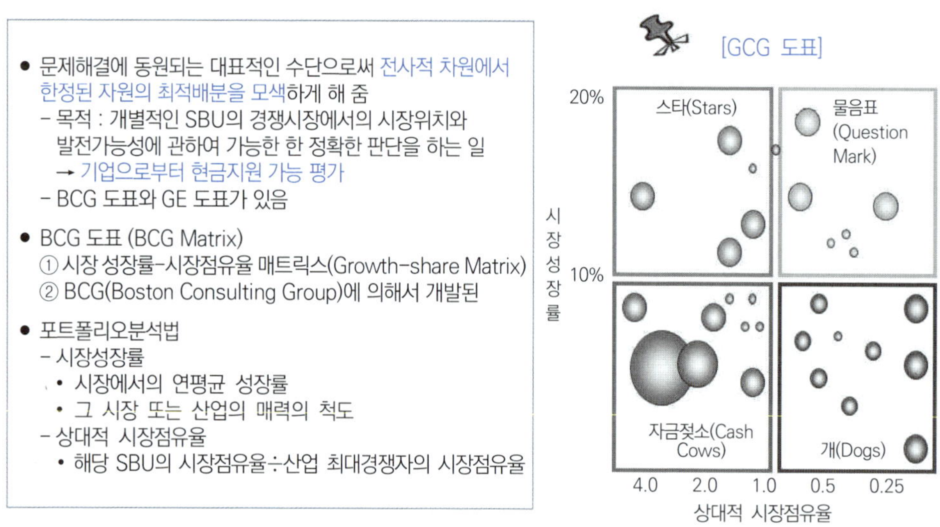

[그림 2-8] BCG 매트릭스

2) 물음표(Question Mark)

시장성장률은 높으나 시장점유율은 낮은 사업 부분이다. 성장률은 높으나 이익이 적어 다량의 자금을 필요로 한다. 따라서 자금을 공급 지원하지 않는 한 저성장으로 바뀔 경우 캐시 트립이 되기 쉽다. 전략으로 집중투자를 통하여 신규판매의 잠식을 대량으로 시도하거나 경쟁사를 합병하여 기존의 시장점유율을 흡수함으로써 스타의 위치에 올려놓거나 사업에서 손을 떼는 양자택일의 방법을 생각할 수 있고, 가능한 특정된 시장부문을 발견하여 이 부문으로의 진출도 꾀할 수도 있다.

3) 스타(Stars)

시장성장률은 높고 상대적 시장점유율은 낮은 전략사업 부문이다. 자체의 성장유지를 위하여 많은 자금이 필요하므로 급격한 고도성장을 뒷받침하기 위하여 여기에서 획득한 이익을 재투자할 필요가 있다. 이익은 많이 거두고 있으나 성장유지를 위한 자체 자금일 필요하기 때문에 가격인하 · 제품 개량 · 시장범위확대 · 생산성제고 등의 형태로 재투자를 함으로써 기존 시장점유율을 보호하는데 전략의 주안점을 두어야 한다. 특히 관심을 두어야 할 부분은 신규고객의 창출과 제품의 용도 확대를 통하여 성장을 기하는 것이다.

4) 자금젖소(Cash Cows)

시장성장률은 낮으나 시장점유율이 높은 전략사업 부문이다. 자체의 사업뿐만 아니라 여타의 전략사업 부문에 필요한 자금을 공급하여 주는 역할을 할 수 있다. 기술개발이나 가격 면에서의 주도권을 중심으로 시장지배를 유지하는 데 모든 전략을 집중하여야 할 필요가 있고, 1차 수요가 특별히 크지 않는 한 제품 다양화나 시장 확대는 가능한 한 배제할 필요가 있으며, 그 대신 여유 자금을 기술개발과 여타의 성장가능 사업 분야에 투입할 필요가 있다.

5) 개(Dogs)

낮은 시장성장률과 낮은 상대적 시장점유율을 가진 사업단위를 말한다. 이 사업단위는 시장점유율이 낮아 많은 현금을 창출하지 않지만 투자를 위한 자금수요도 높지 않으므로 자체적인 운영이 가능하다. 그러나 개라고 불리는 사업 단위는 대체로 수익성이 낮고 시장전망이 어두우므로

스타(Stars)	- 고 시장성장률과 고 시장점유율의 전략사업단위 - 자체 사업으로 많은 현금 유입하지만 급속히 성장하는 시장으로 계속 많은 자금 필요
자금젖소(Cash Cows)	- 저 시장성장률과 고 시장점유율의 사업단위 - 저 성장시장이므로 신규설비투자 지출이 필요 없으며 고 시장점유율로 많은 이익 창출
개(Dogs)	- 저 시장성장률과 저 시정점유율을 가진 사업단위 - 시장점유율이 낮아 많은 현금을 창출하지 못하지만 투자를 위한 자금수요도 높지 않아 자체적인 운영이 가능 / 그러나 대체로 철수가 바람직
물음표(Question Mark)	- 고 시장성장률과 저 시장점유율의 전략단위들을 지칭하는 말 - 시장점유율을 유지. 증가시키는 데 있어 많은 현금이 필요

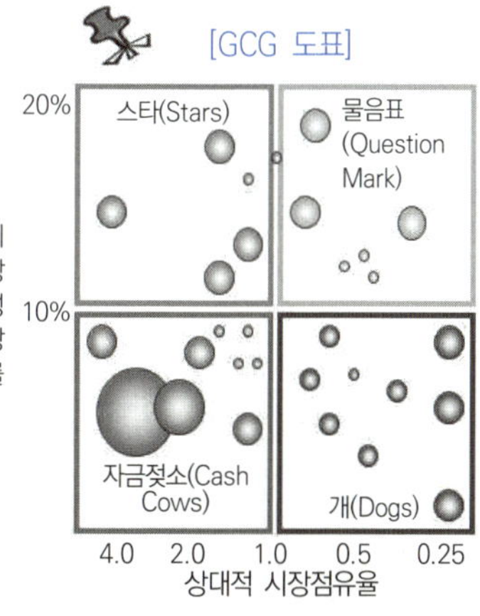

[그림 2-9] BCG 매트릭스 유형의 정의

가능한 한 빨리 철수하는 것이 바람직하다.

2. BCG 매트릭스 유형의 전략

BCG 매트릭스 상에 나타난 4가지 유형의 사업단위들은 각기 다른 전략을 필요로 한다. 4가지 유형의 사업단위들에게 적용될 수 있는 전략은 다음과 같다.

1) 확대전략(Build)

본 전략은 사업단위의 시장점유율을 증가시키는 전략으로, 사업을 확장하여 별로 이동시키기로 결정한 물음표에 적절한 전략이다.

2) 유지전략(Hold)

본 전략은 사업단위의 현재 시장점유율로 유지하는 것으로, 많은 현금 흐름을 창출하는 강한 자금젖소에 적절한 전략이다.

3) 수확전략(Harvest)

본 전략은 사업단위의 단기적인 현금흐름을 증가시키는 전략이다. 수확전략은 장래가 어두운 약한 자금젖소나 물음표에 적용되며, 더 이상의 투자를 하지 않고 이익만 거두어들인다.

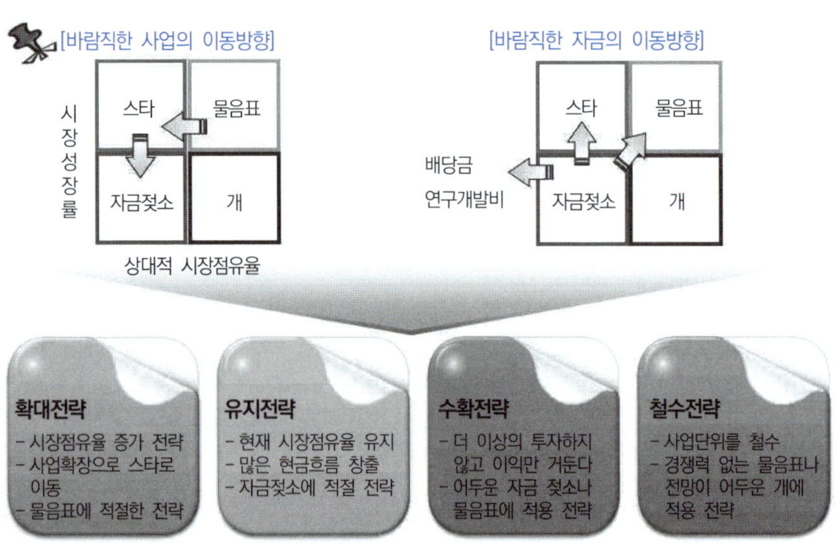

[그림 2-10] BCG 매트릭스 유형의 전략

4) 철수전략(Divest)

본 전략은 사업단위를 처분하는 것으로, 일반적으로 경쟁력이 전혀 없는 것으로 판단된 물음표나 전망이 어두워 기존의 시장점유율을 유지하는 것이 무의미한 개에 적용된다.

일반적으로 전략사업단위는 기업으로부터 많은 자금유입을 필요로 하는 물음표로부터 출발하며, 시장점유율을 확대하는 데 성공한 사업단위는 별이 된다. 시장성장률이 둔화하기 시작하면, 오늘의 별은 내일의 자금젖소가 되어 기업을 위해 많은 자금을 창출한다. 결국 자금젖소는 제품수명주기의 쇠퇴기에 접어들면서 개가 된다.

기업은 균형된 사업포트폴리오를 유지해야 하므로, 물음표에 위치한 사업단위들을 지원하기 위하여 자금젖소로 불리는 사업단위들을 충분히 보유하고 있어야 한다. 또한 별 사업단위도 앞으로 자금젖소가 될 가능성이 높으므로 계속 유지해야 한다. 개 사업단위는 가능한 한 처분하는 것이 바람직하지만, 원매자를 찾는 것이 쉽지 않을 수 있다. 그러므로 물음표 사업들을 유지하는 데 필요한 것보다 훨씬 많은 수의 자금젖소들을 보유한 기업은 일부 자금젖소를 처분하는 것도 고려해 볼 수 있다. 왜냐하면 이러한 사업단위들은 다른 기업들의 관심을 끌 만큼 충분히 매력적이므로 비싼 가격으로 쉽게 처분할 수 있기 때문이다.

1.3.2.5 GE & 맥킨지의 산업매력도 & 사업강점 분석

BCG 매트릭스는 각 사업단위의 시장매력도와 사업강점을 측정하기 위해 각각 시장성장률과 상대적 시장점유율을 사용하였으나, 여러 요인에 의해 결정되는 사업의 경쟁우위를 단순히 시장성장률과 시장점유율에 의해 파악하려는 문제점을 갖고 있다. BCG 매트릭스의 이러한 단점을 개선하기 위해 GE는 경영자문회사인 Mckinsey의 자문을 받아 시장성장률과 시장점유율 이외의 여러 변수를 함께 고려한 산업매력도-사업 강점 매트릭스(Industry Attractiveness-Business Strength Matrix)라는 전략계획도구를 개발하였다. 산업매력도-사업강점 매트릭스는 GE Screening Grid라고도 불린다. GE의 산업매력도-사업강점 분석에서는 각 사업단위들을 산업매력도와 사업강점이라는 두 차원에 의해 평가하고 있다. 각 차원은 여러 요인으로 구성되는 지표(Index)이다.

산업매력도지표(Industry Attractiveness Index)는 시장성장률, 시장의 규모, 산업의 수익률, 산업의 경기 및 계절 민감도(Cyclicality and Seasonality), 경쟁강도 등의 기업외부요인들에 대한 평가를 종합하여 결정된다. 사업강점지표(Business Strength Index)는 시장점유율, 매출성장률, 가격 · 원가상의 우위, 제품품질, 자금력, 고객 · 시장에 대한 지식, 기술력 등과 같은 기업내부요인들에 대한 평가를 종합하여 결정된다.

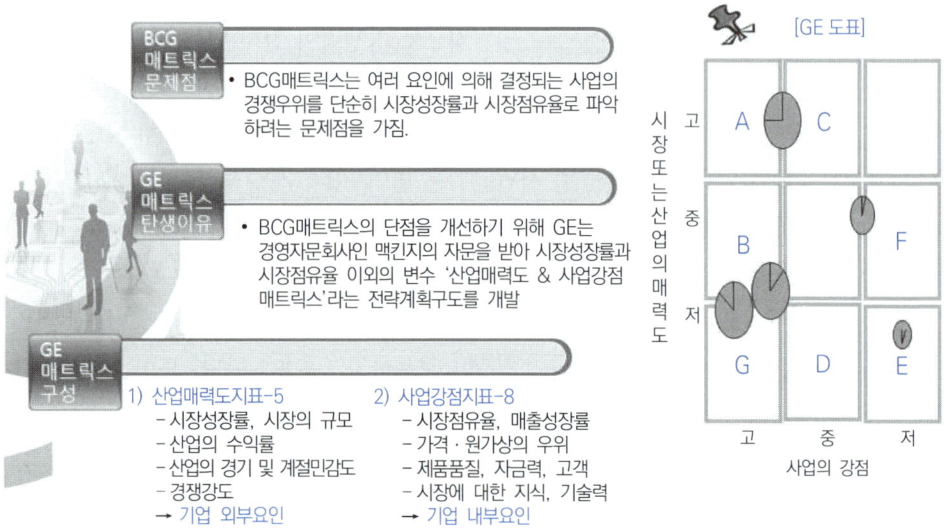

[그림 2-11] GE 매트릭스 산업매력도와 사업강점

사업단위의 사업매력도와 사업강점은 각각 높음, 중간, 낮으므로 나누어지므로, GE 산업매력도-사업강점 매트릭스는 9개의 칸으로 구성된다. 기업 내 각 사업단위에 대한 산업매력도와 사업강점지표의 값을 토대로 사업단위는 9개의 칸 중 한 곳에 표시된다. 각 사업단위의 위치는 원으로 표시된다. 원의 크기는 각 사업단위가 진출한 산업의 크기를 나타내며, 원내에 진하게 표시된 부분은 각 사업단위의 산업 내 시장점유율을 나타낸다. 전략적 의사결정을 위해 9개의 칸은 크게 세 구역으로 나누어진다. 왼쪽 상단의 세 칸에 위치한 사업단위들은 경쟁력이 있는 사업단위이므로 투자에 의해 지속적으로 성장시켜야 한다(Invest/Grow Strategy). 대각선 상에 위치한 세 칸 들은 전반적인 매력도에서 중간인 사업단위들을 표시하므로, 경쟁력이 있을 것으로 판단되는 사업단위들에 대해서만 선별적인 투자를 하고, 가능한 현금흐름을 증가시킬 필요가 있다(Selectivity/Earning Strategy). 오른쪽 하단의 세 칸은 경쟁력이 약하거나 시장전망이 어두운 사업단위들을 나타내므로 이러한 사업단위로부터 철수하거나 최소한의 투자를 통해 현금흐름을 극대화하는 전략이 바람직하다(Harvest/Divest strategy).

1. 사업포트폴리오 분석기법의 문제점

BCG 매트릭스나 GE 매트릭스는 기업의 전략계획에 많은 기여를 했으나, 이들은 실제 운영상 많은 문제점을 갖고 있다.

첫째, 사업포트폴리오 분석기법은 각 전략사업단위의 자율성을 너무 강조함에 따라, 사업 단위 간에 핵심역량(Core Competence)을 공유함으로써 얻게 될 경쟁우위와 사업 기회를 상실하게 되는 문제점을 갖는다.

둘째, 복잡한 성격의 각 사업단위들을 너무 단순하게 시장매력도와 사업강점이라는 두 가지 변수에 의해 평가하고, 이에 따라 단순한 전략대안(확대전략, 유지전략, 수확전략, 철수전략)을 제안함으로써 창의적인 전략적 사고를 키우는 데 방해가 된다.

셋째, BCG 매트릭스의 경우, 경험곡선효과를 과신하여 시장점유율 증대만이 경쟁우위를 확보하는 데 있어 유일한 전략대안인 듯한 인상을 주었다. 규모의 경제를 활용할 수 있는 산업에서는 시장점유율이 경쟁우위의 확보에 매우 중요한 변수이지만, 패션산업과 같이 규모의 경제가 크게 중요하지 않는 산업에서는 시장점유율은 경쟁우위의 결정에 큰 영향을 주지 않을 수 있다.

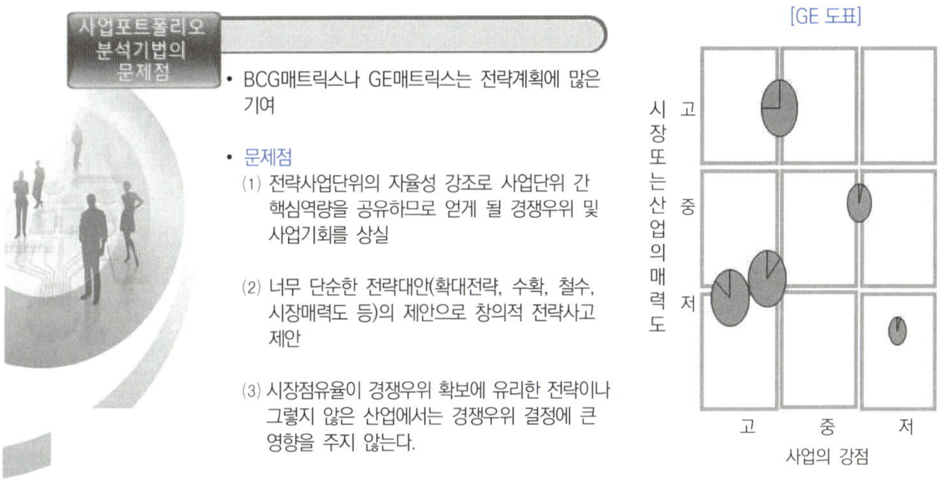

[그림 2-12] 사업포트폴리오 분석기법의 문제점(전시적 전략계획을 수립하는 과정 : 1 → 6단계)

1.3.3 성장전략 수립

기업의 기존 전략사업단위에 대한 포트폴리오 분석이 끝나고 나면, 기존시장확대, 새로운 시장개척, 신제품 개발 등을 포함하는 성장전략을 구사하여야 한다. 과거 국내 소주시장에서 수년간 판매량 1위를 차지할 만큼 누구도 넘보지 못할 정도의 시장점유율을 갖고 있던 (주)진로였지만, 정체 위기의 소주시장의 활로를 개척하기 위해 다양한 신제품 개발에 노력하고 있다. 이는 기업들이 소비자 욕구의 다양화와 치열한 경쟁상황으로 인해 신규시장의 개척이나, 신제품을 통한 새로운 성장전략을 수립하지 않으면 시장에서 도태되는 무한경쟁환경에 처해 있기 때문이다.

앞서 살펴본 포트폴리오 분석에 의하여 현 사업단위들에 대한 평가가 이루어진 후, 기업은 성장전략을 결정해야 한다. 성장과 관련된 주요 성장전략에는 집중적 성장전략, 통합적 성장전략, 다각화 성장전략의 세 가지 전략이 있다.

[기업성장전략의 유형]

집중적 성장전략	통합적 성장전략	다각화전략
1. 시장침투전략	1. 전방통합전략	1. 집중적 다각화전략
2. 시장개발전략	2. 후방통합전략	2. 수평적 다각화전략
3. 제품개발전략	3. 수평적 통합전략	3. 복합적 다각화전략

* 집중적 성장전략과 다각화 성장전략은 제품/시장 매트릭스에 의한 성장전략으로 설명될 수 있다.

[제품/시장 매트릭스에 의한 성장전략]

시장 \ 제품	기존제품	신제품
기존시장	시장침투전략	제품개발전략
신시장	시장개발전략	다각화전략

[그림 2-13] 기업성장전략의 유형(전시적 전략계획을 수립하는 과정 : 1 → 6단계)

1.3.3.1 집중적 성장전략

집중적 성장전략은 기업이 기존시장이나 기존상품을 보다 잘 활용하여 성장을 도모하는 전략으로 신제품 도입, 신시장 개척 등을 통한 성장전략이다. 이 전략은 앤소프(H.I.Ansoff)의 제품·시장 매트릭스에서 시장침투전략, 시장개발전략, 신상품개발전략 등이 있다.

1. 시장침투전략(Market Penetration Strategy)

기존에 생산·판매해 오던 제품으로 기존시장을 공략하는 전략이다. 자사제품을 지속적으로 구매해 오던 소비자에게는 구매량 증대를 유도하고, 타사 제품 구매자 및 구매 경험이 전혀 없는 사람들에게는 자사 브랜드로의 전환행위 유도와 신규 구매를 유도하는 전략을 구사해야 한다. 예를 들어, "하루에 세 번 양치하세요"라는 치약회사의 광고나, '완전식품'을 강조하는 우유 광고는 제품사용량을 늘리고자 하는 의도를 포함한다.

2. 시장개발전략(Market Development Strategy)

기존에 생산·판매해 오던 제품으로 새로운 시장을 공략하는 전략이다. 기존제품의 다양한 용도를 유용하게 활용하면 잠재소비자층을 유인할 수 있어서 신규시장 공략이 가능하다. 건성 피부를 보호하는 베이비오일이나 겨울철 햇빛을 차단하는 선블록 용품이나 화이트닝 제품들은 기존시장 이외에도 새로운 시장을 개발한 예라 할 수 있다.

3. 제품개발전략(Product Development Strategy)

기존에 공략해 오던 시장에 대해 새롭게 제품을 개발하여 기존 고객의 신제품 구매를 유도하는 전략이다. 신제품 개발에 대해서는 기존제품과는 전혀 다른 제품의 개발뿐만 아니라 기존제품의 다양한 속성을 새롭게 적용한 제품 등도 포함된다. '건조뿐만 아니라 살균처리기능'이 있는 세탁기나 '빵도 굽는 전자레인지' 등은 기존제품을 발전시켜 새로운 수요를 창출하는 제품들이다.

1.3.3.2 통합적 성장전략

마케팅경로상(공급업체 → 제조업체 → 중간상 → 소비자)에 위치하고 있는 다른 조직이나 기구의 통합을 통한 성장전략이다.

1. 전방통합(Forward Integration)

마케팅경로상에서는 소비자 쪽에 이르는 방향이 전방에 속한다. 공급업체, 제조업체, 중간상의 단계에서 어떠한 특정 단위에서 소비자 쪽의 단위를 통합하는 전략이 전방통합에 해당된다. 예를 들어, 제조업체가 유통업체를 통합하는 경우가 이에 속한다. CJ엔터테인먼트는 CJ CGV라는 멀티플레스 극장체인을 보유하고 지방극장의 임차를 통해 직접 통제할 수 있는 스크린 수를 확대해 시장지배력을 강화해가고 있다.

2. 후방통합(Backward Integration)

전방통합의 경우와 반대의 흐름으로 통합하는 경우를 말하는데, 유통업체가 제조업체를 통합하거나, 제조업체가 원료공급업체를 통합하는 경우가 이에 속한다. CJ엔터테인먼트사의 드림웍스 제작영화에 대한 독점적 배급권의 소유와 한국영화 제작사들과 투자를 통한 제휴관계 확대 사례나, 현대자동차의 부품업체와의 제휴관계 강화 등이 이에 해당된다.

3. 수평적 통합(Horizontal Integration)

마케팅경로상에서 어떤 특정단위와 동일한 위치의 경쟁업체를 통합하는 경우로, 홈플러스가 홈에버를 통합한 경우가 이에 속한다.

1.3.3.3 다각화 전략

다각화 전략(Diversification Straergy)이란, 기존시장이나 기존 상품과 관련이 없는 새로운 시장, 새로운 제품을 통하여 성장을 도모하는 전략이다. 여기에는 세 가지 형태가 있는데 간략히 정리하면 다음과 같다.

1. 집중적 다각화

신제품을 소구 하는 소비자 집단이 기존제품의 소비자와 다를지라도, 새로 개발되는 신제품이 생산기술이나 마케팅 효율성에서 현재의 제품라인과 시너지 효과를 가질 수 있는 방향으로 선정하는 전략이다.

2. 수평적 다각화

현재의 제품 계열과 기술적으로 관계가 없지만 현재의 고객에게 소구 될 수 있는 신제품을 개발하는 전략이다.

3. 복합적 다각화

현재의 기술, 제품 및 시장과 관련이 전혀 없는 신사업을 개발하는 전략이다.

1.3.4 경쟁전략 수립

한 기업이 경쟁사들보다 높은 수익을 얻는 데에는 크게 원가우위(Cost Advantage)와 차별화우위(Differentiation)의 두 가지 방법이 있다. 원가우위전략이란 동일한 품질의 제품을 경쟁사보다 낮은 비용에 생산하여 저렴하게 판매하는 것을 말하며, 차별화우위전략은 경쟁사들이 모방하기 힘든 차별화된 제품을 만들어 경쟁사들보다 비싼 가격으로 판매하는 방법이다.

Porter는 기업이 원가우위와 차별화우위 중 어느 것을 선택하느냐와 그 기업이 전체시장과 특정 세분시장 중 어디를 표적으로 하느냐에 따라 원가우위전략(Cost Leadership Strategy), 차별화전략(Differentiation Strategy), 집중화전략(Focus Strategy)의 세 가지 본원적 전략(Generic Strategy)으로 나누었다.

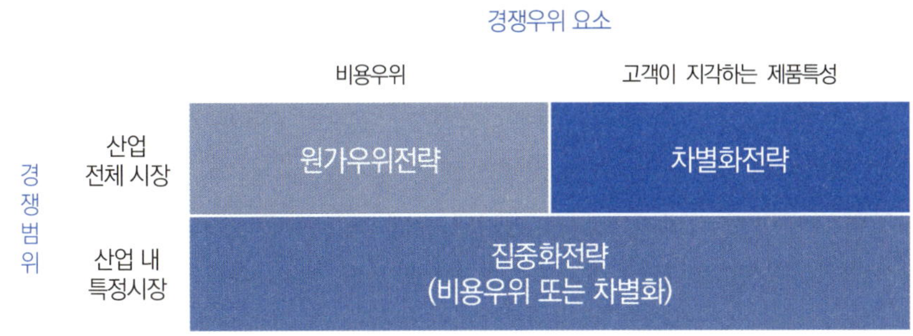

[그림 2-14] 본원적 경쟁전략의 유형(전시적 전략계획을 수립하는 과정 : 1 → 6단계)

1.3.4.1 원가우위전략

기업이 특정산업에서 경쟁우위를 획득하기 위해서는 여러 가지 전략적 방법 중 원가우위전략은 원가우위에 영향을 미치는 여러 가지 수단을 이용하여 특정산업에서의 원가우위를 통해 경쟁우위를 획득하려는 전략을 말하는 것이다. 그러므로 원가우위전략을 추구하는 기업의 목표는 경쟁사보다 더 낮은 가격으로 제품이나 서비스를 생산할 수 있는 모든 방법을 동원하여 경쟁사에 대한 우위를 확보하는 것이다. 이러한 원가우위전략은 다음과 같은 두 가지 측면에서 우위를 확보할 수 있다.

첫째, 경쟁사보다 낮은 가격으로 제품을 공급함으로써 시장점유율을 제고할 수 있으며, 둘째 만약 경쟁사와 유사한 가격으로 제품을 공급하는 경우에는 원가가 낮기 때문에 경쟁사보다 더 높은 이윤을 창출할 수 있다.

하지만 원가주도자는 대체로 제품차별화의 수준이 낮다. 이는 제품차별화에는 추가적인 원가부담이 필요하기 때문이다. 따라서 원가주도자는 차별화를 추구하는 경쟁자의 제품차별화 정도에 비해 뚜렷이 열등하지 않은 정도만이 차별화와 낮은 원가로 가능한 차별화 수준을 목표로 한다. 또한 일반적으로 평균적인 고객을 주 대상으로 하며 시장세분화는 크게 염두에 두지 않는다. 왜냐하면, 서로 다른 세분화된 시장의 욕구에 맞는 제품개발에는 추가적인 비용이 소요되어 원가우위기반이 상실될 수 있기 때문이다. 이와 같은 이유 때문에 원가절감에만 관심을 기울이다 소비자의 기호변화에 적절히 대응하지 못하여 큰 타격을 입을 수도 있는 전략이기도 하다.

1.3.4.2 차별화전략

원가우위전략이 원가를 낮추는데 주안점을 두는 전략이라면 차별화전략은 그 목적이 제품이나 서비스를 차별화하는 것, 즉 고객에게 자사의 제품이 독특한 것으로 인식되도록 함으로써 경쟁우위를 획득하는 것에 목적이 있는 전략이라고 볼 수 있다. 따라서 원가우위전략을 사용하는 기업들이 낮은 원가로 가능한 수준에서 차별화가 머물렀던 것에 비해 차별화전략을 사용하는 기업들은 고객의 욕구나 행동을 주위 깊게 파악하고, 그들이 무엇에 가치를 두는지 면밀히 분석하여 보다 소비자들이 원하는 가치에 차별화를 두게 된다.

이러한 차별화 방법에는 여러 가지가 있지만 크게 제품의 품질이나 기술 등과 같은 기술적 요인에 의한 기술차별화와 상표·광고·고객서비스 등과 같은 마케팅활동에 의한 마케팅차별화의 두 측면으로 나누어 살펴볼 수 있다. 그리고 성공적인 차별화는 높은 제품가격을 설정할 수 있고 경쟁사보다 더 많은 제품판매를 통한 시장점유율을 증대시킴은 물론 자사제품에 대한 고객충성도까지 제고할 수 있다는 장점을 가지게 된다.

이와 같이 차별화는 차별화를 달성하는데 소요되는 비용보다 더 높은 가격으로 제품 판매를 가능하게 함으로써 수익성 향상에 기여를 한다. 하지만, 만약 고객이 차별화의 가치를 인정하지 않는 경우에는 이 모든 것이 무의미해지는 것이며, 차별화의 달성에 필요한 추가적 비용보다 더 높은 가격을 고객에게 부담시킬 수 없을 때에는 수익성의 저하를 초래하게 되기도 한다.

1.3.4.3 집중화전략

앞에서 살펴본 원가우위전략이나 차별화전략은 산업 전체를 대상으로 하는 전략들이었다. 하지만 집중화전략은 특정 구매자집단이나 특정 제품 또는 지역적으로 제한된 시장만을 집중적인 목표를 삼는 전략으로 그 대상부터가 다르다고 할 수 있다. 그러므로 집중화전략의 요체는 고객들이 독특한 요구를 가지고 있는 시장에서의 적소를 선택하는 것에 있다. 이러한 적소는 지리적 영역·제품사용에서의 특정요구·고객유형 등에 의해 정의될 수 있다. 집중화전략을 사용하는 기업들은 대체로 규모가 작고 한정된 제품·시장영역 내에서 차별화 또는 원가우위를 통해 경쟁우위를 획득하는 방법을 택하는 특징을 가지고 있다. 따라서 집중화전략은 다시 원가 집중화와 차별화 집중화로 나눌 수 있게 된다.

집중화전략은 경쟁자들이 이와 유사한 제품을 공급하기 어렵기 때문에 산업 내 타 기업들과의 경쟁을 회피하게 해 주며 구매자의 교섭력도 약화된다. 또한 기업 활동이 고객과 밀착되어 이루어짐으로써 고객의 욕구변화에 대응하기 쉽다는 장점을 가지고 있다.

02 마케팅전략 프로세스

2.1 마케팅전략 프로세스의 개념

마케팅부서에서 만드는 전략보고서는 크게 전사적 전략계획 수립과정(그룹사전체)과 사업부(기업) 전략프로세스 2가지로 나누어진다.

첫째, 전사적 전략계획 수집과정이란 고객에게 제공할 가치를 발견하는 외부환경분석과 자사의 자원과 능력을 생각하는 내부환경분석을 전략적으로 고려하여 매칭시키고 STP 전략수립, 마케팅믹스 프로그램을 통해 가치를 발견, 창조, 전달, 수확하는 프로세스라 할 수 있다.

전사적 계획 수립과정이 중요한 이유는 기업이 추구하는 경쟁우위는 쉽게 모방이 가능하다. 따라서 지속적인 경재우위를 유지한다는 것은 쉬운 일이 아니다. 그럼에도 불구하고 기업은 쉽게 모방할 수 없는 핵심역량을 확보할 수 있어야 하는데 스피드경영, 창조경영이라는 최근 기업경영의 화두로 결국 핵심역량 확보를 위한 전략의 수립과 실행에 관한 것이라고 볼 수 있다.

전사적 전략계획 수립과정은 그룹사 전체에 대한 마케팅전략 계획을 수립하는 과정으로 본 교재에서 배우는 바와 같이 Step 2 → Step 1 → Step 4를 통한 순서에 의해 전략계획을 수립한다(그림 2-15). 예를 들면 삼성의 여러 사업부 삼성전자, 삼성중공업, 에버랜드, 제일모직, 삼성건설 등 중에 효율적으로 배부하여 성장시킬 사업부에 대한 전략계획서를 말한다.

둘째, 사업부 전체 프로세스는 그룹사 전체 사업부 중 한 개의 사업부가 어떠한 일을 하면 성공할 수 있는지에 대한 전략계획서를 작성하는 방법으로 [그림 2-15]의 Step 1→ Step 2 → Step 4의 순서에 의해 전략계획서를 작성하며 본 교재 제5부 제10장에서 사업계획서를 작성하는 방법에 대한 예시와 설명을 하였다.

그러므로 전략계획서 혹은 사업계획서를 작성할 때 그룹사 전체의 사업계획서(전사적 전략계획수립과정)인지 한 개의 사업부에 대한 전략계획서(사업부 전략 프로세스)인지에 따라 [그림 2-15]에서 제시한 전략계획서의 순서가 바뀌는 부분에 유의해야 한다.

2.2 마케팅전략 프로세스 5단계

마케팅전략 프로세스는 아래의 그림과 같이 크게 마케팅 목표 수립, 상황분석, 마케팅 전략수립, 전략실행, 통제의 5단계로 구성되며, 각 단계별 핵심내용은 [그림 2-15]와 같다.

정 의

- 고객에게 제공할 가치를 발견하는 외부환경분석과 자사의 자원과 능력을 생각하는 내부환경분석을 매칭시키고 STP 전략수립, 마케팅믹스 프로그램을 통해 가치를 발견, 창조, 전달, 수확하는 프로세스
- 마케팅전략 프로세스가 중요한 이유 → 경쟁우위는 쉽게 모방 → 기업은 쉽게 모방할 수 없는 핵심역량을 확보할 수 있어야 한다.

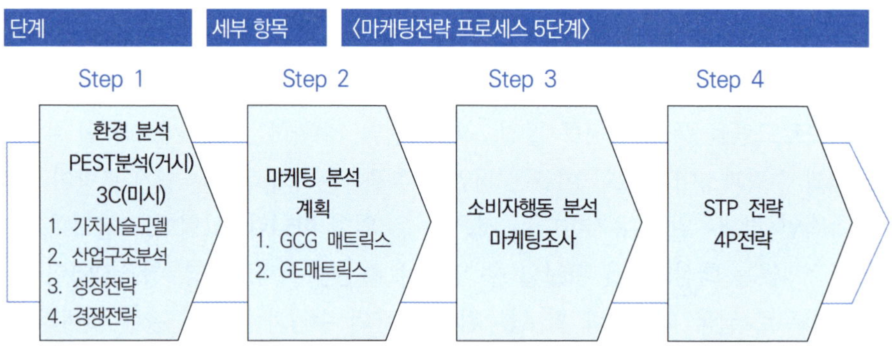

[그림 2-15] 마케팅전략 프로세스의 정의

2.2.1 마케팅 목표(Objective) - Step 2

목표 수립 단계는 마케팅활동을 통해 달성하고자 하는 목표의 종류와 수준을 결정하는 단계이다.

기업들은 매출액이나 시장점유율과 같은 계량적이고 재무적인 목표수립(매출액, 시장점유율 등)은 물론 기업의 장기적인 성장을 이룰 수 있도록 브랜드 자산이나 고객 자산과 같은 정성적이고 전략적인 목표(브랜드자산, 고객자산 등)도 수립할 수 있어야 한다.

2.2.2 상황분석(Situation Analysis) - Step 1

시장 환경 구성요인에 대한 분석을 통해 기회와 위협요인을 파악함으로써 마케팅전략 방향 설정을 위한 시사점을 구축하는 단계이다.

이 과정에서 살펴야 하는 주요 관련 구성 요인들은 고객(Customer), 자사(Company), 경쟁자(Competitor)의 3C요인은 물론 정치, 경제, 사회, 기술 등의 거시환경요인들을 포함한다. 거시환경요인은 전략의 가치창출 기회에 중요한 역할을 하지만, 보통은 기업의 통제밖에 있으며 반드시 위협 또는 기회요인으로 고려되어야 한다.

2.2.3 마케팅전략(STP Strategy) - Step 4

표적고객을 선정하여 전략을 수립하는 단계로 다음과 같은 세부 단계로 구성된다.

2.2.3.1 시장세분화(Segmentation)

전체시장을 고객의 욕구나 특징 등을 바탕으로 작은 세분시장으로 분류하는 과정으로 이 과정을 통해 기업은 시장에 대한 이해를 넓히고 새로운 성장기회를 발견할 수 있다. 예를 들면, 미니밴은 세단의 승차감과 미니버스의 공간을 동시에 원하는 세분시장을 찾아낸 결과의 산물이다.

2.2.3.2 표적시장 선정(Targeting)

시장세분화 과정을 통해 도출된 복수의 세분시장들 중에서 최적의 세분시장을 표적시장으로 선택한다. 한정된 자원을 집중하여 자사 마케팅활동의 효율성을 제고할 수 있다. 예를 들면, GM의 경우 70여 차종 모두에 집중하는 전략은 GM의 부실을 유발하는 원인이 되었다.

2.2.3.3 포지셔닝(Positioning)

선택된 표적시장 내에서 고객의 인식 속에서 차지하고 싶은 위치(Position)를 확정하고 이를 구체화하는 과정이다. 기업이나 상품이 고객의 인식 속에서 독보적인 위치를 선점하게 될 경우에는 장기적으로 지속할 수 있는 좋은 성과를 거둘 수 있다. 예를 들면, 아이보리 비누는 '물에 뜨는 순수함'이라는 포지션으로 장수 상품이 되었다.

2.2.3.4 전략실행(Marketing Mix)

마케팅전략 실행단계는 STP를 마케팅믹스(4Ps; Product, Price, Promotion, Place)로 전환해서 실행에 옮기는 과정이다. 표적시장에서 달성하고자 하는 포지션의 구현을 위한 마케팅믹스(또는 4P Mix)를 설계하고 실행하는 단계이다.

- Product : 고객이 필요하거나 원하는 것은 무엇인가?
- Promotion : 고객이 언제 어떻게 제품 또는 서비스에 대한 정보를 얻게 되는가?
- Price : 고객들은 제품 또는 서비스에 대해 얼마를 지불해야 하는가?
- Place : 고객들은 어디서 구매하는가?

2.2.3.5 통제(Control)

마케팅 목표와 실제 성과 간의 차이를 비교하여, 그 결과를 토대로 적절한 피드백 조치를 취함으로써 이후 마케팅전략의 성과를 제고하기 위한 노력이라고 할 수 있다. 재무적인 분석은 물론 재무적 분석 결과에 대한 원인을 설명해 줄 수 있는 정성적 측면에 대한 분석(예 소비자의 소비행동 및 태도 분석)의 병행이 필요하다.

학습정리

이번 장에서 이해해야 할 내용을 정리해 보겠다.

1. 비전체계도
   내부 구성원 및 외부에서 미션, 비전 및 전략 간의 관계를 쉽게 이해하고 공유할 수 있도록 일목요연하게 정리한 것을 말한다.

2. 핵심역량
   기업 내부에 공유되고 있는 기업 특유의 총체적인 능력, 지식, 기술을 말한다.
   1) 일본의 기업의 수명은 100년 동안 평균 수명이 30년 정도이다.
   2) 한국은 40년간 100대 기업으로 살아남은 곳은 12곳뿐이다.
      ㊀ CJ, LG전자, 대림산업, 한화, 제일모직, 한국타이어, 코오롱 등
   3) 장수기업
      변화하는 환경 속에 지속하여 경쟁우위를 유지(=신제품전략)하는 기업을 말한다.

3. IMC(통합적 마케팅 커뮤니케이션)
   다양한 커뮤니케이션 수단을 통합적으로 운영하여 고객에게 브랜드를 알리고 설득함으로써 매출로 연결시키는 일련의 활동을 말한다.

4. 전략계획의 배경
   1) 전략계획의 개념
      전략이나 전술의 개념 본래 군사용어에서 유래되었다.
      (1) 전략 : 전쟁의 효율적인 목적(승리)을 위하여 상대방의 대응책을 주시 · 고려하여 유리한 대비책의 구축과 전체적인 행동의 방향과 정책을 결정짓는 것.
      (2) 전술 : 전략을 바탕으로 지휘자(실무자)가 취하는 군대의 전투적 운영이나 실행방책을 말하는 것이다.
      (3) 기업 간의 경쟁이 치열해지면서 군사용어인 전략은 기업경영에 원용되어 경영전략, 경쟁전략, 마케팅 전략 등의 이름으로 불리게 된 것이다.

   2) 전략계획의 정의
      (1) 경영학에서의 전략
      (2) 경쟁에 내재된 기회와 위험에 대처하면서 장기적으로 확실하게 생존하는 목표로 한다.
      (3) 기업은 자체의 강점과 약점을 고찰함으로써 전략의 개념을 체계적으로 실현할 수 있다.

   3) 전략계획의 특징
      (1) 통합적 : 기업의 핵심 영역 및 부문들과 관련
      (2) 의도적 : 의사결정권자의 계획

(3) 실행 지향적 : 즉각적으로 실행하는 데 중점
(4) 체계적 : 제삼자가 이해 가능
(5) 지속적 : 장기적인 목표 달성 추구

4) 전략계획 프로세스

(1) 기본계획
① 기업이 달성하고자 하는 기본계획을 말한다.
② 기업은 달성하고자 하는 미래의 상태, 즉 전략 경영의 목표를 수립한다.
(2) 전략계획
① 장기적 관점 전략의 윤곽을 잡는 단계의 전략계획이다.
② 미리 정한 정책 목표에 적합한 실행 방안을 마련함으로써 전략의 실행계획을 수립하는 단계이다.
(3) 운영계획
① 단기적 관점의 구체적 전략계획을 말한다.
② 목표를 실행하고 달성하기 위한 실천 계획을 세우는 단계이다.
③ 구체적인 단기적인 관점의 전략의 실행 방안을 마련하는 단계이다.

5. 기업사명의 정의

기업사명(Corporate Mission)이란 기업의 존립목적을 제시하는 것

1) 기업의 사명문

(1) 실질적이고 구체적인 내용으로 구성
(2) 구성원들에게 동기를 부여
(3) 기업의 비전과 방향을 포함
(4) 표적시장의 욕구를 반영하는 것
(5) 시장지향적인 것
: 기업의 장래설계를 기술해 놓은 것을 말한다.

2) 사업 초기에는 명확한 기업사명을 갖지만, 점차 불명확해지기도 한다.

기업사명이 명확하더라도 새롭게 변화된 내 · 외적 마케팅환경에 더 이상 적합하지 않을 수 있다.

6. 기업목표의 정의

기업의 목표는 소비자지향적 목표로 정의되어야 한다.
1) 기업의 사명이 정의되고 나면 ① 회사의 사업목표 ② 마케팅목표 ③ 마케팅전략이 수립된다.
2) 기업의 목표는 전략사업단위(SBU), 즉 사업부에 의해 실행이 되며 기업의 다른 사업부와 독립적으로 계획을 실행할 수 있는 사업단위를 말한다.
3) 기업목표의 정의
① 구체적인 것, 계층적 서술
② 가능한 계량적 서술 ③ 실현 가능한 것

④ 일관성이 유지

7. 사업단위의 확인

기업사명(Corporate Mission)이란 기업의 존립목적을 제시하는 것을 말한다.

1) 기업의 사명과 목표를 결정한 다음 기존사업들의 매력도를 평가하여 기업의 강점과 시장기회를 가장 잘 살릴 수 있는 사업들로 구성되는 최적의 라인을 유지해야 한다.
2) 전략적 마케팅 계획의 수립을 용이하게 하기 위해 관련된 사업들이나 제품들을 묶어 별개의 사업단위로 분류한다. 이러한 사업단위는 전략수립 계획과 관련하여 전략적 사업단위(SBU)라고 불린다.
3) 바람직한 전략적 사업단위는 사업단위 자체에 대한 이익과 비용의 측정과 이에 대한 책임이 이루어지는 조직단위이어야 한다.
4) 전략사업단위(SBU; Strategic Business Unit)
   (1) 개별적인 사업과 목표를 갖는 기업의 구성단위
   (2) 기업의 다른 사업부와 독립적으로 계획을 실행할 수 있는 사업단위

8. 사업단위에 대한 자원배분

1) 문제해결에 동원되는 대표적인 수단으로써 전사적 차원에서 한정된 자원의 최적배분을 모색하게 해 준다.
   (1) 목적 : 개별적인 SBU의 경쟁시장에서의 시장위치와 발전가능성에 관하여 가능한 한 정확한 판단을 하는 일 → 기업으로부터 현금지원 가능 평가
   (2) 장점 : 기업의 복잡한 문제를 심도 있게 체계화하고 시각화함으로써 기업의 장래 문제에 대한 해결책을 제시할 수 있다.
2) BCG 도표 (BCG matrix)
   (1) 시장성장률-시장점유율 매트릭스(Growth-Share Matrix)
   (2) BCG(Boston Consulting Group)에 의해서 개발된 포트폴리오분석법
3) GE 매트릭스
   (1) BCG 매트릭스의 문제점
   BCG매트릭스는 여러 요인에 의해 결정되는 사업의 경쟁우위를 단순히 시장성장률과 시장점유율로 파악하려는 문제점을 가지고 있다.
   (2) GE매트릭스 탄생 이유
   BCG매트릭스의 단점을 개선하기 위해 GE는 경영자문회사인 맥킨지의 자문을 받아 시장성장률과 시장점유율 이외의 변수 '산업매력도 & 사업강점 매트릭스'라는 전략계획구도를 개발하였다.
   (3) GE매트릭스 구성요소
   ① 산업매력도지표 : 시장성장률, 시장의 규모, 산업의 수익률, 산업의 경기 및 계절민감도, 경쟁강도 → 기업 외부요인
   ② 사업강점지표 : 시장점유율, 매출성장률, 가격. 원가상의 우위, 제품품질, 자금력, 고객시장에 대한 지식, 기술력 → 기업 내부요인
   (4) BCG/GE 매트릭스의 문제점
   ① 전략사업단위의 자율성 강조로 사업단위 간 핵심역량 공유함으로 얻게 될 경쟁우위 및 사업기회를 상실 수 있다.

② 너무 단순한 전략대안(확대전략, 수확, 철수, 시장 매력도 등)의 제안으로 창의적 전략사고 제안이 부족하다.

③ 시장점유율이 경쟁우위 확보에 유리한 전략이나 그렇지 않은 산업에서는 경쟁우위 결정에 큰 영향을 주지 않는다.

9. 성장전략 수립

10. 경쟁전략 수립

연습문제

✎ 정답 및 해설

1. 다음 서술한 용어의 정의가 말하는 용어는?

> 내부 구성원 및 외부에서 미션, 비전 및 전략 간의 관계를 쉽게 이해하고 공유할 수 있도록 일목요연하게 정리한 것을 말한다.

① 비전체계도
② 핵심역량
③ IMC(통합적 마케팅 커뮤니케이션)
④ 전략계획

[정답] ①
비전체계도의 우리 조직이 나가야 할 방향과 미션에 대해서 일목요연하게 정리하게 만들어서 내부 구성원과 외부에 우리 회사가 나가야 할 미션에 대해서 서술한 것이다.

2. 다음 서술한 용어의 정의가 말하는 용어는?

> 기업 내부에 공유되고 있는 기업 특유의 총체적인 능력, 지식, 기술을 말한다.

① 비전체계도
② 핵심역량
③ IMC(통합적 마케팅 커뮤니케이션)
④ 전략계획

[정답] ②
핵심역량은 장수기업이 되기 위해서 필수적으로 있어야 되는 요소이다. 우리 회사만이 가지고 있는 능력, 지식, 기술을 말한다.
㉿ 삼성전자의 핵심역량은 반도체기술이라고 할 수 있다.

3. 다음 서술한 용어의 정의가 말하는 용어는?

> 다양한 커뮤니케이션 수단을 통합적으로 운영하여 고객에게 브랜드를 알리고 설득함으로써 매출로 연결시키는 일련의 활동을 말한다.

① 비전체계도
② 핵심역량
③ IMC(통합적 마케팅 커뮤니케이션)
④ 전략계획

[정답] ③
IMC(통합적 마케팅 커뮤니케이션)은 기업이 소비자들에게 마케팅스(4P전략)를 구사할 때 일관성 있는 4P전략을 펴야 소비자를 설득하여 매출로 연결시킬 수 있다.

4. 다음 서술한 용어의 정의가 말하는 용어는?

전쟁의 효율적인 목적(승리)을 위하여 상대방의 대응책을 주시. 고려하여 유리한 대비책의 구축과 전체적인 행동의 방향과 정책을 결정짓는 것.

① 비전체계도　② 핵심역량
③ 전략　④ 전술

[정답] ③
전략과 전술은 군사학에서 가져온 용어이다.

5. 다음 중 전략계획의 특징이 아닌 것은?

① 통합적　② 체계적
③ 지속적　④ 비의도적

[정답] ④
전략계획의 특징요소 중 해당하지 않는 것은 비의도적이다.

6. 전사적 전략계획 수립과정 중 BCG/GE매트릭스 모델에 의해 SBU에 대한 확대, 유지, 수확, 철수전략을 전개해야 하는 단계는?

① 기업사명의 정의 단계
② 사업단위의 확인 단계
③ 사업단위에 대한 자원배분 단계
④ 경쟁전략수립 단계

[정답] ③

7. BCG매트릭스 모델에서 시장점유율을 유지하고 증가시키는데 있어 많은 현금이 필요한 단계는?

① 물음표　② 스타
③ 자금젖소　④ 개

[정답] ①
기업들이 주로 신사업을 출발할 때에는 제품에 대한 개발 비용부터 마케팅비용까지 초기 투자자본이 많이 드나 시장점유율이 없는 상태이므로 투자할 현금이 많이 필요한 단계이다.

8. GE매트릭스 모델의 기업 외부평가 요인이 아닌 것은?

① 시장성장률
② 산업의 수익률
③ 산업의 경기 및 계절민감도
④ 기술력

[정답] ④
기술력은 기업의 내부평가 요인이다.

9. 기업의 성장전략 중 집중적 성장전략에 해당하지 않는 것은?

① 시장침투전략　　② 전방통합전략
③ 시장개발전략　　④ 제품개발전략

[정답] ②
전방통합전략은 통합적 성장전략이다.

10. 기업의 경쟁전략이 아닌 것은?

① 원가우위전략　　② 차별화전략
③ 다각화전략　　④ 집중화전략

[정답] ③
다각화전략은 기업의 성장전략 중 하나이다.

제 3 장

마케팅환경 분석

이 장에서 학습하는 내용

- 마케팅환경
- 거시적 환경분석(PEST 분석)
  정치적 · 법적 환경
  경제적 환경
  사회 · 문화적 환경
  기술적 환경
- 미시적 환경분석(3C 분석)
  자사 분석
  고객 및 시장환경에 대한 분석
  경쟁자 및 경쟁우위 분석
- SWOT 분석
  SWOT 분석
  CSF 분석

이 장의 학습목표

- 거시적 환경(PEST) 분석의 종류를 이해한다.
- 법적 · 정치적 환경요소에 대해서 이해한다.
- 경제적, 사회문화적 환경요소를 이해한다.
- 기술적 환경요소에 대해서 이해한다.
- 미시적 환경(3C) 분석의 종류를 이해한다.
- 자사(Company) 분석 대해서 이해한다.
- SWOT분석의 돌출경로에 대해서 이해한다.
- 핵심성공요인(CSF)에 대해서 이해한다.

“ 마케팅(Marketing)의 BIG PICTURE ”

마케팅의 BIG PICTURE는 4단계로 구성된 마케팅 부서에서 마케팅전략 계획서를 작성하는 마케팅 과정 모형을 보여준다. “BIG PICTURE로 보는 마케팅원론”은 Step 1에서 Step 4까지의 단계로 내용의 구성이 진행되며 4단계를 통한 이론에만 머무는 것이 아니라 4단계를 공부하게 되면 마케팅 부서에서 하는 핵심적인 실무인 기업의 마케팅전략 보고서를 만들 수 있으며 본 교재의 마지막 단원에는 4단계를 통해 작성된 마케팅전략 보고서를 제시할 것이다.

마케팅관리의 정의

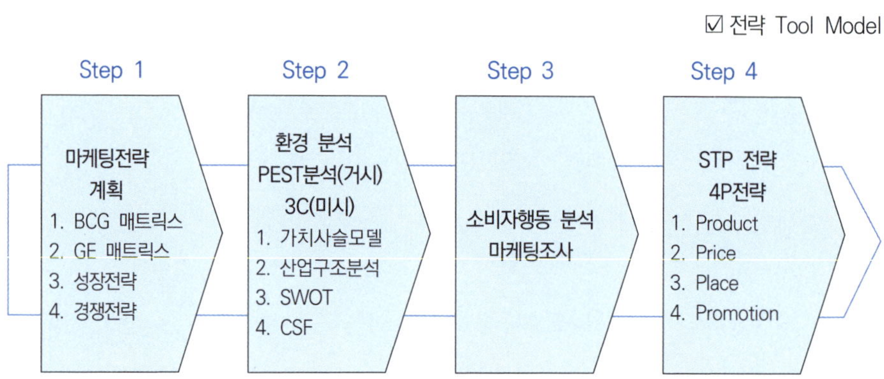

- 전략 TOOL MODEL은 4단계로 정리
- 고객의 욕구 충족과 기업 이윤 창출의 목표를 위하여 주어진 환경을 분석하고 시장, 고객, 경쟁사와 관련된 자료를 수집 분석하여 표적시장을 선정하여 고객을 확보, 유지 증대시키는 전략을 수립 실행하며 평가하고 통제하는 행위

마케팅의 BIG PICTURE

Step 2 단계에서는 Step 1 단계를 통해 선발된 사업부가 높은 성과를 내기 위해서는 어떠한 일을 잘하는지 분석을 하는 과정으로 선발된 사업부의 거시적 환경(PEST 분석)과 미시적 환경(3C 분석)을 통해 도출된 요인을 가지고 Swot분석을 통해 사업부의 강점과 약점, 기회요인과 위협이 되는 요인을 분석하여 가장 잘할 수 있는 핵심성공요인(CSF)을 뽑아서 핵심성공요인을 수행할 구체적인 실행 행동사항인 핵심성과지표(KPI)를 뽑아내어 팀과 조직원에게 우리 사업부가 성공할 수 있는 일을 배치시키는 과정을 배울 것이다. 즉 step 2단계에서는 환경분석을 통해 선발된 사업부가 가장 성공할 수 있는 일이 무엇인지 선발해 내는 과정을 공부할 것이다.

01 마케팅환경 분석

1.1 마케팅환경

넓은 의미에서 마케팅환경(Marketing Environment)의 개념은 '기업에 영향을 미치는 모든 요인과 기업에 대해서 영향을 미치는 모든 요인의 상황전제'라고 표현할 수 있다.

환경은 기업경영에 영향을 미치는 모든 요소의 집합이라고 할 수 있다. 이들 환경요소는 고객이나 경쟁기업의 행동에서부터 넓게는 산업의 일반적 특성과 함께 정부의 규제와 시장개입을 위한 각종 정책을 포함한다. 환경은 기업에게 있어 위협이자 또는 동시에 기회가 되기도 하며, 환경변화는 기업에게 직 · 간접적으로 영향을 준다. 즉 동일한 환경변화라고 하더라도 기업의 내부능력이나 환경대처 방식에 따라 위협이 되기도 하고 기회가 되기도 한다. 기회란 기업이 적정하게 대응할 경우 기업의 목표달성에 긍정적 영향을 줄 가능성이 있는 사건이나 추세를 의미하며, 위협은 기업이 적절하게 대응하지 못할 경우 기업의 목표달성에 부정적인 영향을 줄 가능성이 있는 사건이나 추세를 의미한다.

환경분석은 첫째, 기업을 둘러싸고 있는 거시적 환경에 대한 분석을 통해 기업의 목표달성에 영향을 줄 수 있는 사건이나 추세를 파악하거나 예측하고 둘째, 이들이 기업에 미치는 영향을 평가함으로써 기회와 위협을 파악하는 데 그 목적이 있다. 환경분석에 있어 경영자들에게 요구되는 중요한 과제는 환경위협에 대해 적절히 대처하면서 환경에 잠재되어 있는 기회를 적극적으로 활용하는 것이다. 이 책에서는 환경분석을 외부환경과 내부환경으로 나뉘어서 분석하여 우리 기업의 SWOT 분석을 통해 CSF(핵심성공요인)과 KPI(핵심성과지표)를 도출시키는 방법에 대해서 고찰해 보고자 한다.

환경분석의 궁극적 목적은 주변 환경의 변화추세 및 그 원인을 확인함으로써 변화에 환경대응적인 보다 효과적인 전략을 개발하는 데 그 목적이 있으며, 기업의 일반적인 환경분석은 정치적 · 법적, 경제적, 사회 · 문화적, 기술적인 환경변화와 변화요인들을 분석함으로써 주변 환경의 변화추세 및 일반적인 동향을 파악하는 것이다. 이처럼 기업은 환경분석을 통해 전략수립에 필요한 유효한 정보를 얻을 수 있다. 예를 들면 환경분석을 통해 목표시장에 대한 이해를 높일 수 있는데 구체적으로 앞으로 어떤 시장의 성장 가능성이 높으며, 어떤 시장이 생성하고 있는가에 대한 정보를 얻을 수 있다.

이러한 정보는 어떤 시장에 어떤 제품을 판매하여야 할 것인가에 대한 의사결정을 가능하게 해 준다. 이러한 의사결정이 바로 전략수립과 실행에 있어서 핵심과제가 된다. 따라서 결론적으로 기업은 가능한 정확한 환경분석을 통하여 손익이나 위험부담에 대한 용기를 갖고 자주적인 규제력으로 환경에 도전하려는 개척정신과 주변 환경에 대응할 수 있는 전략적 경영을 통하여 기업이익뿐만 아니라 기업의 사회적 책임을 완수함으로써 세계 속의 기업으로 발전해 나가는 것이다.

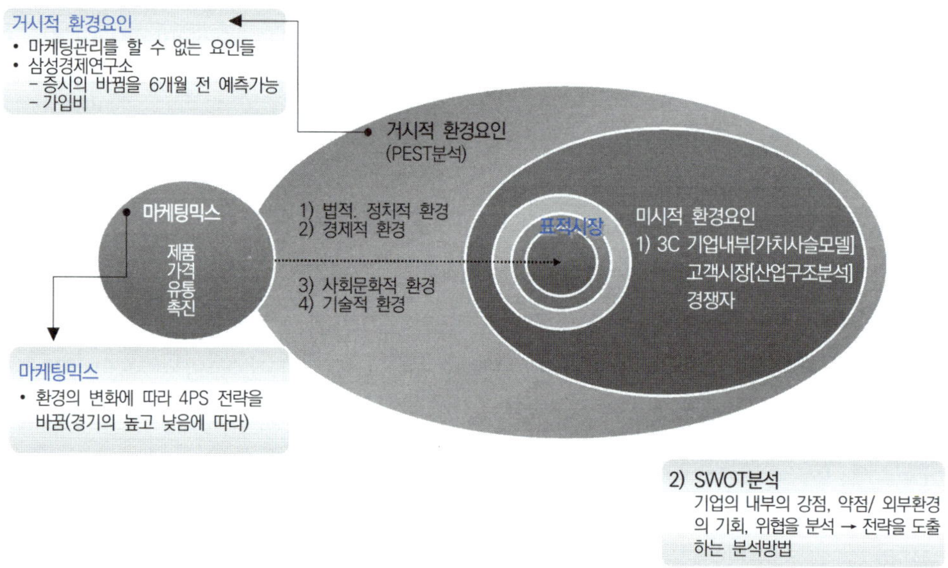

[그림 3-1] 마케팅환경

1.2 거시적 환경분석(PEST 분석)

일반환경(General Environment)은 특정 산업분야에 관계없이 한 사회 내에서 모든 조직에 대체로 유사한 영향을 미친다. 일반환경이란 개별조직이 어떠한 노력을 기울이더라도 그에 영향을 미칠 수 없는 환경으로써 거시환경(Macro Environment)이라고도 한다. 예를 들어 경기의 하강추세, 물가상승이나 세계경제가 블록화되는 현상 등은 한 사회 내의 모든 기업에 유사한 영향을 미치게 되며 개별 기업의 입장에서는 그 영향을 통제하기가 힘들다. 이러한 변화가 기업 활동에 기회와 위협요인으로 작용하게 된다. 중요한 것은 사전에 변화의 흐름을 예측하고 이에 대한 대응전략을 세워나가는 것이 중요하며 이러한 거시환경 분석을 PEST분석이라고 한다. PEST분석이란 거시적 환경요인 분석의 도구로서 정치적 · 법적(Political-legal), 경제적(Economy), 사회 · 문화적(Society-cultural), 기술적(Technology) 환경의 앞 글자를 모은 용어이다. 정치 · 경제 · 사회 · 기술적인 환경요인을 분석함으로써 기업의 의사결정과 경영활동에 미치는 영향들을 예측하고 향후 전략수립에 참고할 수 있기 때문이다. 그러므로 기업의 경영활동에 영향을 미치리라고 예상되는 요인을 중심으로 집중적인 분석을 할 필요성이 있다.

1.2.1 정치적 · 법적 환경

정치적 · 법적 환경요인은 다른 환경요인과 마찬가지로 전반적인 마케팅믹스 활동과 마케팅 전략을 수행할 때도 많은 영향을 미친다. 이러한 정치적 · 법적인 환경요소에는 국제정치 환경뿐만 아니라 특정사회의 조직이나 개인에게 영향을 미치거나 이들의 활동에 제한을 가하는 법률, 정부의 정책 및 규제, 각종 정부기관의 방침 그리고 기타 압력단체들이 모두 정치적 · 법적인 환경을 구성하는 요소들이다.

정부가 법률을 통해 기업의 활동을 규제하는 데는 몇 가지 목적을 두고 있다.

첫째는 자유시장경제에서 기업 간의 경쟁은 권장하지만, 불공정한 경쟁상황이 발생했을 경우 중립적인 입장에서 기업 상호 간의 보호를 위한 것이다. 예를 들어, 우리나라의 경우는 기업의 시장 지배적 지위남용과 부당한 공동행위 및 불공정거래행위를 규제하는 독점규제 및 공정거래에 관한 법률, 하도급 공정화에 관한 법, 부정경쟁방지법 등이 시행되고 있다.

둘째는 불량제품 생산, 과대 · 허위표시광고, 가격조작 등 비윤리적인 행위를 통한 불공정한 기업관행이나 태도로부터 소비자를 보호할 목적으로 하고 있다. 예를 들어, 물가안정 및 공정거래에 관한 법률, 식품위생법, 소비자보호법 등이 소비자보호와 소비자 권익을 위해 시행되고 있다.

셋째는 기업이 수익창출을 위해 수행하는 자의적인 기업 활동으로부터 파생되는 공해와 수질환경오염, 소비자 건강 · 복지 등과 관련된 사회적 비용을 부담하지 않고 사회에 전가하는 경우가 많은데, 이런 부분에 관해 법률을 통해서 사회이익을 보호하는데 목적이 있다. 예를 들어, 환경정책법, 공해방지법, 수질오염방지법 등은 자연환경을 보호하고 장기적인 소비자복지를 향상하기 위한 목적으로 시행되고 있다.

정치적 · 법적 환경은 기업의 활동을 규제하는 데 대부분 목적을 두고 있지만, 중소기업 창업을 지원하기 위한 중소기업창업지원법, 특허나 기타 지식재산권을 보호하기 위한 법률, 벤처 기업 육성을 위한 특별조치법 등이 있다. 그리고 기업의 거시적인 환경변화에 따라 여러 가지 새로운 법적 규제가 새로 제정되기도 하였다. 예를 들어, 기업의 유통 관련 법률에는 가격규제에 관한 법률, 백화점과 대형유통점 등의 할인판매기간에 관한 법 등이 있으며, 수입농산물의 질적규제와 소비자보호를 목적으로 하는 원산지표기법, 본사사옥이나 백화점과 대형유통점 등 교통혼잡을 야기하는 경우에 교통유발분담금을 지불해야 하는 법적규제를 받게 된다.

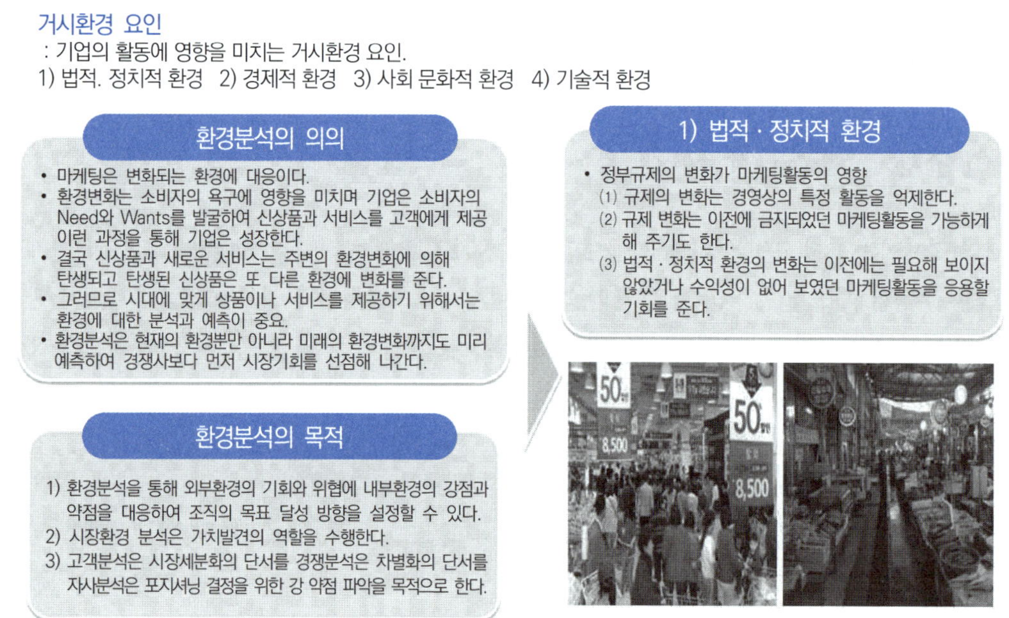

[그림 3-2] 정치적 · 법적 환경

1.2.2 경제적 환경

국가 및 지역의 경제성장률은 기업의 마케팅활동에 중요한 변수로 작용한다. 경제의 고성장은 시장의 잠재성이 매우 큼을 나타내며 저성장은 판매율의 저하를 예측하게 한다. 예를 들어 경기가 호황일 때에는 소비자들은 그들의 소비를 증가시키며 경기가 침체되었을 경우에는 소비자들은 그들의 전반적 소비를 감소시키게 된다. 경기의 침체 여부는 기업의 제품 및 판촉활동에 영향을 주게 되는데, 경기가 불황일 경우에 기업들은 저가의 제품을 대형 할인매장을 통해 유통시키려는 정책을 사용하기도 하며 고가품에 대한 저가형 대체품 개발 등의 노력이 이루어지기도 한다.

기업활동에 영향을 미치는 경제적 환경요인으로서 원재료가격, 임금, 세금, 이자율, 임대료 등 기업이 조절할 수 없는 기업활동에 소요되는 비용항목들이 있다. 이들 가격이 안정적이지 않을 경우에는 기업은 그들의 마케팅목표를 수립하는 데 있어서 장기적인 목표를 세우고 안정적인 투자를 하기가 어렵다. 또한 물가상승은 기업뿐만 아니라 소비자들의 구매력에도 영향을 미치게 된다. 그러므로 기업활동에 소요되는 생산요소가격의 상승은 기업활동에 제약요인으로 작용하게 된다.

소득의 변화 및 실업률은 기업의 활동에 영향을 미치는 경제적 환경 중 제품의 판매에 가장 직접적인 영향을 미치는 요인들이다. 소비자들은 일반적으로 수입에서 세금 등의 지출 분을 뺀 가처분소득이 높은 경우에는 높은 구매력을 보이며 가처분소득이 낮은 경우에는 필수적인 제품 이외의 제품에 대하여 매우 낮은 구매력을 보이게 된다. 높은 실업률은 실업자뿐만 아니라 그 외의 소비자들에게도 영향을 미치게 되는데, 사회분위기가 침체되고 불안정할 경우에는 고가품이나 실생활에 꼭 필요하지 않은 제품의 판매율이 저조하게 된다. 우리나라에서 1997년 12월부터 IMF 체제가 시작되면서 금융자산이 많은 고소득층은 고금리로 인해 이전보다 소득이 오히려 더 증가하는 경우도 생겨났지만 침체된 사회분위기 때문에 사치성 소비를 하면서도 여론을 의식하지 않을 수 없게 되었다. 따라서 그 당시에는 고소득층의 해외소비가 증가하는 경향을 보였으며, 고소득층 수입상 및 익명성이 보장되는 고가제품 통신판매시장 등이 확대되는 한편, 고소득층 소비자들은 회원자격에 제한을 두는 'Membership Club'에 가입하는 것을 선호하는 추세가 대두되었다.

기업활동에 영향을 미치는 경제적 환경요인 7가지

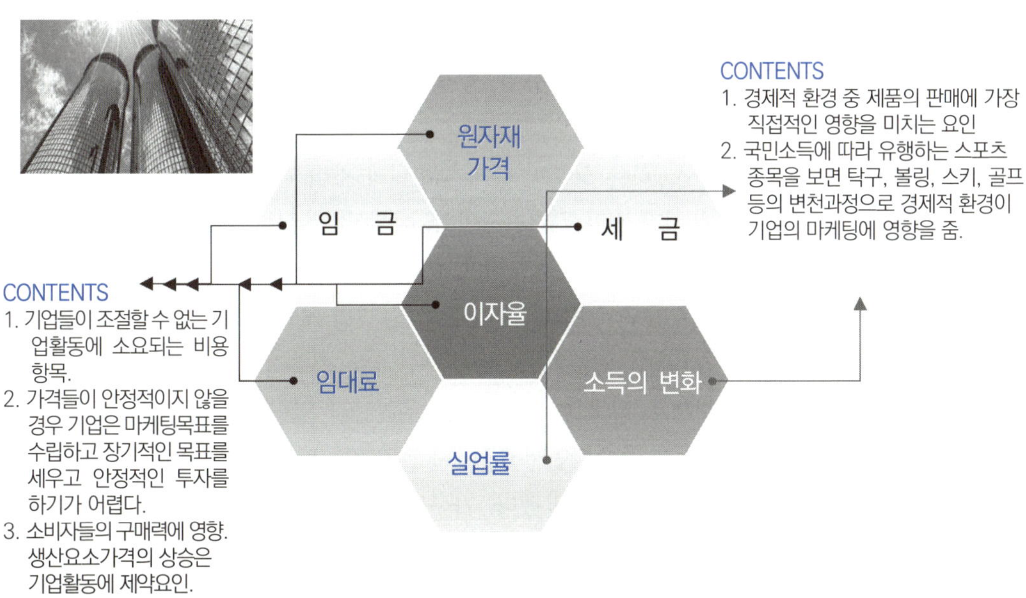

[그림 3-3] 경제적 환경

2000년부터 우리나라 경제가 회복세를 보이기 시작하여 거시경제적인 지표는 많이 호전되는 듯하였으나 리먼 브라더스의 도산으로 대표되는 전 세계적 금융위기가 발생한 이후 아직까지 본격적으로 세계경기가 살아나지 않아 실물경제에까지 영향을 미치고 있는 형편이다. 우리나라는 지금까지 다른 OECD 국가들에 비해 위기를 잘 헤쳐 나온 것으로 평가되고는 있으나, 최근의 급격한 세계 경제상황의 변화는 마케터들로 하여금 경제에 관한 한 그 어떤 것도 확실한 것은 없다는 진리를 다시 한번 깨우쳐 주고 있다.

1.2.3 사회 · 문화적 환경

소비자시장뿐만 아니라 산업시장에서도 사회 · 문화적 환경(Socio-cultural Environment)을 이해하는 것은 반드시 필요하다. 인구통계적 혹은 라이프스타일 추세 변화에 대한 인식은 일반적으로 마케팅전략을 개발하는 데 매우 중요한 일이다. 산업시장의 동인이 되는 것은 소비자시장이기 때문에 병원, 공항, 대학들에 제품이나 서비스를 판매하는 기업들에게는 마찬가지로 중요하다.

사회 · 문화적 요인은 연령, 인종, 종교, 성별, 관습, 가치관, 태도, 라이프스타일 등이 포함된다. 사회 · 문화적 요인들은 소비자들이 구매할 제품, 지불해야 할 가격, 특정한 프로모션 효과 그리고 소비자들이 구매할 시기, 장소, 방법 등에 영향을 미친다. 마케팅관리자가 마케팅계획 수립을 위해서 예측하고 영향을 파악하고 통합해야 하는 외부환경요인들 중에서 가장 어려운 변수라고 할 수 있다. 따라서 기업의 마케팅활동에 영향을 주는 사회 · 문화적 환경요인에서는 맞벌이부부 증가, 가족구성원 감소, 독신 · 분가 · 이혼 · 사별, 인구변화, 라이프스타일을 중심으로 논의하려고 한다.

첫째, 맞벌이 부부의 증가는 구매하는 상품의 형태뿐 아니라 소비 수준까지 큰 영향을 미친다. 맞벌이 부부는 즉석 간이음식과 시간 절약형 전자레인지, 여행이나 외식 같은 여가선용 서비스에 많은 지출을 한다.

둘째, 가족구성원 감소로 인한 가구 수의 변화를 보면 2007년 우리나라의 총 가구 수는 1천641만 7천 가구로 2006년보다 1.6% 늘었고 앞으로도 가구 수는 지속적으로 증가해 2030년에는 1천987만 1천 가구에 달할 것으로 전망했다. 2007년 우리나라 일반가구의 평균 가구원수는 2.83명으로 추정되며 '소가족화'가 지속되면서 2010년 2.73명, 2020년 2.48명으로 감소하고 2030년에는 2.35명까지 줄어들 것으로 전망됐다. 가구원수별 가구분포를 보면 2007년은 4인 가구가 440만 9천 가구로 전체의 29.9%를 차지해 가장 많은 것으로 집계됐다. 이어 2인 가구 369만 3천 가구(22.5%), 3인 가구 344만 3천 가구(21%), 1인 가구 329만 8천 가구(20.1%), 5인 가구 123만 가구(7.5%) 등의 순이었다. 그러나 가족의 분화 및 '소가족화'의 진행으로

2030년에는 2인 가구가 전체의 28.1%인 558만 3천 가구, 1인가구는 23.7%인 471만 3천 가구로 늘어나 1, 2인 가구가 전체의 절반이 넘을 것으로 추정됐다.

가족구성원의 감소로 한 아이에게 더 많은 애정과 관심을 쏟게 되어 자녀를 위한 지출이 늘어나게 되었다. 또한 독신, 분가, 이혼, 사별의 증가도 나타나는데, 이러한 인구변화는 식료품만 아니라, 아파트, 가구 등에 있어서도 소형을 선호하게 만들었다.

셋째, 독신 · 분가 · 이혼 · 사별은 최근 독신가구의 증가와 같은 다양한 형태의 가족구조를 나타내는 요인으로 이러한 현상의 지속은 출산율의 감소, 가족에 의한 아동과 노인의 부양능력 감소 등 여러 가지 사회현상으로 나타날 수 있을 뿐만 아니라, 소비자의 소비패턴에도 영향을 미치는 중요한 인구통계적 요소이다. 미혼이나 이혼으로 인한 젊은 독신자들의 증가는 나름대로의 독특한 라이프스타일을 형성하고 있기 때문에, 인스턴트식품, 시간절약형 제품, 레저와 오락 등에 대한 구매를 증가시키고 있다. 그리고 그들의 여가 시간활용도 대부분 헬스클럽에서 운동을 하거나 영화 · 콘서트 · 연극을 관람하러 가거나 술을 마시거나 할 것이다. 그러나 어린 자녀를 둔 가족들은 건강에 좋은 음식이나 과일주스 등의 다량구매자가 될 것이지만, 노인부모를 모시고 있거나 자녀들이 다 성장한 가족들은 다이어트 관련 음식들을 더 많이 구매할 것이다. 그리고 집수리나 보수와 관련된 서비스는 노부부나 독신가정에서 많이 이용될 것이다.

넷째, 인구변화는 총인구수나 인구증가율의 변화뿐만 아니라 각 연령별 인구구조의 변화도 기업의 마케팅활동에 영향을 미칠 수 있다. 우리나라의 연령별 인구구조는 1960년대까지는 전형적인 피라미드 형태를 나타냈지만, 1980년대부터 다이아몬즈형의 구조로 바뀌어 2000년도에 이르기까지 유지되었다. 2015년도의 인구구조는 유아층의 비중이 줄어들고 경제활동층인 청년과 중년층의 비중이 늘어나는 항아리형 인구 피라미드를 나타내고 있다. 그리고 2035년과 2065년도 예상 인구구조를 보면 점차 노령인구가 두드러지게 많이 분포된 반면에 유아나 청소년층은 물론이고 젊은 층이 현격하게 줄어든 모습을 볼 수 있다. 이러한 현상은 소득 수준의 증가와 의료기술의 향상으로 평균수명이 연장되어 고령인구가 증가하고 있으며, 관광산업이나 실버산업의 확대가 계속될 전망이다. 또한 출산율 감소로 인해 분유, 장난감, 기저귀 등 유아용품 시장이 줄어든다는 것을 의미하기 때문에, 기업의 마케팅전략은 제품의 양적인 확대보다는 질적인 개선을 통해 고급화 전략을 수행하는 것이 더 바람직한 전략이 될 수 있다.

14세 이하 유소년 인구비중은 출산율 둔화 등으로 2015년도 13.8%로 계속 낮아지고 있고 2035년에는 11.3%에 이를 것으로 예상하고 있으며, 65세 이상 인구비중은 계속 높아져 이미 '고령화 사회'에 진입하여 2015년에는 고령인구가 12.8%를 차지하고 있고, 2035년에는 28.7%에 다다를 것으로 추정하고 있다. 따라서 건강식품, 효도관광상품, 실버타운, 노후보험 등 노인층을 대상으로 하는 시니어 마켓(Senior Market)은 그 수요가 크게 증가할 것으로 예상된다.

다섯째, 라이프스타일의 변화는 독특한 마케팅 기회를 만들어 내기도 하였다. 과거에는 남성들이 주로 소비자였던 술, 보험, 자동차와 같은 상품들이 이제는 여성고객을 유치하기 위해 노력하고 있으며 전통적으로 여성 상품이라고 인식되던 것들도 이제는 남성시장을 겨냥하고 있다.

이러한 사회 · 문화적 환경은 국가와 같은 거대한 집단 사이에서 차이를 주로 보이지만 하나의 국가, 도시 내에서도 비교적 이질적인 집단 간에 큰 차이를 보이는 경우가 많다. 사회 · 문화적 환경은 다른 환경들과 마찬가지로 지속적으로 변화한다. 다시 말해 인구증가율, 성별 구성비, 결혼적령기, 미혼자 비율 등이 지속적으로 변화하고 이러한 변화는 곧 소비자의 소비형태의 변화를 위해 기업은 많은 관심을 가지고 소비자 의식구조 및 소비행태 변화 등에 관한 지속적인 조사연구를 해야 한다.

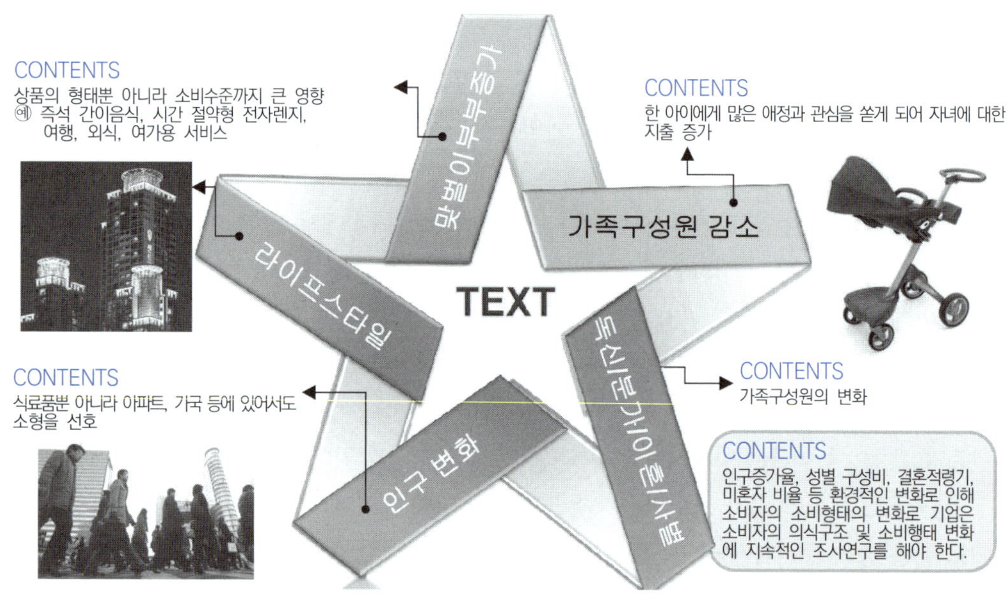

[그림 3-4] 마사회 · 문화적 환경

1.2.4 기술적 환경

현대적 기업은 제품 및 서비스를 생산하고 판매하는 데 있어서 기술에 거의 결정적으로 의존하고 있다. 제품 생산을 위한 고성능 설비, 신속한 유통을 위한 운송기술, 다양한 판촉을 가능케 하는 새로운 미디어의 도입 등 기업에 있어서 기술은 매우 중요한 역할을 수행하고 있다.

기술과 관련된 환경에는 크게 개선, 복합, 와해로 구분할 수 있다. 첫째, 개선은 핵심기술을 강화하는 부분으로 현재 기술의 연장선상에서 핵심기술의 성능을 강화하여 제품 및 서비스의 기능을 개선한다. 둘째, 복합은 핵심기술을 부가하는 방법으로 현재 보유하고 있는 기술에 이종 기술을 접합하여 제품 및 서비스에 새로운 기능을 부가하는 분야이다. 셋째, 와해는 핵심기술을 대체하는 방법으로 현재의 핵심기술을 완전히 대체할 수 있는 혁신적인 기술의 구현 가능성을 타진하는 방법이다.

기술의 개발은 상당히 많은 비용이 소요되고 진부화가 일어나며 개발자는 독점력을 행사하려 하기 때문에 개발이 끝난 지 얼마 안 되는 기술을 도입하기 위해서 기업은 높은 대가를 지불한다. 특히 이러한 현상은 급격한 진부화가 일어나며 경쟁이 치열한 첨단기술의 경우에 더욱 두드러지게 나타난다. 따라서 각 기업들은 자체 기술개발팀을 구성하여 새로운 기술개발에 힘쓰고 있지만 특정기업이 개발할 수 있는 기술에는 한계가 있기 때문에 타기업 및 공공기관들의 연구 등의 외부기술에 의존하게 되는 경우를 많이 볼 수 있다.

기업의 장기적인 효과성 측면에서 보았을 때 기업은 자체기술 개발능력을 높이는 것이 매우 중요하다. 우리나라의 많은 기업이 외국회사에 비싼 로열티를 지불하여 기술을 도입하는 경우를 흔히 볼 수 있다. 이러한 기술은 도입은 기업으로 하여금 시장이 형성되는 시기에 내수시장에서 독점적인 지위를 확보할 수 있게 해 주기 때문에 기업에게 높은 수익을 주는 효과를 기대할 수는 있지만 경쟁이 치열해지게 되어 가격경쟁을 하게 되면 비싼 로열티 때문에 경쟁력을 잃게 되는 경우를 종종 볼 수 있다.

[그림 3-5] 기술적 환경

1.3 미시적 환경분석(3C 분석)

미시적 환경은 기업과 밀접한 관계를 가지면서 기업의 마케팅활동에 영향을 줄 수 있고, 고객과 상호작용을 하면서 교환관계를 구축하고 유지하며, 발전시키는 데 직접적으로 영향을 미치는 조직 및 세력들로 구성되어 있다. 미시적 환경요인으로는 자사 분석(기업내부), 고객 및 시장환경에 대한 분석, 경쟁자와 경쟁우위 분석 등의 환경요인들로 구성되어 있는데, 각 요인들이 마케팅전략의 계획과 실행에 어떠한 영향을 미치는지를 살펴본다.

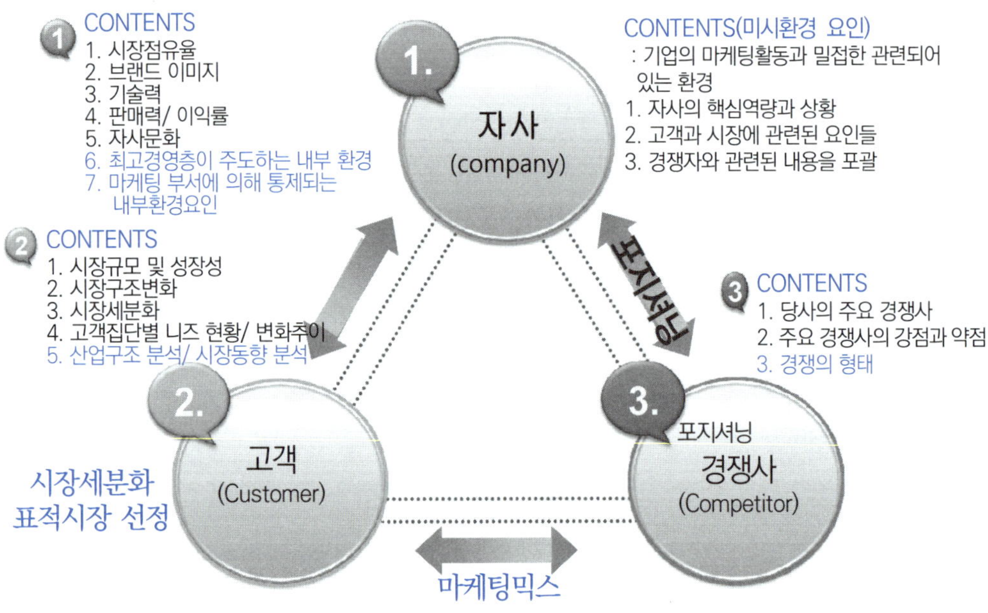

[그림 3-6] 3C 분석

1.3.1 자사 분석(Company Analysis)

마케팅 전략수립은 환경분석과 더불어 기업의 내부능력에 대한 평가를 바탕으로 이루어진다. 외부환경의 좋은 기회도 이를 활용할 수 있는 기업의 내부능력이 없다면 무용지물에 불과하다. 이러한 측면에서 내부환경분석은 환경분석과 함께 경영전략 수립에 있어 중요한 요소가 아닐 수 없다. 기업내부에 대한 분석은 기업내부의 자원에 대한 분석을 통하여 강점과 약점을 파악하여 산업분석에서 파악된 주요 성공요인(Critical Success Factor)과의 적합성을 이루는 전략을

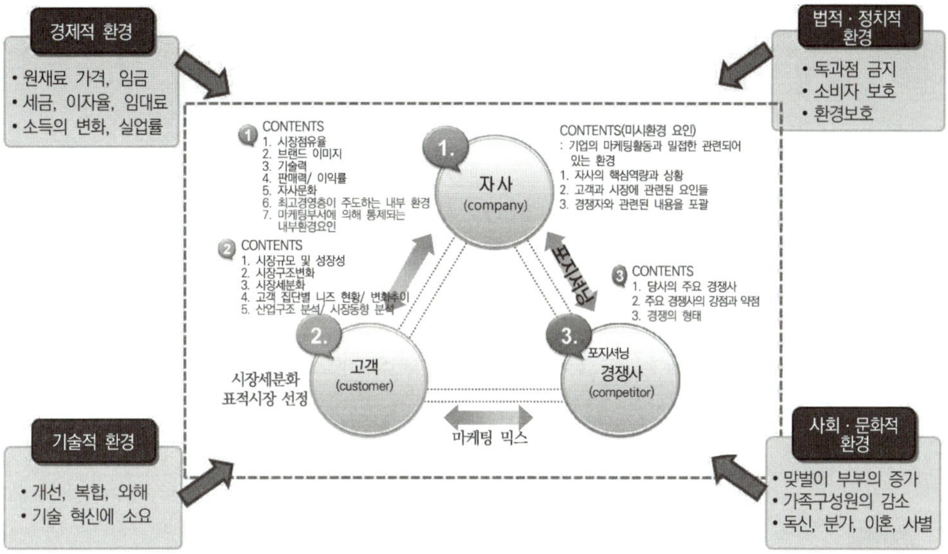

[그림 3-7] PEST분석과 3C분석

수립하는데, 있어 기초자료를 마련하려는 데 있으며, 기업의 현재 및 미래의 경영능력을 진단하여 Vision을 실현할 수 있는 능력을 파악하고 그 결과를 통해 기업의 강점과 약점을 도출하는 데 그 목적이 있다. 따라서 현재 수행하고 있는 전략적 사업단위 또는 개별사업 단위가 속해있는 산업환경이 사업수익을 얻는 데 있어서 기회적인 요소를 얼마만큼 가지고 있으며 개별사업단위가 동종 산업의 경쟁기업의 사업단위와 비교분석해 볼 때 더 높은 수익과 성과를 얻을 수 있는 경쟁우위를 접하고 있는지 평가하여 경쟁우위를 점할 수 있는 전략을 선택하여야 한다.

1.3.1.1 시장성과 분석

시장성과 분석은 시장점유율(Market Share) 분석이라고도 한다. 시장점유율 분석은 기업의 내부를 평가하는 가장 보편적이고 쉬운 평가 방법으로서 시장의 점유율을 가지고 기업의 내부를 평가하는 것이다.

[그림 3-8]에서 제시한 시장점유율 분석 사례를 보면 기업은 전체시장에 대한 마케팅을 전개하는 데는 한계가 있다. 마케팅을 통해 대응할 수 있는 범위와 대응을 못 하는 범위로 나누어지게 되고 대응을 할 수 있는 범위가 60%라면 60%의 시장에 마케팅한다고 모두 자사의 고객이 될 수는 없다. 그러므로 60% 중 타사와의 경쟁을 통해서 우리 회사의 고객으로 만들 수 있는 50%의 고객 즉 30%의 고객만이 우리 기업의 시장점유율이라고 할 수 있다. 이렇게 형성된 시장점유율

30%를 분석해서 오른쪽 누출시장분석 사례를 보면 30%의 소비자 중 20%만이 마케팅을 통해서 확보한 고객이며 10%는 마케팅을 하지 않았어도 확보할 수 있었던 고객이라는 결론을 얻을 수 있다. 또한 70%의 다른 경쟁사에게 누출된 소비자를 분석해 보면 자사의 상품의 종류가 부재해서 타 브랜드를 찾았다는 고객이 20%이고 고객에 대한 대응이 미숙해서 타 브랜드를 찾았다는 고객이 20%를 차지하였으며 타 브랜드에 비해 디자인과 품질과 같은 속성에 대한 경쟁력이 부족했다는 고객이 30%와 같은 방식으로 분석하는 방법을 시장점유율에 의한 분석이라고 한다.

시장점유율에 의한 분석을 통해서 우리 고객이 타 브랜드를 찾는 이유가 무엇인지를 파악하여 어떤 부분을 개선하여 매출을 더욱 증대시킬 것인지 파악하고 앞으로의 우리 기업이 나아가야 할 방향을 손쉽게 알 수 있는 분석이라고 할 수 있다.

1
- 기업의 성과를 평가하는데 가장 손쉬운 방법 중의 하나는 시장점유율(Market Share, M/S)을 통한 분석이다.
- 40%의 시장에 대한 비대응 원인을 파악하고 그 원인을 해소함으로 시장의 대응 범위를 넓혀 나갈 수 있다.
- 60%가 이미 대응하고 있는 시장에서도 경쟁 열세인 부분에 대하여 원인을 분석하고 대응전략을 수립.
- 자사의 누출 70% 원인과 점유 30%에 대한 원인을 분석.

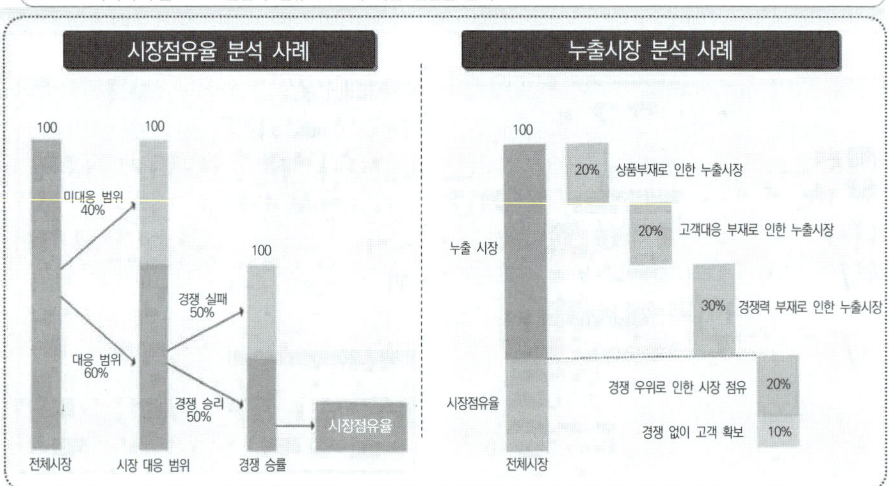

[그림 3-8] 시장성과 분석

1.3.1.2 기업의 가치사슬 분석

가치사슬(Value Chain)이란 고객에게 가치를 제공함에 있어서 부가가치 창출에 직·간접적으로 관련된 일련의 활동·기능·프로세스의 연계를 의미한다. 가치사슬은 하버드대 마이클 포터 교수에 의해 전략에 있어서의 일반화된 가치사슬은 전략적 단위활동을 구분하여 자사의 강점과 약점을 파악하고 원가 발생의 원천 및 경쟁기업과의 현존 및 잠재적 차별화 원천을 분석하기 위해 개발된 개념이다.

가치사슬 분석은 회사의 경쟁하는 방법을 검증하는 중요한 기법으로서 회사 전체의 Business Process와 활동을 연구하고, 정해진 프로세스에 대한 cost의 할당과 서로 다른 프로세스에 의해 발생된 가치를 결정한다. 이러한 부분이 Cost(원가), Speed(속도), Efficiency(효율성)를 분석하여 경쟁우위 구축을 위한 도구로 활용된다는 것에 그 의미가 있다. 가치사슬 분석에 있어서 각 가치 활동들을 상호 독립적 활동들로 분리하여 분석해서는 아니 되며, 상호 이론적 활동으로 그 연계를 통한 시너지효과를 고려하여 분석하여야 한다.

가치시스템의 경쟁우위는 가치시스템 참여 기업들의 집단인 산업의 경쟁우위를 결정하게 되며, 회사의 경쟁우위 평가는 자사의 가치사슬, 공급자의 가치사슬, 전방채널 참가자의 가치사슬을 포함하여 가치시스템에 대한 이해를 필요로 한다. 가치사슬 분석은 최종 사용자에게 제공되는 제품이나 서비스를 형성하는 모든 활동에 대한 전략적 우위 및 열위를 결정함으로써 경쟁우위를 평가하는 하나의 방법이다. 이러한 활동들은 회사의 활동뿐만 아니라 회사 밖 외부기업들인 공급자 · 유통업자 · 물류업자 · 처리 업자를 포함하며, 회사는 고객에게 Focus 된 프로세스를 창출하는 전체 가치사슬의 한 부분이다.

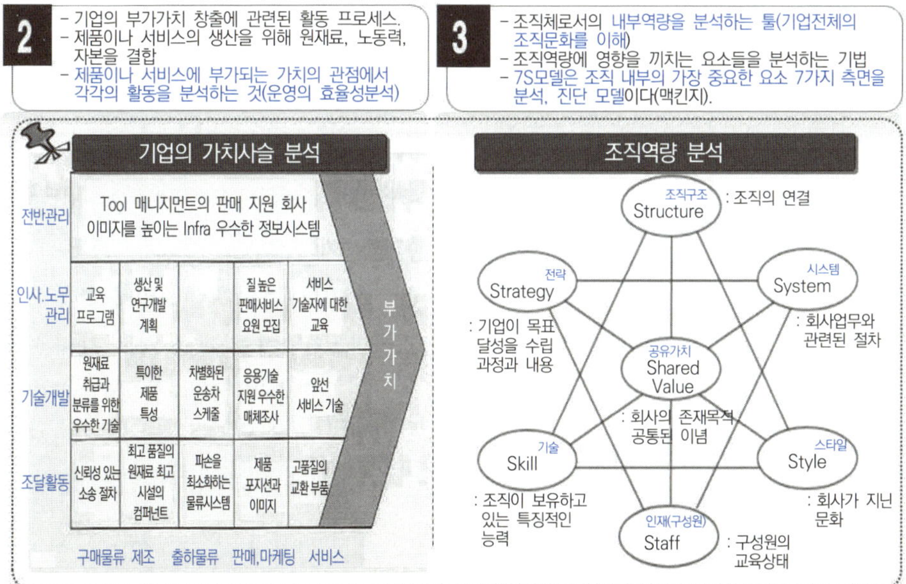

[그림 3-9] 가치사슬 분석과 조직역량 분석

가치사슬 분석은 최고의 경쟁우위를 가져오는 가치사슬의 조합으로 가치사슬 분석의 핵심개념은 기능적 구조에 대한 강조를 줄이고, 제품 투입과 함께 시작하여 제품 산출 및 고객으로 종결되는 조직에 대한 수평적 관점인 프로세스 시작을 채택하는 것이다.

1.3.1.3 조직역량 분석

조직에 대한 내부 역량을 분석하는 분석 방법으로서 조직역량에 끼치는 요소를 분석하는 기법을 말하며 7S모델이라고 하며 조직 내부에서 가장 중요한 요소 7가지 측면을 분석 진단 하는 모델로서 맥킨지(Mckinsey)에서 개발한 모델 분석방법이다. 조직문화가 무엇으로 구성되어 있는지에 대한 이해를 돕기 위해 7S 개념이 많이 활용된다. 7S 개념에 의하면 조직문화란 공유가치(Shared Values), 전략(Strategy), 조직구조(Structure), 시스템(System), 스타일(Style), 인재(Staff), 기술(Skill)의 일곱 가지 요소로 구성되어 있다고 본다. 여기에서 전략과 조직구조는 조직의 하드웨어에 해당되고, 스타일, 시스템, 인재, 기술, 공유가치는 소프트웨어에 해당되는데, 특히 소프트웨어의 중요성을 강조하고 있다. 다시 말해, 조직 내에서 일이 수행되는 방식이 구조나 전략 못지않게 중요하다는 것이다. 스타일은 조직구성원들을 이끌어가는 관리 및 리더십 스타일을 일컫는다. 시스템은 의사결정과 운영의 틀이 되는 제도와 절차 등을 말한다. 예를 들어, 보상제고, 인사평가제도, 정보시스템, 의사결정 시스템 등이 포함된다. 이들 요소가 일관성 있게 연결되어 있을수록 강력한 문화를 형성하게 되고 이는 조직의 성과를 결정짓는 역할을 한다. 즉 조직이 추구하고자 하는 기본적인 공유가치와 전략, 조직구조, 운영 시스템, 경영스타일 등이 '따로따로'가 아니라 밀접하게 조화되어 일관성을 견지해야 한다. 이러한 7가지의 7S를 가지고 자사를 분석하는 방법을 조직역량 분석이라고 한다.

1.3.1.4 자원과 역량 분석

자원과 역량 분석은 기업을 분석할 때 기업이 보유하고 있는 '자원과 조직원의 역량'을 가지고 자사를 분석하는 방법을 '자원과 역량 분석'이라고 한다. 기업이 가지고 있는 자원은 형태가 있으며 '유형자산'이라고 하고 형태가 없으면 '무형자산'이라고 하며 유형자산으로는 기계, 장비, 물리적 자산, 가시적 자원이 있으며 무형자산으로는 기업의 명성, 기술, 노하우, 비가시적 자원 등이 있다.

자원과 역량 분석은 [그림 3-10]에서 제시한 바와 같이 기업이 가지고 있는 자원 중 재정, 기술, 공장과 설비, 위치, 유통망과 조직이 가지고 역량 중에 상품개발, 구매, 공학, 제조, 재정관리, 연구개발, 마케팅과 영업, 정부와의 관계의 요소를 가지고 조직원들에게 마케팅조사를 통해 우리 기업의 전략적 중요도와 상대적 강점이 무엇인지를 분석하여 자사의 전략적 중요도와 상대적 강점을 분석하는 방법을 '자원과 역량 분석'이라고 한다.

4

- 기업이 보유하고 있는 자원은 유형/무형자원으로 구분
- 유형자원 : 기계, 장비, 물리적 자산, 가시적 자원
- 무형자원 : 기업의 명성, 기술, 노하우, 비가시적 자원

4. 자원과 역량 분석

구 분	재 화	전략적 중요도	상대적 강점
자원	R1 : 재정(Finace)	6	4
	R2 : 기술(Technology)	7	5
	R3 : 공장과 설비(Plant&Equipment)	8	8
	R4 : 위치(Location)	7	4
	R5 : 유통망(Distribution Network)	8	5
역량	C1 : 상품개발(Product Development)	9	4
	C2 : 구매(Purchasing)	7	5
	C3 : 공학(Engineering)	7	9
	C4 : 제조(Manufacturing)	8	7
	C5 : 재정관리(Financial Management)	6	3
	C6 : 연구개발(R&D)	6	4
	C7 : 마케팅과 영업(Marketing&Sales)	9	4
	C8 : 정부와 관계(Government Relations)	4	9

5

- 기업은 성장성, 수익성, 안정성, 활동성 등을 통해 재무구조의 건전성을 분석하고 어떤 부분이 취약하고 경쟁사와 장단점이 있는지 알고 보완해야 한다.
- 재무비율 분석
  1) 안정성 비율
     (1) 유동성 비율 : 자산을 현금화 만드는 능력
     (2) 레버리지비율 : 타인자본의 의존도
  2) 활동성 비율 : 특정자산을 얼마나 효율적으로 이용하는지 측정
  3) 수익성 비율 : 경영의 종합적 성과 측정
  4) 성장성 비율 : 해당산업에 성장에 비해 상대적 지위의 향상 여부
  5) 시장가치비율 : 기업에 대한 자본시장의 평가

4. 기업의 자원과 역량 평가 사례-폭스바겐

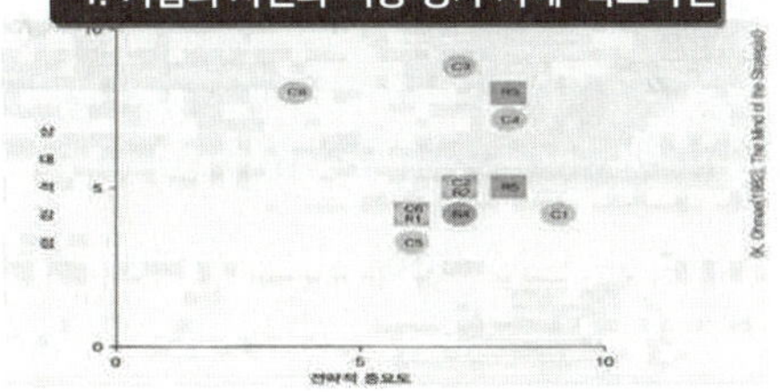

[그림 3-10] 자원과 역량 분석과 재무 분석

1.3.1.5 재무비율 분석

재무비율 분석의 기본은 재무제표상의 회계적 데이터를 기초로 한 기업활동의 건전성을 평가하는 것으로서 일반적으로 안정성비율(유동성비율, 레버리지비율), 활동성비율, 수익성비율, 성장성비율, 시장가치비율의 5가지 카테고리로 분석한다.

재무비율의 분류는 사용자에 따라 다소 차이가 있지만 여기서는 다음과 같이 5가지 종류로 구분한다.

1. 안정성 비율

1) 유동성비율(Liquidity Ratios)

자산을 현금화로 만들 수 있는 능력으로 기업의 단기채무의 상환능력을 측정하는 비율로서 지급능력 비율(Solvency Ratios)이라고도 한다.

2) 레버리지비율(Leverage Ratios)

타인자본 의존도를 나타내는데 장기부채의 원리금 상환능력 또는 기업의 안전성을 의미한다.

2. 활동성 비율(Activity Ratios)

기업의 활동은 자산에 의해 움직이는데 특정자산을 얼마나 효율적으로 이용하고 있는지를 측정한다는 뜻에서 효율성비율(Efficiency Ratios)이라고도 한다.

3. 수익성 비율(Profitability Ratios)

경영성과를 말하며 사업에 투하된 자본이나 매출활동에 대한 수익으로 일정기간 동안 경영활동의 성과를 종합적으로 측정한다.

4. 성장성 비율(Growth Ratios)

경제나 해당산업의 성장에 비해 상대적 지위가 얼마나 향상되고 있는지를 나타낸다.

5. 시장 가치 비율(Market Value Ratios)

기업에 대한 자본시장의 평가를 말하며 증권시장에서 형성된 주식가격을 기준으로 측정한 비율로서 기업에 대한 자본시장의 평가를 반영하는 비율이다. 주식가격은 앞으로 기대되는 위험과 수익을 감안하여 결정되므로 다른 비율들이 이미 실현된 실적을 평가하는 것이라면 시장가치비율은 미래의 전망을 반영한다고 볼 수 있다.

1.3.2 고객 및 시장환경에 대한 분석(Customer / Market Analysis)

마케팅의 대상인 고객에 대한 분석은 기업의 생존과 성장을 위한 가장 중요한 분석활동 중 하나이다. 대부분의 기업들은 적절한 재화와 서비스로 한 개 혹은 그 이상의 고객시장의 욕구를 충족시키려고 노력하면서 기업활동을 수행한다. 이러한 고객시장들은 그 특성에 따라 서로 다른 시장의 욕구와 필요가 있으므로, 마케팅관리자들은 각 시장과 관련된 마케팅전략에 필요한 의사결정 시에 주의를 기울여야 한다.

1.3.2.1 산업구조 분석

경제 환경의 변화와 발전은 기업으로 하여금 혁신을 끊임없이 요구하게 되었고 이러한 혁신을 이루어내는 과정에서 산업의 변화 내지 진화에 대해 미치는 효과를 분석한 것이 산업구조 분석이라고 할 수 있다.

산업을 구성하는 기업들은 행동규칙의 차이와 탐색하고 적응하는 능력의 차이 등으로 인해 이질성을 지닐 수밖에 없고 이는 기업성과의 차이로 나타난다. 결국 기업은 시장경쟁에서 살아남거나 더 큰 성과를 얻기 위해서 끊임없는 혁신을 추구하게 되며 그 성과에 따라 선별되거나 쇠퇴하게 된다.

이러한 과정을 거치면서 산업전체에 있어서도 진화가 나타나게 되며, 산업의 고유한 특성에 따라 선별환경도 달라지기 때문에 각 산업 사이에도 이질성이 나타날 수밖에 없다.

산업진화에 따라 마이클 포터가 제시한 5가지 영향요인들이 변하고, 이에 따라 환경으로부터의 기회와 위협요인들이 달라질 수 있다. 이를 구체적으로 설명하면 다음과 같다.

1. 신규진입자

도입기에서는 기술적 지식이 잠재적 경쟁자들에게 가장 큰 진입장벽이 된다. 즉 확고한 기술적 지식을 보유함으로써 잠재적 경쟁자의 진입위협을 감소시킬 수 있다. 따라서 기술적 지식은 선도기업으로서의 이점을 향유하게 하는 가장 큰 요인이 된다. 이 기술적 지식은 빠른 기간 내에 잠재 경쟁자에 의해 파악되어 그 효력을 상실할 수 있음에 유의해야 한다. 성장단계에서는 진입장벽으로서 기술적 지식의 중요성이 감소하는 반면 이를 대체할 만한 새로운 진입장벽이 많지 않다. 왜냐하면 규모의 경제나 상표충성도의 구축이 아직 충분하게 이루어지지 않기 때문이다. 따라서 성장단계에서는 기존의 기업들이 진입위협을 가장 크게 느끼게 된다. 하지만 시장성장 속도가 빠른 경우 신규진입으로 인한 위협이나 압박감을 실제로 느끼지 않고 넘어가는 경우가 많다. 성장기와 성숙기에서는 진입장벽이 대체로 높기 때문에 잠재적 경쟁자의 진입위협이 대체로 감소한다. 이 시기에 기업들은 시장성장의 둔화 속에서 살아남기 위하여 원가효율화와 상표충성도 구축에 총력을 기울이며, 이에 따라 잠재적 경쟁자들의 진입이 꺼려진다.

2. 산업 내 경쟁자

산업이 진화함에 따라 기존 경쟁자들과의 경쟁의 강도와 특징이 변화한다. 도입기와 성장기에서는 경쟁 정도가 낮은 편이다. 도입기의 경우 기업들은 제품설계와 같은 기술적 문제에 몰두하여 소비자들에게 자신의 제품을 알리는 데 역점을 둔다. 그리고 성장기에서는 수요가 급격하게 증가하므로 경쟁사 간 시장점유율 경쟁 없이도 적절한 수익을 확보할 수 있다. 그러나 현명한 경영자라면 바로 성장의 호조건을 이용하여 앞으로 치열해질 경쟁에 미리 대비해야 한다. 성장기에서는 경쟁이 심화된다. 이 단계에서는 성장률이 둔화되기 때문에 과잉공급 현상이 일어나고,

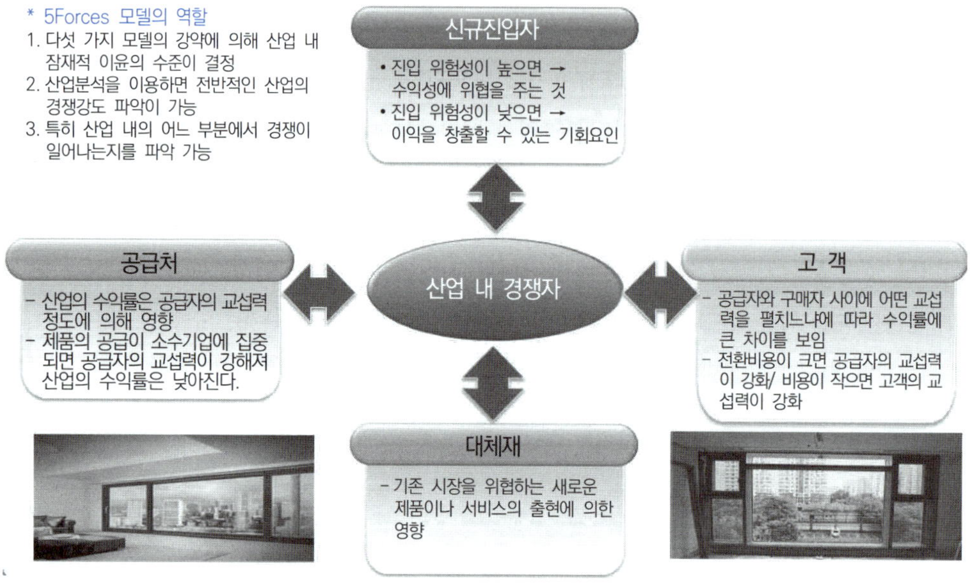

[그림 3-11] 산업구조 분석

그 결과 가격경쟁에서는 감소하는 시장수요에서 살아남으려면 경쟁은 더욱 치열해진다. 이때 경쟁의 강도는 수요 감소의 속도와 퇴출장벽의 크기에 따라 달라진다.

3. 공급처 교섭력

산업이 진화함에 따라 구매자와 공급자와의 교섭력(Power)은 변화한다. 산업이 성숙단계로 접어 들어감에 따라 기업은 거대해지고 독과점의 형태를 띠는 경향이 있다. 이 경우 기업의 수요자 및 공급자에 대한 교섭력은 증가한다. 반면에 공급자는 기업에게 가격인상을 요구할 만한 힘이 줄어들게 되며 소비자 입장에서도 가격인하나 품질향상을 요구할 힘이 줄어들게 된다.

4. 대체재의 위협

대체재의 위협은 소비자가 얼마나 그 기업의 상표에 충성도를 보이느냐 따라 그 강도가 달라진다. 즉 상표충성도가 높을수록 소비자가 대체재로 전환할 위험이 적어진다. 일반적으로 산업이 성숙기에 이르면 기업들은 제품차별화와 상표충성도 구축에 많은 노력을 기울인다.

5. 고객 교섭력

고객의 교섭력에 의해서 산업의 수익률이 영향을 받는데, 공급자와 고객 사이에서 어떠한 교섭력(Power)을 펼치느냐에 따라 수익률이 큰 차이를 보인다고 제시하고 있다. 특히 Switching Cost라는 용어를 제시하고 있는데, 기존의 공급자를 신규 공급자로 바꿀 경우 어느 정도의 전환비용이 필요하게 되며, 전환비용의 크기가 크면, 공급자의 교섭력이 강화될 수 있고, 비용이 적으면 고객의 교섭력이 강화될 수 있다.

1.3.3 경쟁자 및 경쟁우위 분석(Competitor Analysis)

'경쟁전략'이란 경쟁자에 비해 상대적으로 우월한 경쟁우위전략을 개발하는 것을 말하며 이러한 경쟁전략을 도출하기 위해서는 경쟁자와 경쟁상황에 대한 정확한 인식이 먼저 이루어져야 한다. 경쟁자란 특정 시장의 고객들의 비슷한 욕구를 만족시키는 제품이나 서비스를 공급하는 기업들을 말하며 현재 존재하지 않거나 전략적인 목적 아래 또는 기존의 상표 · 유통경로 · 기술력 등을 이용하여 시장에 진입할 경우 상당한 상승효과를 거두면서 강력한 경쟁자로 부각되는 기업을 의미한다.

어떠한 산업에 새로이 진출하는 기업이 주는 위협 정도는 그 산업에 내재된 진입장벽과 신규 진출기업이 예상되는 기존 업체들의 여러 가지 형태의 대응방법에 의해 경쟁구조가 좌우될 수 밖에 없다. 경쟁상대는 제품의 형태나 종류에 상관없이, 소비자의 입장에서 대체가능성이 있다면 모두 경쟁상대가 될 수 있다. 대체가능성이 높을수록 더욱 위협적인 경쟁상대가 되고, 낮을수록 덜 위협적인 경쟁상대가 된다. 하지만 대체로 경쟁은 4가지 범주로 나누어 살펴볼 수 있다. 제품의 형태, 제품의 범주, 본원적인 편익, 예산의 4가지가 있다.

1.3.3.1 제품의 형태에 따른 경쟁

제품 형태에 따른 경쟁이란 유사한 형태를 가진 제품 간의 경쟁을 말한다. 예를 들어, 삼성전자와 애플의 경우 스마트폰의 디자인을 가지고 경쟁한다.

1.3.3.2 제품 범주에 따른 경쟁

제품 범주에 따른 경쟁은 제품 형태에는 다소 차이가 있지만 기본적으로 동일한 범주에 속하는 제품 간의 경쟁을 말한다. 제품 형태에 따른 경쟁 다음으로 치열한 경쟁이 발생한다. 예를 들어, 전기면도기 회사의 제품과 일회용 면도기 회사의 제품은 제품의 형태와 재질에서는 다소 차이가 있으나 면도를 한다는 부분에서는 동일한 범주의 제품이라고 할 수 있다.

1.3.3.3 본원적 편익에 따른 경쟁

본원적 편익에 따른 경쟁이란 형태나 범주는 다르지만, 소비자에게 기본적으로 동일한 편익을 제공하는 제품 간의 경쟁을 말한다. 예를 들어, 에어컨의 경우 더운 여름 소비자에게 시원한 바람을 통해 시원한 공간을 유지시키므로 편익을 제공한다. 또한 형태나 범주는 다르지만 제습기의 경우도 제습기를 통해 공기 중의 더운 습기를 끌어들여 공기를 습하지 않게 만들어 주고 선풍기를 틀면 에어컨과 같은 시원함을 통해 소비자들에게 더운 여름에 시원함이라는 편익을 줄 수 있다.

1.3.3.4 예산에 따른 경쟁

예산에 따른 경쟁은 제공하는 편익이 다르더라도 소비자의 한정된 예산을 차지하기 위하여 여러 상품이 경쟁하는 것을 말한다. 예산에 따른 경쟁은 그 범위가 너무 넓기 때문에 특별한 경우가 아니면 마케터에게 유용한 지침을 제공하지 못한다. 예를 들어, 생수를 구매할 때 우리는 가격을 보고 제품을 구매한다면 제품의 가격에 의해 생수기업들은 경쟁을 하게 되는 것이다.

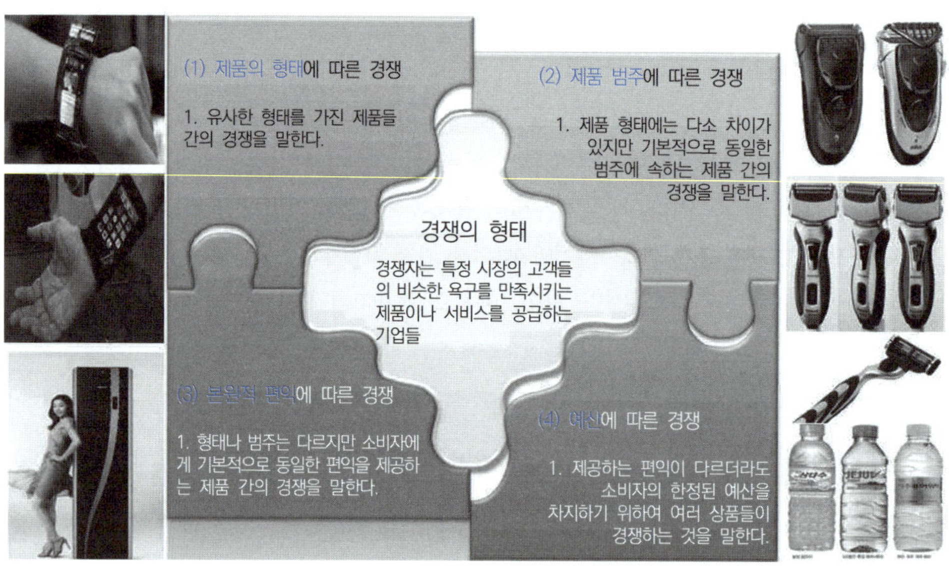

[그림 3-12] 경쟁자 및 경쟁우위 분석(Competitor Analysis) - 1. 3C 분석

02 SWOT 분석

2.1 SWOT 분석

2.1.1 SWOT 분석

SWOT는 강점(Strength), 약점(Weakness), 기회(Opportunity), 위협(Threat)의 머리글자를 모아 만든 단어로 경영전략을 수립하기 위한 분석 도구이다. 내적인 면을 분석하는 강점 · 약점 분석과 외적 환경을 분석하는 기회 · 위협 분석으로 나누기도 하며 긍정적인 면을 보는 강점과 기회 그리고 그 반대로 위험을 불러오는 약점 · 위협을 저울질하는 도구이다. 보통 X · Y축으로 2차원의 사분면을 그리고 각각 하나의 사분면에 하나씩 배치하여 연관된 사항들을 우선순위로

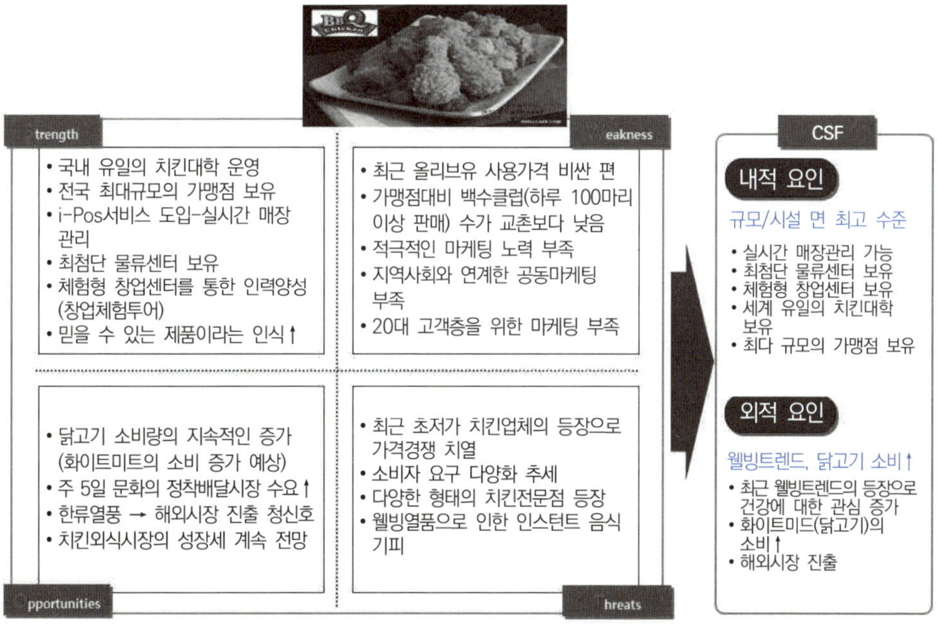

[그림 3-13] SWOT 분석(BBQ치킨 사례)

배치한다. 이러한 분석을 통해 경영자는 회사가 처한 시장 상황에 대한 인식을 할 수 있으며 앞으로의 전략을 수립하기 위한 중요한 자료로 삼을 수 있다. 이 방법은 스탠퍼드 대학에서 포춘지 선정 500대 기업들을 연구하면서 얻게 된 결과를 바탕으로 알버트 험프리가 고안해 낸 내·외부 환경분석 방법의 하나이다.

SWOT분석은 전략적인 분석수단으로써 외부환경의 기회요인(Opportunity Factor)과 위협요인(Threat Factor) 그리고 기업내부의 강점(Strength)과 약점(Weakness) 간의 적합한 연결을 통해 외부환경 분석에서 도출되는 기회요인과 위협요인 및 내부분석에서 도출되는 강점과 약점을 하나의 틀 속에 결합함으로써 기업의 전체 상황을 평가하고, 효과적인 전략을 수립하는 데 도움을 주는 분석기법이다. 다시 말하면 SWOT분석은 외부환경 분석을 통하여 기회요인과 위협요인을 파악하고, 기회요인은 활용하고 위협요인은 회피하며, 내부분석을 통하여 강점과 약점을 파악하여 강점은 강화시키며 약점은 극복하는 전략을 수립하는 데 이용하는 분석기법이다.

2.1.2 CSF 분석

2.1.2.1 CSF(Critical Success Factor-핵심성공요인)

기업이 지속적으로 생존하고 번영하기 위한 가장 중요한 성공요소를 말하며 SWOT분석을 통해서 핵심성공요인을 도출시킨다.

2.1.2.2 KPI(Key Performance Indicator-핵심성과지표)

기업이 SWOT분석을 통해 도출시킨 CSF(핵심성공요인)을 구체적으로 수행하기 위해 팀과 조직원에게 제공하는 계량적이고 구체적인 지표를 KPI(핵심성과지료)라고 한다.

2.1.2.3 BSC[Balanced Score Card-균형 잡힌 평가도구(조직)]

BSC는 체계적인 성과보상관리를 위한 대표적인 방법론으로서, 4가지 관점(재무, 고객, 프로세스, 학습과 성장)의 KPI를 통하여 조직구성원들에게 전사 비전 및 전략과제 달성을 위해 자신들이 어떤 부분에 공헌해야 하는가에 대한 일관된 방향성을 제시함으로써 전사적 차원에서의 비전과 전략과제의 효과적 달성과 궁극적으로는 가치 증대를 달성할 수 있도록 하는데 목표를 두고 있는 평가도구로 조직(부서)에 대한 평가를 하는 데 사용하는 평가보상제도이다.

2.1.2.4 MBO[Management By Objectives - 목표관리(개인)]

MBO는 피터 드러커가 개발한 성과분석모델로서 우리가 모두 알고 있는 바와 같이 목표관리(Management by Objective)의 약자이다. 그런데 여기에 자율(Self-control)을 추가해야 합니다. 즉 피터 드러커는 우리에게, 'MBO and Self-control'이라는 툴을 소개했다. 우리말로 번역하면 '자율적인 목표관리'로 여기서 자율적인 주체는 조직, 부서가 아닌 직무수행자 본인을 말하기 때문에 직무수행자가 스스로 목표를 세우고 그 목표를 달성할 수 있도록 돕기 위한 분석툴이 바로 피터 드러커의 MBO and Self-contrlo라고 정의할 수 있다. 다시 정리하자면 조직에서 자율적으로 목표관리를 세운다는 것은 쉽지 않은 일이다. 그러므로 현재 기업에서는 MBO는 기업의 직무수행자 개인에게 KPI를 제공하여 성과에 대한 성과보상제도로 사용하고 있는 것이 MBO라는 보상제도이다.

학습정리

이번 장에서 이해해야 할 내용을 정리해 보겠다.

◈ 거시적 환경요인

기업의 활동에 영향을 미치는 거시환경 요인

① 정치적·법적 환경 ② 경제적 환경 ③ 사회·문화적 환경 ④ 기술적 환경

1. 정치적·법적 환경

정부규제의 변화가 마케팅활동의 영향

1) 독과점 금지.
2) 소비자보호
3) 환경보호

2. 경제적 환경

우리 회사가 경영하는 데 있어서 7가지 아래의 경제적 환경 요인에 의해서 영향을 받는다. 기업들이 조절할 수 없는 기업 활동에 소요되는 비용 항목이다.

1) 원자재 가격 : 가격들이 안정적이지 않을 경우 기업은 마케팅목표를 수립하고 장기적인 목표를 세우고 안정적인 투자를 기업 활동에 제약요인이다.
2) 임금
3) 세금
4) 이자율
5) 임대료
6) 실업률 : 실업률은 제품판매에 직접적 영향을 준다.
7) 소득의 변화 : 국민소득에 따라 유행하는 스포츠 종목을 보면 탁구, 볼링, 스키, 골프 등의 변천과정으로 경제적 환경이 기업의 마케팅에 영향을 준다.

3. 사회·문화적 환경

1) 맞벌이 부부 증가

상품의 형태뿐 아니라 소비 수준까지 큰 영향을 끼침

㈜ 즉석 간이음식, 시간 절약형 전자렌즈, 여행, 외식, 여가용 서비스

2) 가족구성원 감소

한 아이에게 많은 애정과 관심을 쏟게 되어 자녀에 대한 지출이 증가

3) 독신/분가/이혼/사별

인구증가율, 성별 구성비, 결혼적령기, 미혼자비율 등 환경적인 변화로 인해 소비자의 소비형태의 변화로 기업은 소비자의 의식구조 및 소비형태 변화에 지속적인 조사연구를 해야 한다.

4) 인구변화

식료품뿐 아니라 아파트 각국들에 있어서도 소형을 선호한다.

5) 라이프스타일

아파트도 소비자의 패턴에 맞게 벽지와 마감을 조절해 준다. 중국은 아파트 내부마감은 중국에서는 아파트를 건축할 때 중국 소비자의 패턴에 맞게 벽지와 마감을 조절해 준다. 중국은 아파트 내부마감을 아파트를 분양받는 소비자가 알아서 설치한다.

4. 기술적 환경

기업은 제품 및 서비스를 생산하고 판매하는 데 결정적으로 기술에 의존하게 된다.

기술의 개발은 상당히 많은 비용이 소요되며 특허 등을 이용하여 기술을 보호하기 때문에 신기술을 도입하기 위해서는 기업은 많은 비용을 지불해야 한다. 특정기업이 개발할 수 있는 기술에는 한계가 있어 타 기업 및 공공기관들의 연구 등의 외부기술에 의존하는 경우가 많다.

1) 개선

핵심기술을 기술의 연장선상에서 핵심기술의 성능을 강화하여 제품 및 서비스의 기능을 개선한다.

㉵ 삼성 반도체(핵심역량) → 핸드폰, 라디오, TV 시리즈로 진행시킨다.

2) 복합

핵심기술을 부가하는 방법. 현재 보유하고 있는 기술에 이종기술을 접합하여 제품 및 서비스에 새로운 기능을 부가하는 분야이다.

3) 와해

핵심기술을 대체하는 방법. 현재의 핵심기술을 완전히 대체할 수 있는 혁신적인 기술의 구현 가능성을 타진하는 방법이다.

◈ 미시적 환경요인

기업의 활동에 영향을 미치는 미시환경 요인

5. 3C분석 – 자사분석(Company)

1) 시장점유율분석

기업의 성과평가 방법 중 가장 손쉽게 기업을 평가할 수 있는 방법이다.

㉵ 참존화장품

참존화장품은 전체시장의 100%를 모두 점유할 수가 없다. 그 이유는 참존화장품이 가지고 있는 마케팅팀의 인력의 한계와 마케팅비용의 한계에 의해서 전체시장을 마케팅할 수 없으며 그로 인해 전체시장의 60%만 마케팅 타깃으로 잡고 마케팅을 하더라도 그중에 30%만이 우리의 고객으로 만들 수 있다. 그러면 참존의 시장점유율은 30%인 것이다. 그런 30%의 시장점유율 속에 마케팅을 하지 않아도 우리 고객이 되는 10%만을 제외한 20%가 참존의 경쟁우위로 인한 시장점유율이라고 할 수 있다. 그러면 나머지 70%의 누출시장은 왜 생기는지에 대한 원인을 규명함으로써 앞으로 참존이 어떠한 방향으로 나가야 하는지 그리고 현재의 상황은 어떤지에 대한 자사를 분석하는 방법을 시장점유율에 의한 분석방법이라고 할 수 있겠다.

2) 가치사슬분석(Value Chain)

마이클포터의 분석기법으로 기업의 원재료에서 완성된 제품을 만들어 내기까지 관여하는 일련의 활동을 가지고 자사를 분석하는 방법으로 기업가치사슬의 개념은 한 기업의 운영의 효율성을 분석하는 데 사용되는 분석방법이다.

3) 조직역량분석

경영진이 어떠한 미션을 제시했을 때 그 조직에서 어떤 일을 해낼 수 있는 일을 측정하는 분석방법이다.

(1) 7S모델이라고도 하며 맥킨지에 의해 개발된 자사분석 모델로 맥킨지는 미국에 본사를 둔 컨설팅회사로서 세계 곳곳에서 활동하는 세계 3대 컨설팅업체 중 하나라고 할 수 있겠다. 1987년 한국에 들어와서 현재 우리나라 대기업도 컨설팅을 하고 있고 소수정예로 전 세계 6,000명의 컨설턴트를 두고 있다.

(2) 7S모델은 다음의 7가지 요인에 대해서 자사를 분석하는 방법이다(공유가치/ 조직구조 / 시스템 / 스타일 / 인재 / 기술 / 전략).

4) 자원과 역량분석

기업이 보유하고 있는 자원은 유형/무형자원으로 구분하며 자원과 역량의 분석을 통해 보완과 강화요소를 찾아내고 전략에 반영한다. 아래의 예시는 우리 회사의 자원 5가지와 역량 8가지의 위치를 파악해 내고 다른 회사의 역량과도 비교분석이 가능한 분석방법이라고 할 수 있다. 다음의 예시는 폭스바겐의 자원과 역량분석 예시이다.

5) 재무비율분석

경쟁사와의 재무구조를 통해 장단점을 보완하는 분석 방법으로 기업은 성장성, 안정성, 활동성 등을 통해 재무구조의 건전성 측정이 가능하다.

(1) 안정성비율

① 유동성비율 : 자산을 현금으로 만드는 능력

② 레버리지비율 : 타인자본의 의존도

(2) 활동성비율 : 특정자산을 얼마나 효율적으로 이용하는지 측정

(3) 수익성비율 : 경영의 종합적 성과측정

(4) 성장성비율 : 해당산업에 성장에 비해 상대적 지위의 향상여부

(5) 시장가치비율 : 기업에 대한 자본시장의 평가

6. 3C분석 - 고객분석(Customer)

산업 내의 경쟁구조 분석

1) 산업 내 경쟁자의 위협

산업 내의 경쟁자가 많으면 산업진입에 위협이 된다.

2) 신규진입자의 위협

(1) 진입 위험성이 높으면 수익성에 위협을 주는 것

(2) 진입 위험성이 낮으면 이익을 창출할 수 있는 기회요인

3) 공급처의 협상력

(1) 산업의 수익률은 공급자의 교섭력 정도에 의해 영향

(2) 제품의 공급이 소수기업에 집중되면 공급자의 교섭력이 강해져 산업의 수익률은 낮아진다.

4) 대체재의 위협

기존 시장을 위협하는 새로운 제품이나 서비스의 출현에 의한 영향

5) 고객의 협상력

(1) 공급자와 구매자 사이에 어떤 교섭력을 펼치느냐에 따라 수익률에 큰 차이를 보임

(2) 전환비용(경쟁사의 다른 제품으로 전환하는 데 드는 비용)이 크면 공급자의 교섭력이 강화/비용이 적으면 고객의 교섭력이 강화

7. 3C분석 – 경쟁사분석(Competitor)

경쟁자는 특정 시장의 고객들의 비슷한 욕구를 만족시키는 제품이나 서비스를 공급하는 기업들로 다음 4가지에 의한 경쟁 형태에 의해 경쟁한다.

1) 제품의 형태에 따른 경쟁

유사한 형태를 가진 제품 간의 경쟁을 말한다.

2) 제품범주에 따른 경쟁

제품 형태에는 차이가 있지만 기본적으로 동일한 범주에 속하는 제품 간의 경쟁을 말한다.

3) 본원적 편익에 따른 경쟁

형태나 범주는 다르지만, 소비자에게 기본적으로 동일한 편익을 제공하는 제품 간의 경쟁을 말한다(㉰ 에어컨과 제습기).

4) 예산에 따른 경쟁

제공하는 편익이 다르더라도 소비자의 한정된 예산을 차지하기 위하여 여러 상품이 경쟁하는 것을 말한다.

8. SWOT분석 : 우리 조직의 강점, 약점, 기회, 위협이 되는 요인에 대한 분석

1) SWOT분석 : 우리조직의 강점, 약점, 기회, 위협이 되는 요인에 대한 분석
2) CSF(Critical Sucess Factor) : 핵심성공요인
3) KPI(Key Performance Indicator) : 핵심성과지표
4) BSC(Balanced Scorecard) : 균형잡힌 평가도구(조직)
5) MBO(Management By Objectives) : 목표관리(개인)

연습문제

✎ 정답 및 해설

1. 다음 중 거시적인 환경을 분석하는 요인이 아닌 것은?

① 정치적 환경요인 ② 기업내부 환경요인
③ 경제적 환경요인 ④ 기술적 환경요인

[정답] ②
기업내부 환경요인 분석은 미시적인 환경분석으로 3C분석 중 한 가지 요인이다.

2. 기업의 내부의 강점, 약점과 기업의 외부환경의 기회, 위협을 분석하여 전략을 도출하는 분석방법은?

① BCG ② GE
③ SWOT ④ CSF

[정답] ③
기업의 강점, 약점, 기회, 위협의 요인을 분석하는 분석 방법은 SWOT이다.

3. 다음 거시적인 환경분석 요인 중 경제적 환경요인이 아닌 것은?

① 원자재가격 ② 정부의 규제
③ 세금 ④ 소득의 변화

[정답] ②
정부의 규제는 거시적인 환경분석 요인 중 정치적 법적환경요인이다.

4. 다음 거시적인 환경분석 요인 중 사회문화적 환경요인이 아닌 것은?

① 맞벌이 부부증가 ② 가족구성원 감소
③ 인구변화 ④ 임대료 인상

[정답] ④
임대료 인상은 경제적 환경 분석요인 중 한 가지이다.

5. 다음 거시적인 환경분석 요인 중 기술적 환경분석 요인 중 다음 설명하는 내용이 어느 요인에 해당하는가?

현재 보유하고 있는 기술에 이중기술을 접합하여 제품 및 서비스에 새로운 기능을 부가하는 분야이다.

① 개선 ② 복합
③ 분열 ④ 와해

[정답] ②
기존의 핸드폰의 기능에 인터넷과 카메라와 같은 이중의 기술을 접합시켜 새로운 기능을 부과하는 기술의 단계를 복합이라고 한다.

6. 다음 기업의 환경분석 방법 중 미시적인 환경분석 요인이 아닌 것은?

① PEST분석 ② 자사분석
③ 고객분석 ④ 경쟁사분석

[정답] ①
PEST분석은 거시적인 환경분석을 말한다.

7. 다음 3C분석 중 자사분석(Company) 방법이 아닌 것은?

① 시장점유율 분석 ② 가치사슬 분석
③ 산업구조 분석 ④ 자원과 역량 분석

[정답] ③
산업구조 분석은 3C분석 중 고객(Customer) 분석을 말한다.

8. 다음 3C분석 중 자사분석(Company) 방법 중 아래 내용은 무슨 분석에 관한 설명인가?

기업의 원재료에서 완성된 제품을 만들어 내기까지 관여하는 운영의 효율성을 분석방법으로 사용된다.

① 시장점유율 분석 ② 가치사슬 분석
③ 조직역량 분석 ④ 산업구조 분석

[정답] ②
가치사슬 분석에 관한 설명이다.

9. 다음 3C분석 중 고객(Customer) 분석에 대한 요인이 아닌 것은?

① 신규진입자 ② 고객
③ 공급처 ④ 시장점유율

[정답] ④
시장점유율에 의한 분석은 3C분석 중 자사에 대한 분석방법 중 하나이다.

10. 기업이 경쟁사와 경쟁하는 형태의 요소가 아닌 것은?

① 제품의 형태 ② 제품범주
③ 본원적 편익 ④ 조직역량

[정답] ④
조직역량은 3C분석 중 자사의 분석 방법 중 하나이다.

제 3 부
마케팅전략의 이해

제3부 제4장에서는 경쟁이 치열한 마케팅시장에서 우리 회사의 제품을 판매하기 위해서는 소비자가 원하는 욕구의 제품이 무엇인지 파악하여 소비자의 욕구에 맞는 제품에 대한 시장세분화 전략, 타깃팅 전략, 포지셔닝전략을 전개하는 방법에 대해서 공부하고자 한다.

시장세분화 전략을 전개하기 위해서는 다음과 같은 요인에 대해서 이해해야 한다. 과연 시장세분화란 무엇인지? 시장을 세분화하는 기업의 목적은 무엇이며 시장세분화를 하는 데 어떤 변수에 의해서 시장을 세분화할 수 있는지에 대해서 이해하며 시장세분화 시에 갖추어야 할 유의 상황에 대해서 이해하여야 한다. 타깃팅 전략에서는 표적시장에서는 5가지의 표적시장 선정방법 중에 우리 기업에 적합한 표적시장을 선정하는 방법에 대해서 이해하며 소비자의 욕구에 맞는 몇 개의 제품으로 몇 개의 시장을 표적시장으로 선정한 후 '표적시장의 매력도에 대한 분석'과 '표적시장에 진입하기 위한 위협요소'에는 어떤 것이 있으며 '표적시장 선정 후에 3가지 전략(차별화전략, 비차별화전략, 집중화전략)'에 대해서 공부하고자 한다. 포지셔닝전략에서는 소비자의 욕구에 맞는 시장세분화를 한 후에 세분시장에 출시할 제품에 대한 포지셔닝을 통해 기존의 다른 회사의 제품과 현재 우리 회사의 제품에 대한 차이점이 무엇인지 소비자의 지각 속에 입력시키는 작업을 포지셔닝이라고 한다. 이번 장에서는 이러한 '포지셔닝에 대한 개념과 필요성', '포지셔닝의 유형', '포지셔닝의 예시', '포지셔닝의 절차'에 대해서 분석해 보고자 한다. 4장에서는 우리 회사의 신제품에 맞는 시장세분화 전략과 타깃팅 전략 그리고 포지셔닝전략에 대한 STP 전략에 대해서 공부하고자 한다.

제 4 장

STP 전략

이 장에서 학습하는 내용

- 시장세분화 전략
  시장세분화의 의의
  시장세분화 시 유의사항
  시장세분화의 기준
  시장세분화의 목적
- 표적시장 전략
  표적시장 선정 시 유의사항
  표적시장 선정
  마이클 포터의 5 Force Model분석을
  이용한 표적시장의 매력도 분석
  표적시장의 경쟁강도 분석요인
  시장진입의 위협요소
  표적시장 선정 후 전략
- 포지셔닝전략
  포지셔닝의 개념과 절차
  포지셔닝 맵
  포지셔닝 방법

이 장의 학습목표

- 시장세분화의 개념을 이해한다.
- 시장세분화의 전개목적을 이해한다.
- 시장세분화 기준에 대해서 이해한다.
- 시장세분화 진입 시 요건을 이해한다.
- 표적시장 선정 유의사항을 이해한다.
- 표적시장 선정방법 5가지를 이해한다.
- 표적시장 선정 3가지 전략을 이해한다.
- 포지셔닝의 개념과 필요성을 분석한다.
- 포지셔닝의 유형에 대해서 이해한다.
- 재포지셔닝 절차에 대해서 이해한다.

“ 마케팅(Marketing)의 BIG PICTURE ”

마케팅의 BIG PICTURE는 4단계로 구성된 마케팅 부서에서 마케팅전략 계획서를 작성하는 마케팅 과정 모형을 보여준다. “BIG PICTURE로 보는 마케팅원론”은 Step 1에서 Step 4까지의 단계로 내용의 구성이 진행되며 4단계를 통한 이론에만 머무는 것이 아니라 4단계를 공부하게 되면 마케팅 부서에서 하는 핵심적인 실무인 기업의 마케팅전략 보고서를 만들 수 있으며 본 교재의 마지막 단원에는 4단계를 통해 작성된 마케팅전략 보고서를 제시할 것이다.

마케팅관리의 정의

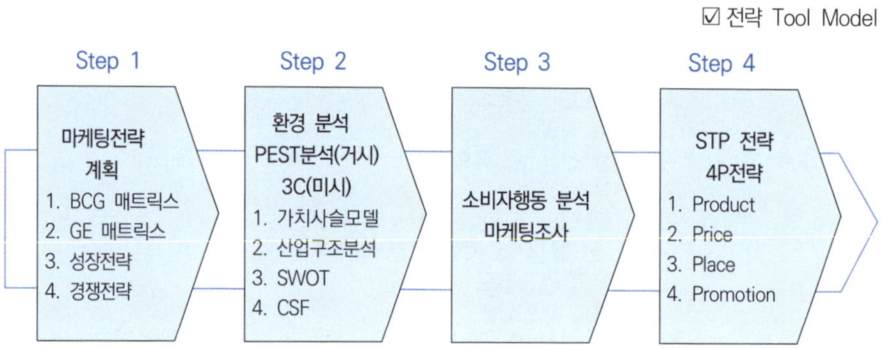

- 전략 TOOL MODEL은 4단계로 정리
- 고객의 욕구 충족과 기업 이윤 창출의 목표를 위하여 주어진 환경을 분석하고 시장, 고객, 경쟁사와 관련된 자료를 수집 분석하여 표적시장을 선정하여 고객을 확보, 유지 · 증대시키는 전략을 수립 실행하며 평가하고 통제하는 행위

마케팅의 BIG PICTURE

Step 3단계에서는 마케팅 부서에서 해야 될 일에 대한 필수과목인 마케팅원론, 소비자행동론, 마케팅조사론 중 소비자행동론과 마케팅조사론과 관련된 내용으로 본 교재에서 다루지 않는 소비자행동론과 마케팅조사론 부분으로 Step 1, 2단계를 통해 선발된 사업부의 가장 잘할 수 있는 일과 관련된 신제품을 제작하여 노출에서 구매에 이르는 과정에서 소비자들의 행동을 분석하는 단계로 소비자행동론이라고 하는 과목을 통해 구체적인 내용은 추후 소비자의 행동을 분석해 볼 것이며 이러한 신제품이 시장에서 높은 매출을 일으킬 수 있을지에 대한 합리적인 마케팅조사 방법을 통해 신제품을 사업화를 할지에 관한 사업성 분석을 배우는 과목으로는

마케팅조사론이다. 본 교재에서는 마케팅 부서에서 하는 핵심적인 일로 기업의 마케팅전략 계획서를 작성하는 과정을 본 교과에서 Step 1, Step 2, Step 4 과정을 통해서 공부할 것이며 Step 3 과정을 통해 소비자행동론이라는 과목을 통해 소비자들이 제품을 구매할 때 어떠한 과정을 거치면서 제품을 구매하는지 또한 기업이 광고를 매스미디어(Mass Media)를 통해 소비자에게 노출시키면 어떠한 과정을 거치면서 기억하게 되는지 그리고 소비자들이 제품을 구매하는 판단을 할 때 좋은지 좋지 않은지에 대해서 제품의 종류와 관여도에 따라서 어떻게 판단하는지와 같은 소비자의 행동에 대해서 분석한다.

Step 4단계에서는 소비자의 욕구에 맞게 신제품에 대한 시장세분화(Segmentation)를 시키는 방법에 대해서 공부할 것이며 시장세분화 이후 신제품이 기존의 제품과의 차이점이 무엇인지 소비자의 기억에 차별점을 인식시키는 포지셔닝(Positioning) 작업에 대해서 공부할 것이며 이렇게 포지셔닝시킨 제품에 대해서 몇 개의 제품을 생산하여 몇 개의 시장에 타깃팅(Tarketing)할 것인지에 대한 STP 전략에 대해서 공부해 볼 것이다.

01 마케팅 콘셉트(Marketing Concept)

1.1 시장세분화 전략

1.1.1 시장세분화의 정의

시장은 서로 다른 특성을 지닌 소비자들로 구성되어 있다. 소득, 나이, 직업 등의 개인적 특성뿐만 아니라 제품을 구매할 때 고려하는 제품속성, 구매행동에 있어서도 각기 다른 모습을 보인다. 그러나 기업이 이렇게 서로 다른 소비자 개개인에게 완전히 개인화된(Customized) 마케팅믹스를 가지고 각기 다른 방식으로 접근하는 것은 그에 따르는 비용의 증가 때문에 대개의 경우 불가능한 일이다. 또한 소비자 개개인의 특성 간 차이를 전혀 무시하고 오직 하나의 마케팅전략을 가지고 시장을 공략하는 것 또한 매우 위험한 일이다. 따라서 이러한 문제를 해결하기 위하여 소비자들을 일정한 기준에 따라 크게 몇 개의 세분시장(Segment)으로 나누어 각각의 시장에

시장세분화의 개념
이질적인 전체시장을 동질적인 몇 개의 세분시장으로 나누는 행위를 말하며, 각 세분시장의 수요에 따라 제품이나 마케팅전략의 전개를 적응시키려고 하는 것이다.

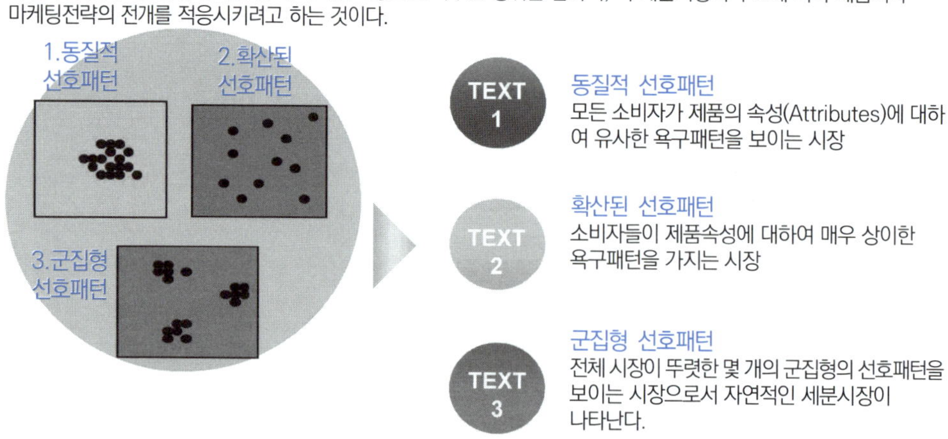

[그림 4-1] 시장세분화의 정의

차별적인 마케팅전략을 구사하는 방법이 바로 세분화 마케팅이다. 즉 소비자들을 집단 내에서의 제품에 대한 욕구와 구매행동이 서로 유사하고 집단 간에는 상이하도록 몇 개의 소비자 집단으로 소비자들을 군집화하는 방법이 바로 시장세분화인 것이다. 예컨대, 진로소주의 경우 소비자들을 선호하는 알코올 도수에 따라 나누고, 비교적 독한 소주를 좋아하는 소비자 집단을 위해 진로골드(알코올 25%)를 마케팅하는 한편, 순한 소주를 좋아하는 소비자 집단을 위해서는 참이슬(알코올 19%)을 마케팅하는 방법으로 각 세분시장별로 서로 다른 제품과 차별적 마케팅전략을 가지고 각 시장을 공략하고 있다.

1.1.2 시장세분화의 목적

시장세분화는 소비자의 욕구나 구매동기를 보다 정확히 파악하고 시장수요에 창조적으로 대응하며 시장기회를 탐색하기 위한 것이다. 시장세분화를 통해 마케팅 담당자는 세분화된 각 소비자 집단의 욕구를 충족시킬 수 있는 제품을 개발하며, 급변하는 시장수요에 보다 즉각적이고 능동적으로 대처할 수 있다. 또한 경쟁사와 비교하여 보다 유리한 시장을 선택하는 데에도 도움을 준다. 제품의 공급이 수요를 초과하는 경우 기업은 경쟁이 치열해지고 다양한 고객의 욕구에 대응하기 위해 다양한 상품이 시장에 출시된다. 기업은 적극적인 판매 및 촉진 노력을 통해

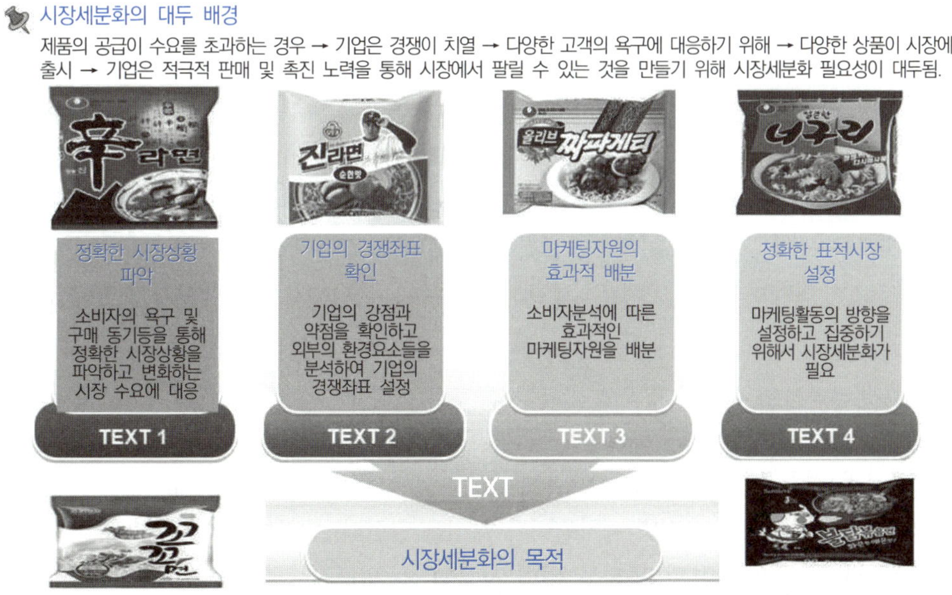

[그림 4-2] 시장세분화의 목적

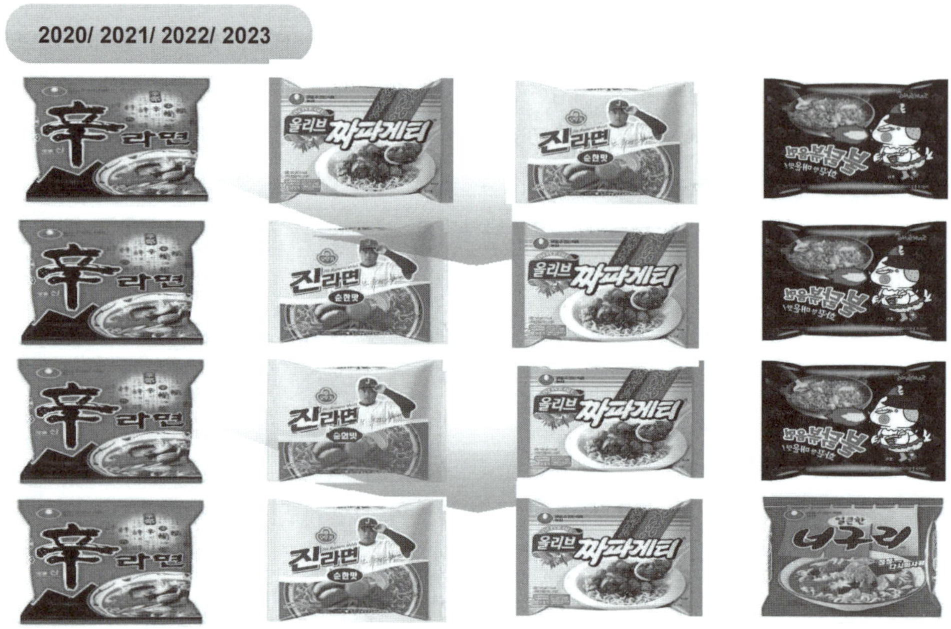

[그림 4-3] 시장세분화의 사례연구

시장에서 팔릴 수 있는 것을 만들기 위해 시장세분화 필요성이 대두되기 시작된다.

시장세분화의 목적은 첫째, 정확한 시장상황 파악이다. 소비자의 욕구 및 구매동기 등을 통해 정확한 시장상황을 파악하고 변화하는 시장 수요에 적극적인 대응이 필요하기 때문이다. 둘째, 기업의 경쟁좌표 확인이다. 기업의 강점과 약점을 확인하고 외부의 환경요소들을 분석하여 기업의 경쟁좌표 설정에 필요한 정보를 획득하기 위해서다. 셋째, 마케팅자원의 효과적 배분이다. 마케팅활동을 위해 소비자의 반응을 분석하고 소비자분석에 따른 효과적인 마케팅자원을 배분하기 위해서다. 넷째, 정확한 표적시장 설정이다. 세분시장의 매력도를 분석하여 정확한 목표시장을 설정하고 마케팅활동의 방향을 설정하고 집중하기 위해서 시장세분화가 필요하다.

1.1.3 시장세분화의 기준

시장세분화 변수(Segmentation Variables)란 전체시장을 세분시장으로 나누기 위해 사용되는 개인이나 집단 또는 조직의 재차원이나 특성을 말한다. 이를테면 지리적 위치나 연령, 성별, 제품 사용률 등은 세분화 목적을 위해 사용될 수 있다.

세분화 변수를 선정하는 일은 시장을 세분화하는 데 있어서 매우 중요한(Critical) 단계이다.

다시 말해 세분화 변수가 잘못 선정되면 성공적인 마케팅전략 개발의 기회를 놓치게 된다. 일반적으로 시장을 세분화하는 데 사용되는 변수는 크게 4가지 범주의 기준으로 나누어 설명할 수 있다.

1.1.3.1 시장세분화의 기준 4가지

1. 인구통계적 세분화

인구통계적 세분화(Demographic Segmentation)는 연령, 성, 직업, 소득, 교육, 사회계층, 종교, 가족 수, 가족수명주기, 출생률, 사망률, 인종, 국적, 이주패턴 등의 인구통계적 변수를 기준으로 전체시장을 세분화하는 것을 말한다. 마케팅관리자들이 흔히 인구통계적 특성을 세분화변수로 사용하는 이유는, 이들 제 변수가 고객의 제품 욕구와 구매행동과 밀접하게 관련되어 있고, 또 측정하기가 용이하기 때문이다. 기업의 자원과 능력은 이용되는 세분시장의 수와 범위에 영향을 준다. 또한 제품의 유형과 소비자욕구의 이질성 정도는 특정 기업의 마케팅활동을 위한 세분항목(Categories)의 수와 규모의 지침을 제시해 준다. 예컨대, 백과사전이나 사전류의 출판업자는 교육 수준을 세분기준으로 삼을 수 있으며, 양조업자는 고객의 광범한 직업별로 시장을 세분할 수 있으며, 화장품이나 두발보호 제품은 인종을 기준으로 시장을 세분할 수 있으며, 식품이나 의류제품은 종교적 성향에 따라 세분할 수도 있을 것이다.

2. 지리적 세분화

지리적 세분화(Geographic Segmentation)는 기후, 지역, 자연자원, 인구밀도, 도시 · 지방, 도시규모, 하위문화적 가치관 등의 지리적 변수를 기준으로 하여 특정 제품의 시장을 세분화하는 것을 말한다. 이러한 지리적 변수는 지역에 따라 상이한 고객들의 욕구성향을 판별해 줄 수 있을 뿐만 아니라 쉽게 세분화할 수 있어서 세분화의 도구로 흔히 사용된다. 예컨대, 전국시장에서 제품을 시판하는 기업은 서울, 경기, 영남, 충청, 호남지역으로 시장을 세분할 수 있을 것이다. 특히 기후는 사람들의 행동과 제품욕구에 광범한 영향을 미치기 때문에 지리적 세분화변수로 많이 이용된다. 에어컨이나 난방설비, 의복, 정원소품, 스포츠기구, 건축자재 등 많은 제품시장은 기후에 의하여 영향을 받는다.

3. 심리분석적 세분화

심리분석적 세분화(Psychographic Segmentation; 사이코그래픽 세분화)는 개성, 동기, 라이프스타일 등의 변수를 기준으로 하여 시장을 세분화하는 것을 말한다. 심리분석적 변수들은 그 자체로서 시장세분화 도구로 사용되거나 다른 세분화변수 척도와 결합되어 사용될 수 있다.

심리분석적 세분화로 가장 많이 사용되는 변수 중의 하나는 라이프스타일(Life Style)이다. '라이프스타일 분석'은 사람들의 행동(Activities)과 관심(Interests), 의견(Opinions)과 관련된 많은 특성을 파악할 수 있게 해 주므로 구매자의 광범한 시각을 제공해 준다. 라이프스타일 세분화는 소비자들이 자신들의 시간을 보내는 양상, 가정이나 직장 등 그들 주변의 사물(Things)에 대한 중요한, 자신과 다양한 이슈들에 대한 신념, 소득이나 교육 같은 사회·경제적인 특성에 따라 개인들을 집단으로 나눌 수 있게 해 준다.

4. 행위적 세분화

행위적 세분화(Behavioral Segmentation)는 제품에 대한 소비자들의 행동 특성에 기초하여 시장을 세분화하는 것으로서, 제품의 사용률이나 사용 여부, 제품의 사용양상, 제품의 편익(Benefits), 제품충성도, 제품에 대한 태도, 구매준비상태 등의 변수를 사용한다.

행위적 변수들은 대개 제품사용과 관련한 어떤 측면을 포괄한다. 그래서 전체시장은 사용자와 비사용자로 구분될 수 있으며, 사용자는 다시 중(重) 사용자, 중(中) 사용자, 경(輕) 사용자로 구분된다. 또한, 고객들이 제품을 어떻게 사용하는가에 따라 시장을 세분화할 수도 있다. 어떤 방식으로 제품을 사용하는 고객들을 만족시키기 위해서는 제품이 보다 사용하기 쉽고, 안전하며

1 인구통계적세분화 — • 인구통계적 변수를 기준으로 전체시장을 세분화하는 것을 말한다.

2 지리적 세분화 — • 지리적 변수를 기준으로 하여 특정 제품의 시장을 세분화하는 것을 말한다.

3 심리분석적 세분화 — • 개성, 동기, 라이프스타일 등의 변수를 기준으로 하여 시장을 세분화하는 것을 말한다.

4 행위적 세분화 — • 제품에 대한 소비자들의 행동 특성에 기초하여 시장을 세분 하는 것

〈수집 및 조사방법〉

시장세분화변수	이용 가능한 변수
1. 인구통계적 세분화	연령, 성, 직업, 소득, 교육, 사회계층, 가족 수, 가족수명주기, 종교, 인종, 국적 등
2. 지리적 세분화	지역, 도시/지방, 인구밀도, 도시규모, 기후 등
3. 심리분석적 세분화	개성, 동기, 라이프스타일 등
4. 행위적 세분화	추구하는 편익, 사용량, 브랜드 충성도, 사용상황

[그림 4-4] 시장세분화의 기준

편리한 어떤 특성을 갖도록 설계하고 특별한 유통이나 촉진, 가격정책이 세워져야 할 것이다.

또한, 고객들에 제품으로부터 추구하는 편익에 따라 시장을 세분하는 편익세분화(Benefit Segmentation)가 있다. 대부분의 세분화변수들은 변수와 고객욕구 간의 의도된 관계를 의미하지만, 편익세분화는 고객들이 추구하는 편익이 바로 그들의 제품욕구라는 점에서 차이가 있다. 즉 편익세분화에서는 고객들의 욕구에 따라 직접적으로 시장을 세분한다. 편익세분화의 효과는 여러 가지 조건에 따라 좌우된다. 사람들이 추구하는 편익이 분명하게 확인될 수 있어야 한다. 이러한 편익을 이용하여 마케팅관리자는 전체 소비자집단을 인지 가능한 세분시장으로 나누고, 한 개 이상의 세분시장에 대하여 기업의 마케팅 노력을 기울이게 된다.

1.1.3.2 행위적 세분화의 예시

편익세분화에 관한 실증연구로 유명한 해일리(R.J. Haley)는 치약시장에 대하여 고객이 치약에서 추구하는 편익에 따라 경제성, 충치예방, 흰 치아, 좋은 향기 등 4가지의 세분시장으로 나누어 설명하였다(그림 4-5 참조). 이 그림에 의하면 각 편익세분시장은 특이한 인구통계적 · 행위적 · 심리분석적 특성을 지니고 있음을 알 수 있다.

행위적 세분화 예시 → 치약 시장의 편익세분화

실증연구로 유명한 해일리(R.J.Haley)는 치약시장에서 고객이 치약에서 추구하는 편익에 따라 경제성, 충치예방, 흰 치아, 좋은 향기 4가지 세분시장으로 나누어 설명

상표는 기본적으로 고유의 편익세분시장을 만족시키는 데 마케팅 노력을 집중해야 하는 것을 의미 → 불만족스러운 편익세분시장을 찾을 수 있다면 마케팅 기회를 얻게 될 것이다.

치약 정보

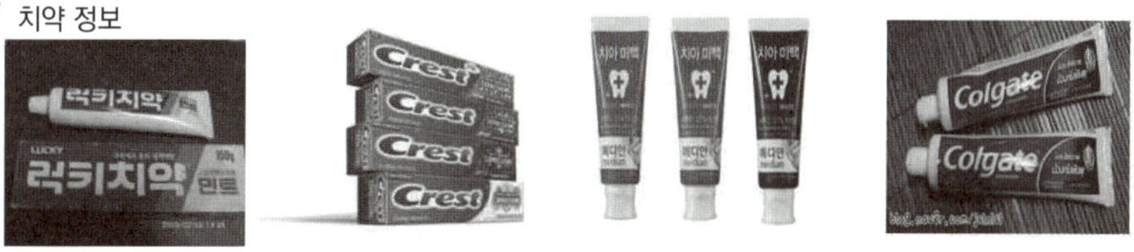

편익세분시장	인구통계적 특성	행위적 특성	심리분석적 특성	산호상표
경제성	남성	지역사용량 多	강한 자립심, 가치지향적	할인상표
의료(충치예방)	대가족	지역사용량 多	보수적, 우울적 성향	크레스트
미용(흰 치아)	10대 청소년	10대 청소년	매우 사교적, 적극적	마클린스
맛(좋은 향기)	어린이	어린이	강한 자기몰입, 쾌락적	콜게이트

[그림 4-5] 시장세분화의 기준(행위적 세분화 예시)

예컨대, 충치예방 추구집단은 대가족이며 치약사용량이 많고 보수적인 특성을 지니고 있다. 각 세분시장은 또한 특정 상표를 선호하고 있다. 이것은 어떤 기업의 제품이나 상표는 기본적으로 고유의 편익세분시장을 만족시키는 데 마케팅노력을 집중해야 하는 것을 의미한다. 마케팅관리자가 현재 제공되는 제품의 편익에 불만족스러워하는 편익세분시장을 찾아낼 수 있다면 매우 큰 마케팅기회를 갖게 될 것이다.

시장세분화를 위해 적절한 변수를 선택하는 일은 그 자체가 곧 표적시장을 정의하는 일차적 요소가 되기 때문에 마케팅관리의 중요한 결정사항이 된다.

1.1.4 시장세분화의 요건

시장세분화를 수행할 때는 세분시장이 갖추어야 할 요건을 고려해야 한다. 세분시장의 요건은 다음과 같다.

첫째, 세분시장은 정보의 측정 및 획득이 용이해야 한다. 마케팅관리자가 각 세분시장의 규모와 구매력을 측정할 수 있어야 한다.

둘째, 세분시장은 수익성이 보장되어야 한다. 각 세분시장은 기업이 개별적인 마케팅 프로그램을 실행할 수 있을 정도의 충분한 규모를 지니고 있어야 하며, 각각의 세분시장은 기업에 충분한 이익을 보장해 줄 수 있는 정도의 최소한의 규모를 가져야 한다.

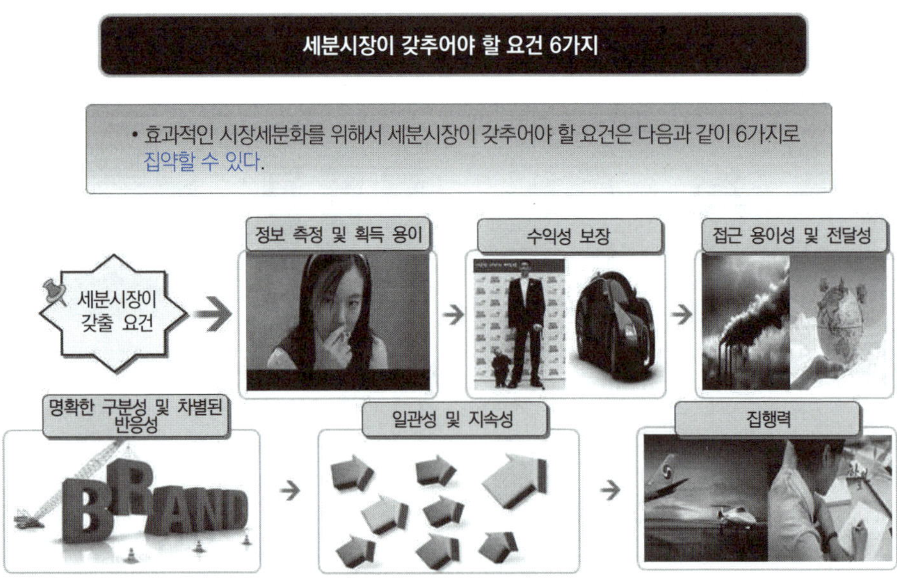

[그림 4-6] 시장세분화의 요건

셋째, 세분시장은 접근 용이성과 전달성이 높아야 한다. 세분시장에 효과적이며 경제적으로 접근할 수 있는 적절한 수단이 존재하여야 한다. 즉 기업은 세분시장의 소비자에게 매체를 이용하여 제품에 대한 메시지를 전달할 수 있어야 한다.

넷째, 세분시장은 명확한 구분성과 차별된 반응성이 높아야 한다. 각각의 세분시장이 세분시장 마케팅 전략수립 후 구성된 마케팅믹스에 대하여 다르게 반응하여야 한다.

다섯째, 세분시장은 일관성과 지속성이 있어야 한다. 세분시장을 나누는 기준인 수시로 변하면 기업은 세분시장에 따른 체계적인 마케팅전략을 수립하여 실행하기 어렵다. 이런 이유로 세분시장은 일관성과 지속성이 있어야 한다.

여섯째, 세분시장은 기존의 시장에서 새롭게 만든 시장이기 때문에 새로운 시장을 집행하고 이끌어 나갈 수 있는 집행력을 가지고 있어야 계속해서 세분시장을 유지시킬 수 있다.

02 표적시장 전략

2.1 표적시장 선정 시 고려사항

표적시장을 선정 시 고려하여야 하는 사항들은 시장규모, 잠재적 경쟁 정도, 기업목표와의 일치 그리고 기업의 능력과 자원이며 표적시장 선정 시 고려할 사항은 다음과 같다.

첫째, 이익을 창출할 수 있을 정도의 충분한 현재와 미래의 시장규모이다. 우선적으로 세분시장이 적정규모를 가지고 있는지 또한 성장성이 있는지에 대한 평가가 필요하다. 아무리 매력적인 시장이라 할지라도 규모가 작다면 시장에서 성공하기는 어렵기 때문이다. 그러나 규모가 작더라도 미래 성장 가능성이 있을 경우는 계속적인 관심을 갖고 시장의 변화추이를 살펴보면서 진입 시기를 현명하게 판단해야 한다.

둘째, 기업 목표와 표적시장의 일치 여부이다. 규모와 성장성에서 매력적인 세분시장이라 할지

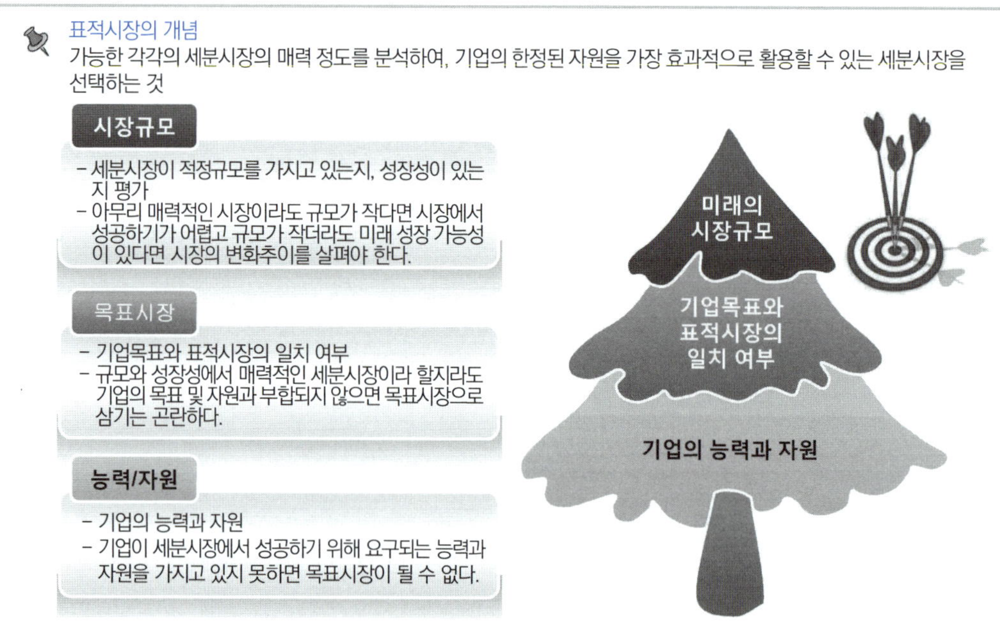

[그림 4-7] 표적시장 선정 시 고려사항

라도 기업의 목표 및 자원과 부합되지 않으면, 목표시장으로 삼기는 곤란하다.

셋째, 기업의 능력과 자원이다. 기업이 세분시장에서 성공하기 위해 요구되는 능력과 자원을 가지고 있지 못하면 목표시장이 될 수 없다.

2.2 5가지 종류의 표적시장 선정방법

선택 가능한 여러 세분시장을 평가한 결과, 기업은 하나 또는 그 이상의 세분시장에 진출하고자 할 것이다. 즉 기업은 어느 세분시장에 진출할 것인가와 얼마나 많은 세분시장에 진출할 것인가를 결정해야 한다. 세분시장의 선정과 관련하여 기업은 [그림 4-8]과 [그림 4-9]에서 보는 바와 같이 5가지의 시장범위패턴을 고려할 수 있다.

2.2.1 단일 세분시장(Single-segment Concentration)

가장 단순한 경우로서, 기업은 하나의 세분시장을 선택하여 마케팅 노력을 집중하는 형태이다. 기업의 자원이 극히 한정되어 있거나 다른 세분시장으로의 확장을 위한 출발점으로 삼고자 할 때 이용될 수 있는 전략이다. 이때 기업은 집중적 마케팅전략(Concentrated Marketing Strategy)을 추구하게 된다.

2.2.2 상품 전문화(Product Specialization)

기업이 다양한 고객집단에게 판매할 수 있는 특정 제품을 생산하는 데 집중하는 형태이다. 예컨대, 현미경 제조업자가 대학이나 정부, 기업 등의 실험에 현미경을 판매하는 경우가 여기에 해당한다. 이때 기업은 다양한 고객층의 욕구 충족을 위해 여러 종류의 현미경을 시판할 수 있지만, 현미경 이외의 다른 실험용구들은 생산하지 않는다. 이러한 전략은 기업으로 하여금 특정 제품 분야에서 강한 명성을 구축할 수 있는 이점이 있으나, 진보된 기술에 의하여 새로운 대체품이 출현하면 커다란 위험에 직면하는 단점이 있다.

2.2.3 시장 전문화(Market Specialization)

기업은 특정 고객집단(시장)의 다양한 욕구를 충족시키는 데 집중한다. 예컨대, 대학실험실에서 필요로 하는 일체의 실험용구(현미경, 시험관, 실험용 화학약품 등)를 시판하는 경우가 해당된다.

기업은 특정 고객집단의 욕구를 충족하는 데 전문화함으로써 그들에게 높은 지명도를 얻을 수 있으며, 따라서 그들의 경로대리인 역할을 하게 된다. 그러나 그 고객집단의 욕구가 갑자기 변하거나 구매예산의 감소, 또는 다른 공급업자와 거래관계를 맺는 경우에는 기업이 커다란 위험에 직면하게 된다.

2.2.4 선택적 전문화(Selective Specialization)

기업이 객관적으로 매력적이며, 기업의 목표와 자원에 부합하는 몇 개의 세분시장을 선별하여 진출하는 전략이다. 선정된 세분시장 간에 시너지효과를 추구할 수는 없지만, 각 세분시장은 충분한 수익성을 창출할 수 있어야 한다. 복수시장을 추구하는 이 전략은 기업의 위험을 분산시킬 수 있는 이점이 있다. 즉 여러 세분시장 중에서 한두 개가 기준을 충족시키지 못하더라도, 기업은 다른 세분시장을 통해서 계속 이익을 창출할 수 있다.

2.2.5 완전 도달(Full Market Coverage)

기업은 모든 고객집단이 필요로 하는 모든 제품을 생산·판매하는 전략으로서, 주로 가용자원이 풍부한 대기업의 시장확보전략이라 할 수 있다.

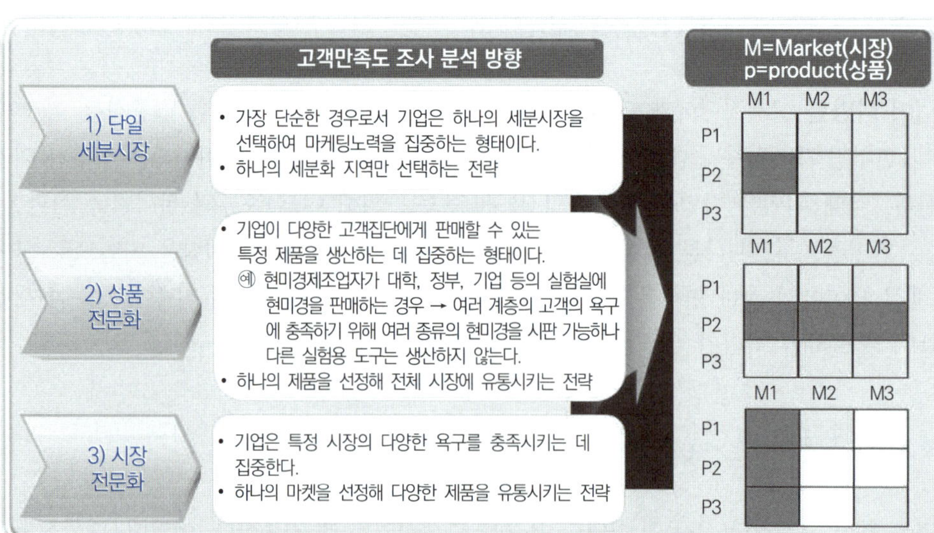

[그림 4-8] 표적시장 선정방법1

이 전략은 두 가지의 대안, 즉 비차별적 마케팅(Undifferentiated Marketing)과 차별적 마케팅(Differentiated Marketing) 전략을 통해 수행될 수 있다.

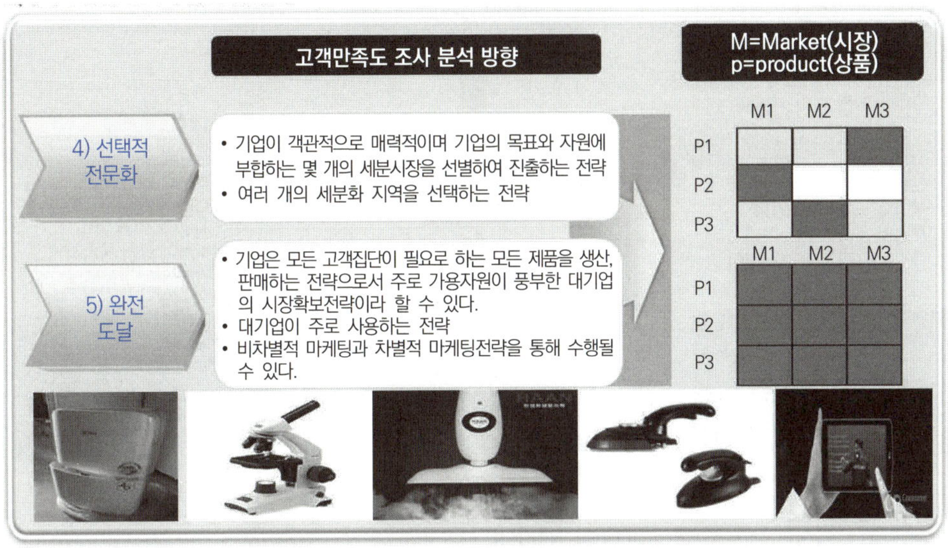

[그림 4-9] 표적시장 선정방법2

2.3 마이클 포터의 5Force Model분석을 이용한 표적시장의 매력도 분석

표적시장의 매력 정도를 분석하기 위해 마이클포터의 5 Force Model을 활용하는 방법이 있다.

첫째, 표적시장 내 경쟁업체가 적고 시장이 팽창할수록 매력적인 표적시장이다.

둘째, 신규 진출기업의 진입장벽이 높고 탈출 장벽이 낮을수록 매력적이다.

셋째, 공급업체의 협상력이 약할수록 표적시장은 매력적 시장이 될 수 있다.

넷째, 대체품의 위협이 적을수록 매력적이다.

마지막으로, 고객의 협상력이 약할수록 표적시장은 매력적인 시장이 될 수 있다. 이런 방법으로 선정된 표적시장을 대상으로 현재와 미래의 5가지 요인을 5점 척도(혹은 7점 척도)를 기준으로 매력도를 분석할 수 있다.

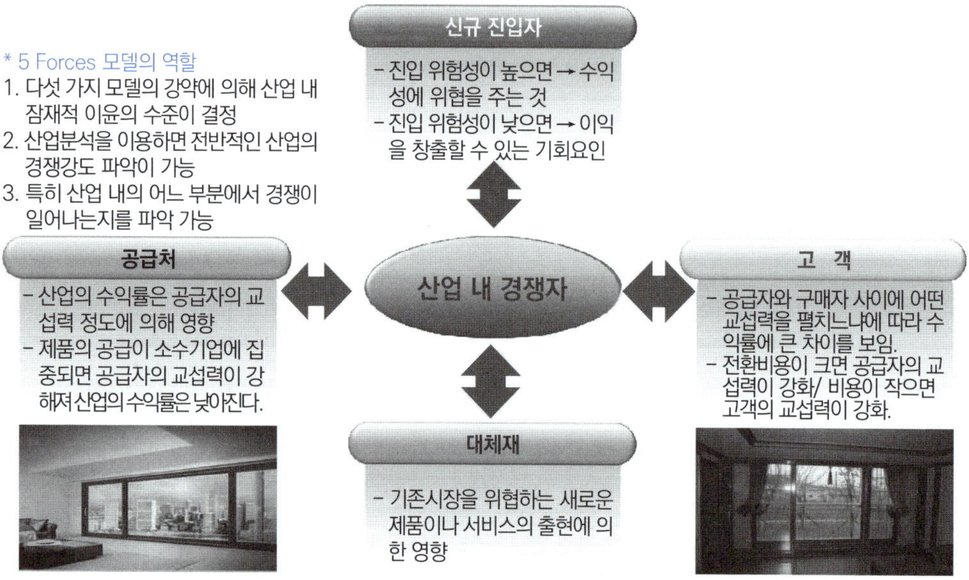

[그림 4-10] 표적시장 매력도 분석(5Force Model)

2.4 표적시장의 경쟁강도 분석요인

표적시장 내의 경쟁분석은 얼마나 많은 경쟁기업이 표적시장 내에 있는가와 그들의 시장점유율과 영향력이 어느 정도인지를 분석할 수 있다. 경쟁강도 분석요인에 대한 질문에 'Yes' 일 경우 경쟁이 강하며 'No' 일 경우 경쟁이 약한 표적시장임을 파악할 수 있다.

분석요인	Yes	No
표적시장 내 규모가 경쟁력이 비슷한 업체들이 많은 경우		
산업 전체나 표적시장의 성장이 둔할 경우		
산업의 표적시장이 높은 고정비를 필요로 할 경우		
상표 간의 차별성이 적어 상표 전환비용이 작을 경우		
생산능력 확장이 큰 단위로만 가능할 경우		
전략과 같은 유동적 요인에 따른 효과가 큰 경우		
표적시장의 이탈 장벽이 높은 경우		

표적시장의 경쟁강도 분석은 다양한 지표를 이용하여 경쟁분석 결과를 그래프와 같이 정리하면 경쟁적 측면에서의 표적시장의 매력도를 종합적으로 파악할 수 있다. 아래 그림을 통해 분석해 보면 적색으로 분석된 표적시장이 더욱 매력적임을 알 수 있다.

Sample

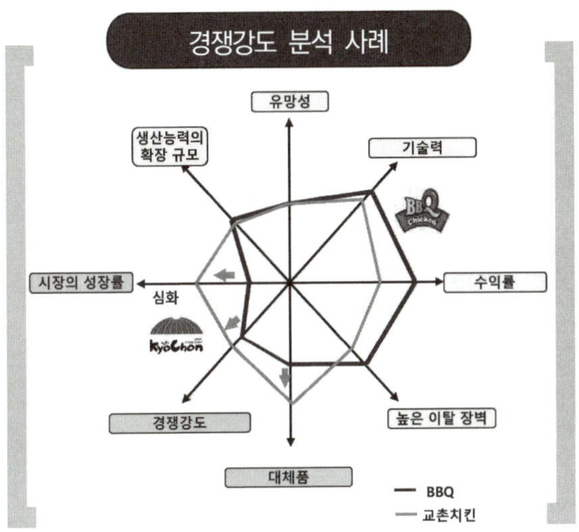

경쟁강도 분석요인에 대한 질문에 'yes' 일 경우 경쟁이 강하며 'no' 일 경우 경쟁이 약한 표적시장임을 파악할 수 있다.

분석요인	Yes	No
표적시장 내 규모나 경쟁력이 비슷한 업체들이 많은 경우		
산업 전체나 표적시장의 성장이 둔할 경우		
산업의 표적시장이 높은 고정비를 필요로 할 경우		
상표 간의 차별성이 적어 상표 전환비용이 작을 경우		
생산능력 확장이 큰 단위로만 가능할 경우		
전략과 같은 유동적 요인에 따른 효과가 큰 경우		
표적시장의 이탈장벽이 높은 경우		

[그림 4-11] 표적시장 경쟁강도 분석 사례

2.5 시장진입의 위협요소

표적시장에 독특하고 높은 진입장벽이 있어서 쉽게 진입하지 못할 경우, 이 표적시장은 높은 매력도를 가지고 있다고 볼 수 있다. 이러한 위협요소로는 첫째, 정부의 규제, 둘째, 규모의 경제나 대규모 초기 투자비용. 셋째, 고도의 기술로 인한 상품의 높은 차별성. 넷째, 제한된 판매채널로 새로운 판매채널 확보의 어려움. 다섯째, 높은 시장이탈 장벽 등을 들 수 있다. 이러한 위협요소를 사전에 충분히 고려하여 효과적이고 효율적인 마케팅전략의 수립이 필요하다.

올바른 기업이라면 자사의 상품을 모든 사람에게 팔려고 하지 않을 것이다. 맥주회사는 미성년자에게 맥주를 팔려고 하지 않으며, 면도기를 어린아이에게 팔지 않을 것이다. 자녀가 없는 부모에게 비싼 영어학습지나 유학상품을 판매한다고 하면 어떤 상황이 벌어질까 상상해 보자.

이처럼 이런 상황이 발생되지 않기 위해 기업은 표적시장을 선택하고 잠재구매자들을 파악하기 시작할 것이다. 그들이 무엇을 언제, 어디에서, 어떻게 구매하는지 등 표적시장에 대한 이해가 깊어질수록, 기업은 더 쉽게 좋은 예상고객명단을 얻을 수 있다.

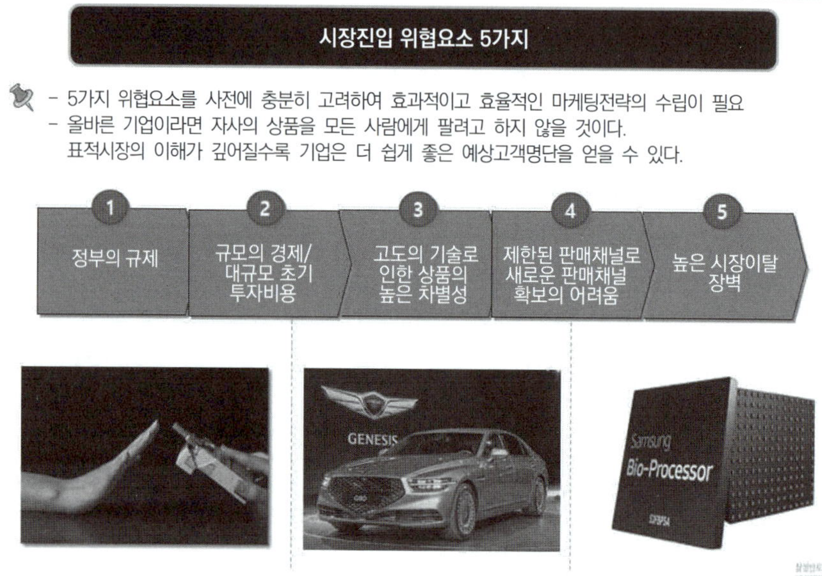

[그림 4-12] 시장진입 위협요소

2.6 표적시장 선정 후 전략

세분시장들에 대한 평가가 수행된 뒤 기업은 어떤 시장을 공략해야만 하는가? 또 몇 개의 세분시장을 공략할 것인가의 문제를 해결해야 한다. 기업이 선택할 수 있는 마케팅전략은 차별화전략, 비차별화전략, 집중화전략의 세 가지가 있다. [그림 4-13], [그림 4-14], [그림 4-15]는 기업이 채택할 수 있는 차별화전략, 비차별화전략 그리고 집중화전략의 세 가지 시장공략전략을 나타내고 있다.

2.6.1 차별화전략

차별화전략(Differentiated Strategy)을 구사하기 위해서 기업은 여러 개의 표적시장을 선정하고 각각의 표적시장에 적합한 마케팅전략을 개발해야 한다. 일반적으로 현대자동차와 같은 자동차 제조회사들은 소비자의 경제력과 연령 등에 따라 소비자들을 나누고 각 시장의 특성에 맞는 제품을 생산하여 판매한다. 현대자동차의 경우 승용차만 하더라도 아반떼, 소나타, 그랜저, 제네시스 등 많은 제품을 생산하고 있다. 이렇게 함으로써 기업들은 제공하는 제품과 여타 마케팅믹스의 다양성을 통하여 각 세분시장 안에서 높은 판매고와 강력한 위치를 차지할 수 있다. 또한 기업들이 각 세분시장에서의 강력한 위치를 차지하는 것은 소비자들의 회사에 대한 전반적인 인식을 제고시킬 수 있으며 기업들 소비자의 욕구에 잘 부합된 제품을 제공하기 때문에 높은 재구매 효과를 기대할 수도 있다.

다수의 현대적인 기업들은 차별적 마케팅전략을 구사하고 있다. 그 중요한 이유는 차별화 마케팅은 일반적으로 비차별화 마케팅보다 높은 매출과 이익률을 높이는 것을 가능하게 해 주기 때문이다. 그러나 차별적 마케팅은 각각의 세분시장에 적합한 차별적 마케팅전략을 구사하기 위해서 마케팅조사와 기술개발 등에 많은 비용을 사용하기 때문에 일반적으로 비용의 증가를 가져온다. 세분시장별로 적합한 마케팅계획을 수립하기 위해서는 각 세분시장별로 조사, 예측, 촉진계획 그리고 유통관리 등이 이루어져야 하며 경우에 따라서는 각각의 세분시장에 차별적 광고를 제작하기도 하기 때문에 상당히 비용이 많이 들 수밖에 없다. 따라서 기업은 차별적 마케팅전략을 구사하기 위해서는 증가된 비용을 고려한 예상수익의 증가를 무엇보다 먼저 생각해 보아야 할 것이다.

기업이 구체적으로 진출할 만한 가치가 있는 세분시장을 선정한 후에는 비차별화 마케팅전략 또는 차별화전략으로 표적시장을 공략한다.

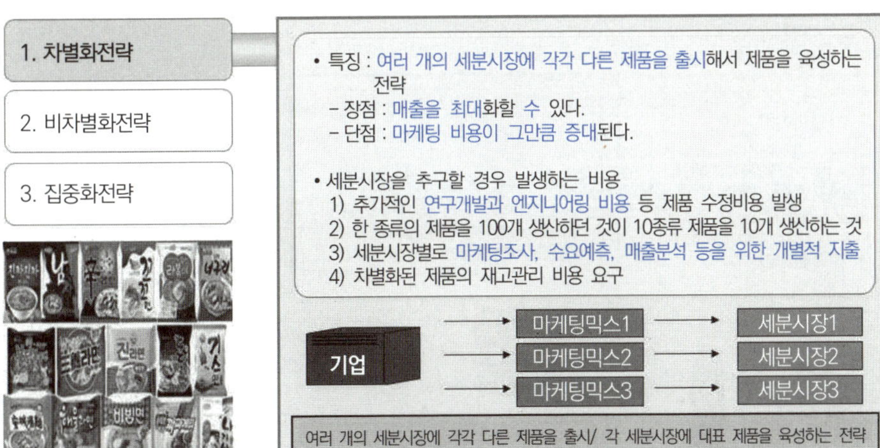

[그림 4-13] 차별화전략(표적시장 선정과 관련한 마케팅전략 대안)

2.6.2 비차별화전략

비차별화전략(Undifferentiated Strategy)은 세분시장 간의 차이를 무시하고 하나의 제품으로 전체시장을 공략하는 전략이다. 이 전략을 구사하는 기업은 소비자들 간의 차이보다는 공통점에 대하여 중점을 두게 되며 다수의 구매자에게 소구하기 위해서 기업은 하나의 상품과 하나의 마케팅 프로그램으로 시장을 공략한다. 따라서 기업은 대량유통과 대량광고 방식을 채택하는데 이는 소비자들의 마음속에 우수한 자사제품의 이미지를 심어주기 위해 수행된다. 예컨대 기존의 오리온 초코파이는 시장을 세분화하지 않고 같은 제품을 초코파이를 원하는 모든 소비자를 상대로 판매하고 있다. 이 같은 전략은 다음과 같은 두 가지 측면에서 효과적이라고 할 수 있다. 우선 단순한 생산라인은 제조 및 재고관리, 유통 등의 비용을 절감시키는 효과를 낳기 때문에 비차별적 마케팅은 비용절감의 효과를 얻을 수 있다. 또한 단일 광고 프로그램은 광고비용을 절감시키며 세분시장에 대한 조사와 기획의 필요성이 없기 때문에 마케팅조사비용과 제품관리비용을 절약할 수 있다.

비차별화전략이 기존의 오리온 초코파이의 경우처럼 대단히 성공적일 수도 있지만 대부분의 현대 마케팅관리자는 비차별화전략이 효과적인 경우는 매우 제한적이라고 생각한다. 즉 모든 소비자를 만족시킬 수 있는 하나의 제품이나 상표의 개발에 따르는 어려움이 문제가 되는 것이다.

기업이 구체적으로 진출할 만한 가치가 있는 세분시장을 선정한 후에는 비차별화 마케팅전략 또는 차별화전략으로 표적시장을 공략한다.

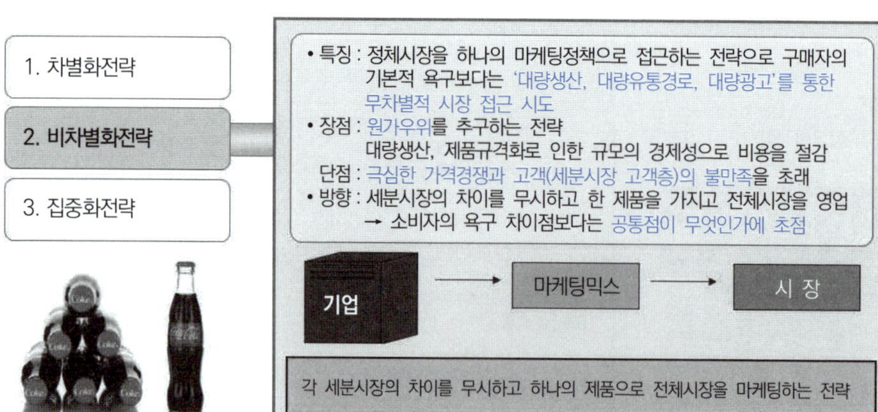

[그림 4-14] 비차별화전략(표적시장 선정과 관련한 마케팅전략 대안)

비차별화전략을 구사하는 기업들은 일반적으로 시장에서 가장 큰 세분시장을 공략한다. 그러나 여러 기업이 같은 시장에서 같은 전략을 구사한다면 격심한 경쟁이 일어나게 되며 그 결과 큰 세분시장은 심한 경쟁의 양상을 보이기 때문에 오히려 수익을 얻기가 더 어려울 수도 있다. 이러한 문제에 대한 인식은 기업들로부터 보다 적은 세분시장에 대하여 관심을 갖게 한다.

2.6.3 집중화전략

집중화전략(Concentrated Strategy)은 일명 단일세분 시장 전략(Single-segment Strategy)이라고도 하며, 여러 세분시장 중에서 하나(또는 제한된 수)의 세분시장만을 표적시장으로 삼고 기업의 마케팅 노력을 집중하는 전략을 말한다. 소형승용차 시장에만 집중한 독일의 폭스바겐이 그 좋은 예가 된다.

많은 세분시장 중에서 단일시장에 기업의 집중된 역량을 투입할 수 있으므로 마케팅비용이 절약되고, 기업의 자원이 한정된 중소기업에서 주로 선호된다. 마케팅관리자가 이 전략을 응용하기 위해서는 시장의 성장성이 크고, 경쟁이 심하지 않은 세분시장을 선택하는 것이 중요하며, 다른 세분시장으로 시장범위(Market Coverage)를 확대하기 위한 출발점으로 삼고자 할 때 이 전략을 적용할 수 있다.

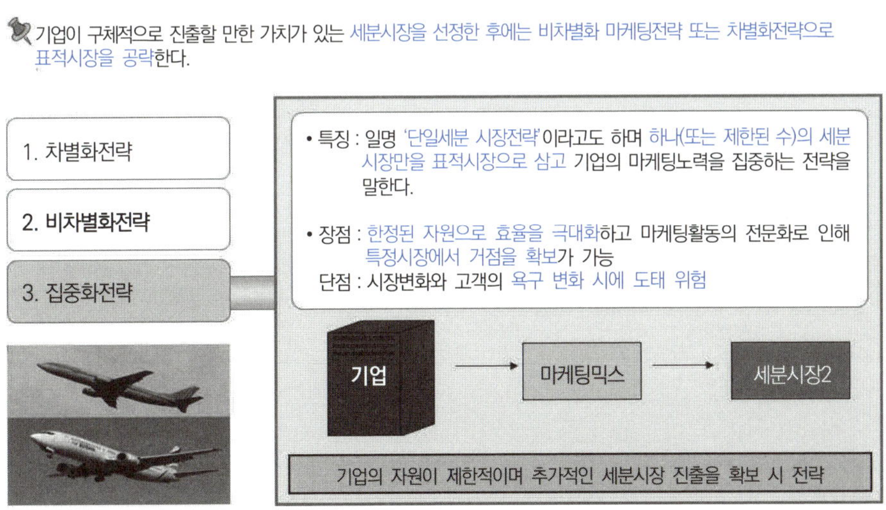

[그림 4-15] 집중화전략(표적시장 선정과 관련한 마케팅전략 대안)

집중화전략을 구사하면 기업이 세분시장의 욕구를 보다 잘 알게 되므로 그 시장에서 강력한 시장지위와 명성을 구축할 수 있으며, 생산, 유통 및 촉진활동의 전문화를 통해 여러 가지 운영상의 경제성을 누릴 수 있는 이점이 있다.

그러나 표적고객들의 욕구가 갑작스레 변하여 제품수요가 격감하거나 동일시장 내에 경쟁자가 진입하게 되면 일시에 표적시장을 상실할 위험성을 안고 있다.

이러한 이유 때문에 많은 기업은 단일세분 시장에서 집중적 마케팅전략을 추구하기보다는 여러 세분시장에서 다각적인 마케팅전략을 추구하는 경향이 있다.

이와 같이 표적시장을 선정한 후에 전략으로는 차별화전략, 비차별화전략, 집중화전략이 있으며 앞에서 알아본 표적시장 선정 후 3가지 전략에 대해서 특징과 장단점에 대해서 〈표 4-1〉에서 요약 정리하였다.

〈표 4-1〉 표적시장 선정 후 전략(표적시장 전략별 특징 및 장단점)

구 분	특 징	장 · 단점
차별화전략 Differentiated Market Strategy	• 복수의 목표시장 접근법(Multiple Target Market Approach) • 다양한 소비자 욕구에 대한 다양화 대응 • 각 세분 시장별 마케팅전략 수행	• 소비자 인식과 이미지 강화 • 판매 전략의 복잡 • 비용 과다/수익 저하 우려 → 세분시장 구분이 명확한 경우
비차별화전략 Un Differentiated Market Strategy	• 연결된 목표시장의 접근법 (Combined Target Market Approach) • 대중시장 겨냥(Mass Market) 겨냥 • 보편성 높은 제품	• 경제적 • 규모의 경제 • 시장기회 적용 → 설탕, 야채 같은 생필품에 활용
집중화전략 Concentrated Market Strategy	• 단일목표시장접근법(Single Target Market Approach) • 특정 세분시장에만 마케팅 집중 • 틈새시장(Niche Market) 개념	• 한정된 자원으로 효율 극대화 • 마케팅활동을 전문화 • 특정 시장에서의 거점 확보 • 고객 니즈 변화 시 위험 → 기업의 자원이 제한적이거나 추가적인 세분시장 진출을 위한 교두보를 확보하고자 할 때.

03 포지셔닝전략

3.1 포지셔닝의 개념과 필요성

우리 회사의 제품을 경쟁사와 비교하여 소비자의 마음속에 위치를 잡는 행위, 즉 어떻게 소비자의 마음속에 자신의 이미지를 각인시키는가가 매우 중요한 요소인데 이것이 바로 '포지셔닝(Positioning)'이다. 예컨대 소비자들의 마음속에 진로소주는 톡 쏘는 맛을 가진 소주로 포지셔닝되어 있고, 빙그레는 맛있는 아이스크림 제조회사로 포지셔닝되어 있다.

이 같은 포지셔닝(Positioning)을 제대로 실현하기 위해서는 다른 회사, 다른 상품과 차별화된 전략을 고민해야 한다. 사실 차별화(Differentiation)만큼 마케팅의 핵심을 잘 설명할 수 있는 용어도 없을 것이다. 마케팅전략 전문가들은 가장 효과적으로 경쟁우위를 가져가는 방법으로 곧잘 차별화를 제시한다. 차별화되고 특화된 상품이나 서비스를 제공하는 것이야말로 고객의 마음을 움직일 수 있는 지름길이기 때문이다.

개념

- 소비자들의 마음속에 자사제품을 어떻게 차별적 우위로 인식시킬 것인가에 대한 전략을 말한다.
- 경쟁제품에 비하여 차별적 특성을 갖도록 제품개념을 명확히 설정하고 이에 따라 개발된 제품을 소비자들의 지각 속에 적절히 위치시키도록 노력하는 제품개발 및 촉진활동과 밀접한 관련이 있는 활동

필요성

- 상품 광고로 인해 소비자의 눈과 귀가 이미 지쳐 있는 상태이고 이러한 커뮤니케이션 과잉 사회에서 고객의 시선을 사로잡기 위해 필요한 작업이 '포지셔닝(Positioning)'이다.
- 가장 효과적인 경쟁우위를 가질 수 있는 방법 → 차별화
- 경쟁사의 모방이 쉽지 않은 강력한 메시지로 명쾌하게 떨어질수록 효과적 → 제품의 특징이 없으면 Positioning이 실패한 것이다.

[그림 4-16] 포지셔닝의 개념과 필요성

브랜드를 소비자 머릿속에 명확하게 포지셔닝시키기 위에서는 강력한 한마디(One Word)가 있어야 한다. 이러한 포지셔닝전략은 STP 전략의 세 번째 요소로 자사 상품이나 서비스에 대한 브랜드를 소비자 머릿속에 어떤 말로 인식시킬지를 결정하는 전략을 말한다.

포지셔닝(Positioning)은 경쟁사의 모방이 쉽지 않은 강력한 메시지로 명쾌하게 떨어질수록 효과적이다. 제품의 특징이 없으면 포지셔닝이 실패한 것이다.

3.2 포지셔닝의 유형

포지셔닝의 유형에는 여러 가지가 있는데 대체로 그 방법은 제품속성에 의한 포지셔닝, 사용자에 의한 포지셔닝, 사용상황에 의한 포지셔닝, 경쟁제품에 의한 포지셔닝 등이 있는데, 다음과 같이 분류할 수 있다.

3.2.1 제품속성에 의한 포지셔닝

소비자들의 제품에 대한 평가에 있어서 중요하나 평가방법이 속성에 대한 지각이다. 제품속성에 의한 포지셔닝은 자사제품의 속성이 경쟁제품에 비해 차별적 속성을 지니고 있어서 그에 대한 편익을 제공한다는 것을 인식시켜 주는 전략을 말한다.

저가격과 실용성을 강조한 국내 경차광고나, 다양한 최첨단 사양을 자랑하는 중·대형차 등이 유형에 속한다. 이 방법은 경쟁제품과 차별화되는 특징이나 종전에는 부족했던 자사제품의 속성을 부각하기 위해 사용되고 있다.

3.2.2 사용자에 의한 포지셔닝

제품사용자들을 특정시장에 맞게 설정하여 제시함으로써 특정 소비자들을 타사 제품에 비해 차별적으로 인식시켜 자연스럽게 유도하기 위한 전략이다. 예를 들어, 말보로 담배는 카우보이를 광고모델로 하여 야성적인 남성미를 소구함으로써 강한 남성용 담배로써 시장의 확고한 위치를 구축하였다.

3.2.3 사용상황에 의한 포지셔닝

자사제품의 적절한 사용상황을 알림으로써 타제품과 사용상황에 따라 차별적으로 인식시키려는 전략이다. 예를 들어, 운동 후 갈증해소 음료라는 포지션을 강조하는 게토레이는 땀을 많이 흘리는 운동하는 모습과 운동 후 게토레이를 마시는 모습을 보여줌으로써 대표적인 스포츠음료로서 자리매김할 수 있었다.

3.2.4 경쟁제품에 의한 포지셔닝

소비자의 인식 속에 경쟁제품과의 비료를 암시적으로 지각하게 만들어 그에 대한 차별적 편익을 강조하는 방법이다. 예를 들어, 대한항공이 세계에서 가장 큰 여객기인 A380을 새로 도입했음을 강조한 광고캠페인을 통해 국내 경쟁사인 아시아나항공과 비교한 것이 이 유형에 속한다.

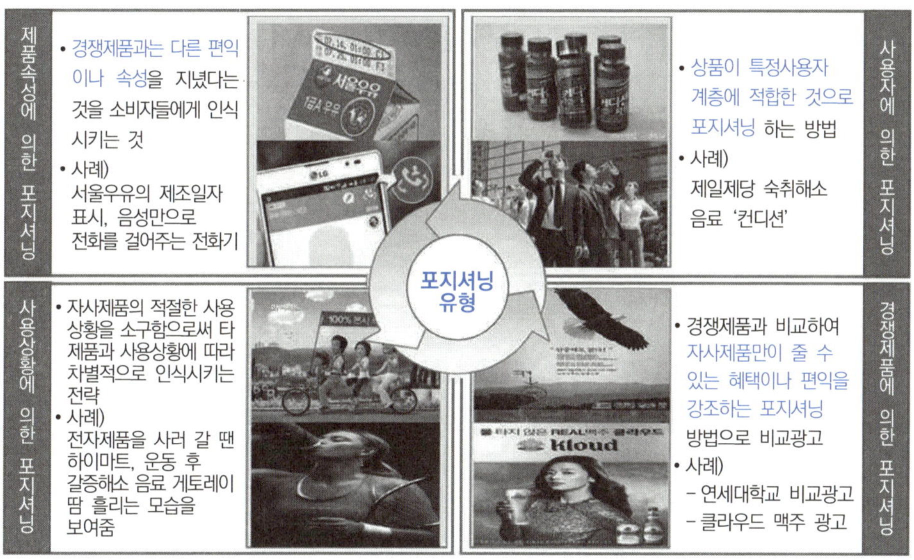

[그림 4-17] 포지셔닝의 유형

3.3 포지셔닝의 절차

다음으로 포지셔닝전략은 어떠한 절차에 의해 개발되는지 살펴보면, 포지셔닝은 기업의 여건에 따라 달라지겠지만 소비자 분석과 경쟁자의 확인과정을 포함해 일반적으로 아래와 같이 다섯 단계의 과정으로 이루어진다.

3.3.1 1단계 : 소비자 분석

소비자 욕구에 대한 명확한 이해를 통해 해당 제품군에서 소비자들이 얻고자 하는 것이 무엇인지, 그리고 기존제품들에 대해서는 어떤 불만을 가지고 있는지 등 소비자 욕구와 기존제품에 대한 불만족 원인을 파악하는 과정이다.

3.3.2 2단계 : 경쟁자 확인

경쟁제품을 명확히 결정하는 것으로서 표적시장의 범위를 어떻게 설정하느냐에 따라 경쟁제품과 경쟁기업이 달라질 수 있다. 이러한 경쟁자 확인에 있어서는 직접적인 경쟁제품뿐만 아니라 대체재도 넓은 의미에서 경쟁자가 될 수 있음을 분명히 살펴보아야 한다. 다이어트 식품을 개발하고자 할 때 기존의 다이어트 식품만을 경쟁자로 볼 수 있겠지만 다이어트 욕구가 있는 소비자 관점에서 보면 칼로리가 낮은 모든 간편식이 다이어트식이 될 수 있으므로 이런 대체재를 간과해서는 안 된다. 그리고 이처럼 대체재가 존재하는 경우에는 시장의 크기를 예측할 때 주의해야 한다.

3.3.3 3단계 : 경쟁제품의 포지션 분석

경쟁제품 확인 후에 경쟁제품의 속성 및 이미지가 소비자들에게 어떻게 인식되고 평가받는지 파악해야 한다. 이때 포지셔닝 맵을 통해 경쟁제품의 속성과 소비자의 지각 상태를 파악해 보면 매우 유용할 것이다.

포지셔닝 맵(Positioning Map)이란 소비자들의 마음속에 있는 제품과 경쟁제품의 위치를 2~3차 공간에 작성한 지도로 고객 지각에 의해 도표화된 각 상표의 위치를 도표상에 나타낸 것이며, 경쟁상표들의 상대적 위치와 소비자들이 원하는 이상적 제품을 시각적으로 나타내 주는 것으로 지각도(Perceptual Map)라고도 말한다.

3.3.4 4단계 : 자사제품의 포지셔닝 개발 및 실행

소비자들이 경쟁제품에 비하여 자사제품이 가져야 할 차별적 우위의 지각이나 연상을 결정하고, 아울러 소비자의 욕구를 더 잘 충족시킬 수 있도록 자사제품의 포지션을 결정한다. 그리고 포지셔닝 개념에 따라 제품을 개발하고 원하는 위치에 포지셔닝되도록 마케팅 커뮤니케이션 노력을 집중해야 한다.

3.3.5 5단계 : 포지셔닝의 확인 및 재포지셔닝

기업이 원하는 위치에 자사제품이 포지셔닝되었는지 확인하여야 한다. 이는 매출성과로도 마케팅전략의 효과를 알 수 있겠으나 전문적인 조사를 통해 보다 구체적으로 소비자와 시장에 관한 분석을 해 보는 것이 좋다. 만약에 영향 캡슐이 들어있는 겸용 비누를 출시하였다면 소비자들이 그 제품을 간편하면서도 영향을 충분히 공급해 주는 간편한 비누로 인식되고 있는지 되짚어 보아야 한다.

또한 초기에 성공적인 포지셔닝이 되었다. 하더라도 시간이 흐름에 따라 경쟁 환경과 소비자 욕구가 변화하였을 경우에는 목표 포지션을 재설정하여 그곳으로 이동시키는 재포지셔닝을 해야 한다.

차원	세부항목	측정
	1) 소비자분석	• 제품들에 대해서는 어떤 불만을 가지고 있는지 소비자 요구와 기존제품에 대한 불만족 원인을 파악하는 과정
	2) 경쟁자확인	• 도입하고자 하는 제품의 경쟁상대를 파악하는 과정 • 주의할 것은 표적시장을 어떻게 설정하느냐에 따라 경쟁자가 달라질 수 있다는 점 • 대체재가 있는 경우에는 이 대체재도 넓은 의미에서 경쟁자가 될 수 있다.
	3) 경쟁제품의 포지션 분석	• 경쟁제품이 소비자에게 어떻게 인식되고 평가받고 있는지 파악하는 작업 • 포지셔닝 맵을 작성해 보면 경쟁제품의 속성과 소비자의 지각상태를 파악하는 데 매우 유용

[그림 4-18] 포지셔닝의 절차1

소비자분석 | 경쟁자확인 | 경쟁제품의 포지션분석 | 자사제품의 포지션개발 | 포지셔닝의 확인 및 재포지셔닝

차원	세부항목	측정
	4) 자사제품의 포지션 개발	• 자사가 가지고 있는 경쟁우위가 무엇인지 정의하는 것이 가장 중요 • 경쟁제품에 비하여 소비자의 욕구를 더 잘 충족시킬 수 있는 적합한 자사제품의 포지션을 결정 • ㉾ 겸용샴푸를 개발할 때 지금까지의 겸용샴푸가 간편성 위주의 제품이었다면 간편성에 영양까지 겸비한 고급겸용샴푸라는 새로운 포지션을 개발할 수 있을 것이다.
	5) 포지셔닝의 확인 및 재포지셔닝	• 포지셔닝전략이 실행된 후에는 자사제품이 목표한 위치에 포지셔닝되었는지 확인 • 전문적인 조사를 통해 보다 구체적으로 소비자와 시장에 관한 분석 • 초기에 성공적인 포지셔닝이 되었다 하더라도 시간이 흐름에 따라 경쟁 환경과 소비자 욕구가 변화하였을 경우에는 목표 포지션을 재설정하여 재포지셔닝을 하여야 한다.

[그림 4-19] 포지셔닝의 절차2

학습정리

이번 장에서 이해해야 할 내용을 정리해 보겠다.

1. 시장세분화의 개념

시장세분화란 소비자가 원하는 제품의 욕구에 맞추어 제품에 대한 시장을 세분화하고 나누다 보면 소비자가 원하는 매력적인 세분화 시장이 만들어지게 되므로 기업은 그러한 소비자의 욕구에 맞는 세분시장의 제품을 만들어 주므로 인해 매출을 극대화시키는 전략을 시장세분화라고 한다.

2. 시장세분화의 목적

소비자의 욕구에 맞는 시장을 깊이 세분화해야 매력적인 시장을 찾을 수 있다. 그러므로 마케팅조사와 소비자 행동을 이해해야 한다. 고객과의 관계(Relation)에 의한 고객의 상호작용이 중요해지면서 고객과의 접점 직원의 중요성을 증대되고 있다.

◈ 시장세분화의 대두 배경

제품의 공급이 수요를 초과하는 경우 기업은 경쟁이 치열해지므로 다양한 고객의 욕구에 대응하기 위해서는 다양한 소비자의 욕구에 맞는 상품이 시장에 출시되며 기업은 적극적 판매 및 촉진 노력을 통해 시장에서 팔릴 수 있는 것을 만들기 위해 시장세분 필요성이 대두하게 되었다.

1) 정확한 시장상황 파악

소비자의 욕구 및 구매 동기 등을 통해 정확한 시장상황을 파악하고 변화하는 시장 수요에 대응할 수 있다.

2) 기업의 경쟁좌표 확인

기업의 강점과 약점을 확인하고 외부의 환경요소들을 분석하여 기업의 경쟁좌표를 설정한다.

3) 마케팅자원의 효과적 배분

기업은 소비자 분석에 따른 효과적인 마케팅자원을 배분하여 투자할 수 있다.

4) 정확한 표적시장 설정

마케팅활동의 방향을 설정하고 집중하기 위해서 시장세분화가 필요하다.

3. 시장세분화의 기준

기업들은 소비자의 욕구에 맞는 시장을 세분화할 때 4가지 기준으로 제품을 세분화한다.

1) 인구통계적 세분화

인구통계적 변수를 기준으로 전체시장을 세분화하는 것을 말한다.

변수) 연령, 성, 직업, 소득, 교육, 사회계층, 가족 수, 가족수명주기, 종교, 인종, 국적 등

2) 지리적 세분화

지리적 변수를 기준으로 하여 특정 제품의 시장을 세분화하는 것을 말한다.

변수) 지역, 도시/지방, 인구밀도, 도시규모, 기후 등

3) 심리분석적 세분화

개성, 동기, 라이프스타일 등의 변수를 기준으로 하여 시장을 세분화하는 것을 말한다.

변수) 개성, 동기, 라이프스타일 등

4) 행위적 세분화

제품에 대한 소비자들의 행동 특성에 기초하여 시장을 세분화하는 것을 말한다.

변수) 추구하는 편익, 사용량, 브랜드 충성도, 사용상황

◈ 행위적 세분화의 예시

행위적 세분화 중에 소비자의 추구하는 편익(편안하고 유익하게 생각하는 것)에 대한 예시를 아래에서 제시하고자 하였다.

☞ 소비자들은 치약에 대해서 경제성(가격이 저렴한 치약)을 가진 치약과 의료(충치예방)가 되는 치약을 또는 미용(흰 치아)을 유지하는 치약을 그리고 맛(좋은 향기)이 나는 치약을 원하는 소비자들로 소비자의 편익에 따라 4가지의 세분시장으로 나누어 설명할 수 있다.

4. 세분시장이 깃추어야 할 요건

효과적인 시장세분화를 위해서 세분시장이 갖추어야 할 요건은 다음과 같이 6가지로 집약할 수 있다.

1) 정보측정 및 획득용이

세분시장을 형성 후 세분시장에서 일어날 매출 및 고객의 니즈에 대한 측정이 용이해야 한다.

㉮ 만약에 KT&G에서 매출을 극대화시키기 위해서 청소년을 대상으로 담배를 판매한다면 사회적인 윤리와 정부의 규제에 의해서 시장을 세분화할 수 없을뿐더러 세분화한 시장의 청소년들이 과연 얼마만큼의 담배에 대한 만족도와 담배에 대한 매출을 일으킬 수 없기 때문에 시장을 세분화할 수가 없다. 이렇게 새롭게 시장을 세분화할 시 세분시장에 대한 정보측정 및 획득이 용이하지 않은 시장은 시장세분화에 실패하게 된다.

2) 수익성 보장

시장을 세분화할 때 수익성이 보장되지 않는 시장은 시장세분화를 하면 안 된다.

㉮ 예를 들어 현대자동차에서 운동선수를 대상으로 250미터 이상되는 키가 큰 선수들을 대상으로 자동차를 만들어 시장을 세분화하려고 시도한다고 하자 과연 250미터 이상 되는 선수들이 우리나라에 몇명이나 될까? 자동차를 만들기 위해서는 한 대의 자동차를 디자인하고 광고 마케팅, 생산설비를 만드

는데 막대한 자금이 투자된다. 이러한 자금을 투자하고 과연 250미터 이상 되는 키 큰 선수 몇 명에게 판매할 수 있을까? 이렇게 수익성이 보장되지 않는 세분시장은 진입하면 실패하게 된다.

3) 접근 용이성 및 전달성

새롭게 만든 세분시장에 진입이 용이해야 한다.

㉥ 요즘의 마케팅은 사회적으로 문제가 되는 것이 무엇인지를 해결해 주므로 사회적으로 신뢰받는 기업들이 많은 매출을 일으키고 있다. 그러한 사례로 요즘은 전 세계적으로 환경이라고 하는 국제사회의 문제점을 해결하는 데 많은 집중을 하고 있다. 앞으로는 이산화탄소를 많이 배출시킨 기업들은 해외의 수출길도 줄어드는 것이 현재 상황이라고 할 수 있다. 새롭게 만든 세분시장이 호주라고 한다면 그렇게 진입하려는 호주에 이산화탄소 배출 기업에 대한 규제가 있다면 모처럼 새롭게 진입하려는 세분시장의 진입이 어렵게 된다. 그러므로 새롭게 진입하려는 세분시장의 접근성이 용이한지 파악하지 않으면 실패하게 된다.

4) 명확한 구분성 및 차별화 반응성

세분시장은 명확한 구분성과 차별성을 가지고 있어야 한다. 즉 세분시장 마케팅 전략수립 후 마케팅믹스에 대하여 다르게 반응해야 한다.

㉥ 아시아나항공이 매출을 극대화시키기 위해 세일을 한다든지 저가의 금액으로 승차권을 판매한다면 소비자는 어느 시점에는 세일을 하는 기간에만 승차권을 구입하려고 할 것이다. 그러므로 저가항공사인 에어부산을 만든 이유도 이러한 이유이다. 고가 항공사인 아시아나항공은 고가전략으로 저가항공사인 에어부산은 저가전략을 유지하여 명확한 구분성을 가져야 한다. 고가 항공사가 매출을 늘리기 위해 세일을 많이 하게 되면 소비자들은 나중에는 고가 항공사의 브랜드 가치는 낮게 생각하고 고가의 금액으로는 승차권을 구매하려 하지 않는다. 그러므로 세분시장에 맞는 정체성에 맞는 명확한 구분성과 차별성을 유지하지 않으면 시장세분화에 실패하게 된다.

5) 일관성 및 지속성

기준이 수시로 변하면 세분시장에 따른 체계적인 마케팅 전략수립이 어렵다.

㉥ 아시아나항공에서 새롭게 저가항공사인 에어부산을 만들어 시장을 세분화하였으며 고가항공사는 고가전략으로 저가항공사는 저가전략으로 일관성과 지속성을 유지하는 것이 시장세분화에 실패하지 않는 길이다.

6) 집행력

세분시장을 추진하기 위한 집행력을 보유하고 있어야 한다.

㉥ 새롭게 만든 세분시장을 추진할 수 있는 집행력을 가지고 있어야 한다. 아시아나항공이 저가항공사인 에어부산을 만들었을 때 에어부산을 운영할 인력이라든지 자본력이 없다면 세분시장에서 성공할 수가 없다.

◈ 세분시장의 실패사례 - Hite

2011년 이전까지는 맥주시장의 매출 1위 기업은 '하이트'였다. Hite는 2위인 '카스'와의 1, 2위의 격차를 벌리기 위해 새롭게 시장세분화를 추진하여 '맥스'와 'd'라는 새로운 제품을 출시하여 2위인 '카스'와의 매출 격차를 벌리려고 시도하였다. 이론상으로는 시장을 세분화해서 세분화면 매출이 증대되어야 되나 '하이트'는 1위라는 브랜드에 자부심을 갖다 보니 '맥스'와 'd'의 브랜드만 광고를 하게 되었고 '카스'는 기존에 하던 수준의 광고를 했음에도 불구하고 소비자는 '하이트'라는 브랜드가 잊히게 되므로 '카스'가 2011년도부터는 매출 1위를 선도하게 되었다. 이러한 사례에서 보듯 시장을 세분화만 한다고 매출이 증대되는 것은 아니다 앞에서 제시한 6가지의 조건이 만족이 되어야만 시장세분화에 성공할 수 있다는 것을 단편적으로 보여 주는 예이다.

5. 표적시장 선정 시 유의사항

기업의 자원에는 한계가 있기 마련이다. 그러므로 기업은 가능한 세분시장의 매력 정도를 분석하여 기업의 한정된 자원을 가장 효과적으로 활용할 수 있는 세분시장을 선택하는 것이다. 아래의 3가지는 표적시장 선정 시 주의해서 보아야 할 유의사항에 관해서 이야기하고 있다.

1) 시장규모

표적시장을 선정해서 진입을 할 때에는 시장의 규모가 큰 시장을 타깃으로 진입을 해야 하나 현재 표적시장의 규모가 작더라도 미래성장 가능성이 있다면 시장의 변화추이를 살펴보아야 한다.

2) 목표시장

기업목표와 표적시장의 일치 여부가 중요하다. 규모와 성장성에 매력적인 세분시장이라 할지라도 기업의 목표 및 자원과 부합되지 않으면 목표시장으로 삼기는 곤란하다.

3) 능력/자원

기업이 세분시장에서 성공하기 위해 요구되는 능력과 자원을 가지고 있지 못하면 목표시장이 될 수 없다. 기업이 새롭게 진입하려는 표적시장은 기업이 능력과 자원을 가지고 있어야 한다.

㉾ 기술력, HR

6. 5가지 종류의 표적시장 선정방법

몇 개의 제품으로 몇 개의 시장을 공략할 것인지에 대한 표적을 선정하는 방법 5가지에 관해서 설명하고자 한다.

1) 단일세분 시장

한 개의 제품으로 한 개의 시장을 공략하는 표적시장 선정 방법으로 기업이 가지고 있는 핵심역량이 집중하는 형태이다.

㉾ 위니아 제습기는 한 개의 제품을 가지고 '가정'이라고 하는 한 개의 시장을 공략한 표적시장 선정방법을 사용하였다. 주로 벤처기업이나 중소기업들이 한정된 자원을 가지고 집중할 수 있는 표적시장 선정 방법이다.

2) 제품전문화

한 개의 제품으로 다양한 시장을 공략하는 표적시장 선정 방법이다.

㉥ 현미경 제조업자의 경우 한 개의 현미경을 가지고 대학연구소, 정부기관, 기업 등의 다양한 시장을 표적시장 선정을 하는 방법이다.

3) 시장전문화

한 개의 표적을 선정해서 다양한 제품을 유통시켜 표적시장 소비자의 다양한 욕구를 충족시키는 표적시장 선정 방법이다.

㉥ 한경희가 '주부' 시장을 표적으로 주부들이 원하는 제품의 여러 종류로 한경희 청소기, 스팀다리미, 제습기, 공기튀김기, 무선진공밀대 등을 개발해서 주부라는 표적시장의 욕구에 맞는 모든 제품을 만들어서 제공하였다.

4) 선택적 전문화

기업의 목표와 맞는 몇 개의 세분시장에 진출하는 표적시장 선정 방법이다.

㉥ 이인혜 뇌세김 어학기, 소비자 표적시장에 따라 영어어학기, 중국어어학기, 일본어어학기와 같이 우리 기업이 잘할 수 있는 선별적인 제품을 가지고 선별적인 표적시장을 선정하는 표적시장 선정방법을 선택적 전문화 표적시장 선정방법이라고 한다.

5) 전체시장확보

기업은 모든 고객집단이 필요로 하는 모든 제품을 생산, 판매하는 전략으로서 주로 가용자원이 풍부한 대기업의 시장확보전략이라 할 수 있다. 대기업이 주로 사용하는 전략으로 비차별적 마케팅과 차별적 마케팅전략을 통해 수행될 수 있다.

7. 표적시장의 매력도 분석(마이클포터 - 산업구조분석)

☞ 다섯 가지 모델의 강약에 의해 산업 내 잠재력 이윤의 수준이 결정

☞ 산업분석을 이용하면 전반적인 산업의 경쟁강도 파악이 가능

☞ 특히 산업 내의 어느 부분에서 경쟁이 일어나는지를 파악 가능

1) 산업 내 경쟁자의 위협

산업 내의 경쟁자가 많으면 산업진입에 위협이 된다.

2) 신규진입자의 위협

(1) 진입 위험성이 높으면 수익성에 위협을 주는 것

(2) 진입 위험성이 낮으면 이익을 창출할 수 있는 기회요인

3) 공급처의 협상력

(1) 산업의 수익률은 공급자의 교섭력 정도에 의해 영향

(2) 제품의 공급이 소수기업에 집중되면 공급자의 교섭력이 강해져 산업의 수익률은 낮아진다.

4) 대체재의 위협

기존 시장을 위협하는 새로운 제품이나 서비스의 출현에 의한 영향

5) 고객의 협상력

(1) 공급자와 구매자 사이에 어떤 교섭력을 펼치느냐에 따라 수익률에 큰 차이를 보임
(2) 전환비용(경쟁사의 다른 제품으로 전환하는 데 드는 비용)이 크면 공급자의 교섭력이 강화/비용이 적으면 고객의 교섭력이 강화

8. 시장진입 위협요소 5가지

표적시장 진입 시 고려해야 할 요인 5가지

1) 정부의 규제

표적시장을 진입하려고 하는데 정부의 규제가 많으면 표적시장을 진입하는데, 있어 위협이 되는 요소이다.

2) 규모의 경제/ 대규모 초기 투자비용

표적시장 진입을 하는데 초기에 많은 투자비용이 들면 추후 높은 시장이탈 장벽으로 이탈하기가 어려워진다. 그러므로 초기에 대규모의 투자비용이 들어가는 진입시장은 신중하게 고려해 보아야 한다.

㉳ 삼성자동차가 초기에 자동차시장에 막대한 대규모의 투자비용을 들여서 시장진입을 하였으나 추후 시장에서 이탈하려고 할 때 막대한 투자자금으로 인해 높은 이탈 장벽으로 빠져나오는데 상당한 곤욕을 치렀다.

3) 고도의 기술로 인한 상품의 높은 차별성

표적시장의 산업군 기술력이 높으면 높을수록 시장을 진입하는 데 어려움을 겪게 된다.

㉳ 표적시장으로 반도체시장을 표적으로 잡았다면 그동안 삼성에서 몇천 조 이상의 막대한 자금을 투자해서 기술개발의 장벽이 높은 표적시장이다. 이러한 표적시장을 들어간다면 시장진입에 위협요소가 될 것이다.

4) 제한된 판매채널로 새로운 판매채널 확보의 어려움

표적시장을 진입을 할 때는 판매채널이 다각화되어 있어야 한다. 한 개의 채널로 판매한다면 그 한 개의 채널의 판매가 막히게 되면 어려움을 겪을 것이다.

㉳ 민간그룹건설사에 납품하는 자재 업체의 경우는 민간그룹건설사만 믿고 납품했다가 민간그룹건설사에서 아파트를 짓지 않으면 판매채널이 막히게 된다. 그러므로 관공서에서 하는 납품 채널도 만들어 놓아야 민간 그룹사가 건물을 짓지 않을 때 관공서에 납품할 수 있는 다각화된 판매채널을 만들어야 새로운 표적시장 진입 후 납품에 대한 위협을 받지 않는다.

5) 높은 시장이탈 장벽

표적시장 진입 시 초기 투자자금이 많으면 높은 이탈 장벽으로 어려움을 겪게 된다.

㉳ 삼성자동차가 초기에 자동차시장에 막대한 대규모의 투자비용을 들여서 시장진입을 하였으나 추후

시장에서 이탈하려고 할 때 막대한 투자자금으로 인해 높은 이탈 장벽으로 빠져나오는데 상당한 곤욕을 치렀다.

9. 표적시장 선정 후 전략

기업이 구체적으로 진출할 만한 가치가 있는 세분시장을 선정 후에는 차별화전략 또는 비차별화전략 그리고 집중화전략으로 표적시장을 공략한다.

1) 차별화전략

(1) 특징 : 여러 개의 세분시장에 각각 다른 제품을 출시해서 각 세분시장에서 대표제품을 육성하는 전략
→ 풀 라인 전략

(2) 장점 : 세분시장별로 상품을 제공함으로써 매출을 최대화할 수 있다.

(3) 단점 : 마케팅 비용이 그만큼 증대된다.

(4) 활용 : 마케팅자원이 충분한 대기업이나 선도기업이 취하는 표적시장 전략
세분시장을 추구할 경우 발생하는 비용

① 추가적인 연구개발과 엔지니어링 비용 등 제품 수정비용 발생한다.
② 한 종류의 제품을 100개 생산하던 것이 10종류 제품을 10개 생산하는 것이다.
③ 세분시장별로 마케팅조사, 수요예측, 매출분석 등을 위한 개별적 지출된다.
④ 차별화된 제품의 재고관리 비용 요구된다.
⑤ 세분시장의 별도 마케팅계획의 필요로 촉진비용이 증가한다.

2) 비차별화전략

(1) 특징 : 정체시장을 하나의 마케팅정책으로 접근하는 전략으로 구매자의 기본적 욕구보다는 '대량생산, 대량유통경로, 대량광고'를 통한 무차별적 시장 접근 시도한다.

(2) 장점 : 원가우위를 추구하는 전략이다.
대량생산, 제품규격화로 인한 규모의 경제성으로 비용은 절감된다.

(3) 단점 : 극심한 가격경쟁과 고객(세분시장 고객층)의 불만족을 초래한다.

(4) 방향 : 세분시장의 차이를 무시하고 한 제품을 가지고 전체시장을 영업한다.
→ 소비자의 욕구 차이점보다는 공통점이 무엇인가에 초점을 맞춘다.

3) 집중화전략

(1) 특징 : 일명 '단일세분 시장전략'이라고도 하며 하나(또는 제한된 수)의 세분시장만을 표적시장으로 삼고 기업의 마케팅노력을 집중하는 전략을 말한다.

(2) 장점 : 한정된 자원으로 효율을 극대화하고 마케팅활동의 전문화로 인해 특정시장에서 거점을 확보할 수 있다.

(3) 단점 : 시장변화와 고객의 욕구 변화 시에 도태 위험이 있다.

10. 포지셔닝의 개념

소비자들의 마음속에 자사제품을 어떻게 차별적 우위로 인식시킬 것인가에 대한 전략을 말한다. 경쟁제품에 비하여 차별적 특성을 갖도록 제품개념을 명확히 설정하고 이에 따라 개발된 제품을 소비자들의 지각 속에 적절히 위치시키도록 노력하는 제품개발 및 촉진활동과 밀접한 관련이 있는 활동을 말한다.

11. 포지셔닝의 필요성

상품 광고로 인해 소비자의 눈과 귀가 이미 지쳐 있는 상태이고 이러한 커뮤니케이션 과잉사회에서 고객의 시선을 사로잡기 위해 필요한 작업이 '포지셔닝(Positioning)'이다.
가장 효과적인 경쟁우위를 가질 수 있는 방법 → 차별화
경쟁사의 모방이 쉽지 않은 강력한 메시지로 명쾌하게 떨어질수록 효과적 → 제품의 특징이 없으면 Positioning이 실패한 것이다.

12. 포지셔닝의 유형

1) 제품속성에 의한 포지셔닝

경쟁제품과는 다른 편익이나 속성을 지녔다는 것을 소비자들에게 인식시키는 것이다.
사례) 서울우유의 제조일자 표시, 음성만으로 전화를 걸어주는 전화기

2) 사용자에 의한 포지셔닝

상품이 특정사용자 계층에 적합한 것으로 포지셔닝하는 방법
사례) 제일제당 숙취해소 음료 '컨디션'

3) 사용상황에 의한 포지셔닝

자사제품의 적절한 사용상황을 소구함으로써 타제품과 사용상황에 따라 차별적으로 인식시키는 전략이다.
사례) 전자제품을 사러 갈 땐 하이마트, '운동 후 갈증해소 음료에는 게토레이' 땀 흘리는 모습을 보여줌

4) 경쟁제품에 의한 포지셔닝

경쟁제품과 비교하여 자사제품만이 줄 수 있는 혜택이나 편익을 강조하는 포지셔닝 방법으로 비교광고
사례) 연세대학교 비교광고, 클라우드 맥주 광고

13. 포지셔닝의 예시

◈ 예시 1 : 토즈

토즈는 신개념 독서실의 기능과 커피숍의 기능, 사무실의 기능, 회의장의 기능을 종합적으로 갖춘 토털 장소라고 할 수 있다. 기존의 답답한 독서실의 개념에서 주로 고층에 설치된 시설로서 독서실의 기능도 할 수 있으며 이곳에서 제공되는 모든 음료는 무료로 제공되고 있다. 또한 기존의 월 임대료를 내는 사무실의 기능도 이곳에서는 할 수 있어 우편물과 같은 우편들도 보관해 주며 나만의 사무실 공간도 있다. 또한 인원에 제한이 없이 회의와 강의를 할 수 있는 회의실과 강연장 또한 갖추고 있어서 많은 임대료를

들여가면서 사무실을 보유할 필요가 없어졌다. 이러한 신개념의 종합적인 토탈 장소로서 소비자의 지각 속에 포지셔닝 된 사례라고 할 수 있다.

◈ 예시 2 : 고려대 기숙사

고려대 기숙사는 고려대 내부의 부지가 적은 부분을 착안하여 부지에 기숙사를 짓지 않고 학교 주변 하숙집에 리모델링을 해주고 고려대 학생들에게 저렴한 비용으로 하숙비를 받게 하였다. 이러한 조치는 주위의 하숙집들에도 긍정적인 영향을 미쳤으며 학교도 막대한 자본을 들여서 기숙사를 짓지 않아도 되며 학생들에게 안락한 기숙사를 제공할 수 있게 되었다. 이러한 사례로 고려대는 주민과 같이 상생하는 학교로서의 긍정적인 포지셔닝을 형성함으로써 좋은 이미지를 형성하게 되었다.

14. 포지셔닝의 절차

1) 소비자 분석 → 2) 경쟁자확인 → 3) 경쟁제품의 포지션 분석 → 4) 자사제품의 포지션 개발 → 5) 포지셔닝의 확인 및 재포지셔닝

연습문제

정답 및 해설

1. 다음 내용의 정의하는 전략은?

> 피자헛에서는 2만 원짜리 피자를 판매하는데 가격에 민감한 고객을 타깃으로 20% 할인한 할인쿠폰을 발행하여 가격에 민감한 고객까지 고객으로 유입시켰다.

① 다각화전략 ② 시장세분화전략
③ 표적시장 전략 ④ 포지셔닝전략

[정답] ①
소비자의 욕구에 맞는 매력적인 시장으로 시장과 제품을 나누는 전략을 시장세분화전략이라고 한다. 가격에 민감한 소비자의 욕구를 충족시키기 위해 20%의 할인쿠폰을 발행해서 가격을 낮추어 줌으로써 가격민감으로 인해 피자를 먹지 않는 고객까지 우리의 고객으로 유입시키는 전략이다.

2. 다음 중 기업이 시장세분화를 하는 목적이 아닌 것은?

① 정확한 시장상황을 파악할 수 있다.
② 기업의 경쟁좌표를 확인할 수 있다.
③ 마케팅자원의 대폭적으로 배분할 수 있다.
④ 정확한 표적시장을 설정할 수 있다.

[정답] ③
기업의 마케팅자원을 한정된 제품으로 정확한 목표시장에 효과적으로 지출하기 위해 효과적인 배분을 하기 위해서 시장세분화를 한다.

3. 다음 제시하는 시장세분화의 기준은?

> 개성, 동기, 라이프스타일 등의 변수를 기준으로 시장을 세분화하는 것을 말한다.

① 인구통계적 세분화 ② 지리적 세분화
③ 심리분석적 세분화 ④ 행위적 세분화

[정답] ③
개성, 동기, 라이프스타일의 변수들은 심리분석적 세분화의 변수들이다. 심리분석적세분화는 요즘의 기업들이 많이 사용하고 있는 시장세분화의 변수로서 개성과 동기 라이프스타일에 의해서 시장과 제품을 세분화시켜서 매출을 극대화시킨다.

4. 다음 정의하는 시장세분화의 기준은?

> 추구하는 편익, 사용량, 브랜드충성도, 사용상황

① 인구통계적 세분화 ② 지리적 세분화
③ 심리분석적 세분화 ④ 행위적 세분화

[정답] ④
행위적 세분화는 제품에 대한 소비자들의 행동 특성에 의해 시장을 세분화하는 것이다.

5. 아래에 서술한 예시에서 설명하는 시장세분화의 기준은?

> 아동복을 판매하던 기업 사장은 아무리 아동복의 디자인을 개발해도 매출이 증가하지 않자 성인복을 만들어서 아동복과 같이 판매를 했더니 매출이 40%가 신장이 되었다.

① 인구통계적 세분화　② 지리적 세분화
③ 심리분석적 세분화　④ 행위적 세분화

[정답] ①
인구통계적 세분화 중 연령에 의한 변수로 아동복을 판매하던 기업은 매출이 더 이상 증가하지 않자 성인복을 만듦으로 인해 연령에 의해서 시장을 세분화하여 매출을 40%를 증가시켰다.

6. 다음 세분시장이 갖추어야 할 요건이 아닌 것은?

① 세분시장에 관한 정보측정 및 획득이 용이해야 한다.
② 수익성 보장되어야 한다.
③ 명확한 구분성과 일관성 및 지속성이 있어야 한다.
④ 세분시장에 대한 집행력이 없어도 된다.

[정답] ④
세분시장을 만들기 위한 자본력과 인력 등과 같은 집행력이 있어야 세분시장을 만들 수 있다.

7. 다음 세분시장의 실패사례가 아닌 것은?

① 하이트 맥주　② 카스 맥주
③ d 맥주　④ 맥스 맥주

[정답] ②
하이트, d, 맥스 맥주는 시장을 세분화의 실패 사례이다.

8. 다음 중 표적시장 선정 시 유의사항이 아닌 것은?

① 시장규모가 커야 한다.
② 시장규모가 작아도 된다.
③ 기업목표와 표적시장의 목표가 일치되어야 한다.
④ 성공하기 위해 요구되는 능력과 자원을 가지고 있어야 한다.

[정답] ②
표적시장 선정 시 시장규모는 작아도 되지만 단 미래 성장가능성이 있을 경우에 한해서 만 가능하다고 할 수 있다.

9. 다음 표적시장 선정방법 중 정의하는 표적시장 선정 방법은?

> 하나의 마켓을 선정해 다양한 제품을 유통시키는 전략이다.

① 단일세분 시장　② 제품전문화
③ 시장전문화　④ 선택적 전문화

[정답] ③
한경희와 같이 '주부'라는 한 개의 시장에 주부들이 원하는 스팀청소기, 스팀다리미, 공기튀김기, 무선진공밀대 등과 같이 주부가 원하는 모든 제품을 제공하는 표적시장선정 방법으로는 시장전문화 표적시장 선정방법이 있다.

10. 다음 표적시장 선정방법 중 정의하는 표적시장 선정 방법은?

> 모든 고객집단들이 필요로 하는 모든 제품을 생산, 판매하는 전략으로서 주로 가용자원이 풍부한 대기업의 시장확보전략이다.

① 단일세분 시장　② 제품전문화
③ 시장전문화　④ 전체시장확보

[정답] ④
대기업이 막강한 자본력을 가지고 소비자의 욕구에 맞는 모든 제품을 만들어 모든 시장을 표적으로 삶는 표적시장 선정방법으로 전체시장확보 표적시장 선정방법이 있다.

11. 다음 표적시장 매력도 분석 요인이 아닌 것은?

① 신규신입자　② 수요처
③ 산업 내 경쟁자　④ 대체재

[정답] ②
표적시장 매력도 분석요인은 '신규진입자, 산업 내 경쟁자, 고객, 공급처, 대체재'이다.

12. 다음 제시하는 내용은 표적시장 매력도 분석요인 중 어느 요인에 해당하는가?

> 기존 시장을 위협하는 새로운 제품이나 서비스의 출현에 의한 영향으로 "아파트 발코니의 기존의 PVC 새시뿐이었으나 앞으로는 알루미늄 새시도 출시될 예정"이다.

① 공급처　② 산업 내 경쟁자
③ 대체재　④ 고객

[정답] ③
기존의 PVC새시에서 새로운 대체재인 알루미늄 새시도 출시된다는 대체재의 위협에 관한 요인 분석이라고 할 수 있다.

13. 다음 표적시장시장진입 시 위협요소 요인이 아닌 것은?

① 정부의 규제
② 소규모 초기 투자비용
③ 고도의 기술로 인한 상품의 높은 차별성
④ 높은 시장이탈 장벽

[정답] ②
표적시장 진입 시 위협요소로는 소규모 초기 투자비용이 아닌 대규모 초기 투자비용이 시장 진입 시 위협요인이 된다.

14. 다음 표적시장 선정 후 전략이 아닌 것은?

① 원가우위전략　② 차별화전략
③ 비차별화전략　④ 집중화전략

[정답] ①
원가우위전략은 마이클포터의 경쟁전략 3가지 중 한 가지이다.

15. 다음 내용의 장점과 단점은 표적시장 선정 후 전략 중 어느 전략에 해당하는가?

> • 장점 : 세분시장별로 상품을 제공함으로써 매출을 극대화할 수 있다.
> • 단점 : 마케팅 비용이 그만큼 증대된다.

① 원가우위전략　　② 차별화전략
③ 비차별화전략　　④ 집중화전략

[정답] ②
차별화전략의 장점과 단점이다. 차별화전략이 소비자가 원하는 모든 제품을 만들어 주므로 매출을 극대화할 수 있다.

16. 다음 서술한 개념은 무엇에 대한 정의를 말하는 것인지 고르시오.

> 소비자들의 마음속에 자사제품을 어떻게 차별적 우위로 인식시킬 것인가에 대한 전략을 말한다.

① 세분화전략　　② 집중화전략
③ 표적시장 전략　　④ 포지셔닝 전략

[정답] ④
STP 전략 중 포지셔닝의 정의와 관련된 개념을 말한다.

17. 다음 포지셔닝의 유형에 해당하지 않는 것은?

① 사용상황에 의한 포지셔닝
② 경쟁제품에 의한 포지셔닝
③ 사용경험에 의한 포지셔닝
④ 제품 속성에 의한 포지셔닝

[정답] ③
포지셔닝의 유형으로는 제품속성에 의한 포지셔닝, 사용자에 의한 포지셔닝, 사용상황에 의한 포지셔닝, 경쟁제품에 의한 포지셔닝으로 4가지의 포지셔닝이 있다.

18. 다음 아래에 정의하는 포지셔닝의 유형을 고르시오.

> 롯데 크라우드 맥주 광주시 '물을 타지 않은 맥주'라는 슬로건을 제시하여 다른 맥주회사의 제품은 마치 물을 탄 맥주라는 지각을 주어 차별화시키는 포지셔닝이다.

① 제품속성에 의한 포지셔닝
② 사용자에 의한 포지셔닝
③ 사용상황에 의한 포지셔닝
④ 경쟁제품에 의한 포지셔닝

[정답] ④
경쟁제품과 비교하여 자사제품만이 줄 수 있는 혜택이나 편익을 강조하는 포지셔닝 방법이다.

19. 다음 아래에 정의하는 포지셔닝의 유형을 고르시오.

> 서울우유는 유통기간 외에도 다른 우유회사와 다르게 제조일자를 표시함으로써 고객들이 우유에 대한 신선함을 알고 싶어 하는 정보를 제공함으로써 신선한 우유라고 인식을 시키는 포지셔닝이다.

① 제품속성에 의한 포지셔닝
② 사용자에 의한 포지셔닝
③ 사용상황에 의한 포지셔닝
④ 경쟁제품에 의한 포지셔닝

[정답] ①
경쟁제품과는 다른 편익이나 속성을 지녔다는 것을 소비자들에게 인식시키는 것

20. 다음 포지셔닝의 절차에 대해서 바르게 연결한 것은?

① 소비자분석 → 경쟁자확인 → 자사제품의 포지션개발 → 경쟁제품의 포지션분석 → 포지셔닝 확인
② 소비자분석 → 경쟁자확인 → 경쟁제품의 포지션분석 → 자사제품의 포지션개발 → 포지셔닝 확인
③ 경쟁자확인 → 소비자분석 → 자사제품의 포지션개발 → 경쟁제품의 포지션분석 → 포지셔닝 확인
④ 경쟁자확인 → 소비자분석 → 경쟁제품의 포지션분석 → 자사제품의 포지션개발 → 포지셔닝 확인

[정답] ②
포지셔닝의 절차는 '소비자분석 → 경쟁자확인 → 경쟁제품의 포지션분석 → 자사제품의 포지션개발 → 포지셔닝 확인'이다.

제 4 부
마케팅표적의 이해

제4부 제5장에서는 표적시장 선정 후에 4P전략(제품, 가격, 유통, 촉진) 중 제품전략을 통해 제품의 정의와 제품의 종류, 제품믹스의 구조에 대해서 이해함으로써 기업들이 제품믹스 전략을 구사하여 매출을 극대화시키는 원리를 통해 제품믹스 전략의 방향을 제시해 줄 것이다.

제6장에서는 신제품전략으로 건설자재 업체의 신제품 사례를 통해서 신제품이 개발되는 과정을 자세하게 설명하고 혁신에 대한 정의와 '기술 수용 주기 모형', 캐즘이란 무엇이며 캐즘이 발생하지 않게 하기 위해서는 어떻게 해야 하는지 알아보고자 한다.

제7장에서는 가격전략으로 가격의 정의와 특성의 종류, 기업이 가격결정 시 영향을 받는 요인과 기업이 가격을 결정하는 방법 3가지에 대해서 알아보고 기업이 매출을 극대화하기 위한 소비자의 심리와 판매를 촉진하는 방법에 대한 방향을 제시해 줄 것이다.

제8장에서는 유통의 개념과 유통경로, 유통기관의 정의와 중간상이 수행하는 기능과 유통경로의 종류 그리고 소매상과 도매상의 정의를 알아본다. 또한 점포소매상과 무점포소매상에 대해서 알아보고 도매상의 종류와 기능에 대해서 알아볼 것이다.

제9장에서는 마케팅 커뮤니케이션 전략을 수립하는 과정과 광고와 인적판매에 대한 정의와 유형, 판매촉진의 의미와 차이점과 판매촉진의 유형 그리고 PR의 의미와 주요성, PR의 방법에 대해서 공부해 봄으로써 촉진전략에 대한 방향을 제시해 줄 것이다.

제 5 장

제품전략

이 장에서 학습하는 내용

- 제품의 기본개념
  제품의 다차원적 개념
  제품의 분류
  제품믹스 전략
- 제품 수명주기(PLC)
  제품 수명주기의 개념
  제품 수명주기의 변화
- 신제품전략
  신제품의 개념과 전략
  신제품의 확산

이 장의 학습목표

- 제품의 정의에 대해서 이해한다.
- 제품의 다차원적 개념을 이해한다.
- 소비재와 산업재의 종류를 이해한다.
- 소비재의 종류에 대해서 이해한다.
- 제품믹스와 계열의 정의를 이해한다.
- 제품믹스의 구조에 대해서 알아본다.
- 제품믹스 전략에 대해서 이해한다.
- 상향연장과 하향연장에 대해 이해한다.
- 제품 수명주기 정의에 대해 이해한다.
- 제품 수명주기별 특징과 마케팅전략에 대해서 알아본다.

마케팅(Marketing)의 BIG PICTURE

마케팅의 BIG PICTURE는 4단계로 구성된 마케팅 부서에서 마케팅전략 계획서를 작성하는 마케팅 과정 모형을 보여준다. "BIG PICTURE로 보는 마케팅원론"은 Step 1에서 Step 4까지의 단계로 내용의 구성이 진행되며 4단계를 통한 이론에만 머무는 것이 아니라 4단계를 공부하게 되면 마케팅 부서에서 하는 핵심적인 실무인 기업의 마케팅전략 보고서를 만들 수 있으며 본 교재의 마지막 단원에는 4단계를 통해 작성된 마케팅전략 보고서를 제시할 것이다.

마케팅관리의 정의

☑ 전략 Tool Model

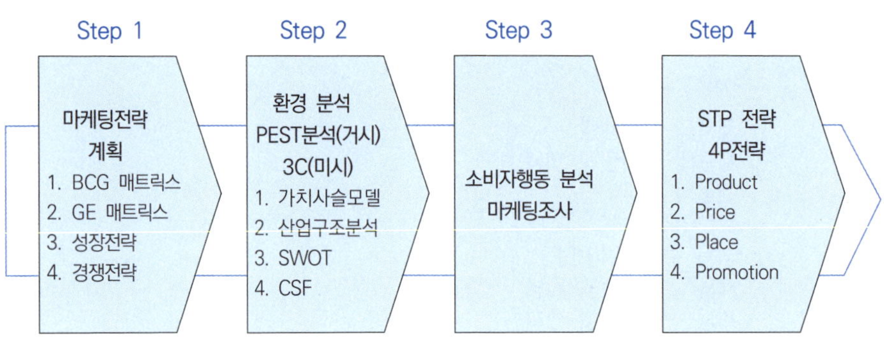

- 전략 TOOL MODEL은 4단계로 정리
- 고객의 욕구 충족과 기업 이윤 창출의 목표를 위하여 주어진 환경을 분석하고 시장, 고객, 경쟁사와 관련된 자료를 수집 분석하여 표적시장을 선정하여 고객을 확보, 유지 증대시키는 전략을 수립 실행하며 평가하고 통제하는 행위

마케팅의 BIG PICTURE

Step 4단계에서는 타깃팅(Tarketing) 한 시장에 어떠한 제품으로 가격은 얼마를 받고 유통은 어떻게 시키며 촉진은 어떤 방법으로 했을 때 현재의 매출보다 몇 % 이상을 더 신장시킬 수 있는지에 대한 4P 전략에 대해서 공부해 볼 것이다.

본 교재에서는 마케팅에 관한 Step 1에서 Step 4 단계 중에 특히 Step 1, Step 2, Step 4단계에 대한 마케팅 부서의 마케팅전략보고서를 작성하여 선별된 사업부가 기존의 매출에 비해 경영진이 세운 목표에 대해 얼마만큼의 매출을 더욱 극대화할 수 있는지와 관련한 보고서를 작성하는 방법에 대해서 구체적인 전략 도구(Tool)를 사용하여 작성하는 방법에 대해서 살펴볼 것이다.

01 제품의 기본개념

1.1 제품의 정의

제품은 고객을 만족시킬 수 있는 일련의 유·무형의 속성다발로 구성된 상품, 서비스, 혹은 아이디어이며, 화폐나 혹은 다른 가치 있는 것과 교환할 수도 있다. 상품은 실제로 눈으로 볼 수 있고, 만질 수 있으며, 냄새 맡거나, 사용해 볼 수 있는 물리적인 특성으로 구성된 유형적인 속성들이다. 예를 들어, 자동차, 집, 음료수, PMP, 디지털카메라 등 고객이 일상생활 과정에 구매해서 사용하고 있는 대부분이 포함된다. 서비스는 생산자로부터 소비자에게 직접 교환되는 교육, 병원, 은행대출 등과 같이 형태가 없는 무형적인 속성들도 사람이나 기계를 통해서 수행될 수 있다.

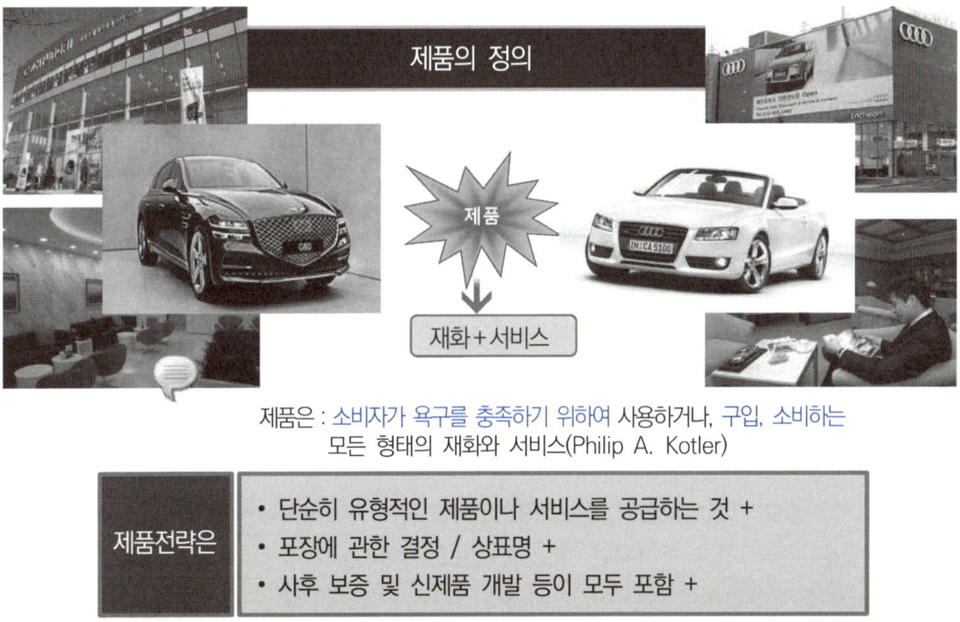

[그림 5-1] 제품의 정의

이러한 의미에서 볼 때, 제품은 좁은 의미에서는 물리적이고 기능적인 속성을 나타내는 유형제품을 말하지만, 넓은 의미에서는 그에 부수적인 서비스 및 상징적 가치를 결합한 총체를 나타낸다. 다시 말하면, 물리적이고 기능적인 제품 그 자체는 물론 이도 포장, 브랜드, 배달서비스, 쾌적한 쇼핑분위기 등도 넓은 의미에서 제품에 포함된다. 따라서 마케팅관리자에게는 소비자에게 제시하는 제품개념에 어느 범위까지 포함시키느냐는 매우 중요한 의사결정이 되고 있다.

마케팅관리자는 다양한 소비자 욕구를 충족시키기 위해 다차원적으로 제품을 이해할 필요가 있다. 제품개념은 [그림 5-2]와 [그림 5-3]과 같이 핵심제품(Core Product), 통상제품(Generic Product), 기대제품(Expected Product), 확장제품(Augmented Product), 잠재제품(Potential Product) 등의 다섯 가지 수준으로 분류하여 그 속성을 제시할 수가 있다. 핵심제품은 제품개념 중에서 가장 기본적인 차원으로서 고객이 진실로 구매하려고 하는 것은 무엇인가라는 개념에 기초하고 있다. 즉 제품 속에 내재하고 있는 소비자의 욕구를 발전하여 제품의 특징을 판매하는 것이 아니라, 제품을 구매함으로써 소비자가 얻게 되는 편익을 판매하여야 한다. 핵심제품은 한 제품의 중심적인 위치를 차지하고 있어 소비자가 얻게 되는 혜택이나 서비스를 지칭한다. 예를 들어, 고객이 원거리까지 편안하고 안전하게 이동하기 위해서 자동차를 구매하며, 편안한 휴식과 수면을 위해 호텔의 룸을 구매해서 투숙할 것이다. 이와 같이 핵심제품은 제품이 고객에게 주는 가장 기본적인 혜택이나 서비스를 말한다.

이러한 핵심제품은 두 번째 제품 수준인 통상제품에 의해 구체화된다. 예를 들어 자동차의 통상제품은 자동차에 장착된 핸들, 브레이크, 타이어, 카오디오 등이며, 호텔의 경우에는 휴식이나 수면을 취할 수 있는 룸이 있는 건물, 프런트, 침대, 샤워장 등이다. 이와 같이 통상제품은 핵심제품을 전달하기 위해 구성된 유형적인 특성을 말한다. 또 다른 유형제품의 구성요소에는 포장, 브랜드, 품질, 스타일 그리고 기타 특성들로 이루어진다. 세 번째 제품 수준은 기대제품이다. 고객이 생각하는 일련의 속성들이나 상태들을 포함한다. 자동차 구매 고객들은 편안한 의자, 파워핸들 등을 기대할 수도 있으며, 호텔 손님들의 경우는 깨끗한 침대시트, 비누, 타월, 객실 내 화장실, 전망 좋고 조용한 룸 등을 기대할 것이다. 네 번째 제품 수준인 확장제품은 경쟁기업과 차별화될 수 있는 부가적인 서비스나 편익들을 나타낸다. 자동차 확장제품은 앞 유리에 부착된 야간감시장비, 위성 내비게이션 등이며, 호텔의 경우는 신속한 체크인과 체크아웃, 헬스장 등이다. 그리고 다섯 번째로 마지막 제품 수준은 잠재제품이다. 이것은 앞으로 제품개발이나 기술발전을 통해 제품에 추가될 수 있는 것들이 모두 포함될 수 있다. 예를 들어, 자동차의 위성 내비게이션, PC의 CD-ROM 등은 얼마 전까지만 해도 잠재제품이었지만 곧바로 확장제품이 되었으며, 그 이후 이젠 빠르게 기대제품이 되고 있다. 이와 같이 여러 단계의 제품 수준을 총체적으로 제품을 개발하고 차별화시켜 체계적으로 관리하는 것이 마케팅성공에 가장 중요한 과제가 될 것이다.

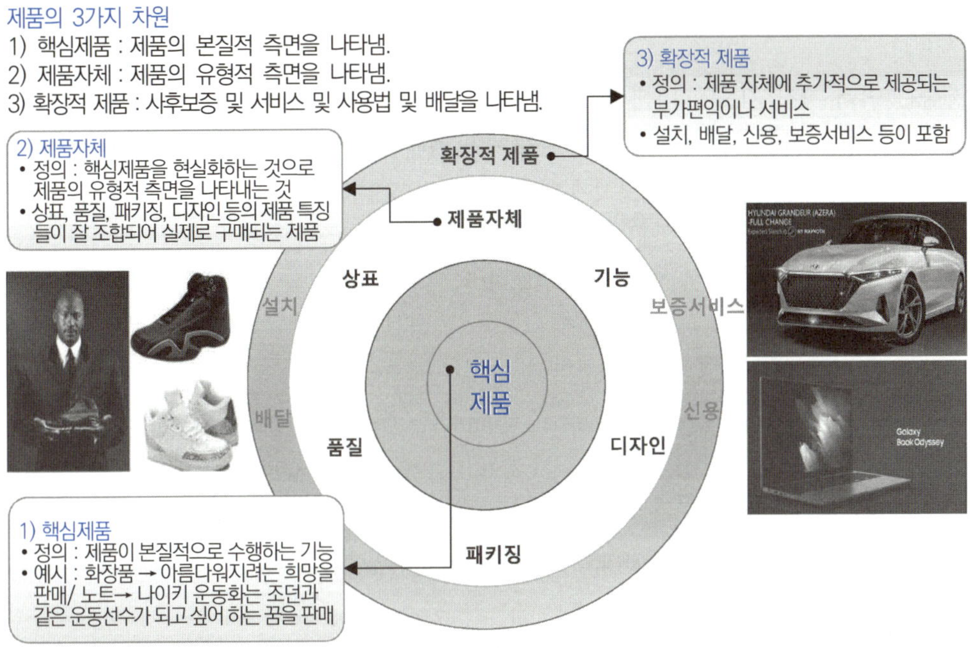

[그림 5-2] 제품의 3가지 차원

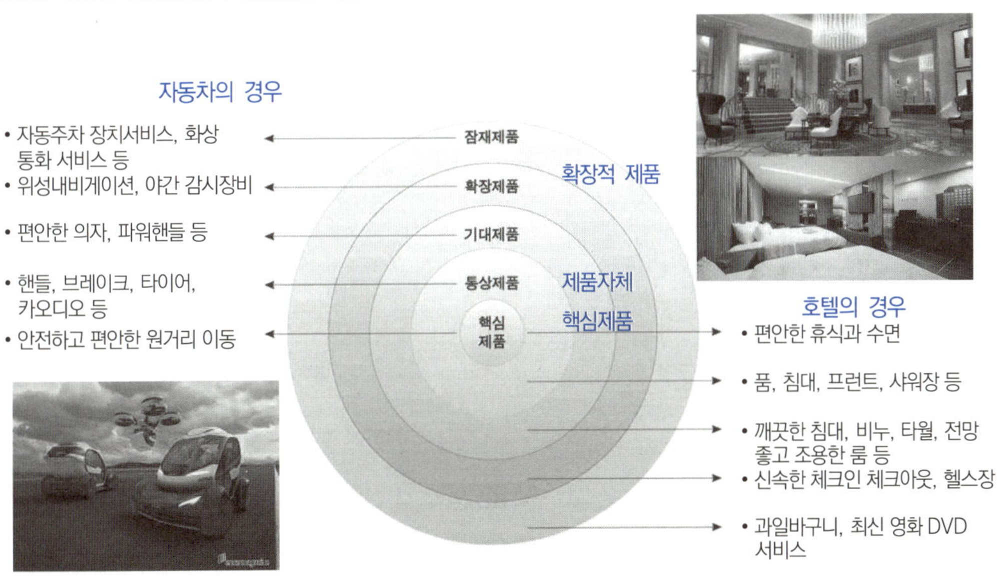

[그림 5-3] 제품의 5가지 차원

1.2 제품의 분류

제품은 여러 가지 기준에 의해 다양한 유형으로 구분된다. 제품은 일반적으로 유형적이고 물리적인 특성을 나타내는 정도에 따라 내구재와 비내구재, 서비스 등으로 구분할 수 있으며, [그림 5-4]와 같이, 구매자의 구매목적에 따라 소비재와 산업재로 구분된다. 소비재는 소비자들이 구매하는 과정에 구매행동에 의해 편의품, 선매품, 전문품, 미탐색품 등으로 나누어지며, 산업재는 그 용도에 따라 생산재와 보조재로 구분된다.

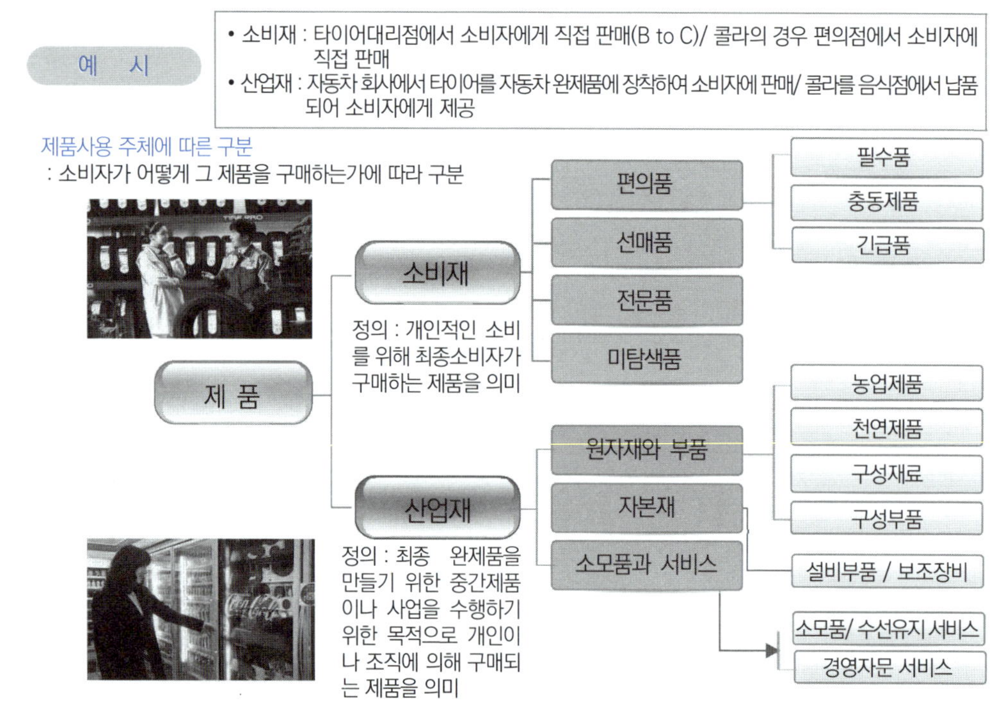

[그림 5-4] 소비재와 산업재

1.2.1 비내구재

비내구재(Non-durable Goods)는 유형의 제품으로서 사용기간이 비교적 짧은 제품을 의미하며, 음료수, 비누, 옷, 음식물 등과 같이, 상당수의 생필품이 여기에 속하게 된다.

1.2.2 내구재

내구재(Durable Goods)는 유형의 제품으로서 사용기간이 비교적 긴 제품을 의미하며, TV, 가구, 냉장고 등과 같이, 상당수의 선매품이 여기에 속하게 된다.

1.2.3 서비스

서비스(Service)는 사용자의 욕구 충족을 통해 만족을 주기 위하여 사람과 설비 또는 시설에 의하여 제공되는 행위를 의미한다. 유형적인 제품과 비교하여 무형적이며, 표준화되지 않고, 이질적이며, 생산과 소비가 분리되지 않고 동시에 이루어지며, 저장되지 못하고 즉시 소멸되는 특성을 가지고 있다.

1.2.3.1 소비재의 분류

소비재는 최종소비자나 가계에서 최종 소비목적을 위해 구매되며, 더 이상 가공하지 않고 사용할 수 있는 모든 제품을 말한다. 소비자들의 구매과정에 보이는 구매행동에 의해 [그림 5-5]와 같이 편의품, 선매품, 전문품, 미탐색품 등으로 나누어진다.

1. 편의품

편의품(Convenience Products)은 소비자가 제품구매 활동을 위해 많은 노력과 시간을 기울이지 않고 자주 구매하는 제품이나 서비스를 말하며, 가격이 비교적 저렴한 품목들이다. 일반적으로 편의품에는 치약, 세제, 음료수, 과자류, 치약, 비누 등 슈퍼마켓에서 흔히 구입할 수 있는 상품들과 세탁소의 드라이클리닝, 미용실 서비스 등도 대부분 편의품에 속한다.

편의품은 다음과 같이 필수품(Staples Goods), 충동구매품(Impulse Goods), 비상용품(Emergency Goods) 등으로 세부적으로 분류를 할 수 있다.

첫째, 필수품은 소비자가 구매시간이나 노력을 많이 기울이지 않고 일상적으로 자주 반복적으로 구매하는 제품으로 우유, 치약, 라면, 비누, 케첩 등 생활필수품과 같은 제품이나 자동차 휘발유, 드라이클리닝 등과 같은 서비스들도 이 범주에 속한다.

둘째, 충동구매품은 소비자가 평소에 특별한 노력이나 계획이 없이 구매하는 제품이다. 슈퍼마켓이나 할인점 등에서 사전계획 없이 즉흥적이고 충동적으로 구매되는 잡지, 껌과 같은 제품이나 주유소에서 세차서비스를 받는 것도 포함된다.

셋째, 비상용품은 소비자가 예상하지 못한 일이 발생했을 때, 이를 해결하고자 긴급히 필요해서 구매하는 제품으로 갑자기 거리에서 비를 만났을 때 우산 구매 작업을 하다가 칼로 손을 베었을 때 1회용 반창고 구매, 발목 삐어서 병원 응급실 방문 등은 그러한 예이다.

2. 선매품

선매품(Shopping Products)은 소비자가 편의품 구매와 달리 구매과정에서 물리적 특성, 서비스 특성(보증, A/S기간), 가격, 품질, 스타일, 구매장소 등에 대한 정보를 수집하며, 그 특성을 비교하여 구매하게 되는 상품을 말한다. 일반적으로 선매품 범주에는 의류나 가구, TV, 디지털 카메라 등과 같은 상품과 자동차 수리서비스 및 보험, 가정 리모델링, 육아보육 등과 같은 서비스들이 포함된다. 선매품은 대체로 고 가격이며 편의품에 비해 구매빈도가 그리 높지 않다. 상점의 이름이나 평판이 소비자 구매의사결정에 상당히 영향을 미친다.

3. 전문품

전문품(Specialty Products)이란 제품이 지니고 있는 전문성이나 독특성 때문에 대체품이 존재하지 않고, 높은 제품차별성과 브랜드인지도가 높아서 제품구매에 있어서 특별한 노력을 기울이는 제품이다. 예를 들어, 전문품에는 구찌핸드백, 벤츠자동차, 고급시계, 유명 디자이너의 의류, 스포츠카 등의 상품들과 금융서비스, 의료서비스, 법률서비스 등의 전문서비스들이 포함된다. 전문품들은 일반적으로 고 가격 제품이며, 소비자들이 구매를 위해 많은 노력을 기울이기 때문에 정확한 정보가 있어야 하고 대체품을 원하지 않는다. 소비자들은 전문품에는 강한 브랜드 애호도를 나타내기 때문에 원하는 브랜드를 취급하는 점포방문에 상당한 시간이 소요되더라도 이를 기꺼이 감수하려는 경향이 있다.

4. 미탐색품

미탐색품(Unsought Goods)은 소비자들이 평소에 특정제품에 대해 잘 모르고 있거나 알고 있더라도 잘 찾지 않는 제품들이 이에 포함된다. 신제품들은 광고나 유통을 통해 소비자들에게 인식시키기 전까지는 이 범주에 분류된다. 그리고 미탐색품에는 일반적으로 소비자들이 평소에 소비하고 싶어 하지 않지만, 필요한 제품들로 보험, 장례용품, 백과사전 등이 포함된다. 이들 미탐색품들은 공격적인 인적판매나 고도의 설득적 광고 메시지 등이 필요하다.

판매원들은 고객들이 이들 제품을 잘 찾지 않기 때문에 적극적으로 잠재고객들을 찾아다녀야 한다. 그리고 마케팅관리자는 직접우편, 직접반응광고, 판매원 등을 통해 잠재소비자에게 직접 다가가야 한다.

편의품

편의품의 분류
1) 필수품
: 소비자가 정규적으로 구매하는 제품
㉮ 우유, 치약, 라면, 비누, 케첩, 드라이클리닝 등

2) 충동제품
: 사전계획이나 정보탐색의 노력 없이 구입하는 제품
㉮ 계산대 옆의 물품→ 껌, 잡지, 주유소에서의 세차서비스

3) 긴급품
: 긴급할 때 구입하는 제품
㉮ 갑자기 거리에서 비를 만났을 때 우산 구매, 손을 베었을 때 반창고

	소비재의 유형			
	편의품	선매품	전문품	미탐색품
	구매빈도 높음, 구매 계획·비교·쇼핑 노력 거의 없음	구매빈도 중간, 구매 계획·쇼핑 노력, 가격·품질·스타일 비교	구매빈도 낮음, 브랜드선호도와 충성도 강함, 특별 구매노력, 비교 낮음	무관심 일부 비교소핑, 제품인식이나 지식이 거의 없음
가격·유통	저가격·광범위한 유통, 편리한 위치	비교적 고 가격·많은 수의 선택적 유통	매우 고 가격·한두 개의 독점적 유통	다양함
촉진	가격, 이용성 강조, 제조업자에 의한 Mass Promotion	경쟁제품과 차이점 강조, 제조업자와 중간상에 의한 광고·인적판매	품격이나 브랜드 독특성 강조, 제조업자와 중간상의 표적고객촉진	고개인식 필요, 제조업자와 중간상의 적극적인 광고·인적 판매
제품	치약, 잡지, 세제, 비누, 드라이클리닝, 이·미용실서비스	카메라, 가구, TV, 옷, 자동차수리서비스, 육아보육서비스	Rolex 시계, Guccl 핸드백, 벤츠승용차, 금융, 의료서비스	백과사전, 장례용품, 생명보험, 헌혈

전문품

미탐색품

[그림 5-5] 소비재의 유형

1.2.3.2 산업재의 분류

산업재 시장은 제조업자, 정부기관, 도매상, 소매상, 보험 및 부동산 기업 그리고 학교와 병원 등으로 이루어져 있는데 이 시장들의 특징은 재판매를 위한 제품을 만들어 내는 데 사용된 재화와 서비스를 구입한다는 점이다. 이러한 산업재 시장은 전체 경제에서 상당한 비중을 차지하며 대부분 지역적으로 집중되어 있다. 또한 산업재 구매자의 숫자는 한정되어 있으며 구매에 전문적 경험과 지식을 가지고 있는 사람들로 구성되어 있다.

산업재 제품은 원자재와 부품, 자본재, 소모품과 서비스 등으로 이루어져 있으며, 첫 번째 산업재는 원자재와 부품으로 구성되며 제품생산에 완전히 투입되는 재화로 농업제품, 천연제품, 구성재료, 구성부품으로 나눌 수 있다. 두 번째 산업재는 자본재로 완제품을 완성시키고 관리하는 것을 원활하게 하는 재화로 설비부품과 보조장비 등으로 분류할 수 있다. 세 번째 산업재는 소모품과 서비스로 완제품 생산과 관리를 원활하게 하는 단기적으로 사용되는 재화와 서비스로 소모품(MRO : Maintenance, Repair, Operating) 수선유지 서비스, 경영자문 서비스 등으로 나눌 수 있다.

산업재의 분류는 다음과 같다.

① 원자재와 부품 : 제품생산에 완전히 투입되는 재화
- 농업제품 : 부패성과 계절성으로 인하여 특별한 마케팅활동 요구됨
- 천연제품 : 동질성이 높아 가격과 납기의 신뢰성이 공급자 선정에 영향
- 구성재료 : 완제품을 생산하는 데 추가적 가공 처리가 필요
- 구성부품 : 형태 변화 없이 완제품 생산에 전적으로 투입됨

② 자본재 : 완제품을 완성시키고 관리하는 것을 원활하게 하는 재화
- 설비부품 : 건물과 부대시설물
- 보조장비 : 운반 가능한 공장용 장비와 도구, 사무실용 장비

③ 소모품과 서비스 : 완제품 생산과 관리를 원활하게 하는 단기적으로 사용되는 재화와 서비스
- 소모품 : MRO(Maintenance, Repair, Operating) 획일적 반복구매 직원에 의해 최소 노력으로 항시 구입, 산업재 분야의 편의품
- 수선유지 서비스 : 주로 계약에 의해 공급되고, 소규모 생산자들이나 최초 설비 제조업자에 의해서 제공됨.
- 경영자문 서비스 : 서비스 공급자의 명성과 인적 구성에 근거하여 구입

[그림 5-6] 산업재의 유형

1.3 제품믹스 전략

1.3.1 제품믹스의 정의

기업은 일반적으로 한 개의 제품만을 생산하고 판매하는 경우는 드물다. 비록 초기에 한 개의 제품만을 생산하여 기업 활동을 시작했다고 할지라도, 기업이 성장하면서 수익성이 있는 사업 분야에 진출하게 됨에 따라 자연스럽게 제품의 품목 수가 늘어날 수 있기 때문이다. 이때 기업이 취급하는 모든 품목을 통틀어서 제품믹스(Product Mix)라고 한다. 제품믹스에는 제품구색(Product Assortment)이라고도 하는데, 제품계열(Product Line)과 품목(Item)으로 구성된다. 제품계열은 제품의 용도, 원자재, 가격, 표적고객, 유통경로 등에서 서로 연관성이 있는 품목들을 말한다.

제품믹스의 구성은 제품계열과 각 제품계열에 속하는 품목의 수를 결정함으로써 이루어진다. 이때 하나의 개별제품은 하나의 품목을 형성하고 있으며, 각 품목은 제품계열별로 다수가 존재할 수 있을 것이다. 이와 같이 유사한 품목들은 하나의 제품계열을 구성하며, 다수의 제품계열은 하나의 제품믹스(Product Mix)를 구성하게 된다.

[그림 5-7] 제품믹스의 정의

예를 들어 [그림 5-7]과 같이 현대자동차의 제품믹스는 소나타, 그랜저, 제네시스 등 현대자동차에서 생산 및 판매하는 모든 제품을 제품믹스라고 하고, 이들 제품은 특정기준(차량의 크기)에 따라 소형, 중형, 대형 차량으로 그 제품계열을 나눌 수 있다.

1.3.2 제품믹스의 구조

제품믹스의 구조는 제품믹스의 넓이(Width), 길이(Length), 깊이(Depth) 등이 있다. 제품믹스의 넓이는 기업이 취급하는 제품계열의 수를 지칭하며, 길이는 각 제품계열에 구성된 제품의 수로 나타낸다. 제품믹스의 깊이는 특정 제품계열 내의 각 제품이 제공하는 품목(Items)의 수로서, 각 제품 내에서 사이즈, 가격, 컬러, 용량 등에서 얼마나 다양한 품목들이 판매되는지를 나타낸다.

1.3.2.1 제품믹스의 넓이

제품믹스의 넓이는 해당 기업이 생산, 판매하는 제품계열의 수를 의미한다. 만약 제약회사에서 소화제와 피로회복제 두 가지 제품을 생산한다면 제약회사의 제품믹스의 넓이는 2가 된다. 전자제품을 만드는 회사에서 에어컨, TV, 냉장고, 컴퓨터, 세탁기 등을 생산하면 제품믹스의 넓이는 5가 된다.

1.3.2.2 제품믹스의 길이

제품믹스의 길이는 각 제품계열이 포함하는 품목의 평균 수 인데, 소화제 계열에 3가지 품목, 피로회복제 계열에 4가지 품목이 있으면 제약회사 제품믹스의 길이는 $(3+4)/2=3.5$가 된다.

1.3.2.3 제품믹스의 깊이

제품믹스의 깊이는 한 품목에 포함된 변형의 수, 즉 동일한 상표로 제공되고 있는 상이한 형태와 규격을 갖는 품목의 수를 말한다. 제약회사에서 A상표로 판매되는 소화제가 어린이, 중장년, 노년용으로 판매된다면 품목 A 제품믹스의 깊이는 3이 된다.

또한 제품믹스의 폭, 제품계열의 길이 및 깊이와 함께 제품믹스의 일관성 역시 제품믹스의 구조에 중요한 의미를 갖는다. 제품믹스의 일관성은 소비자 최종용도, 원재료, 생산공정, 유통경로 등의 측면에서 제품의 각 계열이 얼마나 유사한지를 나타내는 것이다. 제약회사가 근육통 치료제 파스 계열, 소화제, 피로회복제를 가지고 있다면 소화제와 피로회복제는 복용이 가능하다는 측면에서 일관성이 있지만, 근육통 치료제는 일관성이 낮다고 할 수 있다.

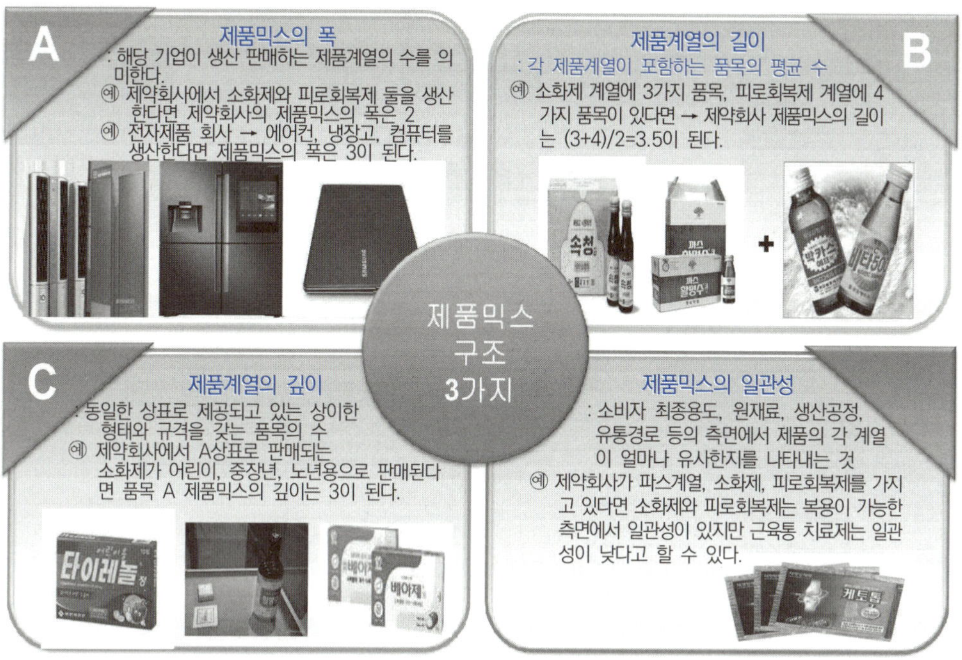

[그림 5-8] 제품믹스의 구조

1.3.3 제품믹스의 예시

제품믹스의 구조는 제품믹스의 넓이(Width), 길이(Length), 깊이(Depth) 등이 있다. 제품믹스의 넓이는 기업이 취급하는 제품계열의 수를 지칭하며, 길이는 각 제품계열에 구성된 제품의 수로 나타낸다. 제품믹스의 깊이는 특정 제품계열 내의 각 제품이 제공하는 품목(Items)의 수로서, 각 제품 내에서 사이즈, 가격, 컬러, 용량 등에서 얼마나 다양한 품목들이 판매되는지를 나타낸다.

예를 들어 P&G의 경우에 [그림 5-9]와 같이, 미용 및 화장용품 계열, 건강용품 계열, 가정용품 계열 등이 세 개의 제품믹스의 넓이를 나타내고 있으며, 미용 및 화장용품 계열에서는 팬틴, 비달사순, 헤드&숄더, 웰라, 질레트, 위스퍼, 아이보리 등 일곱 개 제품이 제품믹스의 길이를 보여주고 있다. 그리고 팬틴 제품에는 팬틴 헤어폴 컨트롤 샴푸, 팬틴 헤어폴 컨디셔너, 팬틴 헤어폴 인텐시브 헤어캡슐 등 세 개의 제품믹스의 깊이를 갖고 있다.

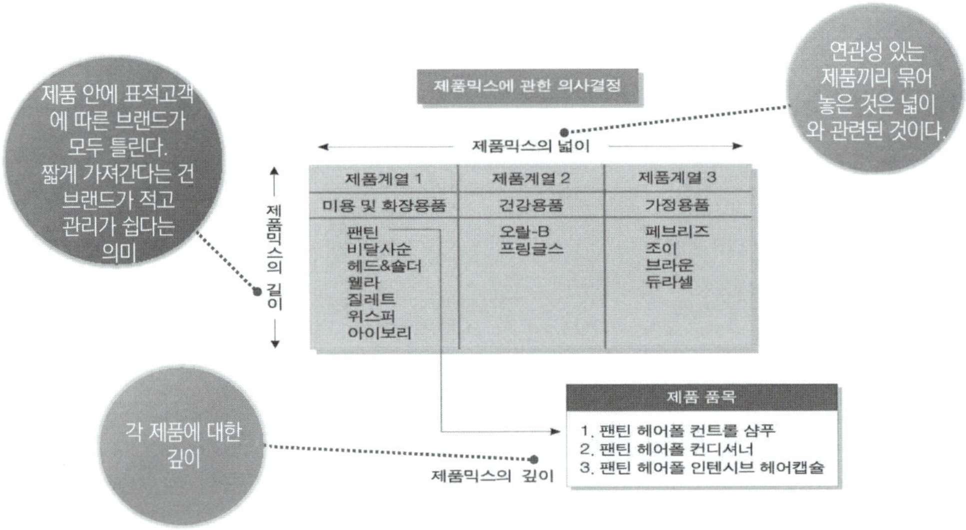

[그림 5-9] 제품믹스의 예시(P&G의 제품믹스 예시)

1.4 제품믹스 전략

기업의 제품믹스 전략은 [그림 5-10]과 같이 여러 개의 제품라인의 효과적인 배합으로부터 시작된다. 즉 하나의 제품라인 내에는 여러 개의 브랜드로 제품라인이 형성되며 한 라인에는 여러 품목으로 라인의 깊이가 결정된다. 품목별 총매출액, 총이익 등의 점유율을 살펴보고 어떤 품목이 시장 매출 및 이익 등에서 시장 잠재력을 가지고 있지 않다면 이 품목을 계열에서 제외시킬 것을 고려할 수 있다.

다양한 제품믹스 구성의 문제점으로는 생산의 효율성이 떨어져서 비용이 높아지며, 선택 폭이 너무 많아, 고객들이 혼란을 느끼고 구매를 연기하거나 포기하는 사례가 발생할 수 있으며, 소매점에서 진열면적을 확보하기가 어려워지거나, 새로 추가된 품목이 경쟁자의 고객을 빼앗아 오는 것이 아니라 우리 회사의 다른 품목의 고객을 빼앗을 가능성이 높아질 수 있기 때문에 주의해야 한다.

제품계열의 수가 적은 경우에는 기업의 매출 및 시정점유율이 저조할 수 있으며, 반대로 제품계열의 수가 과도하게 많은 경우에는 많은 비용을 필요로 하게 되므로 수익성을 악화시킬 수도 있다. 따라서 항상 기업은 적정한 제품믹스의 폭을 유지하여 기업의 경쟁력을 강화시켜야 한다.

제품믹스 전략

제품믹스 전략	• 여러 개의 제품라인의 효과적인 배합으로부터 시작된다. • 품목별 총매출액, 총이익 등의 점유율을 살펴보고 ✔ 시장 매출 및 이익 등에서 시장 잠재력을 가지고 있지 않으면 제외시킬 것을 고려할 수 있다.

다양한 제품믹스 구성 시 문제점

- 생산의 효율성이 떨어져 비용의 증대
- 선택이 폭이 너무 많아 고객들이 혼란을 느끼고 구매를 연기 또는 포기
- 소매점의 진열면적 확보의 어려움으로 추가된 품목이 경쟁사에 뺏길 수 있다.

제품계열 수 구성 시 문제점

- 제품계열 수가 적을 시
  : 기업의 매출 및 시장점유율이 저조
- 제품계열 수가 많을 시
  : 많은 비용을 필요로 하고 수익성을 악화 기업은 적정한 제품믹스의 폭을 유지하여 기업의 경쟁력을 강화시켜야 한다.

[그림 5-10] 제품믹스 전략

그러면 가장 적정한 제품믹스의 폭은 얼마인가를 절대적인 기준으로 정할 수 있을까? 이것은 기업의 목표와 관련하여 신중하게 결정 내려져야 한다. 만약 다양한 종류의 제품을 갖추어 시장 점유율을 높이고자 한다면 해당 기업은 많은 수의 제품계열을 확보하는 것이 좋을 것이고, 반대로 높은 수익을 올리고자 한다면 좁은 제품믹스를 보유하여 수익성을 높이는 것이 보다 바람직할 것이다. 또한 현재 어떤 제품계열이 기업의 전체적인 수익구조를 악화시키고 있다 하더라도 정기적인 측면에서 기업의 목표가 매출증대일 경우에는 해당 제품계열에서 철수(Divest) 혹은 수확(Harvest) 전략을 사용하는 대신 유지(Hold) 전략을 사용할 수도 있을 것이다.

제품라인의 수정 또는 제품라인길이의 연장 혹은 단축, 그리고 제품라인 깊이의 연장 혹은 단축으로 이루어질 수 있다. 그러나 기업들은 흔히 제품라인 길이의 연장을 통해 고객욕구를 포괄적으로 충족함으로써 사업을 확장하게 된다. 제품라인을 연장하는 데는 [그림 5-11]과 같이 크게 상향연장(Upward Stretching)과 하향연장(Downward Stretching)의 두 가지 방법이 있다. 상향연장은 기업이 현재 생산하고 있는 제품보다 가격대와 품질이 더 높은 제품을 라인에 추가하는 것이다. 기업은 흔히 고가시장의 성장성 혹은 수익성이 높아질 것을 예상하거나 기업의 위상을 향상하고자 할 때 상향연장을 추구하게 된다. 예를 들어, 현대자동차는 제네시스를 출시

함으로써 그들의 승용차 제품라인을 상향 연장하였다. 이때, 기업은 신제품에 현재의 브랜드명을 사용할지 아니면 새로운 브랜드를 적용할지를 신중하게 검토하여야 한다.

기존 브랜드명을 사용한다면 기존제품이 고품질 제품으로부터의 후광효과를 얻어 그 위상이 함께 향상될 수 있다는 이점이 있지만 반대로 기존제품에 대한 낮은 인식으로 인해 신제품의 위상이 충분히 높게 설정되지 못할 위험이 있다. 도요타 자동차가 미국시장에서 렉서스(Lexus)라는 신차를 개발한 경우 사용한 전략과 현대자동차가 고가 승용차인 제네시스를 출시하면서 현대라는 이름을 사용하기보다는 별도의 브랜드를 사용한 사례가 상향연장의 사례라고 할 수 있다.

반면, 제품라인의 하향연장은 기업이 현재 생산하고 있는 제품보다 가격과 품질이 낮은 제품을 라인에 추가하는 것을 말한다. 하향연장을 하게 되는 이유는 다양하다. 예를 들어, 고가시장의 성장이 둔화되거나 저가 시장이 높은 성장을 보일 때, 고가시장에 대한 경쟁자의 공격에 대한 반응으로 고가시장에서 구축한 명성을 토대로 보다 광범위한 시장을 확보하고자 할 때 등에서 적용될 수 있다. 그러나 하향연장 또한 위험이 따를 수 있는데, 저가제품을 출시하므로 인해 기존의 고가제품에 대한 이미지가 손상되는 것이 그 대표적인 예이다. 항공산업에서 저가형 항공시장에 새롭게 진출한 사례가 이 경우에 해당한다.

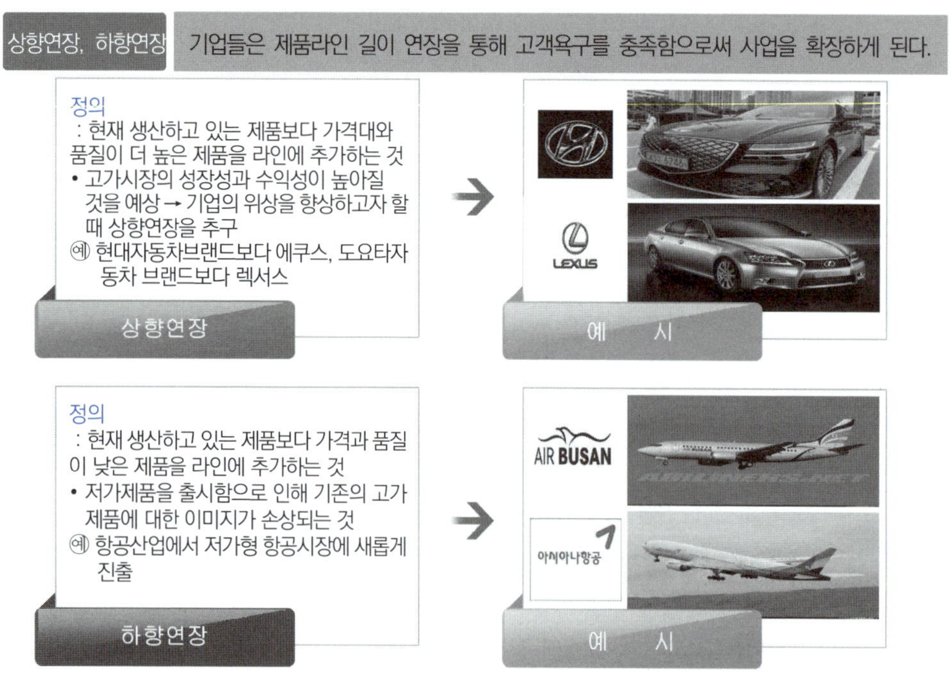

[그림 5-11] 상향연장 하향연장

제품믹스의 전략적인 활용방법으로는 경쟁기업의 차별화된 제품을 무력화시키거나, 기존제품의 사용을 확대하기 위해 어린이용 치약이나 새로운 기능의 치약을 출시하는 전략과 자동차 시장의 소비자가 중산층에서 상류층으로 이동함에 따라 새로운 차를 시장에 출시하여 새로운 시장의 세그먼트를 개척하는 전략과 유통망 장악을 목적으로 다양한 종류의 수프를 다양한 맛으로 시장을 장악하는 전략, 제품의 수명주기가 점점 짧아지고 있는 상황에 맞추어 쇠퇴기 제품을 대체하기 위해 새로운 브랜드를 개발하는 전략과 기술혁신에 따른 새로운 휴대폰을 개발하는 제품믹스의 전략적인 활용을 들 수 있다.

어떠한 방향으로 제품조합이나 제품라인을 수정하더라도 기업은 그들의 제품전략의 일관성을 잃지 말아야 한다. 즉 제품라인의 수정으로 인해 시장에 전달하고자 하는 개념이 흔들려서는 안 되는 것이다. 또한, 기업이 보유하고 있는 한정된 자원으로 충분히 지원하고 관리할 수 있는 범위를 유지하는 동시에 시장의 욕구를 충분히 충족할 수 있는 균형을 찾아야 하는 것이다.

1.5 전략적인 접근

제품의 전략적 접근은 다음 [그림 5-12]와 같이 포트폴리오 전략, 신제품 개발전략, 상표전략, 패키징 전략으로 구분할 수 있다.

포트폴리오 전략은 제품믹스 전략으로 제품군을 BCG 매트릭스를 이용하여 집중투자 혹은 신규제품을 개발하거나 선별투자, 철수하거나 재포지셔닝(Repositioning), 그리고 수확하는 전략이다.

신제품 개발전략은 소비자의 기호, 제품기술, 그리고 경쟁 등과 같은 환경요소들의 끊임없는 변화에 당면하게 된다. 이에 따라 새로운 제품과 서비스의 개발을 위해 지속적인 노력을 기울이는 전략으로 1) 아이디어 창출(Idea Generation), 2) 아이디어 추출(Idea Screening), 3) 제품 콘셉트개발 및 테스트(Concept Developing and Testing), 4) 마케팅 전략수립(Marketing Strategy Development), 5) 사업성 분석(Business Analysis), 6) 제품개발(Product Development), 7) 테스트 마케팅(Test Marketing), 8) 신제품 출시(Commercialization)의 순서로 실행된다.

상표전략은 제품개념을 전달하며, 제조업자, 소매업자, 고객 그리고 기타 대중에 의한 제품 확인의 수단으로 사용되고, 제품의 법적인 보호를 위해서도 중요한 의미를 갖는다. 많은 성공적인 브랜드명들은 제품개념을 명확히 전달하며 고객이 제품을 쉽게 기억하고, 기술할 수 있도록 도움을 줌으로써 지각적 장애요인을 제거한다. 오늘날 소비자들은 제품을 사는 것이 아니라 브랜드를 산다고 말할 만큼 브랜드는 제품의 중요한 부분을 차지한다.

패키징 전략은 용기, 포장 디자인, 라벨(Labelling) 등, 소비자와 원활한 커뮤니케이션을 통해 내용물보다 디자인이 더욱 중요한 시대에서 매우 중요한 위치를 차지하는 전략이다. 좋은 물건은 멋지게 포장되어 있다. 아니, 성공은 위대한 포장에 담겨있다. "포장은 개성을 지녔다. 포장은 신뢰를 낳고 상상력을 불러일으키며 상품을 날개 돋친 듯이 팔리게 만든다." 토머스 하인(Tomas Hine)의 〈토털 패키지〉에 실린 이야기이다. 하인즈가 인용한 연구결과를 보면 소비자는 상점을 돌아다니는 1,800초 동안 3만 개의 품목을 살핀다. 디자이너가 고객에게 깊은 인상을 남길 시간은 0.6초밖에 안 된다. 하인즈의 말처럼 현대사회에서 패키징 전략은 제품의 승패를 결정할 중요한 요소가 되었다.

제품의 전략적 접근(제품전략시 펼칠 수 있는 전략들) : 이익을 극대화하기 위한 전략
1) 포트폴리오 전략 2) 신제품 개발 전략 3) 상표전략 4) 패키징 전략

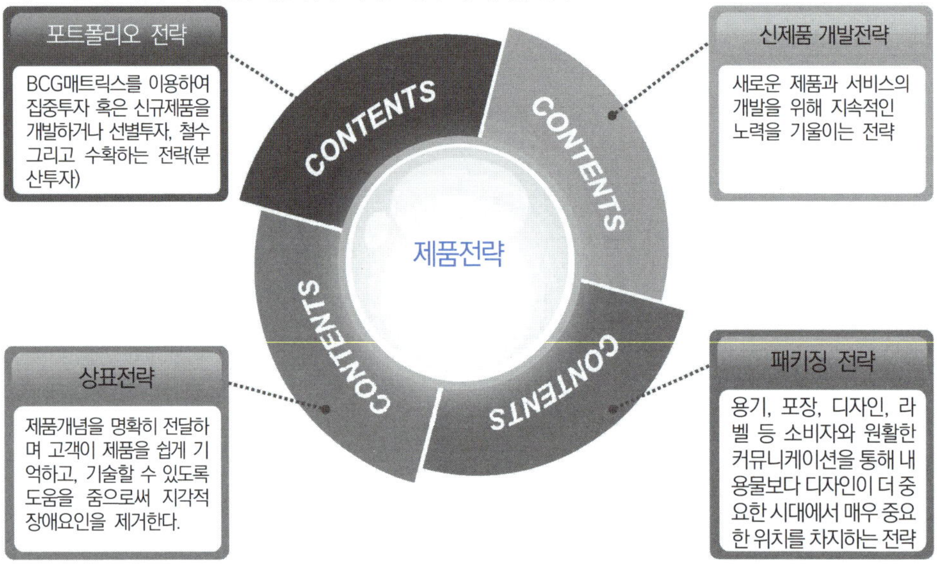

[그림 5-12] 제품의 전략적 접근

02 제품 수명주기

2.1 제품 수명주기의 개념

제품 수명주기(PLC; Product Life Cycle)의 기본적인 개념은 출생, 성장, 청년, 성숙, 노년이라는 일련의 생태학적 과정을 제품이나 서비스도 마찬가지로 거치게 된다는 데에서 출발하여, 시간의 흐름에 따라 특정 제품의 매출, 이익이 거치는 과정을 가설적으로 나타낸 것이다. 제품이 처음 시장에 소개되는 도입기, 제품의 매출이 급격히 증가하는 성장기, 매출액 증가율이 감소하기 시작하는 성숙기, 그리고 마지막으로 매출액이 급격히 감소하며 신제품에 의해 대체되는 쇠퇴기로 이루어진다(그림 5-13).

제품 수명주기

- 제품수명주기는 신제품이 시장에 출시된 후에 판매량이 성장하고 성숙과정을 거쳐 결국 쇠퇴하여 시장에서 사라질 때까지 제품의 판매액과 이익의 변화상태를 수명주기 단계별로 구분해 놓은 과정을 말한다.

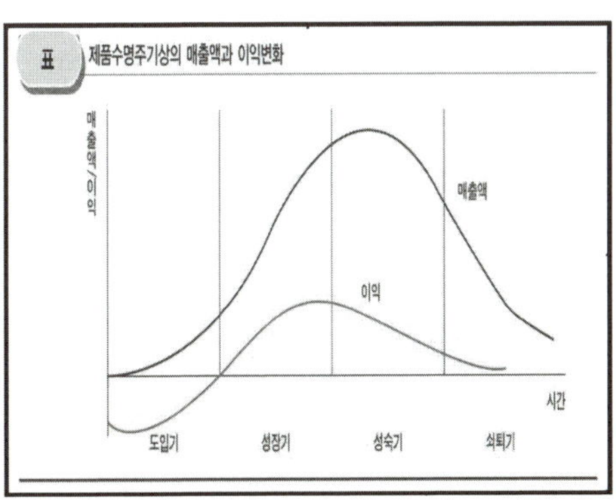

도입기
제품이 처음 시장에 소개되는 단계

성장기
제품의 매출이 급격히 증가하는 단계

성숙기
매출액 증가율이 감소하기 시작하는 단계

쇠퇴기
매출액이 급격히 감소하며 신제품에 의해 대체되는 단계

[그림 5-13] 제품 수명주기의 개념

PLC 이론은 실증적으로 증명된 것이라기보다는 가설적인 이론이지만 그 유용성의 측면에서 마케팅 혹은 광고기획 과정에 중요한 영향을 미치는 요소이며, 도입기 → 성장기 → 성숙기 → 쇠퇴기로 구분할 수 있다. PLC 위치에 따라 광고, 가격정책, 분배정책 등 마케팅 수단의 형태가 각각 다르기 때문에 자사제품의 PLC 위치가 어디인가를 판단하여, 장래를 예견하고, 다가오는 변화에 가장 효과적으로 대응할 수 있도록 하는 것이 마케터에게 필요하다.

2.2 제품 수명주기 단계의 특징과 마케팅전략

2.2.1 도입기의 특징과 마케팅전략

도입기는 제품이 시장에 처음 소개된 시기, 즉 제품이 처음으로 출시되는 단계로서 제품에 대한 인지도나 수용도가 낮고, 판매성장률 또한 매우 낮다. 이 단계(그림 5-14)에서는 이익이 전혀 없거나 있다 해도 이익 수준이 극히 낮은데, 그 이유는 판매량은 적은 데 비해 판매량 확보를 위한 유통비와 촉진비가 많이 소요되기 때문이다. 또한 경쟁자가 소수에 불과하고, 제품 수정이 이루어지지 않은 기본형 제품이 생산되며, 기업은 구매가능성이 가장 높은 고객에게 판매의 초점을 맞추고, 가격은 높게 책정되는 경향이 있다.

이 단계에서 가장 중요한 것은 과연 이 제품이 시장에서 살아남을 수 있을 것인가 하는 '생존'에 대한 것이다. 신제품은 그만큼 실패율이 높기 때문에 이 시기에는 위험을 동반하는 불확실성에 대한 기업의 대처능력이 중시된다. 또한 이 시기에 가장 중요한 것은 소비자의 반응이다.

도입기의 마케팅전략으로는 비교적 가격과 촉진이 중요한 마케팅 변수이다. 도입기의 가격정책은 신제품의 가격 수준에 따라 고소득층 흡수가격(Skimming Price) 전략을 사용할 수 있다.

고소득층 흡수가격 전략은 초기에는 고소득층을 타깃으로 하여 고가정책을 사용한 후, 경쟁적 지위가 약화되면 저가정책으로 이행하는 전략으로써 이는 수요의 가격탄력성이 낮을 때 안전한 가격설정방법이며, 제품(Brand)의 고급이미지를 형성하고, 거액의 투자자금을 조기에 회수하고, 중간상에게 충분한 이윤(Margin)을 보장해 줌으로써 판매의욕을 자극하는 장점이 있다. 반면에 경쟁제품이 조기에 출현할 소지가 높으며 대중에 대한 침투속도가 낮은 단점이 있다. 그리고 침투 가격(Penetration Price) 전략은 도입단계의 초기부터 대중적인 저가격을 설정하여 신속한 시장침투를 노리는 가격정책으로써 빠른 시간에 시장점유율을 확보하고, 경쟁회사의 진출을 방지하는 효과가 있다. 반면에 투자자금의 회수가 늦어지고, 후에 가격인상 요인이 있어도 가격인상이 어려운 단점이 있다.

도입기에서는 경쟁자의 수가 적고, 제품도 기본형으로 한정되어 있으므로 촉진활동은 소비자들에게 신제품을 인지시키는 데 중점을 두어 이루어져야 한다. 도입기의 구매계층은 대부분 희귀한 것을 좋아하고 실험정신이 강한 사람들로서 이들을 통해 구전효과를 얻는 것이 중요한데, 이를 위해서는 무엇보다 잘 계획된 촉진전략이 필요하다. 우선 사람들이 제품에 대해 잘 알지 못하므로 제품의 존재와 능력을 빨리 알려야 하며, 보다 많은 고객에게 시험사용과 구매를 유도함으로써 신제품을 체험하게 하여 기본적인 수요를 자극하는 방향으로 전개되어야 한다. 그리고 도입기에서 제품정책은 브랜드를 단일화·집중화하며, 최고의 품질 수준을 유지하는 것이 바람직하다.

이 시기에는 시장의 크기와 반응에 대한 탄력성에 따라서도 가격과 촉진을 달리하여 대처해야 한다. 예를 들어, 가격에 비교적 둔감한 물품의 경우에는 고가의 정책을 사용하여 경쟁에서 독보적인 위치를 차지하거나, 반대로 시장진입부터 저가정책을 도입하여 넓은 시장을 확보하고 경쟁자의 진입을 원천적으로 봉쇄하는 전략을 사용할 수 있다. 유통방식에 있어서도 이런 지역에 하나나 소수의 중간상만을 이용하는 전속적, 선택적 유통경로를 선택하여 수준 있고 신뢰가 가는 서비스를 제공함으로써 제품 이미지를 높이는 전략을 사용할 수 있다.

제품 수명주기 단계의 특징 및 마케팅전략

도입기는 제품이 출시되어 표적시장에 판매되기 때문에 소비자들이 시장에서 구매할 수 있게 되는 시기

1) 도입기

2) 성장기

3) 성숙기

4) 쇠퇴기

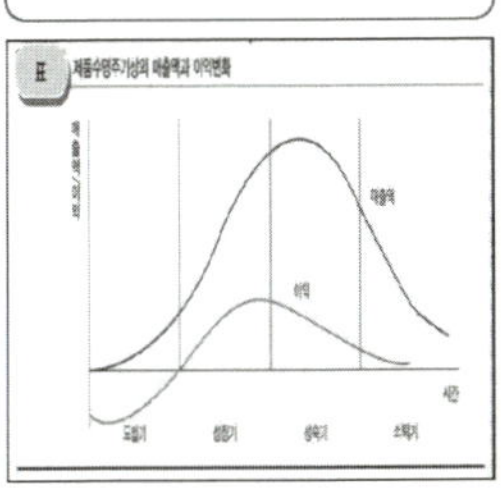

- 도입기의 특징
  1) 제품이 시장에 처음 소개된 시기
  2) 인지도나 수용도가 낮다.
  3) 판매성장률 또한 매우 낮다.
  4) 이익 수준이 극히 낮은데 판매량 확보를 위한 유통비, 촉진비가 많이 소요
  5) 제품수정이 이루어지지 않은 기본형 제품이 생산
  6) 가격은 높게 책정되는 경향
  7) 이 단계에서 가장 중요한 것은 '생존'에 대한 것이다.
- 도입기의 마케팅전략
  1) 고소득층 흡수가격 전략
     (1) 초기에는 고소득층을 타깃으로 하여 고가정책을 사용한 후 경쟁적 지위가 약화되면 저가정책으로 이행하는 전략
     (2) 장점 : 거액의 투자자금을 조기에 회수하고 중간상에게 충분한 이윤을 보장해 줌으로써 판매의욕을 자극
     단점 : 경쟁제품이 조기에 출현 소지가 높고 대중에 침투속도가 늦다.
  2) 침투가격 전략
     (1) 초기부터 대중적인 저가격을 설정
     (2) 빠른 시간에 시장점유율을 확보
     (3) 경쟁회사의 진출을 방지하는 효과
     (4) 투자자금의 회수가 늦어지고 후에 가격인상에 어려운 단점이 있다.

[그림 5-14] 도입기의 특징

2.2.2 성장기의 특징과 마케팅전략

제품이 시장에 수용되어 정착되는 단계이다. 도입기에서 성장기에 들어서면 제품의 판매량은 빠르게 증가한다. 도입기의 제품이 초기 수용자들에게 호평받게 되면 대중소비자들이 이들을 따라서 제품을 수용하게 되어 판매가 급격히 증가하기 때문이다. 이 단계에는 이윤도 증가하지만, 또한 유사품, 대체품을 생산하는 경쟁자도 늘어난다. 가격은 기존 수준을 유지하거나 수요가 급격히 증가함에 따라서 약간 떨어지기도 한다.

성장기의 마케팅전략의 목표는 무엇보다도 수요증가에 따른 시장점유의 극대화라 할 수 있다. 기업의 입장에서 보면 성장기 단계에서 가능한 한 시장성장이 지속되어야 하는데, 이를 제품정책에 있어서는 도입기에서 제공된 기본적인 제품을 개선하여 애프터서비스와 금융, 보장 서비스 등의 더 포괄적인 제품개념으로 발전시켜야 한다. 또한 새로운 세분시장에 진출하거나 가격에 민감한 고객층을 끌어들이기 위해 적기에 가격을 인하하는 전략을 사용할 수 있다. 시장 확대 전략을 추구하는 기업은 경쟁적 지위는 강화할 수 있으나 그만큼 추가적인 비용을 부담해야 하므로 신중하게 의사결정을 내려야 한다.

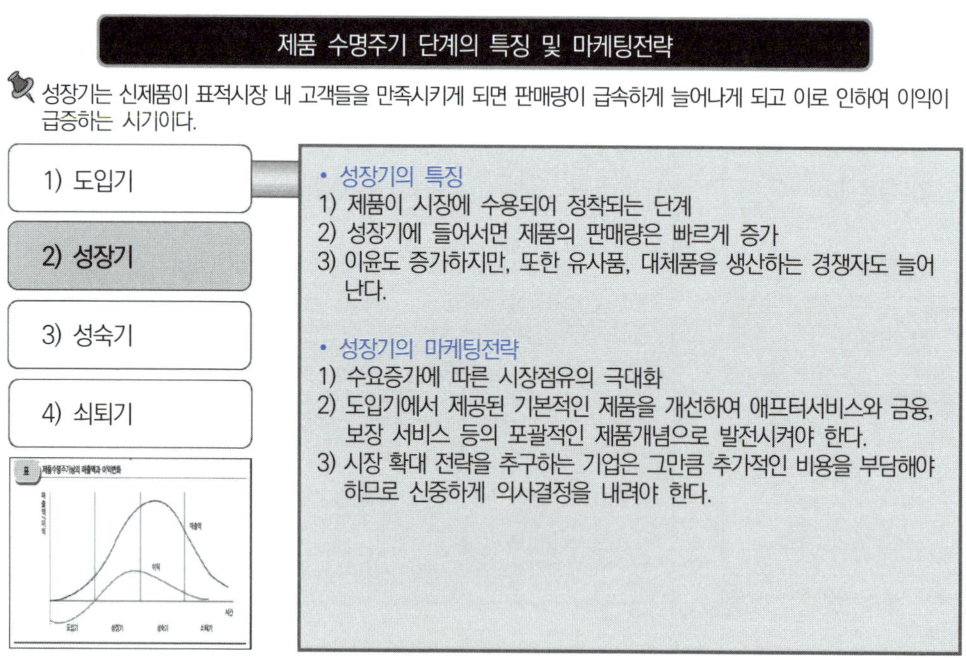

[그림 5-15] 성장기의 특징

2.2.3 성숙기의 특징과 마케팅전략

성숙기는 제품수명주기의 다른 단계들보다 오래 지속된다. 우리가 알고 있는 대부분 제품이 이 단계에 와 있기 때문에 마케팅관리도 대부분 성숙기 제품에 대한 것이라 볼 수 있다. 필립코틀러(P.Kotler)는 성숙기를 더 자세하게 3단계로 구분하고 있다.

2.2.3.1 성장성숙기(Growth Maturity)

유통경로가 포화상태에 이르렀기 때문에 판매성장률은 둔화되기 시작한다. 만약 후발수용자들이 그 시장에 등장한다고 하더라도 새로 채워야 할 유통경로는 거의 없을 것이다.

2.2.3.2 안정성숙기(Stable Maturity)

시장이 포화상태에 있으므로 판매는 인구를 기준으로 한 수준이 된다. 즉 대부분의 잠재 수요자가 제품을 사용해 보았기 때문에 장래의 판매는 인구성장과 대체수요에 의존하게 된다.

2.2.3.3 쇠퇴성숙기(Decaying Maturity)

판매의 절대 수준이 감소하고, 소비자들은 다른 제품이나 대체품으로 옮겨 가기 시작한다.

성숙기의 마케팅전략으로는 성숙기 제품을 관리하는 마케팅 담당자는 안이하게 현재의 지위를 지키려고만 해서는 안 된다. 최선의 공격(Good Offence)이 최선의 방어(Best Defense)라는 자세로 자사의 제품에 대한 전략을 구사해야 한다. 이 단계에서 이용할 수 있는 전략에는 시장 수정(Market Modification), 제품 수정(Product Modification) 및 마케팅믹스의 수정(Marketing Mix Modification) 등이 있다.

1. 시장수정(Market Modification)

자사제품의 판매를 늘리기 위해서 마케팅 담당자는 자사상표 사용자의 수를 확대하거나 현재 자사상표 사용자의 사용률을 높이는 전략을 구사할 수 있다. 자사상표 사용자의 수를 확대하는 전략으로는 비사용자(Nonuser)를 그 제품의 신규사용자(User)로 전환하거나 제품의 상표(Brand)가 아니라 제품(Product Form) 그 자체를 사용하도록 경쟁사 고객을 유인(Brand Switch)하는 것을 들 수 있다. 한편 자사상표자의 사용률을 높이는 전략으로는 사용빈도를 증가시키거나 사용 시마다 사용량을 증가하게 하는 것, 또는 새로운 사용방법이나 다양하게 사용

용도를 개발하는 것 등이 있다. 성숙기는 잠재고객 대부분이 신제품을 사용해 본 상태이므로 시장을 수정하는 전략을 고려할 때는 새로운 고객의 모색보다 기존고객의 사용률을 높이고 사용빈도를 높이는 마케팅전략이 효과적이다.

2. 제품수정(Product Modification)

마케팅 담당자는 제품 특성의 수정을 통해서 새로운 사용자를 끌어들이거나 현사용자들의 사용률을 높이게 함으로써 판매의 전환을 시도할 수 있다. 이러한 제품 재출시(Product-review)에는 다음과 같은 전략이 있다.

1) 품질개선(Quality Improvement)

내구성, 신뢰성, 속도 및 맛과 같은 제품의 기능적 성능을 증대시키는 전략으로 이 전략이 성공하기 위해서는 제품의 기능적 성능을 증대시키는 전략으로 이 전략이 성공하기 위해서는 제품의 품질이 개선될 가능성이 존재하고, 이에 따른 품질개선이 소비자들에게 받아들여져야 하며 많은 소비자가 제품의 품질개선에 민감하게 반응해야만 한다.

2) 특성개선(Feature Improvement)

제품에 다용도성, 안전성 또는 편의성을 확대시키는 새로운 특성(크기, 무게, 자재, 첨가제, 부속품)을 추가하는 전략이다. 스튜어트는 이와 같은 특성개선 전략에 5가지 이점이 있다고 말하였는데 그 내용은 다음과 같다. 새로운 특성은 기업에게 진보적이며 선도적 이미지를 주고 신속하게 추가되고, 신속하게 제거될 수 있으며 또한 싼 값에 선택품으로 활용이 가능하다. 또한 특정 세분시장의 충성도를 확보할 수 있고 이를 활용하여 무료로 기업을 홍보할 수 있으며 유통업자와 판매원의 애착심을 불러일으킬 수 있다.

3) 스타일 개선(Style Improvement)

제품의 심미적 소구력을 높이기 위해 주기적으로 새로운 디자인을 도입하는 전략으로 새로운 자동차 모델을 도입하는 것이나, 포장식품이나 가정용 제품의 경우 색상과 질감 그리고 포장을 자주 변화시키는 것을 예로 들 수 있다. 스타일 개선 전략은 독특한 시장동질성을 부여하고, 충성도를 지속시켜 주는 장점이 있는 반면, 소비자인 대중이 좋아하는 새로운 스타일을 만들기 때문에 기존 스타일을 선호하는 고객을 상실할 위험성도 있다.

3. 마케팅믹스의 수정(Marketing Mix Modification)

마케팅 담당자는 하나 혹은 그 이상의 마케팅믹스의 요소를 수정하여 판매에 자극을 줄 수가 있다. 즉 가격인하(Cut Price), 효과적인 광고캠페인의 시행, 적극적인 촉진수단의 활용, 성장단계에 있는 대량판매 경로(Highervolume Marketing Channels)의 이용, 애고(Patronage) 형성을 위한 서비스의 추가나 개선을 통해서 판매를 자극할 수 있다. 촉진활동에 있어서는 예산의 확대보다 메시지 작성, 광고시점, 광고의 슬로건 등을 적절히 변화시켜 상표 충성도를 높인 이미지 광고를 할 수 있다.

제품 수명주기 단계의 특징 및 마케팅전략

성숙기는 매출성장률이 어느 정도 수준에 도달하게 되면 둔화하거나 정체되는 시기이며 경쟁으로 인한 많은 마케팅 비용을 지출하기 때문에 이익이 점차 감소하기 시작한다.

1) 도입기

2) 성장기

3) 성숙기

4) 쇠퇴기

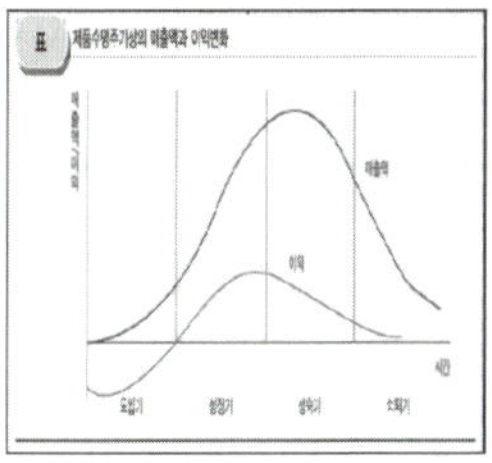

• 성숙기의 특징

1) 필립코틀러 3단계로 구분
   (1) 성장성숙기 : 유통경로가 포화상태에 이르러 판매성장률은 둔화
   (2) 안정성숙기 : 대부분의 잠재수요자들이 제품을 사용해 보았기 때문에 장래의 판매는 인구성장과 대체수요에 의존
   (3) 쇠퇴성숙기 : 판매가 감소하고 소비자들은 다른 대체품으로 옮겨가기 시작

• 성숙기의 마케팅전략

: 안이하게 현재의 지위를 지키려고만 해서는 안 된다. → 전략 3가지

1) 시장수정
   : 자사상표 사용자의 수를 확대하거나 현재 자사상표 사용자의 사용률을 높이는 전략
2) 제품수정
   : 제품 특성의 수정을 통해서 새로운 사용자를 끌어들이거나 현 사용자들의 사용률을 높이게 함.
   (1) 품질개선 : 내구성, 신뢰성, 속도 및 맛과 같은 제품의 기능적 성능을 증대시키는 전략
   (2) 특성개선 : 제품에 편의성을 확대시키는 새로운 특성(크기, 무게, 자재, 첨가제, 부속품)을 추가하는 전략
   (3) 스타일 개선 : 제품의 심미적 소구력을 높이기 위해 주기적으로 새로운 디자인 도입하는 전략
3) 마케팅믹스의 수정
   (1) 마케팅믹스의 요소를 수정하여 판매에 자극을 줄 수가 있다.
   (2) 촉진활동에 있어서는 예산의 확대보다 광고시점, 광고의 슬로건 등을 적절히 변화시켜 상표 충성도를 높인 이미지 광고를 할 수 있다.

[그림 5-16] 성숙기의 특징

2.2.4 쇠퇴기의 특징과 마케팅전략

제품이 개량품에 의해 대체되거나 제품라인으로부터 삭제되는 시기이다. 기술변화, 소비자의

기호변화, 국내외 경쟁의 격화 등으로 거의 모든 제품의 판매가 감소하게 되는데, 판매의 감소는 생산능력의 과잉, 가격인하의 증가 및 이익의 잠식을 초래하게 된다. 또한 판매가 감소하게 되면 여러 상표 메이커는 제조를 중단하게 되고, 취급 소매점의 수도 줄어들게 된다.

쇠퇴기에서의 기업의 마케팅전략은 각 기업의 사정에 따라 상이하다. 많은 기업은 생산자원을 보다 수익성이 높은 다른 제품생산으로 전환하는 반면 소수의 기업들은 구제품에 보수적 소비자(Hard-core Buyer)를 상대하여 보다 많은 이익을 얻기도 한다. 그러나 쇠퇴기는 수요가 감소하고 수익성이 떨어지는 시기이므로 제품전략의 중심과제를 판매신장보다는 취약제품을 제품라인에서 제거시키는데 두어야 한다. 왜냐하면 이러한 취약제품을 제거하지 않고 계속 유지할 경우 경영에 부담을 안겨주기 때문이다. 그 내용을 살펴보면 취약제품은 경영자의 시간을 불균형하게 많이 빼앗고, 빈번한 가격조정이나 재고조정을 필요로 하며 준비기간(Setup Times)에 많은 비용이 소요되는 데도 불구하고 단기간만 생산할 수 있다. 또한 보다 이익이 있는 건전한 제품에 광고나 판매원의 관심을 집중시키지 못할 수 있으며 고객의 불만을 유발하고, 기업이미지를 손상시킬 수도 있다.

이러한 경영의 부담도 있지만 가장 큰 비용부담은 신제품 개발이다. 즉 적절한 시기에 취약제품을 제거하지 않음으로써 대체해야 할 신제품개발이 지연되거나 과거의 좋은 제품에 집착하여 장래의

제품 수명주기 단계의 특징 및 마케팅전략

쇠퇴기는 대부분 제품이나 브랜드가 일정기간이 지나고 나면 결국 판매량이 감소하게 되는 시기이다. → 판매량이 다되고 사라지는 시기

1) 도입기
2) 성장기
3) 성숙기
4) 쇠퇴기

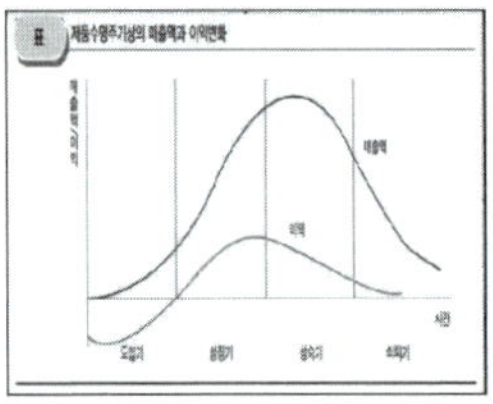

• 쇠퇴기의 특징
1) 모든 제품의 판매가 감소되는 시기
2) 판매의 감소는 생산능력의 과잉, 가격인하의 증가 및 이익의 잠식을 초래
3) 판매가 감소하게 되면 여러 상표 메이커는 제조를 중단하게 되고 취급 소매점의 수도 줄어들게 된다.

• 쇠퇴기의 마케팅전략
1) 수요가 감소하고 수익성이 떨어지는 시기이므로 판매신장보다는 취약제품을 제품라인에서 제거
2) 보다 이익이 있는 건전한 제품에 광고나 판매원의 관심을 집중시키지 못할 수 있으며 고객의 불만을 유발하고 기업이미지를 손상시킬 수도 있다.
3) 경영의 부담이 있지만 가장 큰 비용부담은 신제품 개발이다. 즉 적절한 시기에 취약제품을 제거하지 않음으로써 대체해야 할 신제품개발이 지연되거나 과거의 좋은 제품에 집착하여 장래의 좋은 제품을 소홀히 해서 현재의 수익성 및 미래의 기업기반을 약화시킬 수도 있다.

[그림 5-17] 쇠퇴기의 특징

〈표 5-1〉 제품 수명주기 단계의 특징 및 마케팅전략

<table>
<tr><th colspan="2">특성</th><th>도입기</th><th>성장기</th><th>성숙기</th><th>쇠퇴기</th></tr>
<tr><td colspan="2">매출액
비용
이익
고객
경쟁자</td><td>낮은 매출액
높음
부(-)
혁신수용자
소수</td><td>매출액 급증
중간
이익증가
초기수용자
증가</td><td>매출액 극대
낮음
높은 이익
중간다수자
일부 감소</td><td>매출액 감소
낮음
이익감소
후기수용자
감소</td></tr>
<tr><td colspan="2">마케팅 목표</td><td>제품인지와
시용 창출</td><td>시장점유율
극대화</td><td>시장점유율 방어
이윤극대하</td><td>비용 절감과
단계적 철수</td></tr>
<tr><td rowspan="5">마케팅전략</td><td>제품</td><td>기본 제품</td><td>확장제품, 서비스,
보증</td><td>브랜드와
모델 다양화</td><td>단계적 철수</td></tr>
<tr><td>가격</td><td>원가가산법</td><td>시장침투가격</td><td>경쟁대응가격</td><td>가격할인</td></tr>
<tr><td>유통</td><td>선택적 유통</td><td>집중적 유통</td><td>광범위한 유통</td><td>선택적 유통
(단계적 철수)</td></tr>
<tr><td>광고</td><td>제품인지증가
(초기수용자)</td><td>제품인지증가
(대중시장)</td><td>브랜드차별화와
효익 강조</td><td>핵심고객유지까지
감소</td></tr>
<tr><td>판매
촉진</td><td>시용유도 위해
판매촉진 증가</td><td>다량소비자이용
판매촉진 감소</td><td>브랜드 전환을 위해
판매촉진 증가</td><td>최소 수준까지
판매촉진 감소</td></tr>
</table>

좋은 제품을 소홀히 하는 제품믹스의 불균형이 초래될 수 있다. 또한 현재의 수익성 및 미래의 기업기반을 약화시킬 수도 있다.

이상에서 설명한 제품수명주기 단계별 특징과 마케팅전략을 요약하면 〈표 5-1〉과 같다.

2.3 제품 수명주기의 변화

PLC 이론은 도입기 → 성장기 → 성숙기 → 쇠퇴기로 구분할 수 있다(그림 5-18).

스타일 PLC는 70년대와 90년대 패션이 반복되는 상황을 보여주고 있다. 이 사이클처럼 패션도 반복이 되면 스타일이 된다. 유행 PLC는 패션 등의 유행을 나타내며, 일시적 유행 PLC는 패션보다 더 짧게 시장에서 인기를 누리다가 짧게는 1~2개월 특별한 용도를 보여주는 그래프이다.

제품 수명주기는 도입기 → 성장기 → 성숙기 → 쇠퇴기의 사이클을 반복적으로 보여준다. 제품수명 주기상 쇠퇴기에 접근하게 되면 새로운 광고 콘셉트 및 패키징 전략 및 새로운 디자인

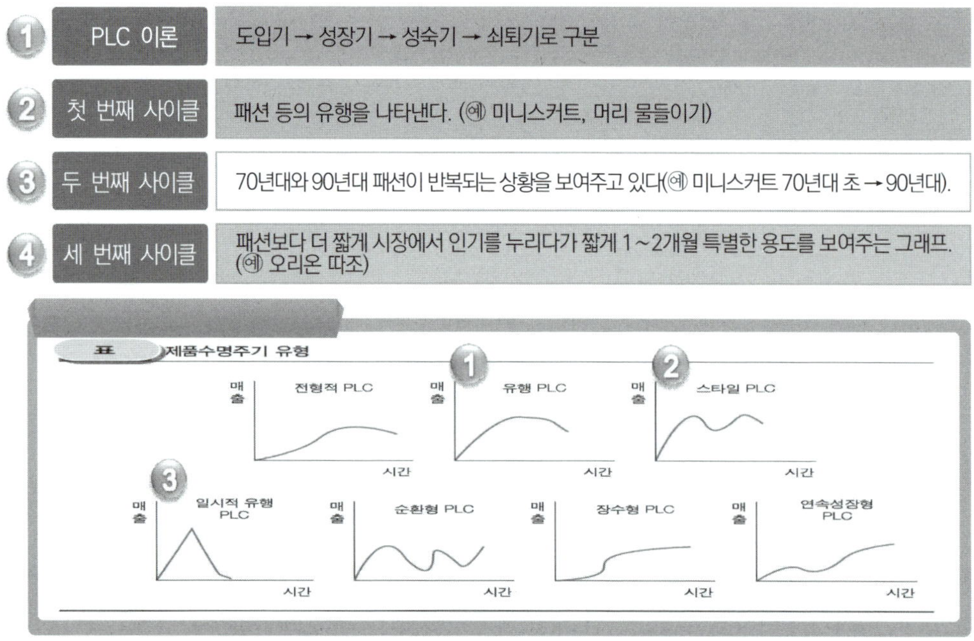

[그림 5-18] 제품 수명주기 유형

전략을 수립하거나, 새로운 용도 및 속성을 추가하여 쇠퇴기를 지나 새롭게 도입기의 제품 수명주기를 보여준다. 이러한 제품 수명주기의 효과적이고 효율적인 변형 전략을 통해 장수 제품으로 거듭날 수 있다.

학습정리

이번 장에서 이해해야 할 내용을 정리해 보겠다.

1. 제품의 정의

제품은 소비자가 욕구를 충족하기 위하여 사용하거나, 구입, 소비하는 모든 형태의 재화와 서비스를 말한다.

☞ 제품전략의 요소

① 단순히 유형적인 제품이나 서비스를 공급하는 것

② 포장에 관한 결정 : 자동차의 차체나 디자인이 어떤지에 따라 매출의 변화가 생긴다. 어떤 포장 색상을 쓰는지에 따라 매출의 변화가 생긴다.

③ 상표명 : 브랜드의 세분화도 매출의 변화에 영향을 준다.

④ 사후보증 및 신제품 개발 등의 모두 포함 : 어떤 전략을 쓰느냐에 따라 매출의 변화가 생긴다.

2. 제품의 다차원적 개념

1) 핵심제품

제품이 본질적으로 수행하는 기능으로 "제품의 가장 기본적인 개념"을 말한다.

☞ 예시

① 화장품 : 아름다워지려는 희망을 판매한다.

② 노트 : 나이키 운동화는 조던과 같은 운동선수가 되고 싶어 하는 꿈을 판매한다.

2) 유형제품

핵심제품을 현실화하는 것으로 제품의 유형적 측면을 나타내는 것이다.

☞ 예시 : 상표, 품질, 패키징, 디자인 등의 제품 특성들이 잘 조합되어 실제로 구매되는 제품을 말한다.

3) 확장적 제품

제품자체에 추가적으로 제공되는 부가편익이나 서비스를 말한다.

☞ 예시

(1) 설치, 배달, 신용, 보증서비스 등이 포함된다.

(2) 현대자동차 : 경기침체가 발생이 되면 소비를 줄인다. 그러므로 현대는 미국시장에 보증프로그램을 통해 확대전략을 폈다. 1년 안에 실직하면 전액을 환불해 주겠다는 서비스를 실시하였다. 서비스 실시 전 사전조사를 통해 미리 1년 동안 실직한 통계를 봤으나 미비하다고 판단하여 서비스를 실시하게 되었다.

(3) Change up : 컴퓨터 사양의 변화가 빨라지면서 소비자들이 구매하지 않자 'Change up' 프로그램으로 성공하였다.

3. 제품의 분류

제품 사용 주체에 따라 분류한다. 소비자가 어떻게 그 제품을 구매하는가에 따라 구분하였다.

1) 소비재

개인적인 소비를 위해 최종소비자가 구매하는 제품을 의미한다.

예시) 타이어대리점에서 소비자에게 직접 판매하는 경우의 제품은 소비재이다.
콜라의 경우 편의점에서 소비자에게 직접 판매한다면 소비재이다.

☞ 소비재의 종류

① 편의품
② 선매품
③ 전문품
④ 미탐색품

2) 산업재

최종 완제품을 만들기 위한 중간제품이나 사업을 수행하기 위한 목적으로 개인이나 조직에 의해 구매되는 제품을 의미한다.

예시) 현대자동차에서 자동차를 판매할 목적으로 정비도중 타이어를 구매했다면 그 타이어는 산업재에 해당된다.
콜라를 구매할 때 소비자가 최종소비를 하기 위해서 구매하지 않고 식당 사장님이 콜라를 팔고자 하는 목적으로 콜라를 구매했다면 콜라는 산업재에 해당이 된다.

☞ 산업재의 종류

(1) 원자재와 부품 : 제품생산에 완전히 투입되는 재화를 말한다.
① 농업제품 : 부패성과 계절성으로 특별한 마케팅활동 요구된다.
② 천연제품 : 동질성이 높아 가격과 납기의 신뢰성이 공급자 선정에 영향을 준다.
③ 구성재료 : 완제품을 생산하는 데 추가적 가공 처리가 필요하다.
④ 구성부품 : 형태 변화 없이 완제품 생산에 전적으로 투입된다.

(2) 자본재 : 완제품을 완성시키고 관리하는 것을 원활하게 하는 재화를 말한다. 다른 상품이나 서비스를 생산하는 데 지원해 준다.
① 설비부품 : 건물과 부대시설물을 말한다.
② 보조장비 : 운반 가능한 공장용 장비와 도구, 사무실용 장비를 말한다.

(3) 소모품과 서비스 : 완제품 생산과 원활하게 하는 단기적으로 사용되는 재화와 서비스를 말한다.
① 소모품 : 획일적 반복구매 직원에 의해 최소 노력으로 항시 구입, 산업재 분야의 편의품
② 수선유지서비스 : 주로 계약에 의해 공급되고 소규모 생산자들이나 최초 설비 제조업자에 의해서 제공된다.
③ 경영자문서비스 : 세금, 법률자문서비스 등 판매자의 평판이 중요하다.

4. 제품믹스 전략

1) 제품믹스의 정의

(1) 제품믹스의 정의 : 소비자에게 제공하는 모든 제품과 품목 일체를 말한다.
(2) 제품계열의 정의 : 제품믹스 중에서 특정 기준에 따라 유사제품들의 집합이다.

2) 제품믹스의 구조

(1) 제품믹스의 넓이 : 해당 기업이 생산 판매하는 제품계열의 수를 의미한다.
㉮ 제약회사에서 소화제와 피로회복제 둘을 생산한다면 제약회사의 제품믹스의 폭은 2이다.
㉮ 전자제품 회사 → 에어컨, 냉장고, 컴퓨터를 생산한다면 제품믹스의 폭은 3이 된다.
(2) 제품계열의 길이 : 각 제품계열이 포함하는 품목의 평균 수를 말한다.
㉮ 소화제 계열에 3가지 품목, 피로회복제 계열에 4가지 품목이 있다면 → 제약회사의 제품믹스의 길이는 (3+4)/2=3.5이 된다.
(3) 제품계열의 깊이 : 동일한 상표로 제공되고 있는 상이한 형태와 규격을 갖는 품목의 수를 말한다.
㉮ 제약회사에서 A 상표로 판매되는 소화제가 어린이, 중장년, 노년용으로 판매된다면 품목 A 제품믹스의 깊이는 3이 된다.

◈ P&G의 제품믹스의 넓이, 길이 및 깊이

5. 제품믹스 전략

1) 제품믹스 전략

여러 개의 제품라인의 효과적인 배합으로부터 시작된다. 품목별 총매출액 총이익 등의 점유율을 사려보고 시장매출 및 이익 등에서 시장 잠재력을 가지고 있지 않으면 제외할 것을 고려할 수 있다.

(1) 다양한 제품믹스 구성 시 문제점
① 생산의 효율성이 떨어져 비용의 증대를 일으킨다.
② 선택이 폭이 너무 많아 고객들이 혼란을 느끼고 구매를 연기 또는 포기할 수 있다.
③ 소매점의 진열면적 확보의 어려움으로 추가된 품목이 경쟁사에 뺏길 수 있다.
(2) 제품계열 수 구성 시 문제점
① 제품계열 수가 적을 시 : 기업의 매출 및 시장점유율이 저조하다.
② 제품계열 수가 많을 시 : 많은 비용을 필요로 하고 수익성을 악화 기업은 적정한 제품믹스의 폭을 유지하여 기업의 경쟁력을 강화시켜야 한다.

2) 제품라인 연장하는 방법

기업들은 제품라인 길이 연장을 통해 고객욕구를 충족함으로써 사업을 확장하게 된다.

6. 제품전략

제품전략 시 필 수 있는 전략들로 이익을 극대화시키는 전략이다.

1) 포트폴리오 전략

BCG매트릭스를 이용하여 집중투자 혹은 신규제품을 개발하거나 선별투자, 철수 그리고 수확하는 전략을 말한다.

2) 신제품 개발전략

새로운 제품과 서비스의 개발을 위해 지속적인 노력을 기울이는 전략을 말한다.

3) 상표전략

제품개념을 명확히 전달하며 고객이 제품을 쉽게 기억하고, 기술할 수 있도록 도움을 줌으로써 지각적 장애요인을 제거한다.

4) 패키징전략

용기, 포장, 디자인, 라벨 등 소비자와 원활한 커뮤니케이션을 통해 내용물보다 디자인이 더 중요한 시대에서 매우 중요한 위치를 차지하는 전략을 말한다.

7. 제품수명주기

제품수명주기는 신제품이 시장에 출시된 후에 판매량이 성장하고 성숙과정을 거쳐 결국 쇠퇴하여 시장에서 사라질 때까지 제품의 판매액과 이익의 변화상태를 수명주기 단계별로 구분해 놓은 과정을 말한다.

1) 도입기 : 제품이 처음 시장에 소개되는 단계이다.
2) 성장기 : 제품의 매출이 급격히 증가하는 단계이다.
3) 성숙기 : 매출액 증가율이 감소하기 시작하는 단계이다.
4) 쇠퇴기 : 매출액이 급격히 감소하며 신제품에 의해 대체되는 단계이다.

8. 제품수명주기 단계의 특징 및 마케팅전략

1) 도입기는 제품이 출시되어 표적시장에 판매되기 때문에 소비자들이 시장에서 구매할 수 있게 되는 시기이다.
2) 성장기는 신제품이 표적시장 내 고객들을 만족시키게 되면 판매량이 급속하게 늘어나게 되고 이로 인하여 이익이 급증하는 시기이다.
3) 성숙기는 매출성장률이 어느 정도 수준에 도달하게 되면 둔화하거나 정체되는 시기이며 경쟁으로 인한 많은 마케팅비용을 지출하기 때문에 이익이 점차 감소하기 시작한다.
4) 쇠퇴기는 대부분 제품이나 브랜드가 일정기간이 지나고 나면 결국 판매량이 감소하게 되는 시기이다. 판매량이 고갈되고 사라지는 시기이다.

연습문제

정답 및 해설

1. 다음 제품전략에 포함되는 요소가 아닌 것은?

① 유형적인 제품이나 서비스
② 포장 및 상표명
③ 사후보증
④ 규제

[정답] ④
제품전략에 포함되는 요소로는 유형적인 제품이나 서비스, 포장, 상표명, 사후보증 및 신제품개발 등이 모두 포함된다. 이러한 요소를 어떻게 사용하느냐에 따라서 매출이 오를 수도 있고 내려갈 수도 있다.

2. 다음 서술한 정의는 제품의 다차원적 개념 중 어느 제품개념에 해당하는가?

제품이 본질적으로 수행하는 기능을 말한다.

① 핵심제품 ② 유형제품
③ 기대제품 ④ 확장적 제품

[정답] ①
핵심제품 개념은 제품이 본질적으로 수행하는 기능을 말하며 운동화의 핵심제품 개념을 충격에서 발을 보호는 운동화의 정체성의 개념을 말한다.

3. 다음 소비재의 종류가 아닌 것은?

① 편의품 ② 선매품
③ 소모품 ④ 전문품

[정답] ③
소모품은 산업재의 종류에 해당이 된다.

4. 다음 편의품의 종류에 해당하지 않는 것은?

① 필수품 ② 충동제품
③ 긴급품 ④ 미탐색품

[정답] ④
미탐색품은 편의품의 종류가 아니라 미탐색품에 해당이 된다. 미탐색품으로는 백과사전과 장례용품 등이 있으며 평상시에는 무관심하며 가격대는 다양하게 분포되어 있는 것이 특징이다.

5. 다음 제품믹스의 구조에서 다음 정의에 해당하는 구조는?

각 제품계열이 포함하는 품목의 평균 수를 말한다.

① 제품믹스의 넓이 ② 제품믹스의 길이
③ 제품계열의 깊이 ④ 제품믹스의 일관성

[정답] ②
제품믹스구조 중 제품계열의 길이에 대한 정의이다.

6. 다음 제품계열 수가 많을 경우에 나타나는 문제점이 아닌 것은?

① 생산의 효율성이 떨어져 비용의 증대를 가져온다.
② 선택의 폭이 너무 많아 고객들이 혼란을 느끼고 구매를 연기 또는 포기한다.
③ 소매점의 진열면적 확보의 어려움으로 주가 된 품목이 경쟁사에 뺏길 수 있다.
④ 기업의 매출 및 시장점유율이 저조하다.

[정답] ④
기업의 매출 및 시장점유율이 저조한 경우는 제품계열 수가 적을 시에 해당된다.

7. 다음 서술한 내용은 제품라인을 연장하는 방법 중 어느 방법에 해당하는가?

아시아나항공이 저가항공사인 에어부산의 항공시장에 새롭게 진출하였다.

① 상향연장 ② 하향연장
③ 전방통합 ④ 후방통합

[정답] ②
현재 생산하고 있는 제품보다 가격과 품질이 낮은 제품을 라인에 추가하는 것으로 하향연장에 해당한다.

8. 다음 서술한 내용이 제품전략 중 어느 전략에 해당하는가?

새로운 제품과 서비스의 개발을 위해 지속적인 노력을 기울이는 전략이다.

① 포트폴리오 전략 ② 신제품 개발전략
③ 상표전략 ④ 패키징전략

[정답] ②
신제품 개발전략의 정의이다.

9. 다음 제품수명주기 중 이익이 극대화되는 시기는?

① 도입기 ② 성장기
③ 성숙기 ④ 쇠퇴기

[정답] ②
매출이 극대화되는 시기는 성숙기이며 이익이 극대화되는 시기는 성장기이다.

10. 제품수명주기 단계의 특징으로 도입기에 해당하는 특징이 아닌 것은?

① 인지도나 수용도가 낮다.
② 이익 수준이 극히 낮은데 유통비, 촉진비가 많이 소요된다.
③ 가격은 높게 책정되는 경향이 있다.
④ 제품의 판매량이 빠르게 증가한다.

[정답] ④
제품의 판매량이 빠르게 증가하는 시기는 성장기이다.

제 6 장

신제품전략

이 장에서 학습하는 내용

- 신제품 개발 과정
  신제품 개발 과정
- 신제품 개발 성공과 실패
  신제품 성공변수
  신제품 실패요인
- 불연속적 혁신과 기술수용주기 모형
  불연속 혁신
  기술수용주기 모형
  캐즘 이론
  캐즘 해결 방안
  완전완비제품전략
  결론

이 장의 학습목표

- 신제품개발 사례에 대해서 이해한다.
- 신제품개발의 정의와 목적을 알아본다.
- 신제품개발과정에 대해서 알아본다.
- 신제품개발 성공변수와 실패요인에 대해서 알아본다.
- 혁신과 혁신제품의 정의를 이해한다.
- 연속적인 혁신제품에 대해서 이해한다.
- 불연속적인 혁신제품을 이해한다.
- 기술수용주기모형에 대해서 알아본다.
- 캐즘의 정의에 대하서 알아본다.

마케팅(Marketing)의 BIG PICTURE

마케팅의 BIG PICTURE는 4단계로 구성된 마케팅 부서에서 마케팅전략 계획서를 작성하는 마케팅 과정 모형을 보여준다. "BIG PICTURE로 보는 마케팅원론"은 Step 1에서 Step 4까지의 단계로 내용의 구성이 진행되며 4단계를 통한 이론에만 머무는 것이 아니라 4단계를 공부하게 되면 마케팅 부서에서 하는 핵심적인 실무인 기업의 마케팅전략 보고서를 만들 수 있으며 본 교재의 마지막 단원에는 4단계를 통해 작성된 마케팅전략 보고서를 제시할 것이다.

마케팅관리의 정의

☑ 전략 Tool Model

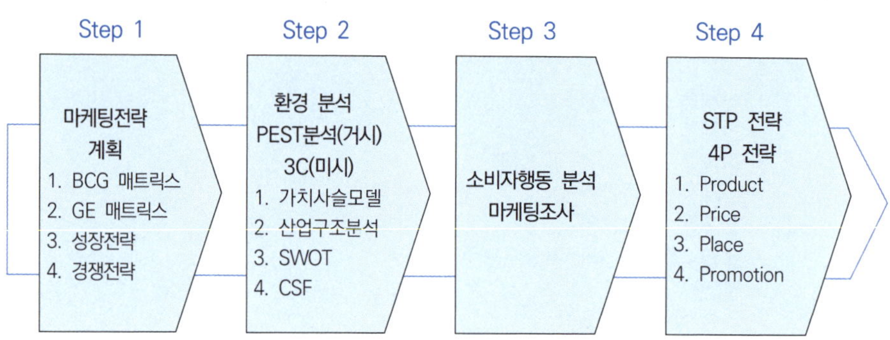

- 전략 TOOL MODEL은 4단계로 정리
- 고객의 욕구 충족과 기업 이윤 창출의 목표를 위하여 주어진 환경을 분석하고 시장, 고객, 경쟁사와 관련된 자료를 수집 분석하여 표적시장을 선정하여 고객을 확보, 유지 증대시키는 전략을 수립 실행하며 평가하고 통제하는 행위

마케팅의 BIG PICTURE

Step 4단계에서는 타깃팅(Tarketing) 한 시장에 어떠한 제품으로 가격은 얼마를 받고 유통은 어떻게 시키며 촉진은 어떤 방법으로 했을 때 현재의 매출보다 몇 % 이상을 더 신장시킬 수 있는지에 대한 4P 전략에 대해서 공부해 볼 것이다.

본 교재에서는 마케팅에 관한 Step 1에서 Step 4 단계 중에 특히 Step 1, Step 2, Step 4단계에 대한 마케팅 부서의 마케팅전략 보고서를 작성하여 선별된 사업부가 기존의 매출에 비해 경영진이 세운 목표에 대해 얼마만큼의 매출을 더욱 극대화할 수 있는지와 관련한 보고서를 작성하는 방법에 대해서 구체적인 전략 도구(Tool)를 사용하여 작성하는 방법에 대해서 살펴볼 것이다.

01 신제품 개발 과정

마케터라면 누구나 시장을 강타할 수 있는 혁신적인 신제품 개발을 희망하고 있다. 일부 기업에서는 획기적인 신제품 아이디어를 개발하기 위해 창의력이 뛰어난 사람을 대상으로 TFT(Task Force Team)를 운영하고 있다.

신제품 성공은 많은 요소에 의존한다. 신제품이 고객의 인지된 니즈를 만족시키는 정도, 치열한 경쟁에서의 비교우위, 경쟁사들이 자기들의 시장을 지키고자 하는 경향, 표적시장의 성장률과 크기, 시장에 처음으로 진입한 기업인지 아니면 뒤따라 진입한 기업인지의 여부, 제품을 생산하는 데 있어서의 기술적 우위와 비용에서의 우위, 마케팅 계획에 있어서의 창조성 등등이 있다.

중요한 것은 인지된 니즈에 바탕을 둔 고객의 소리를 이해하고 이 고객의 요구를 제품의 설계, 생산, 관리에 활용하는 것이다. 제품은 우수하고, 보다 높은 가치를 가지고 있고, 차별적인 요소를 가지고 있을 때 팔린다. 제품은 기업이 이런 인지된 편익을 경쟁자에 비해 보다 효과적이고 효율적으로 전달할 수 있을 때 성공한다.

[그림 6-1]에서 [그림 6-7]까지는 신제품 개발사례에 대해서 건설자재업체의 신제품전략의 성공사례를 들어 예시를 제시하였다.

[그림 6-1] 예시 1 기존제품 - 세대 현관문

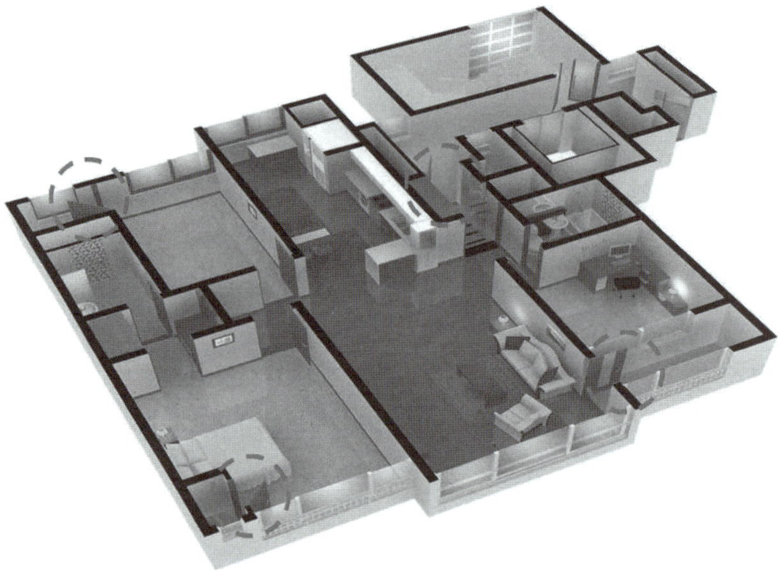

[그림 6-2] 예시 2 아파트 평면도

단열 방화문 적용기술

- 문짝 내부 보강골구를 단열플라스틱 +2.3mm 철판 사용으로 내구성 확보 및 내·외부 철판 분리 열교현상 차단
- 문짝 코너 4면 쐐기형 풍서란 설치 및 끝 4면 Fin-Mohair 설치 기밀성능 최대발현

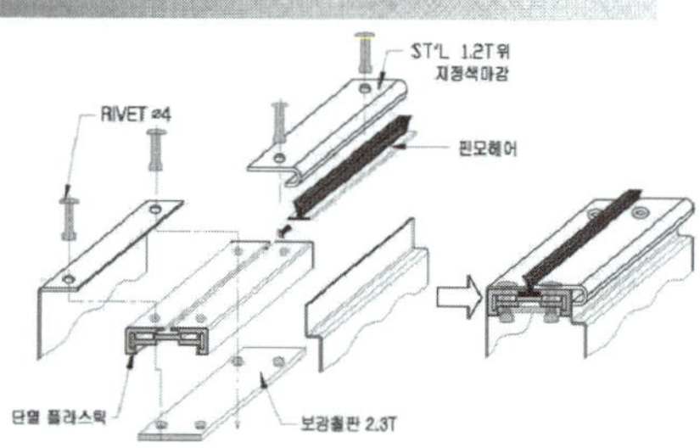

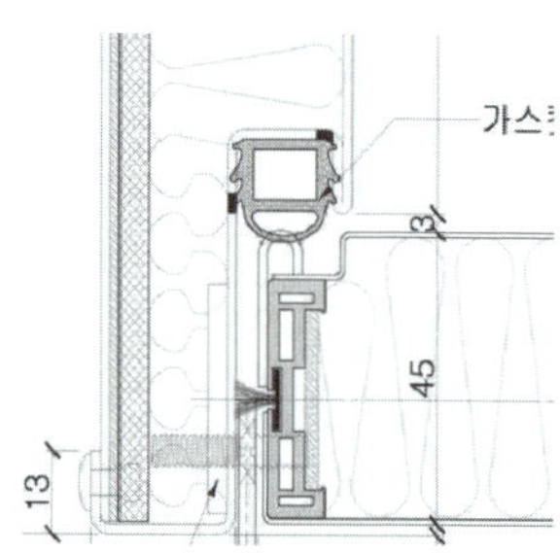

[그림 6-3] 예시 3 핵심역량 – 단열도어

[그림 6-4] 예시 4 신제품 1 - 자연환기시스템

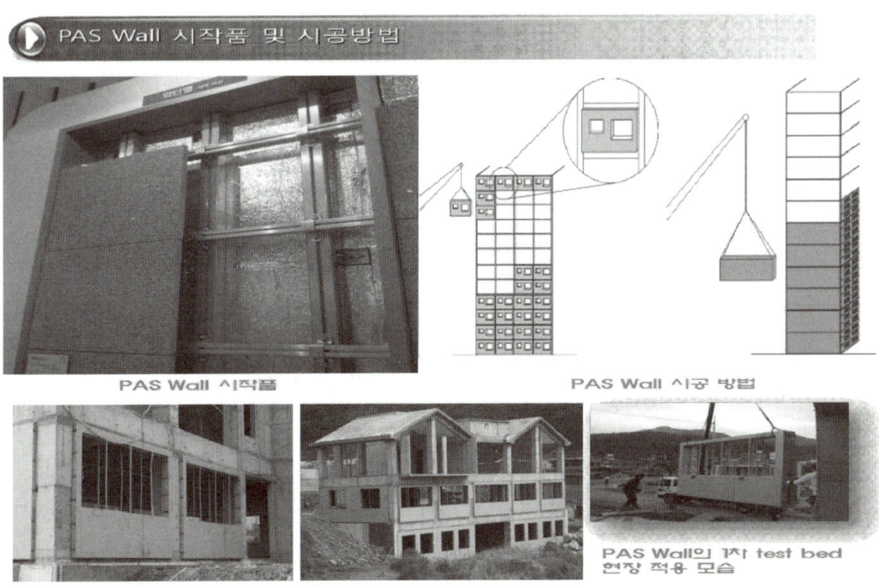

[그림 6-5] 예시 5 신제품 2 - 외단열시스템

[그림 6-6] 예시 6신 제품 3 - 제로하우스

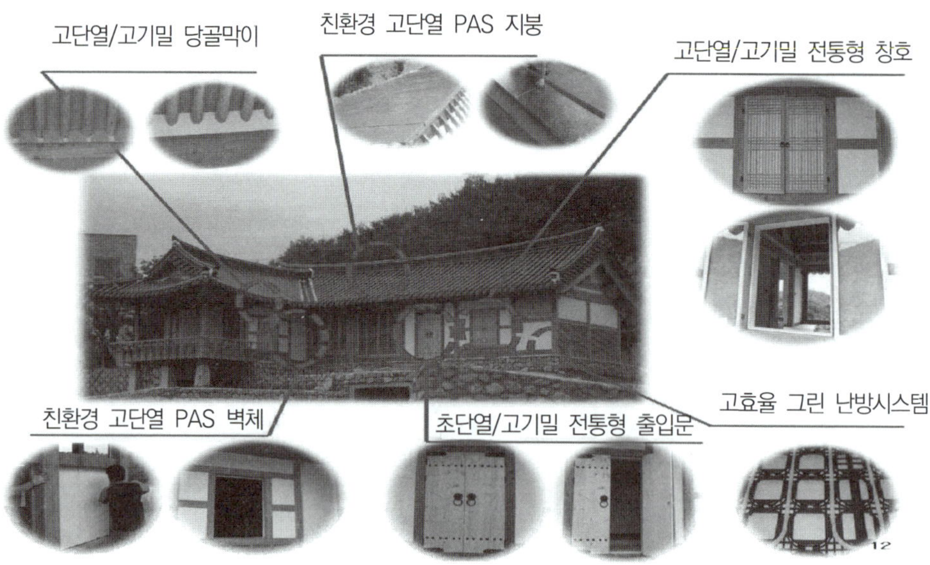

[그림 6-7] 예시 7 신제품 4 - 고단열한옥

신제품개발(New Product Development)은 마케팅의 핵심과업 중 하나로 기업의 미래 경쟁력을 결정하는 현재의 마케팅활동이라고 할 수 있다. 상품이나 서비스를 판매하는 모든 기업은 어느 시점에서, 어떠한 콘셉트로 상품을 어떻게(STP) 만들어 효과적으로 커뮤니케이션을 수행하느냐에 따라 미래의 경쟁력이 결정될 것이다(그림 6-8).

신상품을 개발하는 것은 활력 있는 조직을 유지하는 데 필요하며 많은 보상이 따른다. 예를 들어 3M의 경우 최근 5년 이내 신제품의 매출 비중이 25% 이상이 되어야 한다는 '25% Rule'이 있으며 선진국의 기업들은 최근 5년 동안 각 회사의 성장률 중 신상품이 차지하는 비율이 28%라는 것을 알 수 있다.

기본적인 마케팅 이론에는 상품은 도입기, 성장기, 성숙기, 쇠퇴기의 제품수명주기를 가진다. 기업은 성숙기나 쇠퇴기에 신상품을 개발하게 된다. 신상품을 개발하는 목적은 첫째, 상품의 라인을 확장하고 수명주기를 연장하기 위하여 둘째, 상품을 재설계하여 우위성을 유지하기 위하여 셋째, 수익을 유지하기 위하여 기업이 신상품을 개발하는 능동적인 역할을 하는 것은 필수적이다. 만약 신상품이 개발되지 않는다면, 경쟁이 늘어나거나 기술과 시장이 변화하거나 다른 회사의 혁신에 의해 기존제품이 진부화되면 매출이나 이익은 줄어들 것이다. 만약 어떤 조직이 성장하고 번영하고자 한다면 혁신을 무시하고는 목표를 달성할 수 없다.

비록 성공적인 혁신에 대한 보상이 있고 혁신을 하지 않는 것에 대한 벌칙이 있다 하더라도 신상품을 도입하는 것은 위험할 수 있다. 신상품의 실패율은 상당히 높고 실패의 비용도 상당히

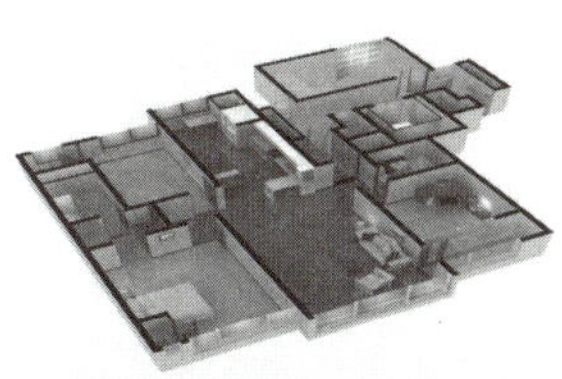

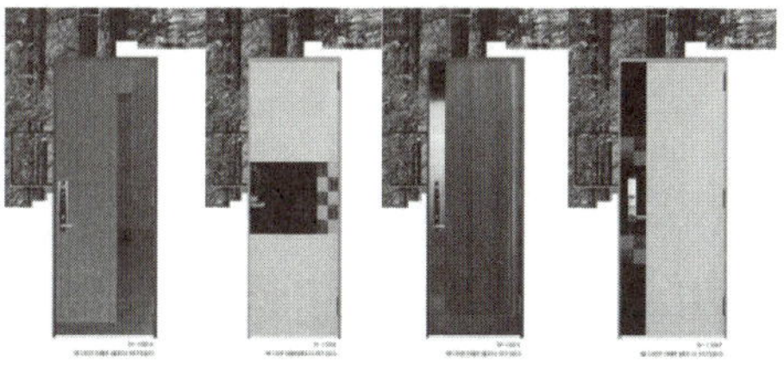

신제품 개발

정의
기업의 미래 경쟁력을 결정하는 현재의 마케팅활동
예) 3M의 경우 - 최근 5년 이내 신제품의 매출 비중이 25% 이상되어야 한다(25% Rule).

목적
1. 상품의 라인을 확장하고 수명주기를 연장
2. 상품을 재설계하여 우위성을 유지
3. 수익을 유지하기 위해서

신제품

미개발 시
경쟁이 늘어난다.
다른 회사의 혁신에 의해 기존제품이 진부화되면 매출이나 이익을 줄어든다.

개발 시
1. 신상품의 실패율은 상당히 높고 실패의 비용도 상당이 크다.
2. 신상품 개발은 비용이 상당히 소요된다.
3. 신상품 개발을 잘 관리하면 위험은 최소화하고 이익은 극대화할 수 있다.

[그림 6-8] 신제품 개발

많이 든다. 또한, 신상품 개발은 비용이 상당히 소요된다. 연구개발과 엔지니어링, 시장조사, 시장개발, 테스트를 위한 대규모 투자가 상품이 도입되기 전에 이루어진다. 많은 상품이 아이디어에서 개발되지만, 시장에 출시조차 못하기 때문에 수익을 올리지 못하는 제품에 많은 투자가 이루어지는 셈이다. 높은 실패율과 많은 비용 때문에 신상품 개발이 위험하다. 그러나 신상품 개발을 잘 관리하면 위험은 최소화하고 이익은 극대화할 수 있다.

1.1 신제품 개발 과정

신제품 개발 과정은 ① 아이디어 창출(Idea Generation), ② 아이디어 추출(Idea Screening), ③ 제품콘셉트개발 및 테스트(Concept Developing And Testing), ④ 마케팅 전략수립(Marketing Strategy Development), ⑤ 사업성 분석(Business Analysis), ⑥ 제품개발(Product Development), ⑦ 테스트 마케팅(Test Marketing), ⑧ 신제품 출시(Commercialization) 등의 8단계로 구분해 볼 수 있다. 이 8단계를 좀 더 세분화하여 각 단계별 작업내용과 방법은 [그림 6-9]와 같다.

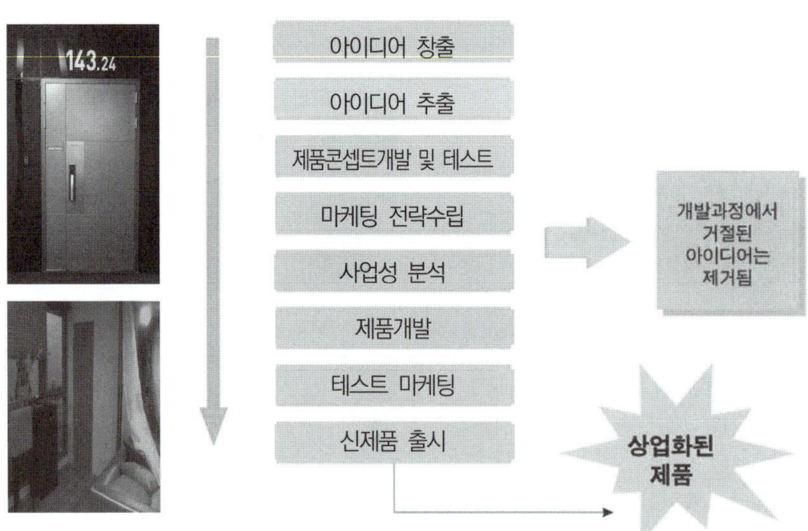

[그림 6-9] 신제품개발과정의 주요단계

1.1.1 아이디어 창출(Idea Generation)

신제품개발과정은 기업의 마케팅 목표와 부합되는 신제품 아이디어를 창출하는 단계로부터 시작된다. 기업은 좋은 신제품 아이디어를 찾아내기 위해 가능한 한 많은 아이디어를 창출하여야 한다(그림 6-10). 기업은 다양한 아이디어 원천들로부터 신제품 아이디어를 수집할 수 있으며 중요한 아이디어 원천들에는 고객의 과거 행동 및 고객조사를 통해 고객의 니즈 및 원츠에서 찾아볼 수 있다. 기업 내부에서는 영업직원, 대리점 및 소매점의 유통업자, 경쟁자 등이 있다.

첫째, 기업 내 R&D부서의 연구원, 영업사원을 포함한 종업원들로부터 신제품 아이디어를 수집할 수 있다. 3M은 직원들에게 '15% Rule'를 통해 회사와 직접적인 관련이 없어도 개인적으로 관심 있는 프로젝트를 수행할 수 있도록 제도화하여 운영하고 있다. 기업외부에서 활용하는 사례로는 P&G의 'C&D' 사례를 통해 프링글스 프린팅 사례도 있다. 또한 삼성전자는 'VIP(Value Innovation Program)센터 운영으로 많은 효과를 창출하고 있다.

둘째, 기업은 소비자조사를 통해 발견된 소비자 욕구, 고객의 불만 등을 분석하여 신제품 아이디어를 구할 수 있다. 마케터는 소비자들이 제품을 구매하고 사용하는 과정을 직접 관찰하거나, 표적집단면접법(Focus Group Interview) 등을 통하여 참가자들에게 제품사용방법, 제품구매시점, 제품에 대한 선호도 등을 이야기하도록 유도하여 아이디어를 창출할 수 있다.

기업은 좋은 신제품 아이디어를 찾아내기 위해 가능한 한 많은 아이디어를 창출해야 한다.

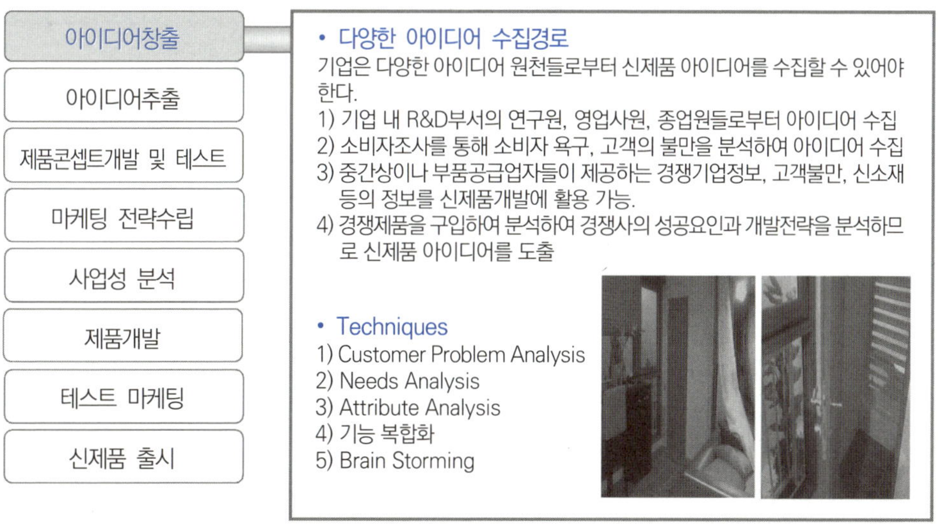

[그림 6-10] 신제품개발과정 – 아이디어창출

셋째, 기업은 중간상이나 부품공급업자들이 제공하는 경쟁기업정보, 고객 불만, 신소재 등의 정보를 신제품개발에 활용할 수 있다.

넷째, 기업은 경쟁제품을 구입하여 이를 분석하거나 경쟁사의 성공요인과 개발전략을 분석함으로써 신제품 아이디어를 도출할 수 있다. 만약 기업이 산업 내 시장선도자라면 혁신 제품개발을 선점하거나 경쟁사의 신제품보다 향상된 제품을 개발하여 기존 시장지위를 방어해야 한다.

1.1.2 아이디어 추출(Idea Screening)

마케터는 여러 아이디어 원천들로부터 수립된 신제품 아이디어 중 소수의 최적 아이디어만을 선별하여야 한다. 개발과정의 후반단계로 진행될수록 더 많은 비용이 소요되므로 초기단계에서 가능성이 있는 아이디어만을 선별하는 것이 중요하다. 그러나 아이디어 선별 단계에서 기업은 성공할 가능성이 낮은 제품 아이디어를 계속 진행시키거나 성공할 가능성이 높은 신제품 아이

〈표 6-1〉 오스본 9가지 발상 체크리스트

체크리스트 항목	주요 내용
1. 다른 방법은 없을까	• 현재 그대로, 약간 바꾸어서
2. 응용할 수 없을까	• 비슷한 것은 무엇인가 • 다른 아이디어를 이용한다면 • 누구처럼 모방한다면 • 다른 것을 모방한다면 과거 비슷한 것은 없었을까
3. 새롭게 할 수 없을까	• 의미, 모양, 형상, 움직임 등 새로운 관점에서 본다면 • 색, 소리, 냄새, 맛 느낌을 완전히 바꾼다면
4. 더 늘릴 수 없을까	• 시간, 횟수, 높이, 길이, 두께, 강도를 크게 한다면 • 합치기, 곱하기, 덩어리로 뭉치기, 확대, 과장한다면
5. 더 줄일 수 없을까	• 빼기, 나누기, 잘게 쪼개기, 작게 압축, 짧게, 단순화
6. 대체할 수 없을까	• 남을 대신시킨다면, 다른 요소로 바꾸면 • 다른 재료, 동력, 음색, 방법을 대신하면
7. 재배치할 수 없을까	• 다른 순서로 바꾸면, 다른 레이아웃을 하면 • 다른 유형으로 하면, 다른 계층으로 변경하면 • 원인과 결과를 바꾸면, 원칙을 바꾸면
8. 반대로 할까	• 상하 위치를 바꾸면, 안팎을 뒤집는다면 • 입장과 역할을 반대로 하면, 뒤로 후퇴하면
9. 더 줄일 수 없을까	• 부품을 합치면, 겉모습을 합치면, 아이디어를 종합하면 • 과정과 목적을 종합하면, 서로 다른 것의 앙상블 • 모자이크 모양으로 혼합하면, 완전한 합체를 하면

디어를 기각하는 오류를 범하지 않도록 유의해야 한다.

아이디어 추출의 목표는 성공할 가능성이 낮은 제품의 아이디어를 제거하고 최선의 아이디어만을 선택하는 것이다. 이러한 목표를 달성하기 위해 많은 기업이 신제품 아이디어를 추출하기 위한 잘 설계된 시스템을 개발하려고 한다(그림 6-11).

아이디어 추출의 성공률은 기술적인 완성 확률, 상용화 확률, 경제적인 성공확률로 평가한다.

아이디어 추출의 분석 방법으로는 첫째, 항목 결정-차별화, 품질, 경쟁력, 시장점유율, 자원(기술, 인적, 재무 등) 둘째, 중요도 결정 셋째, 아이디어 등에서 항목별로 평가한다.

비즈니스 모델 선정이나 제품 차별화전략에 대한 아이디어를 추출해 내는 가장 실천적인 방법으로 알렉스 오스본(Alex F. Osborn)이 제시한 9가지 아이디어 발상법이 있다(표 6-1). 알렉스 오스본은 세계적인 미국 광고회사 BBDO의 창립자로 창조성 교육에 많은 공헌을 하였으며 저서로 '독창력을 신장하라(Applied Imagination)'를 펴낸 바 있다.

오스본은 그의 저서에서 9가지 아이디어 발상 체크리스트를 제시했는데 이는 브레인스토밍과 마찬가지로 전형적인 아이디어 발상 기법이다. 9개 항목의 전형적인 체크리스트를 사용하다가 익숙해지면 자신만의 독특한 조건에 맞는 체크리스트를 작성해서 활용하면 훨씬 더 효과적으로 창조적인 아이디어를 찾을 수 있다.

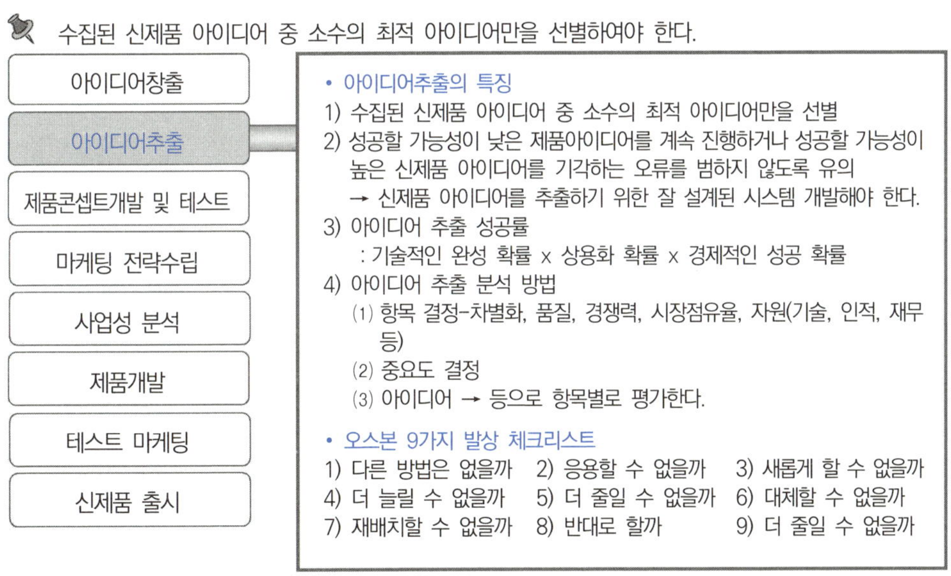

[그림 6-11] 신제품개발과정 - 아이디어추출

1.1.3 제품콘셉트개발 및 테스트(Concept Developing and Testing)

매력적인 제품 아이디어는 제품콘셉트로 구체화되어야 한다(그림 6-12). '콘셉트(Concept)'와 '아이디어'의 차이는 '콘셉트'는 '소비자의 언어로 표현된', 즉 소비자의 효용과 혜택의 관점에서 정의된 제품의 구체적 특징을 말한다. 같은 아이디어도 타깃 고객과 활용 용도에 따라 서로 다른 여러 개의 콘셉트로 표현될 수 있으며, 각각의 콘셉트가 표적시장 고객에게 얼마나 받아들여질 것인지를 확인하는 작업을 통해 최선의 제품콘셉트를 선정하는 것은 신제품의 성공 가능성과 수익성을 결정하는 중요한 작업이 된다. 콘셉트 테스트를 위해 서베이나 심층면접과 같은 기법을 사용할 수도 있고, 컨조인트 분석(Conjoint Analysis)과 같이 정교화된 기법을 사용하기도 한다.

콘셉트 테스트를 위한 질문에는 Concept이 명확한가?, 기존제품과 비교 차별화된 Benefit 존재하는가?, 주장하는 Performance가 신뢰성이 있는가?, 고객의 Needs를 충족하는가?, 어떤 개선점이 필요한가?, 누가 구매하고, 누가 사용할 것인가?, 얼마나 자주 사용할 것인가?, 가격은 어느 정도가 합리적인가?, 기존의 것에 비해 신제품을 선호하는가?, 당신이라면 구매할 것인가?, 한다면 언제쯤?, 구매할 것인가? 등의 테스트 항목을 통과하면 다음 단계인 마케팅 전략수립단계로 이동한다.

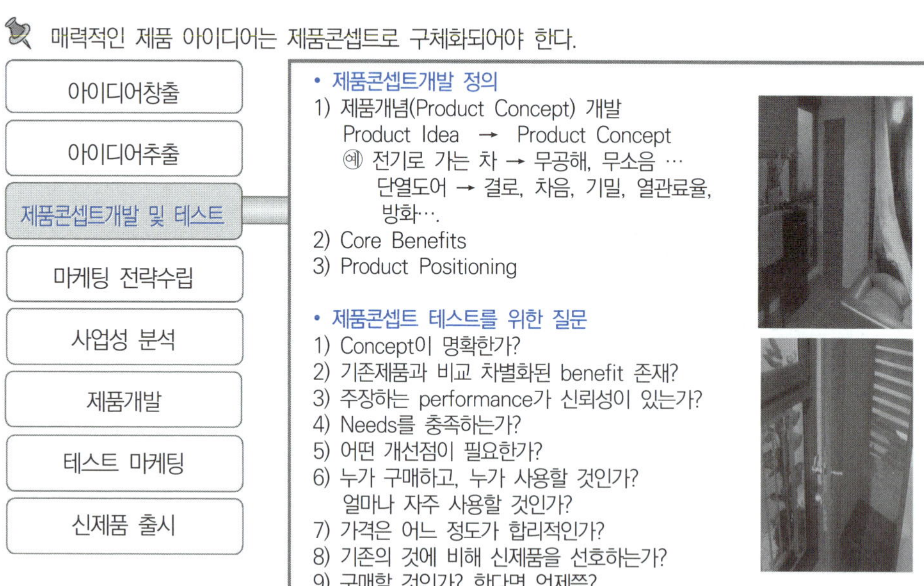

[그림 6-12] 신제품개발과정 – 제품콘셉트개발 및 테스트

1.1.4 마케팅 전략수립(Marketing Strategy Development)

마케팅 전략수립(그림 6-13)은 첫째, 목표시장(Target 첫해부터-3년), 포지셔닝, 판매량, 시장점유율, 이익목표 등을 수립한다. 둘째, 제품의 예상가격, 유통구조, 마케팅 예산 등을 수립한다. 셋째, 중장기 매출 및 이익목표와 마케팅믹스 전략을 수립한다.

1.1.5 사업성 분석(Business Analysis)

제품콘셉트와 마케팅전략이 수립되면 마케터는 신제품의 사업성 분석을 시작한다(그림 6-13). 사업성 분석은 신제품의 예상판매량, 비용, 이익 등을 산출하여 기업 및 마케팅 목표를 충족시키는지를 검토한다. 만약 이 단계에서 제품콘셉트와 마케팅전략이 사업성이 있는 것으로 분석되면 제품 개발단계로 진행한다.

1.1.6 제품개발(Product Development)

개발된 제품콘셉트이 사업성 분석을 통과하게 되면, 제품개발의 단계로 넘어간다(그림 6-13).

마케팅 전략수립 / 사업성 분석 / 제품개발

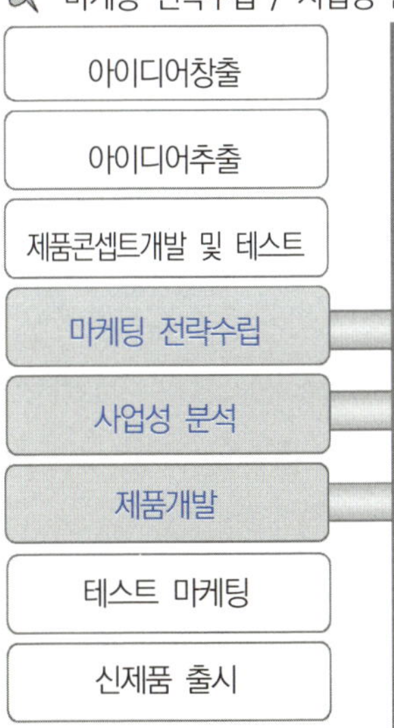

• 마케팅 전략수립
1) 목표시장(Target 첫해부터-3년), 포지셔닝, 판매량, 시장점유율, 이익목표 등을 수립한다.
2) 제품의 예상가격, 유통구조, 마케팅 예산 등을 수립한다.
3) 중장기 매출 및 이익목표와 마케팅믹스 전략을 수립한다.

• 사업성 분석
1) 제품콘셉트와 마케팅전략을 통해 예상된 예상판매량, 비용, 이익을 산출하고 기업 및 마케팅 목표에 합치되는지를 평가
2) 낙관적 : 다음 단계 시작
비관적 : 해당 제품개발 포기
3) 신제품 개발이 기업의 성공 및 실패에 큰 영향을 미칠 수 있기 때문 …

• 제품개발
1) 시제품 개발단계는 대규모의 투자비가 요구
2) 제품아이디어가 작동 가능한 제품으로 전환될 수 있는지가 결정된다.
3) R&D 부서는 제품콘셉트를 토대로 몇 개의 실물제품을 개발, 테스트하게 된다.
4) 소비자의 관심과 만족을 얻으면서 저비용으로 신속한 생산이 가능한 시제품을 설계하려고 한다.

[그림 6-13] 신제품개발과정 – 마케팅 전략수립, 사업성 분석, 제품개발

제품개발단계에서 R&D 부서는 제품콘셉트를 토대로 실물의 제품을 제작하게 된다. 시제품 개발단계는 대규모의 투자비가 요구되는 시점이며, 제품아이디어가 작동 가능한 제품으로 전환될 수 있는지가 결정된다. R&D 부서는 제품콘셉트를 토대로 몇 개의 실물제품을 개발 · 테스트하게 되는데, 소비자의 관심과 만족을 얻으면서 저비용으로 신속한 생산이 가능한 시제품을 설계하려고 한다. 만족스러운 시제품의 개발은 때에 따라 수년의 시간이 소요될 수 있다.

시제품은 필수적인 기능적 특성을 갖추어야 하며 의도된 심리적 특성이 소비자들에게 전달되어야 한다.

1.1.7 테스트 마케팅(Test Marketing)

개발된 신제품을 표적시장에 출시하기에 앞서 테스트 마케팅에 의하여 소규모 실제시장에 신제품을 도입하고 소비자의 반응과 매출가능성을 조사할 필요가 있다. 마케터는 시험시장에서의 소비자 반응결과를 토대로 표적시장에의 출시여부를 결정한다. 만약 제품이나 마케팅 프로그램의 수정을 필요로 하면 제품개발 단계로 다시 돌아간다.

테스트 마케팅은 많은 비용과 시간이 소요된다(그림 6-14). 기업이 너무 오랜 기간 동안 테스트 마케팅을 수행할 경우, 신제품개발 정보가 경쟁사에 누출될 가능성이 높아진다. 경쟁사는 자사의 신제품이 전국시장에 출시되기 전에 빨리 모방제품을 개발하여 먼저 전국 시장을 선점하게 될 것이다. 이와 같이 테스트 마케팅은 위험을 수반하지만 철저한 테스트 마케팅 없이 전국시장에 신제품을 도입하게 입게 될 비용과 비교한다면 그렇게 많은 비용이라고는 볼 수 없다. 그러나 기업은 신제품 시장에 대한 경험을 가지고 있어서 성공에 대한 확신을 가지거나 제품개발 및 시장도입 비용이 많지 않을 경우, 테스트 마케팅을 생략하고 바로 전국시장에 진출할 수 있다.

실제로 소비용품 기업들의 테스트 마케팅 활용빈도가 최근 들어 감소하고 있다. 많은 경우 기업은 단순한 라인확장이나 경쟁제품 모방한 제품에 대해서는 테스트 마케팅을 실시하지 않는다.

소비재 기업들은 테스트 마케팅을 실시하는 데 있어 표준시험(Standard Test Marketing), 통제된 시험(Controlled Test Marketing), 모의시험(Simulated Test Marketing) 중에 하나를 선택하여 실시한다.

표준시험은 전체시장을 대표하는 몇몇 시장을 선택하여 그 지역 내 소매상들의 협조를 받아 신제품을 진열공간에 진열하고, 표적시장에 사용될 광고 및 판촉 캠페인을 실시한 후, 소비자의 반응 및 판매성과를 조사하는 방법이다. 표준시험은 비용과 시간이 가장 많이 소요되고 경쟁사들에게 노출되어 경쟁사가 방어전략을 수립할 시간을 줄 수 있다는 단점이 있다.

통제된 시험은 신제품을 개발한 기업이 테스트 마케팅을 실시할 지역과 제품을 지정하면,

조사회사는 해당 점포들에서 신제품을 공급하고 신제품의 진열위치, 구매시점광고, 가격 등을 계획에 의해 통제한 후 매출액 추이를 조사한다. 장점으로는 표준시험에 비해 시간 및 비용이 적게 소요되지만, 단점으로는 전체시장을 대표하기 어렵고 경쟁사에 정보가 누설될 가능성이 있다.

모의시험은 실험에 참여한 소비자들에게 신제품을 포함한 여러 제품의 광고를 보여준 후, 실험에 참여한 대가로 받은 소정의 금액으로 실험을 위해 설치된 가상의 점포(또는 실제 점포)에서 실제로 제품을 구매하도록 하는 방법이다. 모의시험 방법의 목적은 실험실 상황에서 제품에 대한 인지도 등을 측정함으로써 시험시장에서 얻는 것과 동일한 수준의 예측력과 관련 정보를 획득하고자 하는 것이다.

모의시험 방법은 저렴하고도 신속하게 소비자 반응을 예측할 수 있는 장점이 있지만, 실험점포에서 조사가 이루어지기 때문에 중간상의 신제품에 대한 반응을 알기가 어려우며 자료의 신뢰성에 한계가 있다.

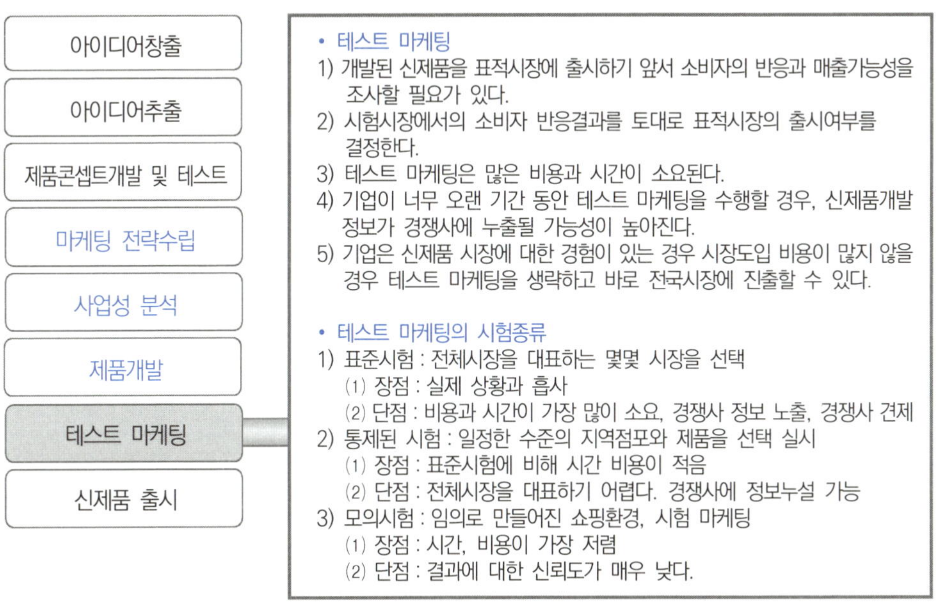

[그림 6-14] 신제품개발과정 – 테스트 마케팅

1.1.8 신제품 출시(Commercialization)

신제품을 전국시장에 동시에 출시할 경우 생산과 마케팅에 상당한 투자가 따르기 때문에 마케터는 전국시장에 동시에 출시할 것인지 또는 경쟁제품보다 앞서 진입하여 제품의 리더로서 유리한 위치를 선점할 것인지 아니면 경쟁제품과 동시 진입하기 위해 출시 시기를 조정할 것인지 아니면 경쟁기업보다 늦게 출시하는 후발 진입 전략을 채택할지는 그 기업의 경쟁력과 위험수용 정도에 의해 결정된다(그림 6-15). 위험을 최소화하기 위해 많은 기업이 경쟁이 가장 약한 지역부터 출시하는 등의 단계적 시장 도입전략을 채택하는 기업도 있다.

위험을 최소화하기 위해 많은 기업이 경쟁이 가장 약한 지역부터 출시하는 단계적 시장 도입전략을 채택하는 기업도 있다.

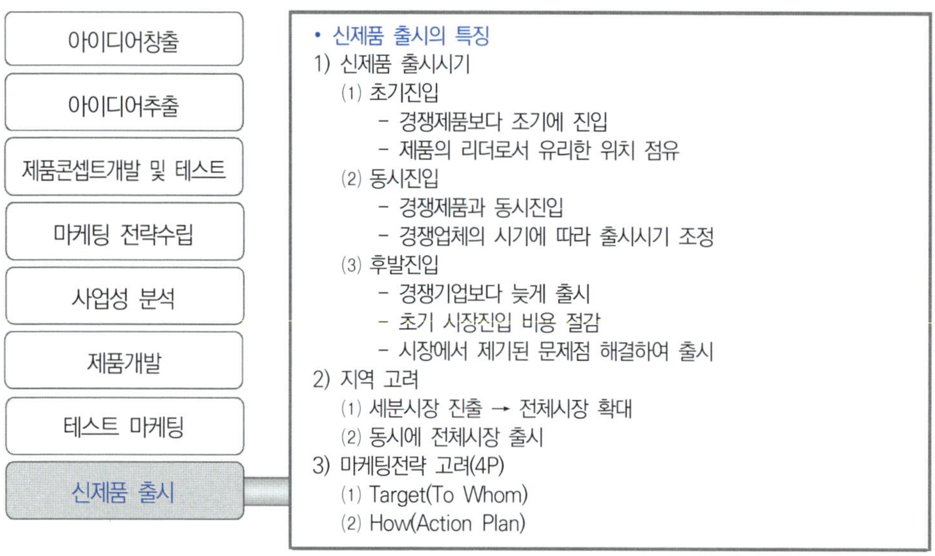

[그림 6-15] 신제품개발과정-신제품 출시

02 신제품 개발 성공과 실패

2.1 신제품 성공변수

신제품의 성공에 관한 많은 연구가 발표되었다. 이 중 가장 유명한 것은 Booz, Allen, Hamilton의 보고서와 Conference Board, Cooper Kleinschmidt 그리고 de Brwntani의 논문이다. '신상품 성공 관련 변수' [그림 6-16]에는 4개의 연구프로그램에서 한번 이상 인용된 성공 관련 변수들이 요약되어 있다. 이 성공요인 변수는 체계적인 신상품 개발과정이 성공요소의 기초가 됨을 알 수 있다.

고객 니즈에 부합하고 가치를 제공하는 우수한 상품, 충분한 시장분석, 신제품의 차별성 및 존재 이유, 명확한 타깃 정의와 포지셔닝, 마케팅 방안과 예산 설정 등이 신제품 개발의 성공변수이다.

2.2 신제품 실패요인

신제품 개발은 아이디어 창출(Idea Generation) 단계에서 신제품 출시(Commercialization)까지 반복적인 테스트와 제품개선을 진행한다. 하지만 실제 시장에서 성공하는 제품은 극히 소수에 지나지 않는다. 그렇다면 그 이유에 대해서 알아본다(그림 6-16).

첫째, 부실한 신제품 기획을 들 수 있다. 신제품이 기업이 가지고 있는 역량이나 전문성에 맞지 않는 경우, 또는 신제품이 진입한 시장의 규모가 매우 작거나, 매력이 없는 경우 신제품은 성공하기 어렵다.

둘째, 관리지원의 부족이 신제품 실패의 원인이 되기도 한다. 자금지원이 부족한 상황에서 신제품개발이 이루어질 경우, 출시과정에서 신제품의 전략을 통제하고 관리하기 위한 정보시스템이 빈약할 경우, 예측하지 못한 경쟁자의 움직임에 효과적으로 대처하지 못할 경우 신제품은 실패할 가능성이 높다.

셋째, 부적절한 신제품 콘셉트를 들 수 있다. 신제품을 물리적으로 잘 만들었다고 하더라도, 그 제품이 고객에게 독특한 편익을 제공하지 못할 경우, 독특함을 가지고 있어도 고객의 욕구를 충족시켜 주지 못할 경우, 가격에 비해 가치가 적을 경우 신제품은 성공하기 어렵다. 결국 고객이 추구하는 가치에 대해 충분히 이해하지 못하거나 그에 적합한 포지셔닝을 확립하지 못하면 신제품은 성공하기 어려운 것이다.

그 밖에도 소비자조사 부족, 기술력 부족, 부적절한 타이밍 등이 신제품 실패의 주요 원인이다. 이와 같은 어려움을 극복하고 신제품이 시장에 성공적으로 진입하고 나면 기업은 시장의 장기적인 변화에 맞추어 제품을 동태적으로 관리해 나가는 것이 필요하다.

1) 신제품 성공 변수

성공요인 변수는 체계적인 신상품 개발과정이 성공요소의 기초

	Booz, Allen, Hamilton	de Brwntani	Cooper와 Kleinschmidt	Duerr
고객니즈 부합	★	★	★	
높은가치		★	★	
혁신			★	★
기술적 우위	★		★	
성장 잠재력		★	★	★
유리한 경쟁환경	★			
회사내부 역량부합	★	★	★	★
의사소통		★	★	
CEO지원	★		★	★
정열적 주창자				★
신상품조직	★			★
신상품 개발과정	★		★	★
불필요한 위험회피		★	★	

2) 신제품 실패요인

실제시장에서 성공하는 제품은 극소수에 지나지 않는 그 이유는?

1 부실한 신제품 기획
2 관리지원의 부족 : 자금지원의
3 부족
4 부적절한 신제품 콘셉트
5 소비자조사 부족
6 기술력 부족

부적절한 타이밍

[그림 6-16] 신제품 성공변수 / 신제품 실패요인

03 불연속적 혁신과 기술수용주기 모형

3.1 불연속적 혁신

혁신이란 간단히 말해 무언가 '새로운 것'을 말한다. 그리고 혁신제품은 세 가지 측면에서 기존제품과 차이가 있다(그림 6-17).

첫 번째 차원은 제품편익(Product Benefit)으로서 고객 혹은 사용자의 니즈를 만족시켜 주는 정도를 의미한다. 그것은 과거에 시도되지 않았던 새로운 니즈의 충족일 수도 있고 기존의 니즈를 더욱 잘 만족시켜 주는 것일 수도 있다. 소니의 워크맨은 늘 휴대하고 다니면서 시간과 장소의 구애를 받지 않고 음악을 듣고 싶어 하는 새로운 니즈를 충족시켜 준 사례이다.

두 번째 차원은 기술적 능력(Technological Capability)인데 이는 기능적인 측면에 있어서 기존제품의 한계를 뛰어넘는 정도를 말한다.

세 번째 혁신의 측면은 바로 소비 혹은 사용패턴(Consumption or Usage Pattern)의 변화이다. 어떤 혁신제품은 지금까지 설명한 두 가지 측면의 변화, 즉 제품 편익의 증가와 새로운 기술적 능력에도 불구하고 소비자들로 하여금 커다란 행동의 변화를 요구하지 않는다.

카세트테이프를 넣은 워크맨 대신에 CD를 넣은 휴대용 CD Player를 들고 다니면 그뿐이다. 향상된 음질을 감상하며 부가된 새로운 기능을 사용하지만, 거부할 만큼 복잡하고 귀찮은 행동의 변화는 별로 수반하지 않는 것이다. 그런가 하면 또 다른 혁신제품들은 상당한 사용자 행동의 변화를 요구한다.

디지털카메라의 경우 과거의 기계식 카메라와 달리 사진을 찍은 후에 컴퓨터로 사진파일을 이동하여 이미 설치된 응용소프트웨어를 활용하여 사진을 수정하기도 하고, 연결된 프린터를 통해 인쇄하거나 이메일로 친구에게 보내기도 한다. 이러한 행동의 변화는 때로는 즐거운 것일 수도 있으나 다른 소비자들에게는 매우 귀찮고 복잡한 것이 될 수도 있다.

이와 같은 세 가지 측면을 가지고 혁신제품들을 평가하고 비교해 본다면 각각의 혁신제품이 놓일 자리는 매우 다양할 것이다. 또, 많은 경우에 세 가지 차원이 비례할 것으로 예상할 수 있지만 항상 그런 것은 아니다. 각각의 차원에 있어서 그 정도에 따라 급진적인 변화와 점진적인 변화로 구분해 볼 수 있겠지만, 특히 세 번째 기준인 '소비 혹은 사용패턴의 변화'는 하나의 혁신제품을 '연속적 혁신제품(Continuous Innovation)과 '불연속적 혁신제품(Discontinuous

Innovation)'으로 나누는 핵심적인 기준으로 종종 이용된다(그림 6-18). 왜냐하면 이것이 종종 일반 소비자들이 혁신제품의 수용(Adoption)을 거부하는 가장 중요한 이유가 되기 때문이다.

연속적인 혁신은 소비행동의 변화를 요구하지 않는 정상적인 제품 업그레이드를 말하는 것으로 볼 수 있다. 이는 주로 더 나은 품질과 성능을 바라는 소비자의 니즈에 부합하려는 노력의 산물이다. 따라서 많은 경우 기존제품의 확장이나 개선의 수준에 머무는 경향이 있다. 더 강력한 세제, 연비나 배출가스가 개선된 승용차, 속도가 더 빨라진 컴퓨터 등이 연속적인 혁신의 범주에 속한다. 이들의 경우에 모두 소비자들은 사용을 위해 행동을 변화시킬 필요가 없었다.

한편, 불연속적 혁신제품은 소비자들의 행동을 변화시킬 것을 요구한다. 가솔린을 사용하던 승용차와 전기 자동차의 차이는 연료공급이라는 측면에서 상당한 운전자의 행동변화를 요구한다. 아날로그부터 디지털로의 변화의 대부분이 제품의 사용방식에 있어서 상당한 변화를 요구한다.

연속적 혁신제품의 경우와 달리 불연속적 혁신제품은 고객의 욕구보다는 연구실에서의 발견 혹은 창안(Invention)에 의해 빛을 보게 된 경우가 많다. 이 경우 점진적 개선보다는 급진적 혁신인 경우가 많으며, 새로운 제품군(New Product Category)을 만들어 내거나 새로운 시장을 형성하는 경향이 있다. 따라서 불연속적 혁신은 획기적인 성능과 증진된 편익으로 인해 혁신제품 애호가들로부터 상당한 사랑과 주목을 받는 경우가 많지만, 시장의 다수를 형성하고 있는 보수적인 소비자들로부터는 그만큼 외면되기 쉽다. 왜냐하면, 대부분 소비자는 그들의 현재 행동을 포기하거나 변경하는 위험하고 귀찮은 노력을 결코 달가워하지 않을 것이기 때문이다.

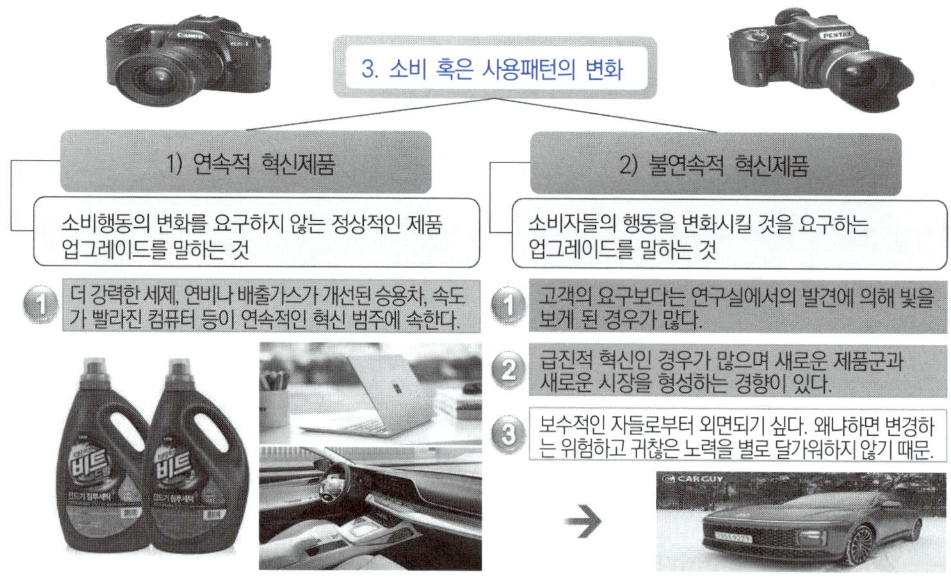

[그림 6-18] 불연속적 혁신의 정의

3.2 기술수용주기 모형

사회학자 에버렛 로저스(Everett Rogers)는 불연속적 혁신제품의 수용에 대한 연구결과를 토대로, 혁신기술을 채택하는 데에 걸리는 시간에 따라 소비자를 5개 수용자 군(Adopter Category)으로 분류하였다. 로저스(Rogers)가 제안한 기술수용주기(Technology Adoption Life Cycle) 모형은 이와 같은 5개의 수용자 군이 시간순서에 따라 차례로 나타남을 모형화한 것인데 이를 그림으로 나타내면 [그림 6-19]와 같다.

[그림 6-19]에서 보듯이 혁신제품의 채택순서에 따른 소비자의 분포는 종모양을 갖는 좌우대칭의 정규분포(Normal Distribution)를 따르는 것으로 보이며, 그 중간인 평균값을 중심으로 좌우로 표준편차만큼의 거리를 재어 경계를 정하고, 맨 앞의 혁신자 집단의 경우에는 표준편차의 두 배만큼의 거리를 둔 것이다. 최초의 로저스(Rogers) 모형은 원래 잡종교배 옥수수 종자에 대한 것이었으나, 이는 하이테크 혁신제품이나 새로운 제품의 수용을 매우 잘 설명할 뿐 아니라 하나의 하이테크 제품, 신제품에 소비자들의 반응이 왜 그토록 다양할 수 있는지를 잘 말해준다.

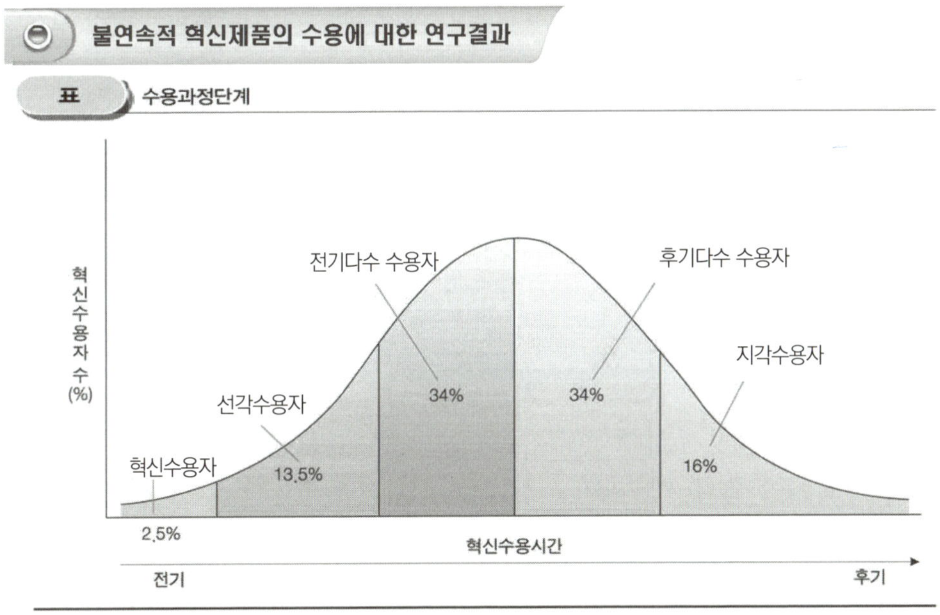

[그림 6-19] 기술수용주기 모형

3.2.1 혁신수용자

혁신수용자(Innovator)는 기술애호가이며 기술자들이 많다(그림 6-20). 이들이 혁신제품을 사는 이유는 그야말로 '그냥 좋아서'이다. 어떤 기능이 어떤 편익(Benefit)을 주는지에 그다지 관심이 없다. 남들에게 보여주려는 것도 일차적인 이유가 아니다. 그냥 쿨(Cool)하기 때문에 산다. 제품 효용보다 기술 자체에 관심이 많고 잘 알고 있으며 새로운 기술을 누구보다 먼저 습득하려는 경향을 가진 사람들이다. 그렇기 때문에 이들은 신기술과 신제품에 대한 오피니언 리더가 될 가능성이 많다. 제품마다 다르지만 대개 전체 소비자의 2~3%에 해당하는 사람들이 여기에 속한다. 신기술이나 신제품의 일반인 구매욕구 자극에 필수적 계층이다.

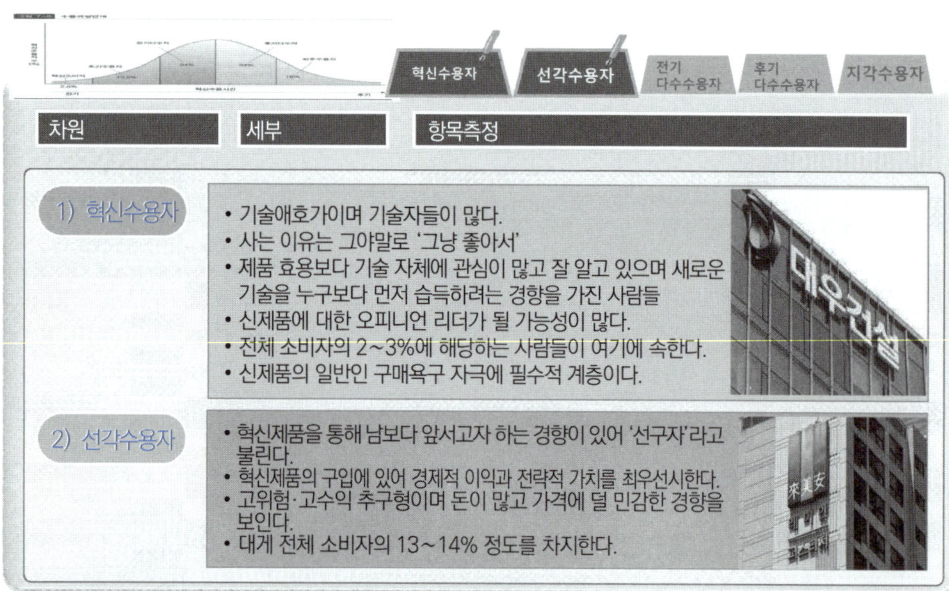

[그림 6-20] 기술수용주기모형 – 혁신수용자 / 선각수용자

3.2.2 선각수용자

선각수용자(Early Adopter)는 혁신제품을 통해 남보다 앞서고자 하는 경향이 있어 '선구자'라고 불린다. 개인 고객이든 기업고객이든 이들은 혁신제품의 구입에 있어 경제적 이익과 전략적 가치를 최우선시한다. 또 대부분 고위험 · 고수익 추구형이며, 돈이 많고, 가격에 덜 민감한 경

향을 보인다. 혁신제품이 초기 시장에서 성공하기 위해서는 이들의 지지가 필수적인데 이들은 대개 전체 소비자의 13~14% 정도를 차지한다.

3.2.3 전기다수수용자(Early Majority)

선각수용자 이후부터 기술수용주기의 중간(평균값)까지의 사이에 위치하는 세 번째 집단은 전기다수수용자(Early Majority)이다(그림 6-21). 이들은 기술 자체에는 별로 관심이 없고 실제적인 문제에 집중한다. 따라서 '실용주의자'가 이들의 별명이다.

혁명적인 변화보다는 점진적인 변화에 따른 생산성 향상과 유지 가능한 경쟁우위를 추구한다. 이들이 선각수용자와 가장 크게 다른 점은 검증된 성과를 반드시 요구한다는 것이다. 즉 성공사례를 듣고 싶어 하면 많은 사용자가 지지하는 이른바 베스트셀러를 선호한다는 사실이다. 이러한 이유 때문에 이들은 신기술로 시장을 공략하는 이른바 벤처기업이 가장 상대하기 어려운 집단이 된다.

또 한 가지 골치 아픈 사실은 이들이 구매의사결정을 할 때에는 반드시 복수의 대안을 고려하고자 한다는 사실이다. 비교 가능한 여러 개의 대안 중에서 가장 실용적이고 남들이 많이 구매하는 제품을 선택할 가능성이 높다. 또, 기술을 잘 모르기 때문에 사후 서비스에 대한 강력한 니즈가

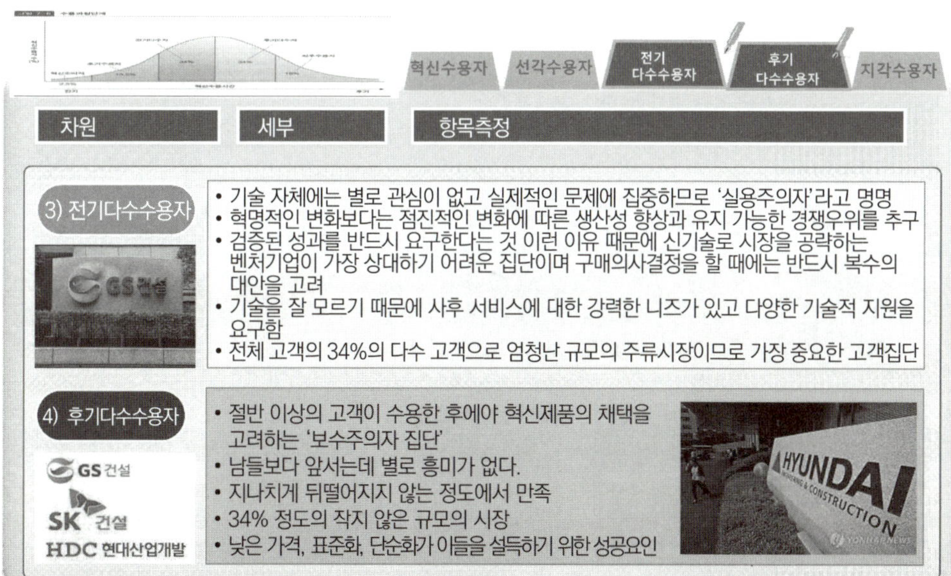

[그림 6-21] 기술수용주기모형 - 전기다수수용자 / 후기다수수용자

있고 다양한 기술적 지원을 요구하는 경향이 있다. 마케터의 입장에서 매우 힘든 상대이지만 이들은 전체 고객의 34%나 되는 다수 고객일 뿐 아니라 이후에 펼쳐질 엄청난 규모의 주류시장(Mainstream Market)으로 가는 입구를 지키고 있는 가장 중요한 고객집단이다.

3.2.4 후기다수수용자(Late Majority)

잠재고객의 절반 이상의 고객이 수용한 후에야 혁신제품의 채택을 비로소 고려하는 '보수주의자(Conservatives)' 집단이 후기다수수용자(Late Majority)이다(그림 6-21). 이들은 남들보다 앞서는데 별로 흥미가 없다. 경쟁우위를 추구하기보다는 경쟁열위를 어느 정도 피하고자 할 뿐이며, 지나치게 뒤떨어지지 않는 정도에서 만족한다. 이들 중에는 주로 위험 회피형 소비자가 많고, 대부분 가격에 매우 민감하다. 이들은 차세대 기술의 발전으로 새로운 혁신제품을 준비하고 있는 기업의 입장에서 성숙기술의 '수확(Harvest)'을 위해 고려해 봄직한 고객집단이다. 34% 정도의 작지 않은 규모의 시장이며, 낮은 가격, 표준화, 단순화가 이들을 설득하기 위한 성공요인이다.

3.2.5 지각수용자(Late Majority)

지각수용자는 신기술이나 혁신제품에 대해 매우 부정적 입장을 취하는 사람들이다(그림 6-22).

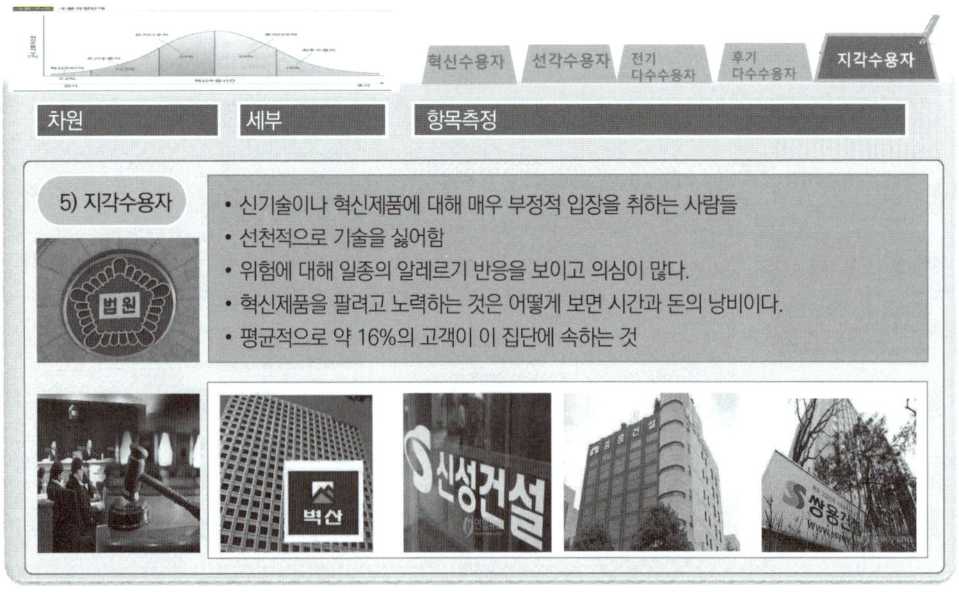

[그림 6-22] 기술수용주기모형 – 지각수용자

선천적으로 기술을 싫어하고, 위험에 대해 일종의 알레르기 반응을 보이고 의심이 많다. 이들은 대개 설득하기 어렵기 때문에 상당한 마케팅 비용을 수반하므로 이들에게 혁신제품을 팔려고 노력하는 것은 어떻게 보면 시간과 돈의 낭비이다. 평균적으로 약 16%의 고객이 이 집단에 속하는 것으로 볼 수 있다.

3.3 캐즘 이론

5개 수용자 집단의 경계에는 각각 작은 틈이 존재한다. 그러나 우리가 주목해야 할 가장 큰 틈은 두 번째 집단인 선각수용자와 그 다음에 오는 전기다수수용자 사이의 간극이며 이를 '캐즘'이라고 부른다(그림 6-23). 캐즘은 지질학에서 쓰이는 용어로써 지각변동 등의 이유로 지층 사이에 큰 틈이나 협곡이 생겨 서로 단절되어 있는 현상을 의미한다.

저서 〈캐즘마케팅〉과 〈토네이도마케팅〉 등으로 유명한 제프리 A. 무어 박사는 이러한 현상을 마케팅 분야에 적용시켰는데 그것이 첨단기술 수용론이라고도 일컬어지는 캐즘 이론이다. 첨단제품의 선각수용자와 그 이후 실용주의자로 구성된 전기다수수용자의 괴리 때문이다. 주류시장의 수용자들은 서로 다른 시점에 서로 다른 이유로 제품을 구매한다.

제품이 아무리 혁신적일지라도 실용적이지 못하면 시장에서 성공하기 힘들다. 혁신성을 중시하는 소비자가 중심이 되는 초기시장과 실용성을 중시하는 소비자가 중심이 되는 주류시장 사이에서 첨단기업은 종종 급격한 매출 감소나 정체를 겪을 수 있다. 따라서 초기시장과 주류시장 사이에는 일시적으로 수요가 정체되거나 후퇴하는 단절현상이 나타나게 되는데 이를 '캐즘'이라고 한다.

캐즘 모형을 살펴보면 선각수용자(Early Adopter)와 전기다수수용자(Early Majority) 두 집단 간의 차이를 잘 요약하고 있다. 즉 선각수용자는 직관적이고 혁명적인 변화를 지지하며 남들과 차별화하는 데에 관심이 많은 반면, 실용주의자들은 분석적이고 혁신보다는 진화적인 변화를 선호하며 대다수의 무리와 함께 가기를 원하는 특성을 가지고 있다. 실용주의자 소비자들이 새로운 기술이나 혁신제품, 신제품을 구입할 때 항상 다른 이들의 의견을 구하고 성공사례를 알고자 하는 것도 바로 그 이유에서다.

선견자들인 선각수용자는 경쟁우위를 얻기 위해 어느 정도의 위험을 감수할 용의를 가지고 있으며 미래의 기회에 의해 고무되는 반면, 실용주의자들은 위험을 최소화하려 하고 미래보다는 현재의 문제에 더 집착하는 경향이 있다. 그러므로 실용주의자 집단이야말로 혁신제품을 판매하고자 하는 하이테크 기업, 특히 소규모 창업기업의 영업담당자가 뚫기 가장 힘든 사람들이다. 이들은 기술을 잘 모르기 때문에 사후 서비스에 대해서도 지대한 관심을 보인다.

선견자들(선각수용자)은 가능성에 흥분하여 약간 완성도가 낮은 제품이라도 선뜻 구입에 나서고 그 문제를 해결해 나가려고 한다. 반면에 실용주의자는 99%의 완벽성에도 회의를 품고 완전한 문제해결을 보장해 줄 것을 요구한다. 이른바 '완전완비제품(Whole Product)'을 원하는 것이다.

캐즘 이론

정의	- 5개 수용자 집단의 경계에는 각각 작은 틈이 존재한다. - 가장 큰 틈은 두 번째 집단인 선각수용자와 세 번째 집단인 전기다수 수용자 사이의 간극을 '캐즘'이라 한다. - 캐즘은 지질학적에서 쓰이는 용어로써 지각변동 등의 이유로 지층 사이에 큰 틈이 생겨 단절되어 있는 현상을 의미 - 제프리 A무어 박사가 저서 〈캐즘마케팅〉, 〈토네이도마케팅〉에서 마케팅 분야에 적용. - 제품이 아무리 혁신적일지라도 실용적이지 못하면 시장에서 성공하기 힘들다. - 캐즘은 초기시장과 주류시장 사이에 수요에 단절현상이 나타나는 것.
두 집단 간의 차이	- 선각수용자 1. 직관적이고 혁명적인 변화를 지지하며 남들과 차별화하는 데에 관심이 많다. 2. 가능성에 흥분하며 약간 완성도가 낮은 제품이라도 선뜻 구입하고 나서 그 문제를 해결해 나가려고 한다. - 전기다수 수용자(실용주의자) 1. 분석적이고 혁신보다는 진화적인 변화를 선호하며 대다수의 무리와 함께 가기를 원하는 특징. 2. 혁신적인 하이테크 기업, 소규모 창업기업이 영업담당자가 뚫기 가장 힘든 사람들이다. → 완전한 문제해결 보장을 원함(완전완비제품).

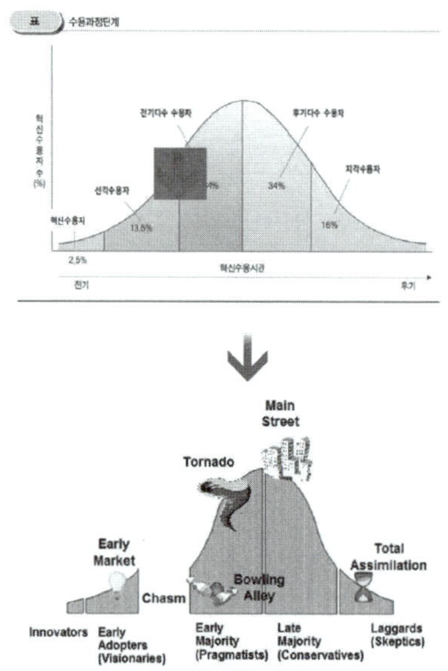

[그림 6-23] 캐즘 이론

3.4 캐즘 해결 방안

3.4.1 혁신수용자

혁신수용자는 공짜이거나 상당히 저렴한 값으로 제품을 제공하고, 의문이 많으므로 불확실한 내용이 없도록 확실히 대답해 주어야 한다. 개선안에 대한 제안이 많으므로 그 점을 통해 신제품을 보완 및 개선할 수 있도록 해야 하며, 혁신수용자는 시장의 불쏘시개 역할을 하는 사람이므로 중요하게 관리해야 한다(그림 6-24).

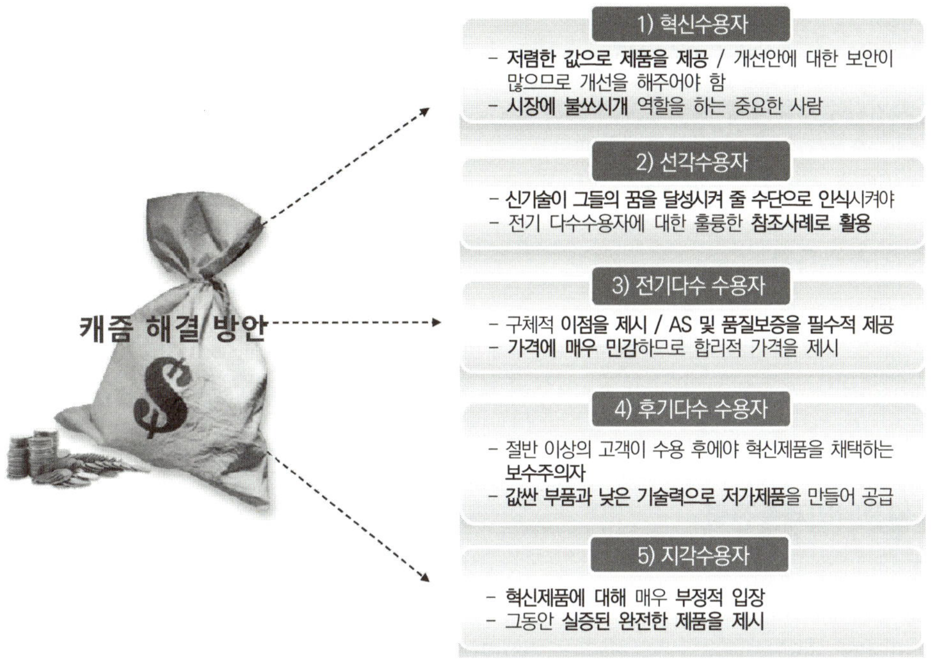

[그림 6-24] 캐즘 해결 방안

3.4.2 선각수용자

선각수용자는 신기술이 그들의 꿈을 달성시켜 줄 수단으로 인식시켜야 하며, 신제품을 개발하는 기업은 선각수용자의 꿈의 동반자로서 끝까지 지원해야 한다. 전기다수수용자에 대한 훌륭한 참조사례로 활용해야 한다.

3.4.3 전기다수수용자

실용주의자인 전기다수수용자는 구체적 이점을 제시하거나 합리적인 참조자료(AS 및 품질보증)를 필수적으로 제공해야 하며, 가격에 매우 민감하므로 합리적 가격을 제시해야 한다(그림 6-24).

3.4.4 후기다수수용자

잠재고객의 절반 이상의 고객이 수용한 후에야 혁신제품의 채택을 비로소 고려하는 보수주의자인 후기다수수용자에게는 값싼 부품과 낮은 기술력으로 저가제품을 만들어 공급해야 한다(그림 6-24).

3.4.5 지각수용자

지각수용자는 신기술이나 혁신제품에 대해 매우 부정적 입장을 취하는 사람들이므로 그동안 실증된 완전한 제품을 제시해야 한다(그림 6-24).

3.5 완전완비제품전략

캐즘을 뛰어넘는 유일하고 안전한 방법은 하나의 표적시장을 집중 공략하는 것으로, 성공전략의 열쇠는 실용주의자들로 구성된 주류시장에서 하나의 교두보 세분시장을 선택한 다음, 그 교두보 세분시장이 요구하는 완전제품을 100% 완성하는데 전략 투구하는 것이다. 신속하게 주류시장 내 틈새 세분시장에 발판을 확보하기 위해서는 고객에게 단순히 제품만을 제공하는 것으로는 부족하며 대신 고객들의 욕구를 완벽히 해결해 주는 데 필요한 제품군과 서비스들까지 완전히 결합된 제품, 즉 완전완비제품을 제공해야 한다(그림 6-25). 완전완비제품(Whole Product)은 소비자의 문제를 100% 해결해 줄 수 있는 제품으로 표적소비자가 제품구매 충동을 일으키는 데 필요한 최소한의 구성을 맞춘 제품이나 서비스가 되어야 한다.

3.5.1 볼링 앨리 단계(Bowling Alley)

볼링 앨리 단계는 일반시장에 앞서 교두보 역할을 하는 틈새시장이 먼저 제품을 수용하는 시기로 고객의 강력한 구매충동 사유와 틈새시장에 딱 맞는 완전제품을 만들어 보려는 공급자의 의지에 의해 추진되는 단계의 시장이다. 신제품이 기술수용주기 중 주류시장 내의 교두보 틈새시장들에는 인정을 받아냈지만, 아직 전반적이고 광범위하게 전파되지는 못한 단계이다(그림 6-25).

볼링 앨리 단계의 목적은 당장 돈을 버는 일과 돌풍 단계에서 시장선도자로 신용과 명성을 쌓는 것이다. 세분시장을 만족시킨 후 이미 만들어진 완전완비제품에 새로운 세분시장을 확보함으로써 엄청난 수익 증대를 꾀할 수 있으며, 최우선 과제는 사업을 성장시키고, 수익을 증대하여 완전제품의 완성도를 높인다. 이 단계의 판매 전략으로는 틈새시장(완전완비제품의 구성작업을 단순화)을 공략한다.

3.5.2 돌풍 단계(Tornado)

대중 수요시장의 수용시기로 일반시장을 기존의 인프라 패러다임에서 새로운 인프라 패러다임으로 전환하는 시기이다(그림 6-25).

3.5.3 중심가 단계(Mainstream Market)

후속시장의 발전 단계로서 인프라가 전진 배치되고, 남은 시장의 가능성을 완성하는 목표를 이루고자 하는 단계이다(그림 6-25).

- 캐즘을 뛰어 넘는 유일하고 안전한 방법은 하나의 표적을 집중 공략하는 것.
- 캐즘은 확산단절현상이다. ㉮ 다이렉트 보험이 국내시장에 처음 도입되었을 때 5~10% 정도에 매출상승이 꺾이는 현상을 보고 캐즘이라 했다.
- 제프리 A무어 박사가 제시하는 캐즘 극복의 전략을 극복하는 네 가지 방법을 소개한다.

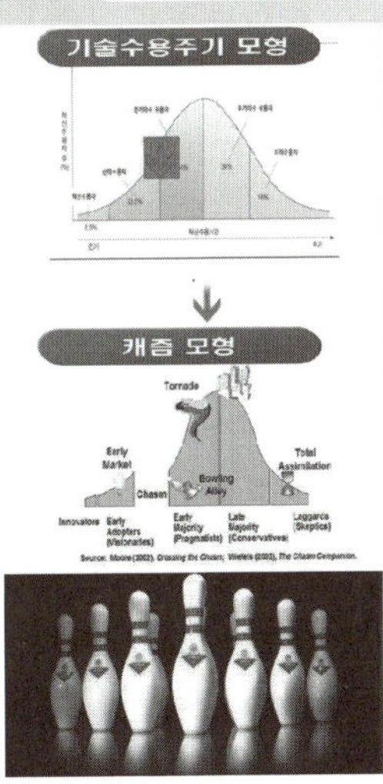

손실절감 (Loss Cutting)	1. 캐즘을 극복하기 위해 제일 먼저 할 일은 절대다수의 위험회피자의 위험을 줄여주기나 없애주는 것이다. 2. 홈쇼핑 처음 도입 시 한일은 손실절감이다. 구매자는 홈쇼핑의 편리함과 저렴한 가격은 만족하였으나 직접 보지 못함과 배송이 제때 되지 않는 부분, 결제대금의 부담이었다 이를 해소하니 지금은 정착하게 되었다.
볼링 앨리단계 (Bowling Alley)	1. 캐즘을 넘어 조기다수층에 침투하는 방법을 설명하는 것이다. 조기다수층 전체가 이니고 핵심고객층을 표적으로 파고드는 전략을 볼링에 비유하여 표현한 것이다. 2. 볼링에서 스트라이크를 하면 킹핀을 공략해야 하듯이 조기다수층의 핵심고객을 공략할 것을 제안하는 전략이다.
돌풍 단계 (Tornado)	1. 선도고객층인 킹핀을 파고든 연후에 신제품을 조기다수층의 소비표준이 되도록 할 것을 제안하는 표현이다. 2. 회오리바람이 일듯이 처음 폴더폰을 몰아내고 스마트폰을 휴대폰의 표준이 되게 하는 것을 말한다.
중심가 단계 (Mainstream Market)	1. 후기다수층을 파고드는 전략으로 시내 중심에서 부도심으로 이어지는 가로를 메인스트리트라고 한다. 2. 후기다수층은 욕구가 다양하기 때문에 이에 들어가기 위해서는 다양한 버전이 필요하기 때문에 메인스트리트라는 비유로 표현한 것이다. 후기다수층에 진입할 때는 세분시장을 나누어 세분시장별로 다른 마케팅프로그램을 개발할 것을 제안하고 있다.

[그림 6-25] 완전완비제품전략

3.5.4 완전 동화 단계

불연속적인 혁신이 완전히 동화되는 시기로서, 기술수용주기의 마지막 시기이며, 시장 전반에 기술수용이 완전히 이루어진다. 이 단계에 만족하고 안주하고 있을 경우, 새로이 몰려오는 패러다임의 충격으로 인해 시장에서의 패배자가 될 수 있으므로 꾸준한 자기계발이 필요한 시기이다.

3.6 결론

'불연속적 혁신'의 특성을 가지고 있는 제품이나 서비스는 그 시장형성 과정이 매우 독특하다. 초기시장의 형성도 어렵지만, 초기시장에서의 성공을 주류시장으로 이어가는 것도 그에 못지않게 어렵다. 따라서 대부분이 일시적인 정체 내지는 캐즘을 경험하게 된다. 그러므로 신제품시장에서 승자가 되기 위해서는 이른바 기술수용주기상의 5개 수용자 집단의 특성을 제대로 이해하고 각 단계별로 최적의 전략을 구사해야 한다. 초기시장, 캐즘, 토네이도, 메인스트리트를 거치면서 각 단계를 구성하는 소비자의 특성과 경쟁역학을 철저히 반영한 마케팅활동을 전개해야 한다.

초기의 성공에 연연하다가 캐즘에 빠지게 되면 사업을 유지하기 위해 초단기적인 시야를 가지고 매출 위주의 정책을 펴기 쉬운 것도 인지상정이다. 그러나 무어(Moore)가 주장하고 실리콘밸리에서 여러 사례를 통해 실제로 검증된 캐즘모형은 그럴 때일수록 인내심을 가지고 작지만 파급효과가 큰 틈새시장을 찾아 모든 힘을 집중하라고 말한다. 그리고 캐즘을 넘게 되면, 볼링 핀이 서로를 쓰러뜨리듯 여러 세분시장을 하나하나씩 공략하여 넘어뜨리는 연쇄작용을 통해(볼링 앨리 전략), 시장 폭발기에 선도주자가 나서라고 말한다.

신제품시장에서 성공하기 위해서는 무엇보다도 '뒤집기'가 중요하다. 여기서 뒤집기란 마케팅 전략의 '유연성'을 말한다. 즉 초기시장에서는 혁신적인 기술과 킬러 애플리케이션을 기반으로 혁신수용자와 선각수용자를 공략하다가, 캐즘의 단계가 되면 제품의 표적고객과 응용분야를 정교화하여 집중적으로 공략하는 방법을 쓰고, 또 토네이도가 되면, 보편적인 소구를 갖는 표준화된 제품과 광고 등으로 무장한 메스마케팅을 펼쳐야 한다. 마지막으로, 메인스트리트 단계에서는 토네이도 이후에 경험하게 되는 범용화, 진부화를 막기 위해 다양한 고객의 요구를 반영한 차별화된 마케팅으로 다시 한번 마케팅전략을 수정하여야 한다. 이러한 과정에서 마케터는 집중화와 보편화, 혹은 차별화와 범용화의 전환을 반복하게 되는데 이는 말처럼 쉽지 않다. 시장에 대한 깊은 이해와 결단이 없이는 매우 힘든 것이 사실이다. 결론적으로 말해서 신제품시장에서 승자가 되고자 하는 기업은 시장의 변화를 예의 주시해야 한다. 제품시장이 어느 단계에 와 있는가? 또 무엇을 준비해야 하는가를 정확히 알아서 유연성 있는 마케팅전략을 구사하는 기업만이 생존경쟁에서 살아남을 수 있을 뿐 아니라 시장을 지배하고 선도하는 위치에 설 수 있게 될 것이다.

학습정리

이번 장에서 이해해야 할 내용을 정리해 보겠다.

1. 신제품 개발 과정

1) 신제품 개발의 정의

신제품개발이란 기업의 미래 경쟁력을 결정하는 현재의 마케팅활동이다. 3M의 경우 최근 5년 이내 신제품의 매출 비중이 25% 이상 되어야 한다고 주장하였다.

2) 신제품의 목적

신제품을 개발하는 목적은 1) 상품의 라인을 확장하고 수명주기를 연장하기 위함이며 2) 상품을 재설계하여 우위성을 유지하고 3) 수익을 유지하기 위해서이다.

3) 신제품 미개발 시

(1) 경쟁이 늘어난다.
(2) 다른 회사의 혁신에 의해 기존제품이 진부화되면 매출이나 이익을 줄어든다.

4) 신제품 개발 시

(1) 신상품의 실패율은 상당히 높고 실패의 비용도 상당이 크다.
(2) 신상품 개발은 비용이 상당히 소요된다.
(3) 신상품 개발을 잘 관리하면 위험은 최소화하고 이익은 극대화할 수 있다.

2. 신제품 개발과정

1) 아이디어 창출

기업은 다양한 아이디어 원천들로부터 신제품 아이디어를 수집할 수 있어야 한다.

(1) 기업 내 R&D 부서의 연구원, 영업사원, 종업원들로부터 아이디어 수집한다.
(2) 소비자조사를 통해 소비자 욕구, 고객의 불만을 분석하여 아이디어 수집한다.
(3) 중간상이나 부품공급업자들이 제공하는 경쟁기업정보, 고객불만, 신소재 등의 정보를 신제품개발에 활용 가능하다.
(4) 경쟁제품을 구입하여 분석하여 경쟁사의 성공요인과 개발전략을 분석함으로 신제품 아이디어를 도출한다.

2) 아이디어 추출

(1) 수집된 신제품 아이디어 중 소수의 최적 아이디어만을 선별한다.
(2) 성공할 가능성이 낮은 제품아이디어를 계속 진행하거나 성공할 가능성이 높은 신제품 아이디어를 기각하는 오류를 범하지 않도록 유의한다.

→ 신제품 아이디어를 추출하기 위한 잘 설계된 시스템 개발해야 한다.

(3) 아이디어 추출 성공률 : 기술적인 완성 확률 x 상용화 확률 x 경제적인 성공 확률

(4) 아이디어 추출 분석 방법

① 항목 결정-차별화, 품질, 경쟁력, 시장점유율, 자원(기술, 인적, 재무 등)

② 중요도 결정

③ 아이디어

→ 등으로 항목별로 평가한다.

3) 제품콘셉트개발 및 테스트

제품개념(Product Concept) 개발

Product Idea → Product Concept

㉠ 전기로 가는 차 → 무공해, 무소음 …

단열도어 → 결로, 차음, 기밀, 열관료율, 방화 …

4) 마케팅 전략수립

(1) 목표시장(Target 첫해부터-3년), 포지셔닝, 판매량, 시장점유율, 이익목표 등을 수립한다.

(2) 제품의 예상가격, 유통구조, 마케팅 예산 등을 수립한다.

(3) 중장기 매출 및 이익목표와 마케팅믹스 전략을 수립한다.

5) 사업성 분석

(1) 제품콘셉트와 마케팅전략을 통해 예상된 예상판매량, 비용, 이익을 산출하고 기업 및 마케팅 목표에 합치되는지를 평가한다.

(2) 낙관적 : 다음 단계 시작

비관적 : 해당 제품개발 포기

(3) 신제품 개발이 기업의 성공 및 실패에 큰 영향을 미칠 수 있기 때문 …

6) 제품개발

(1) 시제품 개발단계는 대규모의 투자비가 요구한다.

(2) 제품아이디어가 작동 가능한 제품으로 전환될 수 있는지가 결정된다.

(3) R&D 부서는 제품콘셉트를 토대로 몇 개의 실물제품을 개발 · 테스트하게 된다.

(4) 소비자의 관심과 만족을 얻으면서 저비용으로 신속한 생산이 가능한 시 제품을 설계하려고 한다.

7) 테스트 마케팅

(1) 개발된 신제품을 표적시장에 출시하기에 앞서 소비자의 반응과 매출가능성을 조사할 필요가 있다.

(2) 시험시장에서의 소비자 반응결과를 토대로 표적시장의 출시여부를 결정한다.

(3) 테스트 마케팅은 많은 비용과 시간이 소요된다.

(4) 기업이 너무 오랜 기간 동안 테스트 마케팅을 수행할 경우, 신제품개발 정보가 경쟁사에 누출될 가능성이 높아진다.

(5) 기업은 신제품 시장에 대한 경험이 있는 경우 시장도입 비용이 크지 않을 경우 테스트 마케팅을 생략하고 바로 전국시장에 진출할 수 있다.

☞ 테스트 마케팅의 시험 종류

1) 표준시험 : 전체시장을 대표하는 몇몇 시장을 선택
  (1) 장점 : 실제 상황과 흡사
  (2) 단점 : 비용과 시간이 가장 많이 소요, 경쟁사 정보 노출, 경쟁사 견제

2) 통제된 시험 : 일정한 수준의 지역점포와 제품을 선택 실시
  (1) 장점 : 표준시험에 비해 시간 비용이 적음
  (2) 단점 : 전체시장을 대표하기 어렵다. 경쟁사에 정보누설 가능

3) 모의시험 : 임의로 만들어진 쇼핑환경, 시험 마케팅
  (1) 장점 : 시간, 비용이 가장 저렴
  (2) 단점 : 결과에 대한 신뢰도가 매우 낮다.

8) 신제품 출시시기

(1) 초기진입
  ① 경쟁제품보다 조기에 진입
  ② 제품의 리더로서 유리한 위치 점유

(2) 동시진입
  ① 경쟁제품과 동시진입
  ② 경쟁업체의 시기에 따라 출시시기 조정

(3) 후발진입
  ① 경쟁기업보다 늦게 출시
  ② 초기 시장진입 비용 절감
  ③ 시장에서 제기된 문제점 해결하여 출시

3. 신제품 개발 성공과 실패

1) 신제품 개발 성공변수

신제품 개발의 성공변수로는 '회사내부 역량에 부합'한 신상품 개발을 하여야 성공할 수가 있다고 학자들은 제시하고 있다.

2) 신제품 개발 실패변수

신제품의 실패요인으로는 (1) 부실한 신제품 기획 (2) 관리지원의 부족 (3) 부적절한 신제품 콘셉트 (4) 소비자 조사 부족 (5) 기술력 부족 (6) 부적절한 타이밍을 제시하고 있다.

4. 혁신의 정의와 혁신제품이 기존제품과의 차이점 3가지

1) 혁신의 정의 : 묵은 풍습, 관습, 조직, 방법 따위를 완전히 바꾸어서 새롭게 한다.
2) 혁신제품이 기존제품과의 차이점 3가지
  (1) 제품편익 : 고객 혹은 사용자의 니즈를 만족시켜 주는 정도를 의미한다.
    ㉵ 소니의 워크맨
    늘 휴대하고 다니면서 음악을 듣고 싶어 하는 새로운 니즈를 충족시킨다.
  (2) 기술적 능력 : 기능적인 측면에서 기존제품의 한계를 뛰어넘는 정도를 말한다.
    ㉵ 휴대용 CD Player
    카세트테이프를 넣는 워크맨 대신에 CD를 넣을 뿐 향상된 음질을 감상하며 귀찮은 행동의 변화는 별로 수반하지 않는 것을 말한다.
  (3) 소비 혹은 사용패턴 : 소비 혹은 사용패턴의 변화를 가져온다.
    ㉵ 디지털카메라의 경우 과거의 기계식 카메라와 달리 사진을 찍은 후에 컴퓨터로 사진파일을 이동하여 사진을 수정하기도 하고 프린트를 통해 인쇄나 이메일로 친구에게 보내기도 한다. 즐거운 것일 수도 있지만 매우 복잡한 것이 될 수도 있다.

5. 혁신제품의 종류

1) 연속적 혁신제품 : 연속적 혁신제품은 소비행동의 변화를 요구하지 않는 정상적인 제품 업그레이드를 말하는 것이다.
2) 불연속적 혁신제품 : 불연속적 혁신제품은 소비자들의 행동을 변화시킬 것을 요구하는 업그레이드를 말하는 것이다.

6. 기술수용주기모형

1) 혁신수용자

(1) 기술애호가이며 기술자들이 많다.
(2) 사는 이유는 그야말로 '그냥 좋아서'이다.
(3) 제품 효용보다 기술 자체에 관심이 많고 잘 알고 있으며 새로운 기술을 누구보다 먼저 습득하려는 경향을 가진 사람들이다.
(4) 신제품에 대한 오피니언 리더가 될 가능성이 많다.
(5) 전체 소비자의 2~3%에 해당하는 사람들이 여기에 속한다.
(6) 신제품의 일반인 구매 욕구 자극에 필수적 계층이다.

2) 선각수용자

(1) 혁신제품을 통해 남보다 앞서고자 하는 경향이 있어 '선구자'라고 불린다.
(2) 혁신제품의 구입에 있어 경제적 이익과 전략적 가치를 최우선시한다.
(3) 고위험 · 고수익 추구형이며 돈이 많고 가격에 민감하지 않은 경향을 보인다.
(4) 대게 전체 소비자의 13~14% 정도를 차지한다.

3) 전기다수수용자

(1) 기술 자체에는 별로 관심이 없고 실제적인 문제에 집중하므로 '실용주의자'라고 명명한다.

(2) 혁명적인 변화보다는 점진적인 변화에 따른 생산성 향상과 유지 가능한 경쟁우위를 추구한다.

(3) 검증된 성과를 반드시 요구한다는 것 이런 이유 때문에 신기술로 시장을 공략하는 벤처기업이 가장 상대하기 어려운 집단이며 구매의사결정을 할 때에는 반드시 복수의 대안을 고려한다.

(4) 기술을 잘 모르기 때문에 사후 서비스에 대한 강력한 니즈가 있고 다양한 기술적 지원을 요구한다.

(5) 전체 고객의 34%의 다수 고객으로 엄청난 규모의 주류시장이므로 가장 중요한 고객집단이다.

4) 후기다수수용자

(1) 절반 이상의 고객이 수용한 후에야 혁신제품의 채택을 고려하는 '보수주의자 집단'이다.

(2) 남들보다 앞서는데 별로 흥미가 없다.

(3) 지나치게 뒤떨어지지 않는 정도에서 만족한다.

(4) 34% 정도의 작지 않은 규모의 시장이다.

(5) 낮은 가격, 표준화, 단순화가 이들을 설득하기 위한 성공요인이다.

5) 지각수용자

(1) 신기술이나 혁신제품에 대해 매우 부정적 입장을 취하는 사람들이다.

(2) 선천적으로 기술을 싫어한다.

(3) 위험에 대해 일종의 알레르기 반응을 보이고 의심이 많다.

(4) 혁신제품을 팔려고 노력하는 것은 어떻게 보면 시간과 돈의 낭비이다.

(5) 평균적으로 약 16%의 고객이 이 집단에 속하는 것이다.

7. 캐즘의 정의

5개 수용자 집단의 경계에는 각각 작은 틈이 존재한다.

1) 가장 큰 틈은 두 번째 집단인 선각수용자와 세 번째 집단인 전기다수 수용자 사이의 간극을 '캐즘'이라 한다.
2) 캐즘은 지질학적에서 쓰이는 용어로써 지각변동 등의 이유로 지층 사이에 큰 틈이 생겨 단절되어 있는 현상을 의미한다.
3) 제프리 A무어 박사가 저서 〈캐즘마케팅〉, 〈토네이도마케팅〉에서 마케팅 분야에 적용했다.
제품이 아무리 혁신적일지라도 실용적이지 못하면 시장에서 성공하기 힘들다.
캐즘은 초기시장과 주류시장 사이에, 수요에 단절현상이 나타나는 것이다.

8. 캐즘을 뛰어넘는 방법

1) 손실절감
2) 볼링 엘리 단계
3) 돌풍 단계
4) 중심가 단계

연습문제

정답 및 해설

1. 다음 신제품 개발의 목적이 아닌 것은?

① 상품의 라인을 확장하고 수명주기를 연장한다.
② 상품을 재설계하여 우위성을 유지한다.
③ 수익을 유지하기 위해서이다.
④ 경쟁이 늘어난다.

[정답] ④
업체의 경쟁이 늘어나는 경우는 신제품을 미개발 시에 일어나는 현상이다.

2. 다음 내용의 현상은 신제품 개발과정 중 어느 단계에 해당하는가?

중간상이나 부품공급업자들이 제공하는 경쟁기업정보, 고객 불만, 신소재 등의 정보를 신제품개발에 활용가능하다.

① 아이디어 창출
② 아이디어 추출
③ 제품콘셉트개발 및 테스트
④ 마케팅 전략수립

[정답] ①
중간상을 통해서 신제품 개발의 아이디어를 얻을 수 있다(아이디어 창출).

3. 다음 내용의 현상은 신제품 개발과정 중 어느 단계에 해당하는가?

전기로 가는 차는 무공해, 무소음의 개념으로 개발되어야 한다.

① 아이디어 창출 ② 아이디어 추출
③ 제품콘셉트개발 및 테스트 ④ 마케팅 전략수립

[정답] ③
제품이 어떤 개념으로 개발시켜야 하는지에 대한 제품콘셉트개발의 정의에 관한 단계이다.

4. 신제품 개발과정 중 대규모의 투자비가 요구되는 단계는?

① 마케팅 전략수립
② 사업성 분석
③ 제품개발
④ 제품콘셉트개발 및 테스트

[정답] ③
대규모 투자비가 요구되는 단계는 제품개발 단계이다.

5. 다음 신제품 실패요인의 변수가 아닌 것은?

① 부실한 신제품 기획 ② 회사 내부 역량부합
③ 소비자 조사부족 ④ 기술력 부족

[정답] ②
[해설] 회사 내부 역량부합은 신제품 성공변수의 하나이다.

6. 다음 혁신제품이 기존제품과의 차이점이 아닌 것은?

① 제품편익 ② 기술적 능력
③ 소비 혹은 사용패턴의 변화 ④ 특허

[정답] ④
특허는 혁신제품이나 기존제품이나 모두 가지고 있을 수 있는 공통점이다.

7. 다음 서술한 내용은 어떤 혁신에 관한 내용인가?

소비자들의 행동을 변화시킬 것을 요구하는 업그레이드를 말하는 것으로 기존의 수동카메라에서 디지털카메라로의 변화에서 오는 혁신을 말한다.

① 연속적 혁신제품 ② 불연속적 혁신제품
③ 가용적 혁신제품 ④ 불가용적 혁신제품

[정답] ②
소비자들의 행동의 변화를 가져오는 혁신제품을 불연속적 혁신제품이라고 한다. 기존에 수동카메라를 쓰던 소비자는 신제품인 디지털카메라가 나오므로 인해 컴퓨터를 다룰 수 있어야 되는 기존에는 하지 않았던 행동의 변화를 가져오게 되었다.

8. 다음 불연속적 혁신에 의해 발생되는 현상이 아닌 것은?

① 주고 고객의 요구에 의해서 신제품이 발견되는 경우가 많다.
② 고객의 요구보다 연구실에서의 발견에 의해 빛을 보게 된 경우가 많다.
③ 급진적 혁신의 경우가 많으며 새로운 제품군과 새로운 시장을 형성하는 경향이 있다.
④ 보수적인 자들로부터 외면되기 쉽다.

[정답] ①
불연속적인 혁신의 경우 주로 연구실에서 발견되는 경우가 많다. 소비자의 사용패턴의 변화를 가져올 정도의 제품을 개발하려면 일반 고객의 요구에 의해서 개발하기가 어렵다. 그러므로 주로 연구소에서 개발이 된다(예 디지털카메라).

9. 다음 기술수용주기모형 중 혁신수용자의 단계의 특징이 아닌 것은?

① 기술애호가이며 기술자들이 많다.
② 절반 이상의 고객이 수용한 후에야 혁신제품의 채택을 고려하는 보수주의자 집단이다.
③ 사는 이유는 그야말로 '그냥 좋아서'이다.
④ 전체 소비자의 2~3%에 해당하는 사람들이 여기에 속한다.

[정답] ②
절반 이상의 고객이 수용한 후에야 혁신제품의 채택을 고려하는 보수주의적 집단의 특징은 후기다수수용자의 특징이다.

10. 다음 캐즘을 뛰어넘기 위한 유일하고 안전한 방법이 아닌 것은?

① 손실절감 ② 볼링엘리단계
③ 미풍단계 ④ 중심가단계

[정답] ③
미풍단계가 아닌 돌풍단계이다.

제 7 장

가격전략

이 장에서 학습하는 내용

- 가격결정 시 고려요인
  가격의 의미와 특성
  가격결정의 목표
  가격결정의 영향요인
- 가격결정 방법
  가격결정 방법
  최종가격결정

이 장의 학습목표

- 가격의 정의와 특성에 대해 이해한다.
- 기업이 제품의 가격을 결정하는 이유(목표)에 대해서 이해한다.
- 기업이 제품의 가격을 결정할 때 고려하는 요인에 대해서 이해한다.
- 가격결정 방법 3가지에 대해 이해한다.
- 최종가격결정 방법에 대해서 이해한다.
- 소비자심리를 이용한 방법과 판매를 촉진하기 위한 가격차별 방법에 대해서 이해한다.

마케팅(Marketing)의 BIG PICTURE

마케팅의 BIG PICTURE는 4단계로 구성된 마케팅 부서에서 마케팅전략 계획서를 작성하는 마케팅 과정 모형을 보여준다. "BIG PICTURE로 보는 마케팅원론"은 Step 1에서 Step 4까지의 단계로 내용의 구성이 진행되며 4단계를 통한 이론에만 머무는 것이 아니라 4단계를 공부하게 되면 마케팅 부서에서 하는 핵심적인 실무인 기업의 마케팅전략 보고서를 만들 수 있으며 본 교재의 마지막 단원에는 4단계를 통해 작성된 마케팅전략 보고서를 제시할 것이다.

마케팅관리의 정의

☑ 전략 Tool Model

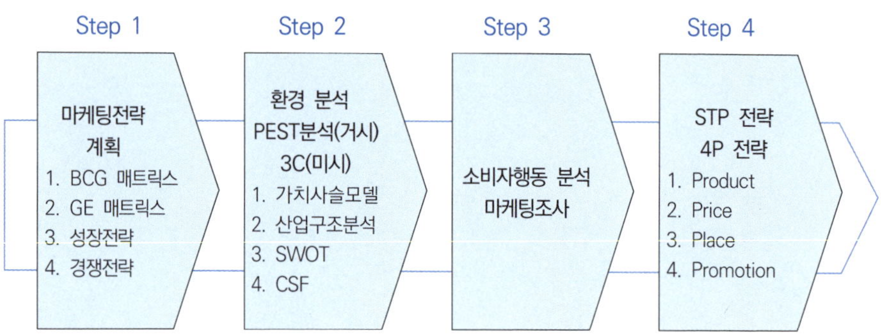

- 전략 TOOL MODEL은 4단계로 정리
- 고객의 욕구 충족과 기업 이윤 창출의 목표를 위하여 주어진 환경을 분석하고 시장, 고객, 경쟁사와 관련된 자료를 수집 분석하여 표적시장을 선정하여 고객을 확보, 유지 증대시키는 전략을 수립 실행하며 평가하고 통제하는 행위

마케팅의 BIG PICTURE

Step 4단계에서는 타깃팅(Tarketing) 한 시장에 어떠한 제품으로 가격은 얼마를 받고 유통은 어떻게 시키며 촉진은 어떤 방법으로 했을 때 현재의 매출보다 몇 % 이상을 더 신장시킬 수 있는지에 대한 4P 전략을 주제로 공부해 볼 것이다.

본 교재에서는 마케팅에 관한 Step 1에서 Step 4 단계 중에 특히 Step 1, Step 2, Step 4단계에 대한 마케팅 부서의 마케팅 전략보고서를 작성하여 선별된 사업부가 기존의 매출에 비해 경영진이 세운 목표에 대해 얼마만큼의 매출을 더욱 극대화할 수 있는지와 관련한 보고서를 작성하는 방법에 대해서 구체적인 전략 도구(Tool)를 사용하여 작성하는 방법에 대해서 살펴볼 것이다.

01 가격결정시 고려 요인

가격은 단순히 제품의 가치를 대변하지 않고 다양한 전략적 특성을 갖는다. 이 때문에 가격을 관리하기 위해 가장 먼저 밟아야 할 절차는 제품의 가격이 갖는 의미와 기본적 특성을 이해하는 것이다.

[그림 7-1] 가격의 정의 예시

1.1 가격의 의미와 특징

1.1.1 가격의 의미

마케팅믹스의 구성요소 중 하나인 가격(Price)은 제품이나 서비스를 판매하고 금전적 대가로 지급받는 화폐가치를 말한다(그림 7-1). 경제학에서는 가격이란 어떤 재화의 1 단위와 교환되는 화폐액이라고 표현하며, 시장에서 거래되는 모든 재화는 가치에 따라 가격이 책정된다고 한다. 이러한 가격은 다양한 이름으로 불리기도 한다. 사용료, 관람료, 탑승료, 수강료, 수수료, 통신요금, 전기요금, 임금, 등록금, 복사비, 동아리 회비, 주차비, 아르바이트비, 치료비, 대출이자, 집세 등은 가격을 나타내는 대표적 명칭들이다. 미술작품은 미술사조에 대한 전반적인 이해를 하여야 하기 때문에 가격을 책정하기 어려운 분야 중 하나가 미술작품이다(그림 7-1).

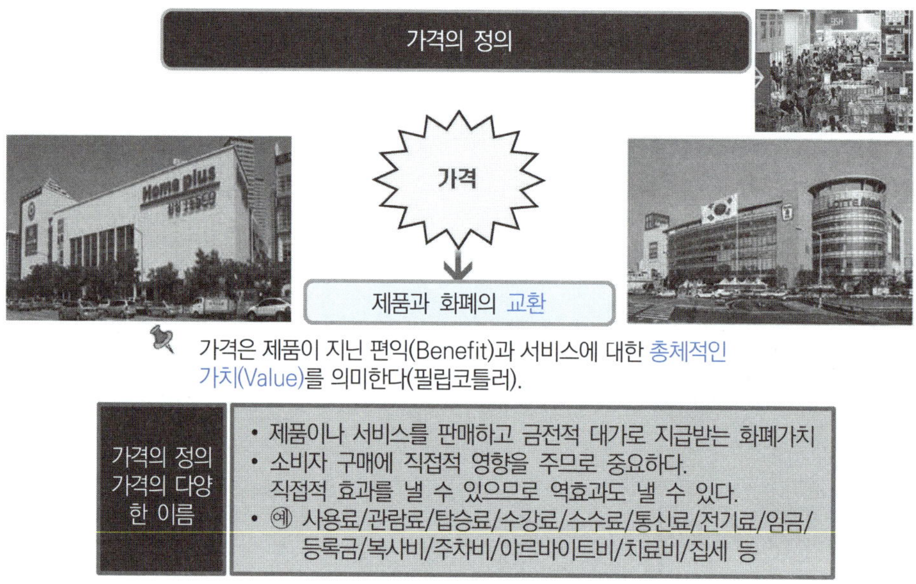

[그림 7-2] 가격의 의미

1.1.2 가격의 특성

가격은 마케팅성과를 좌우하는 중요한 전략적 수단으로 적정한 가격을 결정하기 위해서는 다음과 같은 기본적 특성들을 이해해야 한다(그림 7-2, 그림 7-3).

첫째, 특정 제품에 대해 소비자가 지각한 가치는 마케팅관리자가 시장에 제시하는 가격보다 크거나 같을 때만 제품의 구매가 이루어진다. 예를 들어, 십만 원의 가격이 책정된 의류가 점포에 진열되어 있을 때, 소비자가 이 제품을 보고 십만 원 이상의 가치가 있다고 느끼지 못한다면 구매는 이루어지지 않는다는 것이다. 그러므로 마케팅관리자는 가격을 잘 결정하기 위해 각 제품에 대한 소비자들의 심리를 파악해야 하는 어려움에 직면하는 것이다.

둘째, 가격은 다른 마케팅믹스 요소들과 달리 쉽게 변경할 수 있다. 예를 들어, 일단 개발된 제품을 개선하거나 수정하는 데에는 적지 않은 시간과 비용이 들어간다. 광고 역시 마찬가지지만, 유통경로의 경우에는 변경하기가 매우 어렵다. 그러나 가격은 변경하겠다고 결정한 즉시 실행에 옮길 수 있으며, 온라인에서는 특히 더 그러하다.

셋째, 다른 마케팅믹스 요소보다 소비자와 경쟁자의 빠른 반응을 가져온다. 제품의 특징이나 유통경로를 변경하더라도 소비자들이 이러한 변화를 깨닫기까지는 시간이 소요되지만, 가격을 인하하거나 인상하면 소비자들은 제품이 싸졌거나 비싸졌다고 즉시 인식하게 되고 매출액이 급변하는 것이 일반적이다.

넷째, 가격 그 자체는 쉽게 바꿀 수 있지만, 가격 이미지는 쉽게 바꿀 수 없다. 즉 실제로는 해당 기업의 제품이 비싸지 않더라도, 고객들은 그 기업의 제품이 비싸다고 지각할 수 있는데, 일단 이런 이미지가 형성되면 바로잡는 데 오랜 시간이 걸린다.

다섯째, 가격변경은 기업의 이익에 즉각적으로 커다란 영향을 미친다. 미국에서 2,463개 기업을 대상으로 수행된 한 연구에 의하면, 가격을 1% 인상하면 공헌이익이 평균 11.1%나 향상되는 것으로 나타났다. 이 결과가 암시하는 것은 가격을 잘못 결정하면 이익이 크게 감소될 가능성이 높다는 것이다. 따라서 가격이란 변수는 매우 조심해서 다룰 필요가 있다.

1. 소비자가 지각하는 가치

- 마케팅관리자가 시장에 제시하는 가격보다 가치가 크거나 같을 때만 제품의 구매가 이루어진다.
- ㉮ 십만 원의 가격이 책정된 의류가 점포에 진열되었을 때 소비자가 이 제품을 보고 십만 원 이상의 가치가 있다고 느끼지 못한다면 구매는 이루어지지 않는다.

2. 마케팅믹스 요소와 달리 쉽게 변경

- 가격은 다른 마케팅믹스 요소들과 달리 쉽게 변경할 수 있다.
- ㉮ 개발된 제품은 수정하는데 많은 시간과 비용이 들며 광고와 유통경로도 한번 변경하려면 매우 어렵다.
  가격은 변경하겠다고 결정하면 즉시 실행이 가능하다. 온라인은 더욱 신속하다.

3. 소비자와 경쟁자의 빠른 반응

- 제품의 특징이나 유통경로를 변경하더라도 소비자들이 이러한 변화를 깨닫기까지는 시간이 소요되지만, 가격을 인하하거나 인상하면 소비자들은 제품이 싸졌거나 비싸졌다고 즉시 인식하게 되고 매출액이 급변하는 것이 일반적이다.
- ㉮ 이마트와 경쟁사끼리 가격경쟁을 시간대별로 할 수 있다.

[그림 7-3] 가격의 특성 1

여섯째, 가격변화는 회사의 매출액과 이익에 직접적이고 즉각적인 영향을 주기 때문에 회사의 수익성을 보존하기 위해서는 가격경쟁을 가능한 한 피하는 것이 바람직하다. 이를 위해서는 경쟁사 간 암묵적인 합의에 도달하거나(명시적인 합의는 많은 경우에 불법임), 경쟁의 양상을 가격경쟁에서 상품차별화에 의한 경쟁으로 바꾸어 나가야 한다.

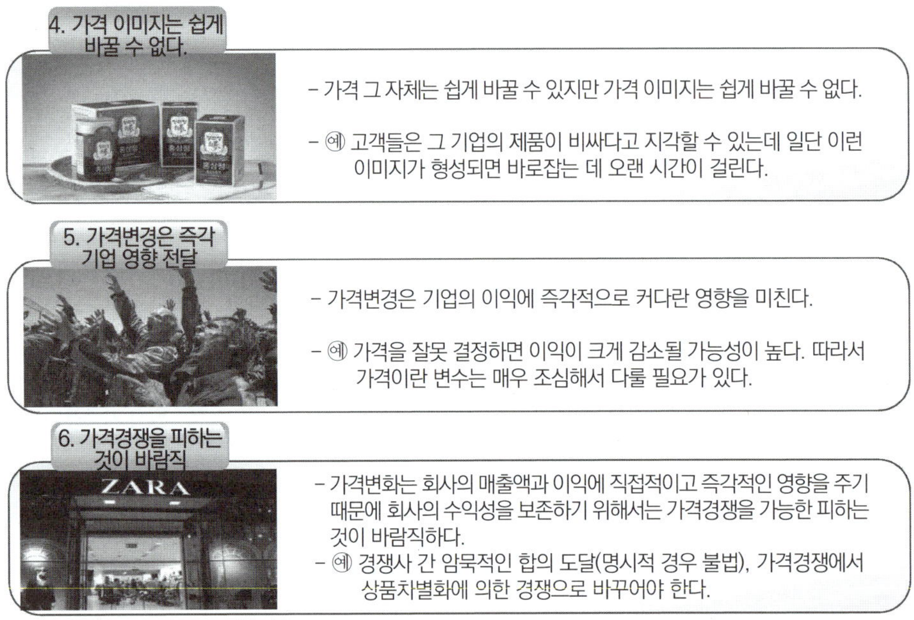

[그림 7-4] 가격의 특성 2

1.2 가격결정의 목표

마케팅관리자는 가격을 결정하기 이전에 기업의 마케팅전략에 적합한 가격결정의 목표를 설정해야 한다. 즉 마케팅전략이 지향하는 방향을 먼저 인식하고, 그 틀 안에서 가격결정에 관한 의사결정을 내릴 수 있는 것이다.

가격결정의 목표는 기업의 전반적 마케팅관리 차원에서 단기적 또는 장기적으로 추구하는 것으로 매출성장을 통한 시장확대, 단기적인 이익극대화, 고품질 이미지를 창출하기 위한 품질향상, 기업이 처한 현재 상황의 지속적 유지를 통한 기업생존 등이 될 수 있다(그림 7-5).

가격결정의 목표

목표	내 용
시장확대	시장침투가격으로 매출액과 시장점유율 증대
이익극대화	가격대안에 대한 수요와 비용의 함수추정을 통해 고 가격 설정하여 이익극대화
고품질이미지 창출	고품질·고 가격을 통한 차별적 이미지 형성
기업생존	생존을 위한 생산원가 수준의 저가격전략

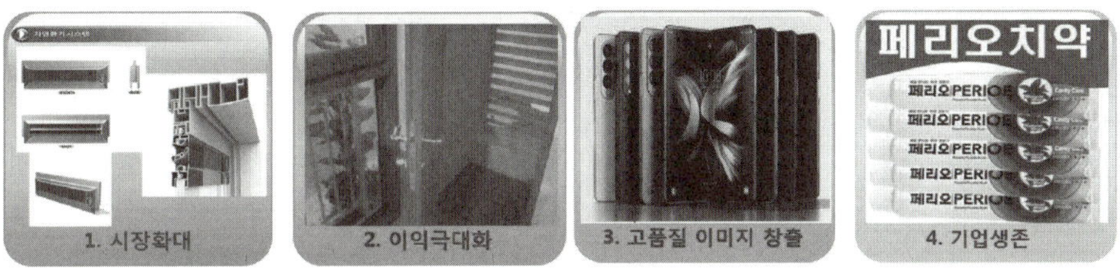

[그림 7-5] 가격결정의 목표1

1.2.1 시장확대

시장확대 목표는 가격을 낮추어 기업이 제품의 소비자 수를 늘리거나 소비자의 사용률을 높여 매출액과 시장점유율을 증대하려는 목표이다(그림 7-6).

이렇게 시장확대 목표를 달성하기 위해서 가격을 낮추는 경우를 시장침투전략(Market Penetration Strategy) 또는 시장침투가격(Market Penetration Pricing)이라고 한다.

시장확대 목표는 소비자들이 가격에 민감한 상황, 신제품을 출시하거나 새로운 시장을 개척하려는 경우, 대량생산을 통해 규모의 경제를 실현할 수 있는 경우, 경쟁자들이 시장진입을 막기 위해 진입장벽을 쌓으려는 상황에서 적합하게 쓰인다.

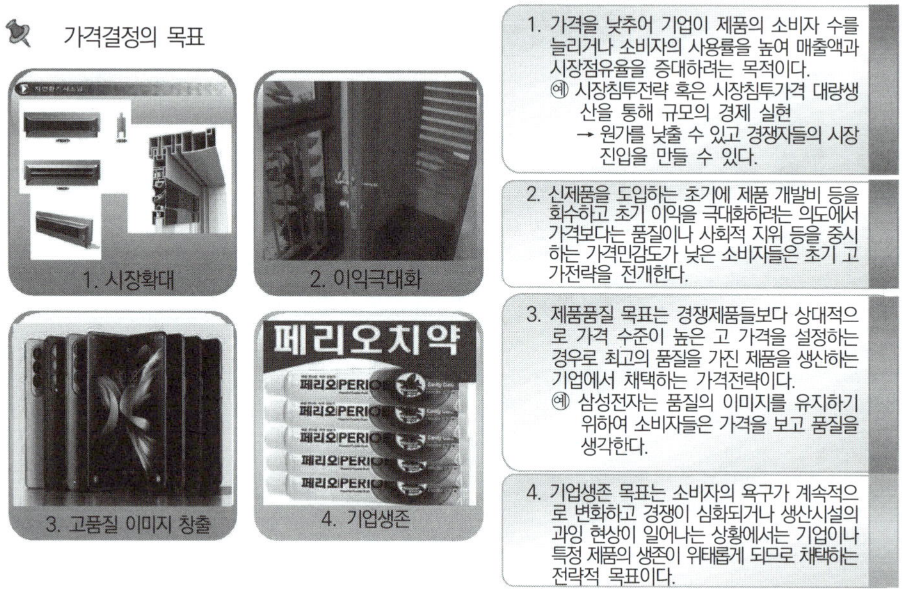

[그림 7-6] 가격결정의 목표2

1.2.2 이익극대화

이익극대화(Profit Maximization)를 목표로 하는 경우는 기업의 이익을 극대화하기 위해서 여러 가격 대안을 상정하고, 각 대안별로 수요와 비용을 예측하여 현금흐름 및 투자수익률을 산정하여 이익을 극대화할 수 있는 가격대안을 제품가격으로 선택한다(그림 7-6).

신제품을 도입하는 초기에 제품개발비 등을 회수하고 초기 이익을 극대화하려는 의도에서 가격보다는 품질이나 사회적 지위 등을 중시하는 소비자들, 즉 가격민감도가 낮은 소비자를 대상으로 고 가격을 설정하는 경우를 초기고가전략(Skimming Pricing Strategy)이라 한다.

1.2.3 고품질이미지 창출

제품품질 목표는 경쟁제품들보다 상대적으로 가격 수준이 높은 고 가격을 설정하는 경우로 최고의 품질을 가진 제품을 생산하는 기업에서 채택하는 가격전략이다(그림 7-6). 제품의 성능, 디자인, 명성 등에서 우월한 제품 이미지를 부각하기 위해서 시장에서 경쟁제품과 다른 차별적 이미지를 구축하는 효과를 가질 수 있다. 예를 들어, 최고급 자동차를 지향하는 Mercedes-Benz는

'최고가 아니면 만들지 않는다(Das Beste, Oder Nicht)'는 창업정신을 바탕으로 세계 최고의 프리미엄 브랜드의 명성을 이어가고 있다.

1.2.4 기업생존

기업생존 목표는 소비자의 욕구가 계속적으로 변화하고, 경쟁이 심화되거나, 생산시설의 과잉 현상이 일어나는 상황에서는 기업이나 특정 제품의 생존이 위태롭게 되므로 채택하는 전략적 목표이다(그림 7-6).

이러한 때에는 매출의 성장이나 수익 창출보다는 우선 살아남기 위해 제품생산의 원가 수준에 가까운 저가격전략을 취하게 된다. 기업생존 목표는 궁극적인 것이 아니고 상황이 호전되길 기다리며 기회를 엿보는 단기적 성격을 가진다.

1.3 가격결정의 영향요인

마케팅관리자가 가격을 결정할 때는 다양한 요인들을 고려해서 종합적으로 판단하는 과정을 거치게 된다. 마케팅관리자들이 가격을 결정하면서 검토해야 할 것에는 [그림 7-7]과 같이 가격에 대한 소비자의 반응, 제품생산과 유통과정에서 발생하는 비용에 대한 원가구조, 시장에서 직접 또는 간접적으로 경쟁하게 될 제품이나 기업, 제품이 소비자에게 전달되기까지 거쳐야 할 유통경로와 그 구성원들과의 이해관계, 정부의 정책과 법률적 규제 등이 있다.

1.3.1 소비자반응

마케팅관리자가 정하는 가격의 수준에 따라 소비자의 수요가 달라지고 결국 제품에 대한 매출액이 변화하게 되므로 가격을 결정하기 이전에 가격이 수요에 미치는 영향을 파악해야 한다(그림 7-7).

제품의 가격이 상승하면 시장에서 제품에 대한 수요는 감소하고 가격이 하락하면 수요가 증가하게 되는데, 이러한 현상은 제품이나 소비자의 특성에 따라 다르다. 예를 들어, 식품이나 지하철요금 같은 필수품의 경우에는 가격이 오르더라도 수요가 크게 감소하지 않고, 외식비의 경우에는 상대적으로 수요가 크게 감소하는 경향이 있다. 이렇게 가격이 수요에 미치는 영향력의 크기를 수요의 가격탄력성(Price Elasticity) 또는 수요의 가격민감도(Price Sensitivity)라고 한다.

수요의 가격탄력성을 결정하는 요인에는 여러 가지가 있는데, 소비자의 민감도가 낮아 가격탄력성이 낮은 조건들에는 다음과 같은 것이 있다.

- 경쟁제품 혹은 대체품이 없거나 소수일 때
- 소비자가 제품가격이 높음을 인식하지 못할 때
- 자사제품이 경쟁제품과 비교하여 특이한 제품특성을 가질 때
- 소비자의 구매습관 변화가 서서히 발생할 때 : 사용자에게 편리한 컴퓨터소프트웨어가 개발되더라도 기존의 소프트웨어에 익숙한 소비자는 단기간 내에 신제품으로 전환하기 어려울 것이다.
- 소비자들이 고 가격을 고품질과 연관시켜 고 가격 제품을 구매하고자 할 때

이렇게 가격탄력성이 낮은 경우라면 제품의 가격을 인상하더라도 수요가 감소하는 폭이 상대적으로 크지 않을 것이다. 그러므로 마케팅관리자는 매출과 가격에 대한 과거자료를 검토하거나 소비자들에게 여러 가지 가격대에서 제품을 얼마나 구입할 것인지를 물어보는 실험을 통하여 제품의 가격탄력성을 추정하게 된다.

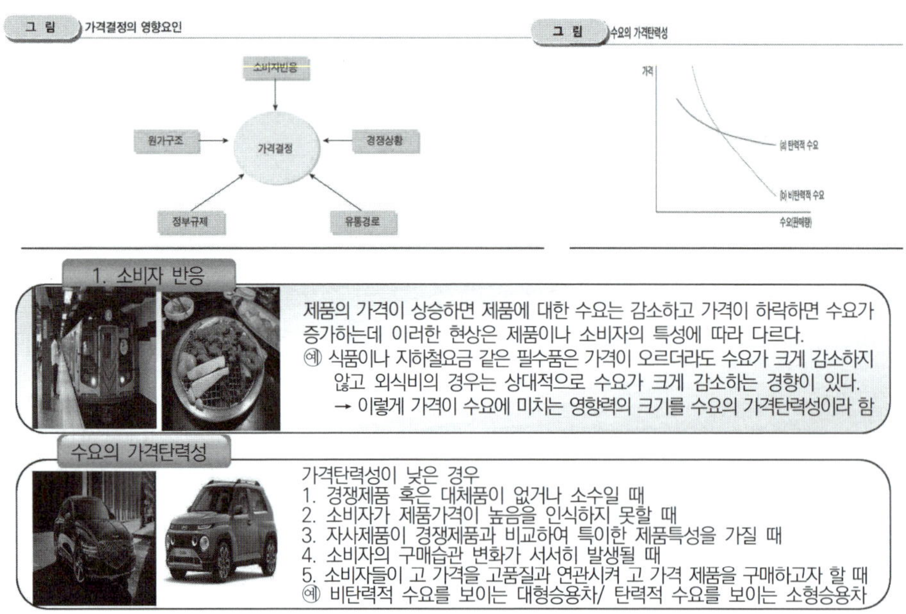

[그림 7-7] 가격결정의 영향요인 / 수요의 가격탄력성

1.3.2 원가구조

가격의 하한선을 결정하는 기준이 되는 것은 제품의 원가이다. 손해를 입지 않기 위해서는 제품을 생산하는 데 쓰인 비용인 원가보다는 높게 가격이 결정되어야 하기 때문이다. 원가는 크게 변동비와 고정비로 구성된다. 변동비(Variable Cost)는 생산량이나 판매량이 증가함에 따라서 비례적으로 증가하는 비용으로 제품의 재료비, 노무비 등이 있다. 고정비(Fixed Cost)는 생산량이나 판매량이 규모와 상관없이 일정하게 지출되는 비용으로 임대료, 광고비, 광열비 등이 있다. 제품생산과 관련하여 변동비와 고정비를 파악하게 되면 손익분기점분석이 가능해진다(그림 7-8).

손익분기점분석(Break-even Point Analysis)은 매출과 원가구조와의 관계를 추정할 수 있게 해 주며, 특정 가격을 결정하면 얼마나 많은 수익을 얻게 되는지도 계산할 수 있게 해준다.

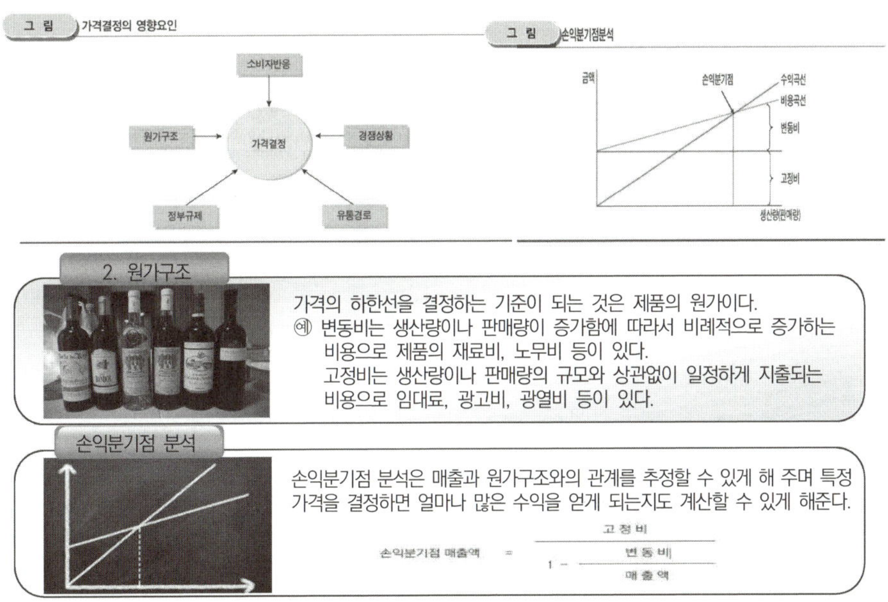

[그림 7-8] 원가구조

1.3.3 경쟁상황

시장에는 특정 기업의 제품만이 존재하지 않고 다수 기업의 제품들이 동일한 소비자들을 대상으로 경쟁하게 된다. 이때에는 반드시 경쟁제품의 가격에 대한 정보를 수집하여 가격결정에 반영해야 한다.

시장의 경쟁상황은 크게 독점, 독점적 경쟁, 과점경쟁, 완전경쟁 등이 있다(그림 7-9). 독점이나 독점적 경쟁에서는 시장에서 유리한 위치에 있으므로 고 가격전략을 취하여 많은 이익을 얻게 된다.

한편, 과점경쟁 상황에서는 소수의 경쟁자가 시장을 지배하는데 기업들은 대부분 경쟁제품과 비슷한 수준에서 가격을 정하게 된다. 과점경쟁 상황에서 어느 한 기업이 가격을 인하하게 되면 나머지 기업들이 곧바로 가격을 인하하여 치열한 가격경쟁에 뛰어들게 되는데 이는 수익성의 악화를 초래하게 된다.

[그림 7-9] 경쟁상황 / 유통경로 / 정부규제

1.3.4 유통경로

최근에는 대형할인점과 같은 대규모로 제품을 소비자에게 공급하는 유통업체들이 강력한 구매력(Buying Power)을 이용해 제조업자에게 납품가격의 인하를 강하게 요구하는 경우가 늘어나고 있다(그림 7-9).

도매상과 소매상들도 자신들의 매출을 확대하기 위해서나 이익의 폭을 크게 하기 위해서 가격인하를 요구하는데, 점차로 제조업체에서 유통업체로 힘의 이동(Power Shift)이 일어나고 있는 상황에서 무시할 수 없는 것이 현실이다. 이들 유통업체는 공급하는 제품의 가격을 인하하지 않으면 납품거절, 재고반품, 진열상의 불이익 조치 등으로 제재를 가하기도 한다. 강력한 브랜드이미지를 구축하고 있거나 시장에서 독점적 위치에 있지 못한 제조기업들은 더욱 큰 가격인하 압박을 받고 있다.

유통업체들에게 판매촉진비 등 각종 지원금을 통해 협조를 구하기도 하고 제품공급을 거절하는 등의 조치를 취하기도 하지만 점차 유통업체들의 힘이 막강해지고 있는 점을 감안하면, 가격결정 단계에서부터 이러한 점을 고려할 필요가 있다.

1.3.5 정부규제

정부의 규제 또한 제품가격의 책정에 중요한 영향을 미치는 요소이다. 정부당국은 물가를 안정시키며 경쟁을 촉진하고 특정 제품의 수요를 억제하는 등 각종 정책적 차원에서 제품가격에 각종 규제를 가한다. 법령의 제정을 비롯하여 최저가격을 설정하거나 세금을 부과하는 등의 방법이 대표적인 규제수단(그림 7-9)이다.

정부의 규제는 여러 가지 형태로 나타나게 되는데, 예를 들어 생필품의 가격을 안정시키기 위해서 법적으로 제품가격을 일정 수준으로 동결시키거나 사회적으로 바람직하지 못한 제품들에 대한 수요를 억제하기 위하여 최저가격을 설정하거나 세금을 부과하여 일상 수준 이상으로 가격을 유지하려는 경우 등을 들 수 있다. 또한 정부는 제조업자들 간의 가격담합(Price Fixing)이나 유통업자들 간의 가격담합, 제조업자와 유통업자 사이의 가격담합 등을 법적으로 규제하고 있다.

독점이나 과점의 경우에도 정부의 규제로 인하여 자사의 이윤을 극대화할 수 있는 수준의 높은 가격을 설정할 수 없는 경우가 일반적이다. 따라서 마케터는 자사제품에 적용될 정부의 정책이나 규제가 미칠 영향을 파악하여 제품가격 책정에 이를 반영하여야 한다.

02 가격결정 방법

2.1 가격결정 방법

가격결정의 목표를 세워 가격관리의 커다란 방향이 정해지고 각종 영향요인에 대한 파악과 검토가 이루어지고 나면, 제품의 가격을 책정하는 구체적 방법을 활용하게 된다. 가격을 결정하는 방법은 무엇을 가격결정의 기준으로 하느냐에 따라 원가기준 가격결정, 소비자기준 가격결정, 경쟁기준 가격결정, 통합적 가격결정 등이 이용되고 있다.

소비자기준 가격결정 방법은 [그림 7-10]과 같이 소비자들이 해당 제품에 대해 기대하거나 평가하는 가치를 파악하고 이를 기준으로 가격을 설정하고 제품의 품질이나 속성 등을 맞추어 가는 과정을 거친다. 이와는 반대로, 원가기준 가격결정 방법은 제품을 생산하는 데 필요한 생

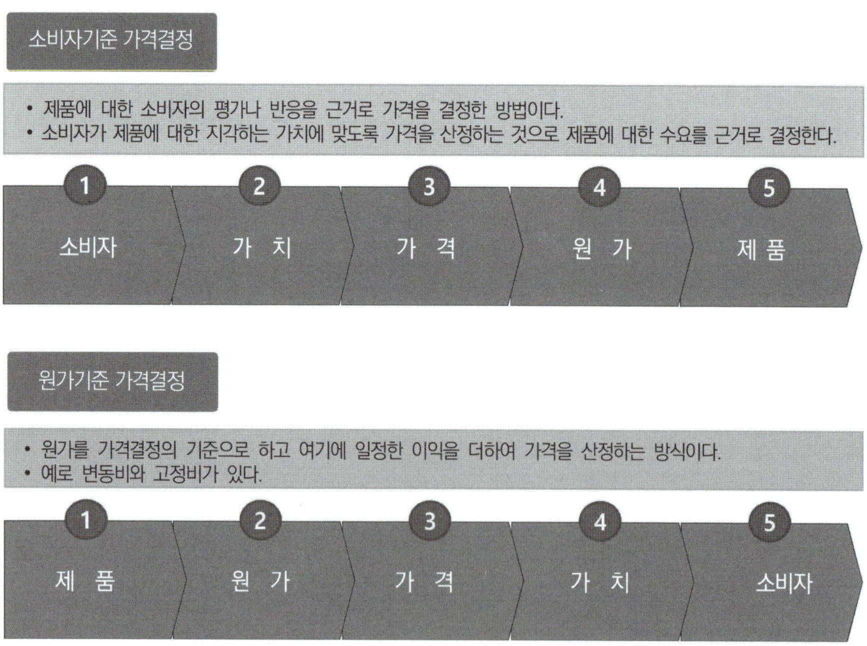

[그림 7-10] 소비자기준 가격결정 / 원가기준 가격결정

산비용인 원가에서 시작하여 목표로 하는 이익을 확보할 수 있는 가격을 결정하고, 그만한 가치가 있다는 것을 소비자들에게 인식시키는 전략적 흐름을 갖는다.

2.1.1 소비자기준 가격결정

제품의 가격이 제시되었을 때, 소비자가 그만한 가치가 있다고 받아들이지 않는다면 시장에서 외면당하는 제품이 될 것이다. 소비자기준 가격결정(Consumer Based Pricing)은 제품에 대한 소비자의 평가나 반응을 근거로 가격을 결정한 방법이다. 즉 소비자가 제품에 대한 지각하는 가치(Perceived Value)에 맞도록 가격을 산정하는 것으로 제품에 대한 수요를 근거로 가격을 결정한다는 의미를 갖는다.

소비자기준 가격결정 방법은 [그림 7-11]과 같이 소비자들이 해당 제품에 대해 기대하거나 평가하는 가치를 파악하고 이를 기준으로 가격을 설정하고 제품의 품질이나 속성 등을 맞추어 가는 과정을 거친다. 소비자가 지각하는 가치를 측정하는 방법은 직접가격평가법, 직접지각가치평가법, 진단적 방법 등의 세 가지가 있다.

가격결정 방법에는 크게 3가지
→ 1. 소비자기준 가격결정 / 2. 원가기준 가격결정 / 3. 경쟁기준 가격결정

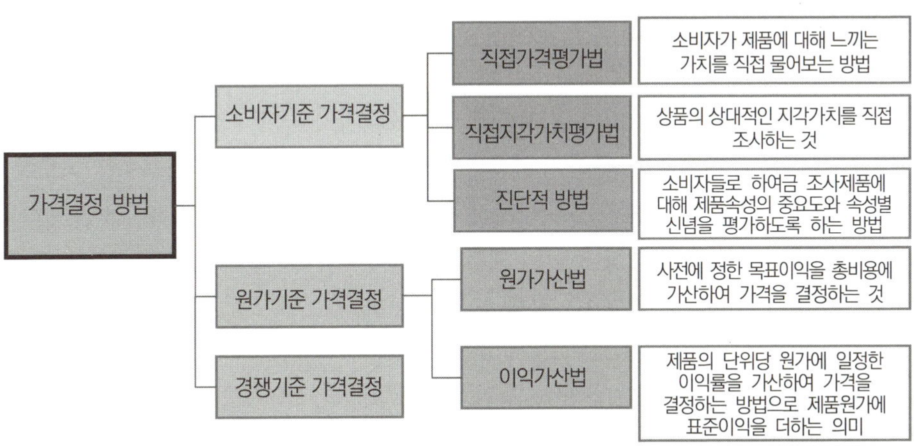

[그림 7-11] 가격결정 방법

2.1.1.1 직접가격평가법

직접가격평가법(Direct Price Rating Method)은 소비자가 제품에 대해 느끼는 가치를 직접 물어보는 방법이다. 이 방법은 소비자가 자주 구매하거나 제품에 대한 평가가 쉬운 제품에 적합하며, 조사자체가 간단해서 실제로 자주 이용되고 있다.

2.1.1.2 직접지각가치평가법

직접지각가치평가법(Direct Perceived Value Rating Method)은 상품의 상대적인 지각가치를 직접 조사하는 것이다. 예를 들어, 소비자들에게 각 제품에 대해 합계가 100이 되도록 평가하게 한다. 만약, 소비자들이 A제품에 40점, B제품에 35점, C제품에 25점으로 할당하고 진공청소기의 평균시장가격이 20만 원이라고 할 때, 소비자들의 상대적 지각가치를 반영시킨 진공청소기 A, B, C의 가격은 다음과 같이 계산될 수 있다.

> 가격 = 평균가격 × 평균점수/100 × 총평가제품의 수
>
> ㉮ A 제품의 가격 = 200,000 × (40/100) × 3 = 240,000
> B 제품의 가격 = 200,000 × (35/100) × 3 = 210,000
> C 제품의 가격 = 200,000 × (25/100) × 3 = 150,000

2.1.1.3 진단적 방법

진단적 방법(Diagnostic Method)은 제품에 대한 지각가치를 보다 면밀하게 조사하기 위하여 소비자들로 하여금 조사제품에 대하여 제품속성의 중요도와 속성별 신념을 평가하도록 하는 방법이다. 제품에 대한 소비자가 느끼는 지각가치는 제품의 평가항목인 속성을 도출하고, 각 속성의 상대적 중요도와 평가대상이 되는 제품의 속성별 평가를 곱해서 모두 합하면 구해진다. 즉 제품의 전반적 가치를 파악할 수 있게 되는 것이다.

2.1.2 원가기준 가격결정

원가기준 가격결정 방법(Cost Based Pricing)은 원가를 가격결정의 기준으로 하고 여기에 일정한 이익을 더하여 가격을 산정하는 방식이다. 원가는 제품을 생산하고 관련 서비스 시스템을 운영하는 데 드는 비용들의 합계를 말하는데 크게 변동비(Variable Cost)와 고정비(Fixed Cost)가 있다. 원가기준 가격결정 방법은 원가가산에 의한 가격결정, 이익가산에 의한 가격결정

등이 대표적이다(그림 7-11).

2.1.2.1 원가가산법

가장 간단한 가격산정방법으로 쓰이는 원가가산법(Cost Plus Pricing)은 사전에 정한 목표 이익을 총비용에 가산하여 가격을 결정하는 것이다.

이 방법의 장점은 계산이 매우 간단하다는 것이고, 단점은 가격을 결정하는 과정에 소비자의 실제수요가 반영되지 못한다는 것이다. 그러므로 원가가산법은 수요의 가격탄력성이 낮아 가격의 변화가 판매량에 커다란 영향을 미치지 않거나 독점상황과 같이 가격을 통제할 수 있는 경우에 적합한 가격결정 방법이다.

2.1.2.2 이익가산법

이익가산법(Markup Pricing)은 제품의 단위당 원가에 일정한 이익률(Margin)을 가산하여 가격을 결정하는 방법으로 제품원가에 표준이익을 더하는 의미이다.

이익가산법의 장점은 첫째, 가격결정이 비교적 쉽고 간단하다. 둘째, 동일한 제품을 생산하는 업계에서 전반적으로 받아들여지는 관행적 이익률을 적용하면, 제품가격이 비슷한 수준에서 형성되어 가격경쟁이 심화되지 않는다. 단점으로는 제품에 대한 소비자의 반응과 경쟁상황 등 외부적 영향요인을 가격에 반영하지 못한다는 것이다.

2.1.3 경쟁기준 가격결정

시장에는 유사한 제품을 공급하는 경쟁자가 있기 마련이다. 가격을 설정할 때도 전략적으로 경쟁자들의 움직임을 반영하게 된다. 경쟁기준 가격결정(Competition Based Pricing)은 경쟁기업과 경쟁제품의 가격을 가격결정의 가장 중요한 기준으로 보고, 경쟁제품의 가격과 비교하여 유사하거나 차별적인 가격을 설정하는 것이다(그림 7-11). 즉 경쟁제품의 가격을 모방하여 동일한 수준으로 결정하거나 제품의 차별적 특징을 반영하여 일정 수준으로 가격을 높게 또는 낮게 결정하는 것이다. 과점상태의 기업들은 상호 간의 가격경쟁을 피하기 위하여 경쟁자들의 가격과 동일한 가격을 설정하는 경향이 있다. 전략적으로 약자의 위치에 있는 중소기업들은 주로 대기업과 같이 시장점유율이 높은 선도기업의 제품가격을 추종하거나 그보다는 다소 낮은 가격을 설정하기도 한다.

경쟁기준 가격결정의 장점은 첫째, 경쟁자들의 가격을 전략적으로 반영하기 때문에 경쟁을 최소화할 수 있다. 현재의 가격뿐만 아니라 자사의 제품가격 결정이 가져올 경쟁자들의 반응을 미리 예측하여 반영하기도 한다. 둘째, 제품에 대한 소비자의 반응이나 제품의 원가구조를 분석하지 않아도 되기 때문에 가격결정이 비교적 간단하다는 것이다. 반면에, 단점으로는 첫째, 제품에 대한 소비자들의 반응을 가격에 반영하지 못한다. 소비자들은 제품의 미세한 차이에도 민감하게 반응하는 경우가 있는데 이를 감안하지 못하는 것이다. 둘째, 각 기업의 원가구조를 반영하지 못한다. 선도기업의 경우에는 상대적으로 생산규모가 커서 규모의 경제를 누릴 수 있어 원가구조가 유리할 것이고, 중소기업이나 후발기업들은 이러한 차이점을 가격에 반영하지 못하는 것이다.

2.2 최종가격결정

가격결정 단계에서 가격의 범위를 정하고 나면 그대로 최종적인 가격으로 설정할 수도 있지만, 실제로는 표적으로 하는 소비자들의 심리적 특성이나 판매촉진 등의 전략적 목적에 맞게 가격을 조정하거나 차별화하는 과정을 거치게 된다.

2.2.1 소비자심리를 이용한 가격결정

가격의 결정에는 소비자의 심리적 측면도 파악해야 한다. 소비자의 다양한 심리적 상태와 영향요인들에 따라서 소비자의 반응이 달라지기 때문인데 이를 감안해 제품가격을 조정하는 방법을 심리적 가격결정(Psychological Pricing)이라고 한다. 일반적으로 소비자들은 제품의 품질을 판단할 수 있는 정보가 부족하거나 제품의 속성을 정확히 파악하기 어려운 경우에는 가격을 품질의 지표로서 사용한다. 높은 가격으로 제품품질에 대한 지각이나 이미지를 높일 수 있다면, 오히려 가격이 비쌀수록 잘 팔리는 경우도 있다. 이러한 현상은 가격에 따른 품질지각이 일어나는 경우로서 가격품질 연상(Price-Quality Association) 심리라고 한다(그림 7-12).

1990년 중반까지 우리나라에서 패션 청바지 시장의 경우 고가일수록 매출이 오히려 증가하였는데, 고가제품의 구매를 통해 자신의 사회적 지위나 준거집단에의 소속감을 높이려는 소비자 추세가 반영된 것이다.

가격품질 연상심리는 주로 제품의 품질을 판단할 만큼 정보가 충분하지 않거나 품질이 모호한 경우에 가격을 품질의 지표로 사용하게 될 가능성이 높아져 발생한다. 소비자들이 고가제품의 구매를 통해 자신의 사회적 지위를 나타내려는 사회적 추세가 작용하여 나타나기도 한다. 마케팅 관리자는 가격품질 연상심리가 작용하는 상황을 잘 파악하여 고 가격전략을 구사하고 동시에 제품과 서비스의 품질을 향상하는 기회를 얻을 수도 있다. 이렇게 소비자의 심리적 측면을 반영하여 가격을 결정하는 방식은 다양한데 대표적인 준거가격, 단수가격, 관습가격, 권위가격 등이 있다.

[그림 7-12] 소비자심리를 이용한 가격결정

2.2.1.1 준거가격

준거가격(Reference Pricing)은 소비자가 제품가격을 보고 그 가격이 높은지 낮은 지를 판단하는 기준으로 삼는 가격이다(그림 7-12). 준거가격은 소비자들의 과거 구매경험이나 현재의 일반적 제품가격, 유사제품의 가격을 근거로 형성된다.

소비자는 제품가격을 보고 자신의 준거가격과 비교하여 준거가격보다 낮으면 싸다고 판단하고 제품을 구매하려 하고, 준거가격보다 높으면 비싸다고 판단하게 되고 제품의 구매를 꺼리게 된다.

또한 소비자들의 준거가격이 가능하면 높게 형성되도록 제품을 진열할 때 고급제품과 함께 진열되도록 하고, 가격할인이 있었다면 기존가격을 함께 제시해서 상대적으로 높은 기존가격이 준거가격의 역할을 하도록 할 수 있다.

2.2.1.2 단수가격

단수가격(Odd-even Pricing)은 제품의 가격을 결정할 때 주로 쓰이는 화폐단위를 이용하지 않고 화폐단위를 낮게 변경하는 형태이다(그림 7-12). 예를 들어, 10,000원이나 1,000원이 아닌 9,900원, 990원으로 가격을 책정하는 것이다.

이것은 소비자들이 볼 때 실제로는 그다지 차이가 나지 않지만, 가격이 상대적으로 더 저렴하다는 생각을 갖게 하고, 더 정확한 근거에 의해 산정되었다는 인식을 갖게 한다. 단수가격을 이용할 때는 980원, 960원보다는 99원, 970원으로 하는 것이 효과적이다.

2.2.1.3 관습가격

관습가격(Customary Pricing)은 소비자들이 장기간에 걸쳐 일정금액으로 제품을 구매하여 왔기 때문에 해당 가격이 관습처럼 인식하는 가격을 말한다(그림 7-12). 소비자들은 어떤 제품 하면 '당연히 얼마지'하는 생각을 갖게 된 경우이다. 관습가격이 관행처럼 굳어진 상황에서는 제품의 생산원가 상승 등의 요인을 반영하여 가격을 올리게 되면 소비자들이 가격이 오른 폭보다 더 크게 받아들여 매출이 급격히 감소하게 된다.

예를 들어, 아이스크림, 과자, 껌, 라면 등이 관습가격이 형성되는 대표적 사례이다. 따라서 이러한 제품을 생산하는 기업들은 가격을 인상하여 원가상승을 반영하는 대신에 가격인상의 효과를 거둘 수 있는 방법으로 제품의 용량 축소, 포장 변경, 서비스 축소 등의 방법을 취하고 있다.

2.2.2 판매촉진을 위한 가격결정

제품의 가격이 결정된 상태에서 소비자의 구매를 늘리는 판매촉진 효과를 달성하기 위하여 소비자를 유인하거나, 개별 소비자나 세분시장을 구분하여 차별적으로 가격을 설정하기도 한다.

2.2.2.1 현금할인

현금할인(Cash Discount)은 중간상이나 최종소비자가 제품의 대금을 외상이나 어음 또는 신용카드 결제가 아닌 현금으로 지불하는 경우 가격의 일부를 인하해 주는 것이다(그림 7-13). 또는 제품을 구매한 후 일정 기간 내에 대금을 지불하는 경우에도 같은 가격인하의 혜택을 주기도 한다. 이것은 기업이 자금의 유동성을 개선하고 외상매출금의 신속한 회수를 유도하는 가격차별화전략이다.

2.2.2.2 수량할인

수량할인(Quantity Discount)은 한번 또는 일정기간 내에 구매하는 수량이 많은 경우 할인

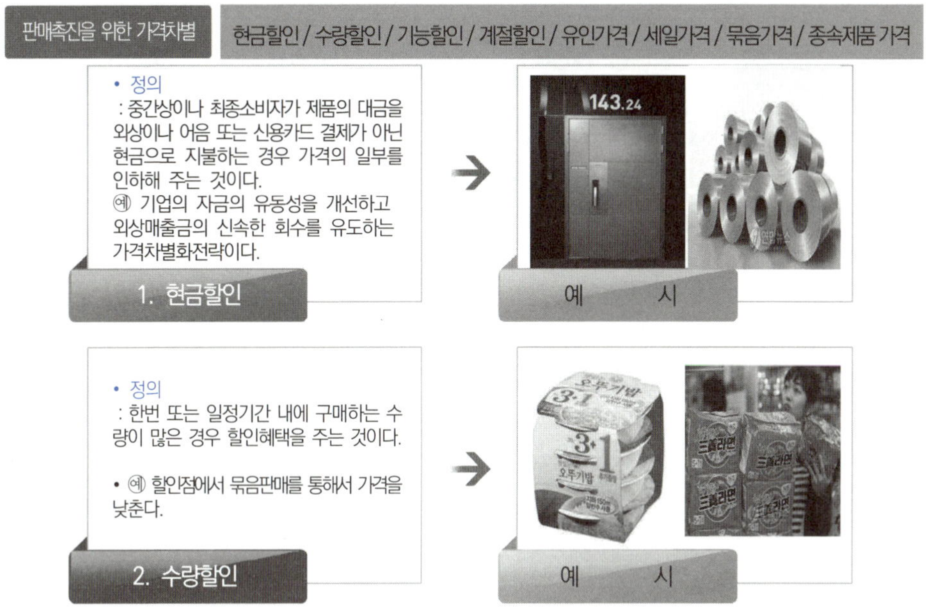

[그림 7-13] 현금할인 / 수량할인

혜택을 주는 것이다(그림 7-13). 후자를 누적적 수량할인이라 하고 전자를 비누적적 수량할인이라 한다. 수량할인은 주로 제조업체와 도매상 또는 도매상과 소매상 사이의 대량거래에서 주로 발생한다.

수량할인을 행하는 이유는 판매촉진의 목적도 있지만, 대량거래에서는 판매비용이나 주문처리비용, 수송비 등 원가를 절감할 수 있기 때문이기도 하다.

2.2.2.3 기능할인

기능할인(Functional Discount)은 제조업체가 중간상이 수행하는 기능의 일부를 거래 상대방이 대신 수행하는 경우 할인혜택을 주는 것이다(그림 7-14). 예를 들어, 수송, 판매, 보관 등의 기능을 직접 수행하는 것에 대한 보상으로 가격을 할인해 주는 할인 형태이다. 기능할인은 거래할인(Transactional Discount)이라고 불리기도 한다.

2.2.2.4 계절할인

계절할인(Seasonal Discount)은 제품판매 실적이 계절에 따라 성수기와 비수기가 구분되는

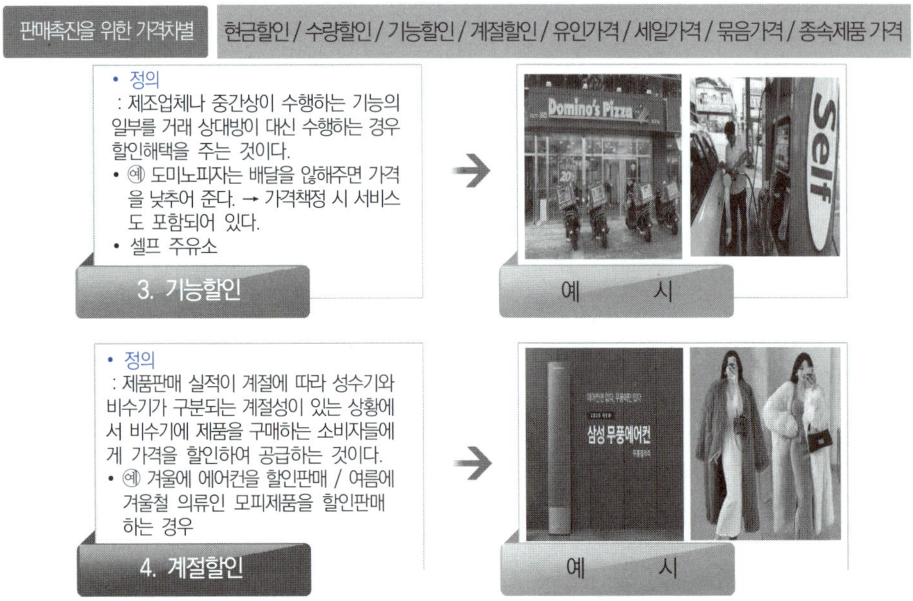

[그림 7-14] 기능할인 / 계절할인

계절성이 있는 상황에서 비수기에 제품을 구매하는 소비자들에게 가격을 할인하여 공급하는 것이다(그림 7-14). 소비자들로 하여금 비수기 구매를 자극하여 전반적인 매출증대를 꾀할 뿐 아니라, 적정 수준의 조업도를 꾸준히 유지하는 효과를 거둘 수 있다. 예를 들어, 겨울에 에어컨을 할인가격으로 판매하거나, 여름에 추운 겨울철 의류인 모피제품을 할인해서 판매하는 것이 대표적 사례이다.

2.2.2.5 유인가격

유인가격(Loss Leader Pricing)은 소매점에서 소비자들에게 잘 알려진 제품의 가격을 현저하게 할인된 가격으로 판매하여 소비자들을 점포로 유인하거나 해당 점포의 가격 수준이 상대적으로 낮다는 이미지를 만들기 위한 전략이다(그림 7-15). 유인가격의 적용대상이 되는 제품의 판매 자체는 손실이 되겠지만 다른 제품의 매출이 증가하므로 점포 전체의 수익성은 향상되는 성과를 거두게 된다.

[그림 7-15] 유인가격 / 세일가격

2.2.2.6 세일가격

세일가격(Bargain Sale Pricing)은 주로 소매상이 더 많은 소비자를 유치하기 위해서 특정기간에 한해 기존의 제품가격 보다 저렴하게 판매하는 가격이다(그림 7-15). 예를 들어, 백화점 등이 계절적 수요가 큰 제품이나 성수기가 지난 제품의 재고를 처분하기 위해서 특별할인 행사를 진행하는 것이다. 단기적인 매출 증대와 재고감소의 효과를 얻을 수 있지만 너무 자주 세일행사를 행하면 소비자들이 정상가격에서의 제품구매를 연기하거나 제품 품질에 대한 의구심을 키우는 문제점을 유발할 수 있다.

2.2.2.7 묶음가격

묶음가격(Bundle Pricing)은 여러 개의 제품이나 서비스를 함께 묶어서 판매하면서 가격을 할인해 주는 것이다(그림 7-16). 예를 들어, 놀이동산의 입장권과 놀이시설 몇 개의 이용권을 하나로 묶어 각각 개별적으로 구매했을 때의 가격보다는 할인된 가격으로 판매하는 경우이다.

묶음가격에는 순수묶음(Pure Bundling)과 혼합묶음(Mixed Bundling)의 두 종류가 있는데 순수묶음은 제품을 개별적으로는 판매하지 않고 묶음으로만 판매하는 것이고, 혼합묶음은 개별

판매와 묶음판매를 동시에 활용하는 경우이다.

2.2.2.8 종속제품 가격

종속제품 가격(Captive Product Pricing)은 특정 제품(기본 제품)을 비교적 저렴하게 판매한 다음, 그 제품의 사용에 반드시 필요한 소모품이나 부품을 높은 가격으로 판매하여 이익을 얻는 가격정책이다(그림 7-16). 예를 들어, 기본제품인 프린터의 가격은 저렴하게 판매하고 소모품으로 쓰이는 잉크나 토너를 상대적으로 높은 가격으로 판매하는 경우나, 면도기는 저가격으로 판매하고 면도날은 고 가격으로 판매하는 것이다.

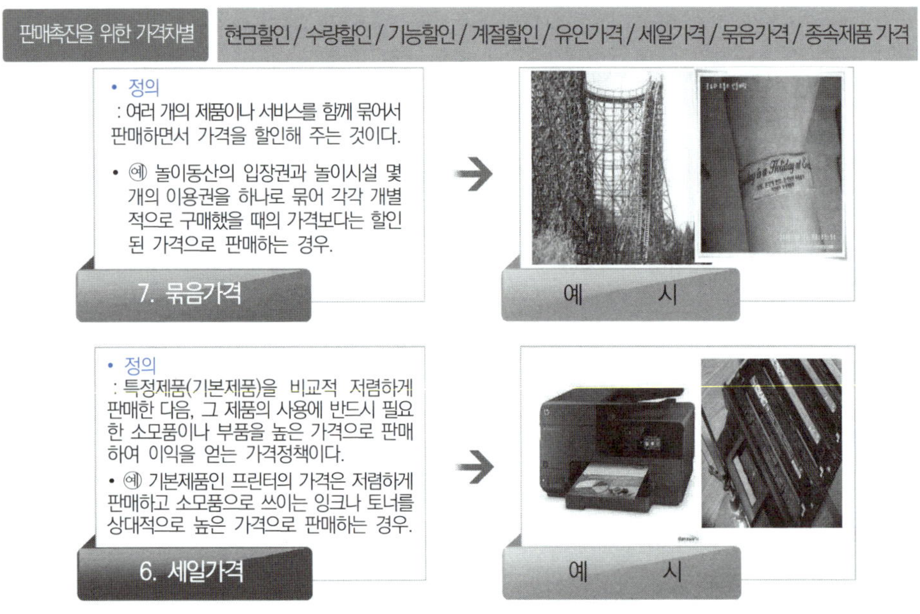

[그림 7-16] 묶음가격 / 종속제품 가격

학습정리

이번 장에서 이해해야 할 내용을 정리해 보겠다.

1. 가격의 의미와 특성

1) 가격의 의미

제품이 지닌 편익과 서비스에 대한 총체적인 가치를 의미한다.

2) 가격의 특성

(1) 소비자가 지각하는 가치

마케팅관리자가 시장에 제시하는 가격보다 가치가 크거나 같을 때만 제품의 구매가 이루어진다.

㉮ 십만 원의 가격이 책정된 의류가 점포에 진열되었을 때 소비자가 이 제품을 보고 십만 원 이상의 가치가 있다고 느끼지 못한다면 구매는 이루어지지 않는다.

(2) 마케팅믹스 요소와 달리 쉽게 변경 : 가격은 다른 마케팅믹스 요소들과 달리 쉽게 변경할 수 있다.

㉮ 개발된 제품은 수정하는데 많은 시간과 비용이 들며 광고와 유통경로도 한번 변경하려면 매우 어렵다.

가격은 변경하겠다고 결정하면 즉시 실행이 가능하다. 온라인은 더욱 신속하다.

(3) 소비자와 경쟁자의 빠른 반응 : 제품의 특징이나 유통경로를 변경하더라도 소비자들이 이러한 변화를 깨닫기까지는 시간이 소요되지만 가격을 인하하거나 인상하면 소비자들은 제품이 싸졌거나 비싸졌다고 즉시 인식하게 되고 매출액이 급변하는 것이 일반적이다.

㉮ 이마트와 경쟁할인점끼리 가격경쟁을 시간대별로 할 수 있다.

(4) 가격 이미지는 쉽게 바꿀 수 없다. : 가격 그 자체는 쉽게 바꿀 수 있지만 가격 이미지는 쉽게 바꿀 수 없다.

㉮ 고객들은 그 기업의 제품이 비싸다고 지각할 수 있는데 일단 이런 이미지가 형성되면 바로 잡는데 오랜 시간이 걸린다.

(5) 가격변경은 즉각 기업 영향 전달 : 가격변경은 기업의 이익에 즉각적으로 커다란 영향을 미친다.

㉮ 가격을 잘못 결정하면 이익이 크게 감소될 가능성이 높다. 따라서 가격이란 변수는 매우 조심해서 다룰 필요가 있다.

(6) 가격경쟁을 피하는 것이 바람직 : 가격변화는 회사의 매출액과 이익에 직접적이고 즉각적인 영향을 주기 때문에 회사의 수익성을 보존하기 위해서는 가격경쟁을 가능한 피하는 것이 바람직하다.

㉮ 경쟁사 간 암묵적인 합의 도달(명시적 경우 불법), 가격경쟁에서 상품차별화에 의한 경쟁으로 바꾸어야 한다.

2. 가격결정의 목표

1) 시장확대

가격을 낮추어 기업이 제품의 소비자 수를 늘리거나 소비자의 사용률을 높여 매출액과 시장점유율을 증대하려는 목적이다.

㉮ 시장침투전략 혹은 시장침투가격 대량생산을 통해 규모의 경제 실현한다.
→ 원가를 낮출 수 있고 경쟁자들의 시장진입을 만들 수 있다.

2) 이익극대화

신제품을 도입하는 초기에 제품 개발비 등을 회수하고 초기 이익을 극대화하려는 의도에서 가격보다는 품질이나 사회적 지위 등을 중시하는 가격민감도가 낮은 소비자들은 초기 고가전략을 전개한다.

3) 고품질이미지 창출

제품품질 목표는 경쟁제품들보다 상대적으로 가격 수준이 높은 고 가격을 설정하는 경우로 최고의 품질을 가진 제품을 생산하는 기업에서 채택하는 가격전략이다.

㉮ 삼성전자는 품질의 이미지를 유지하기 위하여 고 가격을 유지하며 소비자들은 가격을 보고 품질을 생각한다.

4) 기업생존

기업생존 목표는 소비자의 욕구가 계속적으로 변화하고 경쟁이 심화되거나 생산시설의 과잉 현상이 일어나는 상황에서는 기업이나 특정 제품의 생존이 위태롭게 되므로 채택하는 전략적 목표이다.

3. 가격결정의 영향요인

1) 소비자반응

제품의 가격이 상승하면 제품에 대한 수요는 감소하고 가격이 하락하면 수요가 증가하는데 이러한 현상은 제품이나 소비자의 특성에 따라 다르다.

㉮ 식품이나 지하철요금 같은 필수품은 가격이 오르더라도 수요가 크게 감소하지 않고 외식비의 경우는 상대적으로 수요가 크게 감소하는 경향이 있다.
→ 이렇게 가격이 수요에 미치는 영향력의 크기를 수요의 가격탄력성이라고 한다.

☞ 가격탄력성이 낮은 경우

① 경쟁제품 혹은 대체품이 없거나 소수일 때
② 소비자가 제품가격이 높음을 인식하지 못할 때
③ 자사제품이 경쟁제품과 비교하여 특이한 제품특성을 가질 때
④ 소비자의 구매습관 변화가 서서히 발생될 때
⑤ 소비자들이 고 가격을 고품질과 연관시켜 고 가격 제품을 구매하고자 할 때
㉮ 비탄력적 수요를 보이는 대형승용차/ 탄력적 수요를 보이는 소형승용차

2) 원가구조

가격의 하한선을 결정하는 기준이 되는 것은 제품의 원가이다.

㉮ 변동비는 생산량이나 판매량이 증가함에 따라서 비례적으로 증가하는 비용으로 제품의 재료비, 노무비 등이 있다.

고정비는 생산량이나 판매량의 규모와 상관없이 일정하게 지출되는 비용으로 임대료, 광고비, 광열비 등이 있다.

☞ 손익분기점 분석은 매출과 원가구조와의 관계를 추정할 수 있게 해 주며 특정 가격을 결정하면 얼마나 높은 수익을 얻게 되는지도 계산할 수 있게 해 준다.

3) 경쟁상황

시장의 경쟁상황은 크게 독점, 독점적 경쟁, 과점경쟁, 완전경쟁 등이 있다.

(1) 독점이나 독점적 경쟁에서는 시장에 유리한 위치에 있으므로 고 가격전략을 취하여 많은 이익을 얻게 된다.

(2) 과점경쟁 상황에서는 소수의 경쟁자가 시장을 지배하는 상황으로 어느 한 기업이 가격을 인하하게 되면 나머지 기업들이 곧바로 가격을 인하하게 된다.

(3) 완전경쟁 상황은 치열한 가격경쟁에 뛰어들게 되어 수익성의 악화를 초래한다.

4) 정부규제

제품을 소비자에게 공급하는 유통업체들이 강력한 구매력을 이용해 제조업자에게 납품가격의 인하를 강하게 요구하는 경우가 늘어나고 있다.

5) 유통경로

정부당국은 물가를 안정시키며 경쟁을 촉진하고 특정제품의 수요를 억제하는 등 각종 정책적 차원에서 제품가격에 각종 규제를 가한다. 법령의 제정을 비롯하여 최저가격을 설정하거나 세금을 부과하는 등의 방법이 대표적인 규제수단이다.

㉮ 제조업자가 가격을 결정하던 권장소비자가격 또는 희망소비자가격의 제도가 자유가격(Open Price) 제도로 바뀌면서 유통업체가 소비자가격을 결정하는 권한이 강화되고 유통경로상의 힘이 유통업체로 급격히 옮겨가고 있다.

4. 가격결정 방법

1) 소비자기준 가격결정

(1) 직접가격평가법 : 소비자가 제품에 대해 느끼는 가치를 직접 물어보는 방법이다.

(2) 직접지각가치평가법 : 상품의 상대적인 지각가치를 직접 조사하는 방법이다.

(3) 진단적 방법 : 소비자들로 하여금 조사제품에 대해 제품속성의 중요도와 속성별, 신념을 평가하도록 하는 방법이다.

2) 원가기준 가격결정

(1) 원가가산법 : 사전에 정한 목표이익을 총비용에 가산하여 가격을 결정하는 것이다.

(2) 이익가산법 : 제품의 단위당 원가에 일정한 이익률을 가산하여 가격을 결정하는 방법으로 제품원가에 표준이익을 더하는 의미이다.

3) 경쟁기준 가격결정

5. 최종가격결정

1) 소비자심리를 이용한 가격결정

(1) 준거가격 : 소비자가 제품가격을 보고 그 가격이 높은지 낮은 지를 판단하는 기준으로 삼는 가격이다. 준거가격은 소비자들의 과거 구매경험이나 현재의 일반적 제품가격, 유사제품의 가격을 근거로 형성된다.

㉠ 준거가격이 가능하면 높게 형성하도록 제품진열 시 고급제품과 함께 진열 / 가격 할인 시는 기존가격과 함께 제시해서 기존가격이 준거가격의 역할을 하도록 한다.

(2) 단수가격 : 제품의 가격을 결정할 때 주로 쓰이는 화폐단위를 이용하지 않고 화폐단위를 낮게 변경하는 형태이다.

㉠ 10,000원이나 1,000원이 아닌 9,900원, 990원으로 가격을 책정하는 것이다.

(3) 관습가격 : 소비자들이 장기간에 걸쳐 일정금액으로 제품을 구매하여 왔기 때문에 해당 가격이 관습처럼 인식하는 가격을 말한다.

가격인상의 효과를 거둘 수 있는 방법 → 제품의 용량 축소, 포장 변경, 서비스 축소의 방법이 있다.

㉠ 박카스(용량), 쿠퍼스 골드(포장) 등

2) 판매촉진을 위한 가격차별

(1) 현금할인
(2) 수량할인
(3) 기능할인
(4) 계절할인
(5) 유인가격
(6) 세일가격
(7) 묶음가격
(8) 종속제품가격

연습문제

✎ 정답 및 해설

1. 다음 '가격의 다양한 이름'이 아닌 것은?

① 사용료
② 탑승료
③ 아르바이트비
④ 지각하는 가치

[정답] ④
지각하는 가치는 가격의 특성 중 한 가지이며 가격의 다양한 이름으로는 '사용료, 관람료, 탑승료, 수강료, 수수료, 통신료, 전기료, 임금, 등록금, 복사비, 주차비, 아르바이트비, 치료비, 집세' 등이 있다.

2. 가격의 특성 중 어떤 특성에 관한 설명인가?

> 십만 원의 가격이 책정된 의류가 점포에 진열되었을 때 소비자가 이 제품을 보고 십만 원 이상의 가치가 있다고 느끼지 못한다면 구매는 이루어지지 않는다.

① 소비자와 경쟁자의 빠른 반응
② 마케팅믹스 요소와 달리 쉽게 변경
③ 소비자가 지각하는 가치
④ 가격변경은 즉각 기업 영향 전달

[정답] ③
가격의 특성 중 소비자가 지각하는 가치에 대한 예시이며 마케팅관리자가 시장에 제시하는 가격보다 가치가 크거나 같을 때만 제품의 구매가 이루어진다.

3. 다음 '가격의 특성 6가지'가 아닌 것은?

① 소비자가 지각하는 가치이다.
② 가격 이미지는 쉽게 바꿀 수 있다.
③ 가격변경은 즉각 기업 영향에 전달된다.
④ 가격경쟁을 피하는 것이 바람직하다.

[정답] ②
가격의 특성은 가격 이미지를 쉽게 바꾸지 못하는 특성을 가지고 있다.

4. 다음 가격결정 목표의 이유로 '가격을 저가로 정하는 이유'끼리 나열한 것은?

① 시장확대 – 이익극대화
② 이익극대화 – 고품질 이미지 창출
③ 고품질 이미지 창출 – 기업생존
④ 시장확대 – 기업생존

[정답] ④
기업이 제품의 가격을 저가로 정하는 이유로는 시장을 확대하기 위해서와 기업이 생존하기 위한 경우에 저가로 제품의 가격을 책정한다.

5. 가격을 결정하는 영향요인 5가지가 아닌 것은?

① 기업생존
② 소비자반응
③ 원가구조
④ 경쟁상황

[정답] ①
가격을 결정하는 영향요인 5가지로는 '소비자반응, 원가구조, 경쟁상황, 정부규제, 유통경로'이다.

6. 다음 가격결정 방법에 해당하지 않는 것은?

① 소비자기준 가격결정 방법 ② 생산자기준 가격결정 방법
③ 원가기준 가격결정 방법 ④ 경쟁기준 가격결정 방법

[정답] ②
가격결정 방법으로는 크게 3가지가 있으며 소비자기준 가격결정, 원가기준 가격결정, 경쟁기준 가격결정으로 나누어진다.

7. 다음 가격결정 방법으로 '소비자기준 가격결정 방법'이 아닌 것은?

① 간접가격평가법 ② 직접가격평가법
③ 직접지각가치평가법 ④ 진단적 방법

[정답] ①
소비자기준 가격결정 방법으로는 직접가격평가법, 직접지각가치평가법, 진단적 방법이 있다.

8. 다음 '소비자심리를 이용한 가격결정 방법'이 아닌 것은?

① 준거가격 ② 단수가격
③ 관습가격 ④ 세일가격

[정답] ④
소비자심리를 이용한 가격결정 방법으로는 준거가격, 단수가격, 관습가격이 있다.

9. 다음 '소비자심리를 이용한 가격결정 방법' 중 무슨 가격에 대한 설명인가?

제품의 가격을 결정할 때 주로 쓰이는 화폐단위를 이용하지 않고 화폐단위를 낮게 변경하는 형태이다.

① 준거가격 ② 단수가격
③ 관습가격 ④ 세일가격

[정답] ②
단수가격의 정의로서 10,000원이나 1,000원이 아닌 9,900원, 990원으로 가격을 책정하는 것을 말한다.

10. 다음 '판매를 촉진하는 가격차별방법'이 아닌 것은?

① 현금할인 ② 세일가격
③ 종속제품가격 ④ 카테고리킬러

[정답] ④
카테고리킬러는 소매상의 종류 중 한 가지이다.

제 8 장

유통 전략

이 장에서 학습하는 내용

- 유통관리의 내용
  유통과 유통경로
  유통경로의 필요성
  유통경로의 기능
  유통경로의 종류
- 소매상
  소매상의 개념
  소매상의 종류
  점포소매상
  무점포소매상
- 도매상
  도매상의 개념
  도매상의 종류
  도매상의 기능

이 장의 학습목표

- 유통의 개념과 유통경로, 유통기관의 정의에 대해서 이해한다.
- 중간상(소매상, 도매상)이 필요한 이유에 대해 이해한다.
- 중간상의 수행기능에 대해 이해한다.
- 유통경로의 종류에 대해서 이해한다.
- 소매상의 개념에 대해서 이해한다.
- 도매상의 개념에 대해서 이해한다.
- 점포소매상과 무점포소매상에 대해서 이해한다.
- 도매상의 종류, 기능에 대해 이해한다.

마케팅(Marketing)의 BIG PICTURE

마케팅의 BIG PICTURE는 4단계로 구성된 마케팅 부서에서 마케팅전략 계획서를 작성하는 마케팅 과정 모형을 보여준다. "BIG PICTURE로 보는 마케팅원론"은 Step 1에서 Step 4까지의 단계로 내용의 구성이 진행되며 4단계를 통한 이론에만 머무는 것이 아니라 4단계를 공부하게 되면 마케팅 부서에서 하는 핵심적인 실무인 기업의 마케팅전략 보고서를 만들 수 있으며 본 교재의 마지막 단원에는 4단계를 통해 작성된 마케팅전략 보고서를 제시할 것이다.

마케팅관리의 정의

☑ 전략 Tool Model

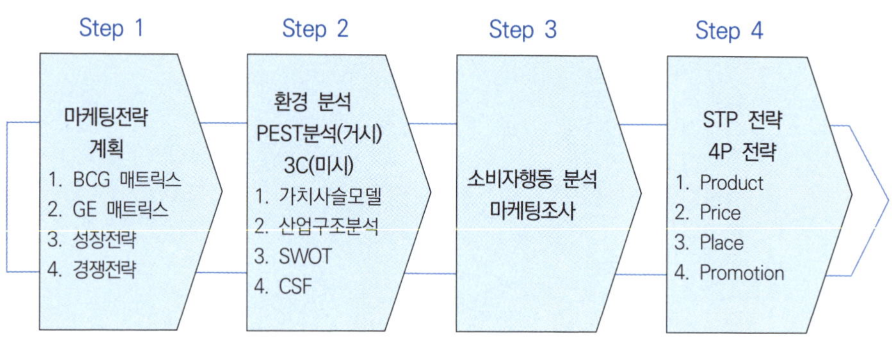

- 전략 TOOL MODEL은 4단계로 정리
- 고객의 욕구 충족과 기업 이윤 창출의 목표를 위하여 주어진 환경을 분석하고 시장, 고객, 경쟁사와 관련된 자료를 수집 분석하여 표적시장을 선정하여 고객을 확보, 유지 증대시키는 전략을 수립 실행하며 평가하고 통제하는 행위

마케팅의 BIG PICTURE

Step 4단계에서는 타깃팅(Tarketing) 한 시장에 어떠한 제품으로 가격은 얼마를 받고 유통은 어떻게 시키며 촉진은 어떤 방법으로 했을 때 현재의 매출보다 몇 % 이상을 더 신장시킬 수 있는지에 대한 4P 전략에 대해서 공부해 볼 것이다.

본 교재에서는 마케팅에 관한 Step 1에서 Step 4단계 중에 특히 Step 1, Step 2, Step 4단계에 대한 마케팅 부서의 마케팅 전략보고서를 작성하여 선별된 사업부가 기존의 매출에 비해 경영진이 세운 목표에 대해 얼마만큼의 매출을 더욱 극대화할 수 있는지와 관련한 보고서를 작성하는 방법에 대해서 구체적인 전략 도구(Tool)를 사용하여 작성하는 방법에 대해서 살펴볼 것이다.

01 유통관리의 내용

1.1 유통과 유통경로

유통은 생산과 소비를 연결한다. 소비자들이 원하는 제품구색을 갖추고 다양한 서비스를 제공하는 기능을 수행하는 유통경로에는 소매상이나 도매상을 비롯하여 다양한 유통기관들이 참여한다. 유통경로가 제대로 관리되면 기업은 생산한 제품과 서비스를 원활하게 공급할 수 있게 되고, 소비자는 편리하게 소비할 수 있는 흐름이 자연스럽게 이루어지게 된다.

1.1.1 유통의 개념

유통(Distribution)은 제품이나 서비스를 생산자로부터 소비자에게 이전하는 과정으로 생산

[그림 8-1] 유통의 개념 / 유통경로 / 유통기관

기능과 소비기능을 연결한다(그림 8-1). 유통은 소비자에게 제품이나 서비스를 전달하는 경로를 결정하고 관리하는 기능을 수행하는데, 결과적으로는 기업의 마케팅성과와 소비자들의 생활의 질에 영향을 미친다.

제품을 생산하는 기업은 만들어 낸 제품을 소비자들에게 원활하게 전달하고 소비자는 편리하게 제품을 소비할 수 있도록 자연스러운 흐름을 만들어 가는 것이 유통인 것이다.

기업의 입장에서 보면 유통은 마케팅믹스(4 P's) 중 하나로 유통경로를 선택하고 관리하는 다양한 활동이다.

1.1.2 유통경로

유통경로(Distribution Channel)는 수도사업소에서 가정집에 이르기까지 수돗물이 흐르는 파이프라인으로 비유할 수 있다. 가정에서 원하면 언제든지 편리하게 수돗물을 쓸 수 있도록 연결하는 것이 수도파이프인 것처럼 생산자와 소비자를 연결하는 통로가 유통경로이다.

유통경로는 마케팅채널(Marketing Channel)이라고도 하며, 생산자와 소비자를 연결하는 여러 가지 경로를 의미한다. 유통경로를 통한 제품의 이전 과정에 참여하는 경로구성원에는 생산자, 중간상, 소비자들이 포함된다. 중간상에는 도매상과 소매상이 있다(그림 8-1).

생산자로부터 소비자에 이르는 유통경로는 매우 다양하며, 기업은 하나 또는 복수의 유통경로를 선택하여 제품을 유통시키게 된다.

1.1.3 유통기관

유통경로에 참여해 일정한 역할을 하는 조직체나 개인들을 유통기관(Distribution Institution)이라 하는데, 유통기관은 생산자와 소비자를 연결하는 과정에 참여하는 모든 조직체나 개인들의 집합을 의미한다(그림 8-1).

유통기관에는 도매상과 소매상 같은 중간상 이외에도 운송, 하역, 포장, 보관서비스를 제공하는 물류업체와 유통경로의 효율성을 높여주고 신업체의 출현을 가능하게 해주고 있는 정보통신업체, 생산자에서 소비자까지의 거래의 흐름에서 필연적으로 수반되는 자금의 흐름이 원활하도록 신용과 보험 등의 서비스를 제공하는 금융업체 등 유통지원 서비스조직들이 있다.

1.2 유통경로의 필요성

1.2.1 유통경로의 필요성

왜 중간상 혹은 유통경로가 필요한 것일까? 왜 생산자들은 자신들이 생산한 제품의 판매를 중간상에게 맡기는 것일까? 중간상을 이용함으로써 얻을 수 있는 이점이 자신들이 직접 판매를 담당할 때보다 더 크기 때문이다. 생산자들은 중간상을 이용하게 만드는 이유들은 다음과 같다.

첫째, 생산자들은 소비자들에게 직접 판매할 만큼의 충분한 자원이 부족하기 때문이다. 소비자들이 손쉽게 제품을 구매할 수 있도록 독자적으로 전국적인 판매망을 만들고 운영하려면 상당수의 인력과 자금이 필요한데 중간상을 이용하면 자원부족의 한계를 쉽게 극복할 수 있으며, 제한된 자원을 자신의 핵심역량을 개발하는 데 집중할 수 있다.

둘째, 중간상을 이용하면 더 높은 생산성을 얻을 수 있기 때문이다. 독자적으로 유통경로를 만들 수 있다 하여도 생산기능을 주로 담당하는 기업이 그 자원을 기업의 핵심역량에 투자를 집중함으로써 더 많은 이윤을 창출할 수 있는 경우가 많기 때문이다. 유통은 대량유통을 담당하는 유통전문기업에게 맡기고서 자신의 생산성을 극대화할 수 있는 것이다.

셋째, 중간상은 생산자와 소비자 간의 거래를 단순화시킨다. 생산자인 기업은 중간상을 이용함으로써 거래의 경제성을 실현할 수 있다. [그림 8-2]는 중간상을 이용하는 경우에 얼마나 거래관계가 단순해 지는가를 잘 보여준다.

예를 들어, 생산자가 4개 기업, 소비자가 4명인 시장에서 중간상을 이용하지 않고 직접 소비자와 거래하는 경우 (a)와 중간상을 이용하는 경우 (b)를 상정해 보자. 중간상이 없는 경우 (a)에는 각 기업이 소비자들과 직접 거래를 해야 하므로 총 16개의 거래가 필요하다.

그러나 유통경로에 중간상을 참여시키는 경우에는 중간상을 통해 거래가 이루어지므로 거래관계가 단순해져 8개의 거래로 감소한다. 거래가 감소하는 효과는 소비자나 생산자의 수가 많을수록 훨씬 더 커진다.

중간상이 유통경로에 포함되는 경우 생산자와 소비자의 거래가 훨씬 효율적이 되어 중간상의 필요하다는 사실을 쉽게 알 수 있다. 이렇게 중간상이 거래관계를 단순하게 해주는 원리를 총 거래 수 최소의 원칙이라고 한다.

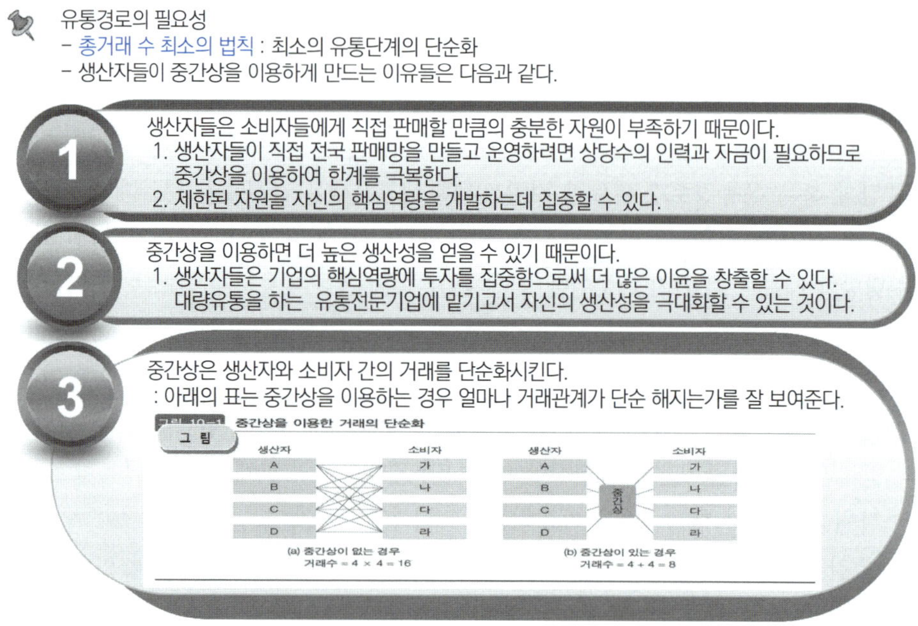

[그림 8-2] 유통경로의 필요성

1.2.2 유통경로의 효용

제품만이 소비자의 욕구를 충족시켜 주는 것은 아니다. 유통경로에서 중간상 역시 소비자에게 여러 가지 효용을 제공한다. 중간상이 창출하는 효용에는 시간효용, 장소효용, 소유효용이 있다(그림 8-3).

① 시간효용(Time Utility) : 소비자가 구매하기를 원하는 시간에 제품이나 서비스를 제공함으로써 발생하는 효용을 말한다. 예를 들어, 편의점의 24시간 쉬지 않아 소비자가 원하는 제품을 언제나 구매할 수 있도록 편리함을 주고 있다.

②. 장소효용(Place Utility) : 소비자가 편리한 장소에서 제품이나 서비스를 제공함으로써 발생되는 효용이다. 예를 들어, 맛있는 요리를 만들기 위해 야채나 생선을 구하려 농촌이나 어촌을 찾아가지 않고도 집 근처에서 얼마든지 구매가 가능한 것이다.

③ 소유효용(Possession Utility) : 생산자로부터 소비자에게 제품이나 서비스가 이전되어 소비자가 제품이나 서비스를 사용하고 소비할 수 있는 소유권이 이전되도록 중간상이 도와

줌으로써 발생되는 효용이다. 예를 들어, 전자제품 판매점에서 PC를 구매하면 소비자 마음대로 사용하고 개조하거나 폐기할 수 있다.

유통경로가 생산자에게 제공하는 효용을 한마디로 말하면, 판매를 용이하게 해주는 것이다. 소비자를 직접 만나지 않고도 제품을 판매할 수 있도록 하며, 전문적 서비스를 통해 직접 판매에 나설 때보다도 원활한 판매활동이 이루어지도록 한다.

중간상이 창출하는 3가지 효용
: 제품만이 소비자의 욕구를 충족시켜 주지 않는다. 유통경로에서도 다음의 3가지에 의해서 소비자에게 효용을 제공한다.

[그림 8-3] 중간상이 창출하는 3가지 효용

1.3 유통경로의 기능

유통경로에서 중간상이 소비자가 구매하는 제품 및 서비스의 가치를 증대시키는 다양한 기능을 담당하는데 중간상이 수행하는 기능은 구체적으로 생산자와 소비자의 연결, 교환과정의 효율화, 제품구색 제공, 고객서비스 제공, 물적유통, 기타 유통조정기능 등이다(그림 8-4).

1.3.1 생산자와 소비자의 연결

생산자와 소비자는 유통경로를 통해 연결된다. 생산자들은 소비자들이 어디에 있고 어떻게 소비자들을 만날 수 있는지를 잘 알지 못한다. 유통경로에서 생산자와 소비자 사이의 가운데에 존재하는 중간상은 언제나 소비자들과 직접 만나고 있고 소비자에 대한 정보를 갖고 있다. 생산자들은 중간상을 이용하여 적은 비용으로 더 많은 소비자에게 제품과 서비스를 효과적으로 전달할 수 있다. 이와는 반대로 소비자의 욕구와 그들의 특성, 제품에 대한 반응 등 필요한 정보를 수집하여 생산자에게 제공할 수 있다.

1.3.2 교환과정의 효율화

생산자와 소비자 사이에 중간상이 위치하므로 생산자는 수많은 소비자를 직접 만나야 하는 어려움을 피할 수 있다. 즉 소수 중간상과의 거래를 통해 다수의 소비자에게 제품과 서비스를 공급할 수 있어서 교환과정을 단순화하고 비용을 크게 절감하는 효율적 거래가 가능한 것이다.

1.3.3 제품구색 제공

중간상은 다수의 생산자와 거래하기 때문에 소비자들이 원하는 다양한 제품을 구색으로 갖추고 있다. 중간상이 소비자들의 다양한 욕구를 충족시켜 줄 수 있는 제품들을 구비해 놓지 않으면 소비자들은 개별적으로 생산자와 직접 거래를 통하여 원하는 제품을 구매해야 할 것이다.

1.3.4 고객서비스 제공

중간상은 소비자가 쉽게 제품을 구매하고 사용할 수 있도록 다양한 서비스를 제공한다. 중간상은 제품을 진열하여 소비자의 구매의사결정을 돕고, 생산자를 대신하여 애프터서비스(A/S)를 제공하고, 배달, 설치, 사용 방법 설명 등의 서비스를 제공한다.

1.3.5 물적유통

중간상은 생산자를 대신해 소비자로부터 주문을 받는 수주, 제품이 생산자로부터 소비자에게 이르기까지의 운송 및 보관, 제품의 분할, 포장, 재고 유지 등 물적유통과 관련한 활동들을 담당한다.

생산자는 보통 수송비 등 비용절감을 위해 제품을 대량으로 중간상에 공급하는데, 이러한 단위가 큰 대량 단위의 제품들은 소비자가 개별적으로 구매할 수 없다. 중간상은 생산자가 대량 생산한 제품을 소비자들이 소비하기 좋은 소량 단위로 분할하여 소비자에게 재판매하는 기능을 한다. 중간상의 재고유지는 소비자가 제품을 충분히 구매하여 저장해야 하는 부담을 덜어줄 뿐 아니라, 생산자가 제품을 재고로 확보해야 하는 부담을 경감시켜 주며 변화하는 수요에 따라 생산량을 급격히 늘리거나 줄이지 않아도 되도록 도와주는 역할을 한다.

1.3.6 기타 유통조성기능

이 밖에도 중간상은 신용제공, 위험부담, 거래의 표준화, 판매촉진 등을 통해 유통활동이 원활히 이루어지도록 하는 보조적 기능을 수행한다.

여기에서 신용제공이란 외상매출 등을 통해 소비자의 소비활동을 돕는 것을 말하고, 위험부담이란 일정한 재고를 유지하여 가격변동으로 인한 위험을 감당한다는 의미이다. 거래의 표준화는 제품의 규격을 통일해서 교환과정에서 혼란을 발생하지 않도록 유도하는 것을 말한다.

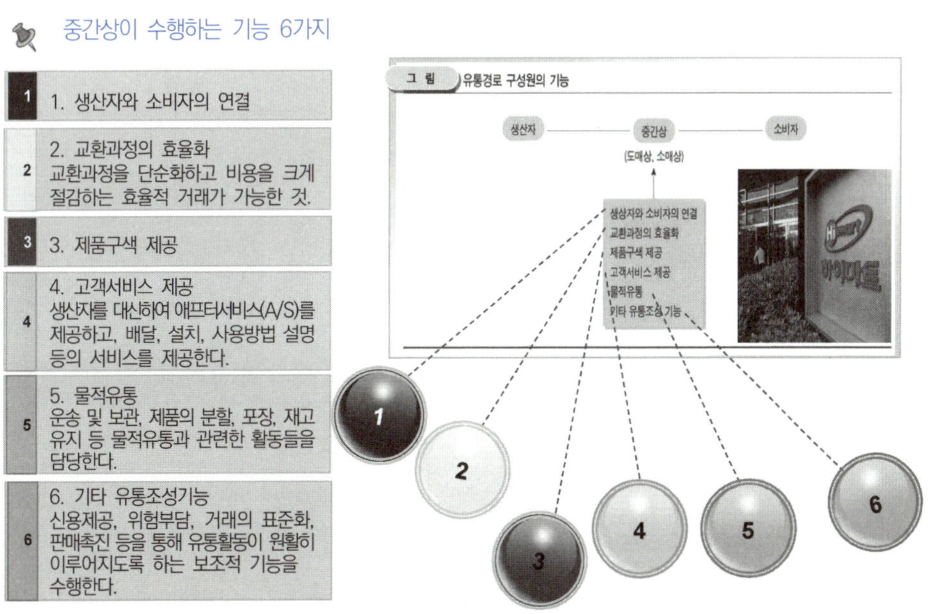

[그림 8-4] 중간상이 수행하는 기능 6가지

1.4 유통경로의 종류

생산자가 선택할 수 있는 유통경로의 종류는 다양하다. 어느 유통경로를 선택하느냐에 따라 유통경로의 길이가 짧거나 길어진다. 생산자에게서 소비자에 이르는 각 단계에서 행해야 할 유통기능들을 생산자가 대부분 스스로 담당하면 유통경로는 짧아지게 되고, 유통업체들에게 기능을 위임하면 경로가 길어지게 된다.

유통경로가 길어지면 유통업체들의 전문적 서비스를 활용하게 되어 서비스 수준을 높일 수 있는 장점이 있지만, 제품이 소비자에게 이르기까지 여러 단계를 거치게 되므로 생산자의 통제력이 약해지는 단점을 가진다. 유통경로가 짧아지면 생산자와 소비자 사이에 개입되는 유통업체들이 줄어들어 생산자의 통제력이 커지는 반면, 스스로 유통기능을 수행해야 하는 부담을 가지게 된다. 여기서 소비자에게 전달되는 제품의 가격은 유통경로가 길어진다고 가격이 상승하는 것은 아니며, 중간상 등 유통업체나 생산자가 얼마나 효율적으로 유통기능을 수행할 수 있느냐에 달려있다.

소비재의 유통경로는 대부분의 형태를 띠게 된다. 소비자에게 제품이 전달되기까지 몇 개의 단계를 거치느냐를 경로 수준(Channel Level)이라 하는데 이는 경로에 참여하는 중간상의 수를 의미한다(그림 8-5).

경로수준
: 소비자에게 제품이 전달되기까지 몇 개의 단계를 거치느냐를 말한다. 이는 경로에 참여하는 중간상의 수를 의미한다.

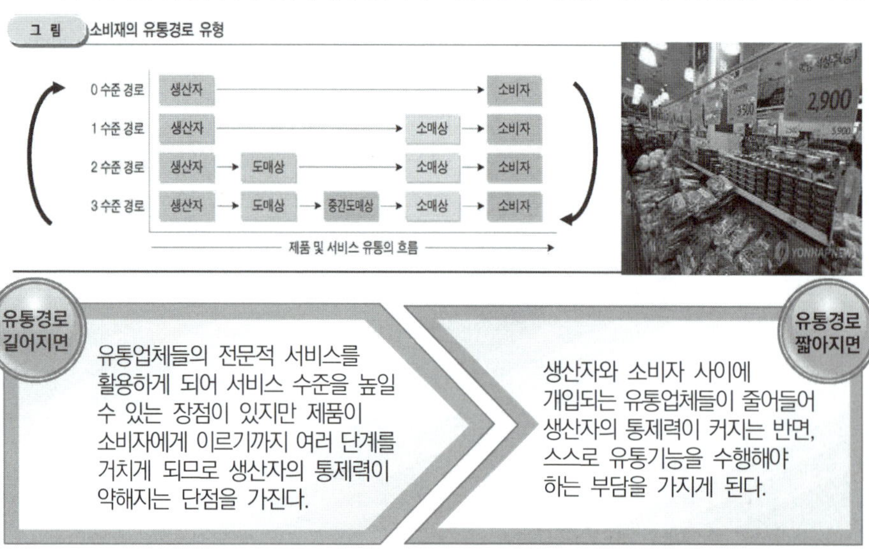

[그림 8-5] 유통경로의 종류

02 소매상

2.1 소매상의 개념

소매(Retailing)란 재화나 서비스를 비영리적 목적으로 구매하려는 최종소비자에게 판매하는 행위이며, 이러한 활동을 수행하는 자를 소매상(Retailer)이라고 한다. 예를 들어, 소비자들이 많이 이용하는 슈퍼마켓, 재래시장의 상점, 백화점, 대형할인점, 인터넷 쇼핑몰 등이 모두 여기에 해당한다. 소비자들이 욕구가 점차 다양해지고, 정보통신기술이 급격히 발전함에 따라 다양한 형태의 소매상들이 나타나고 있다. 이러한 소매상들은 점포의 유무, 규모, 마케팅전략 등을 기준으로 구분할 수 있다.

소매업을 이해하기 위해서는 업종과 업태란 용어를 구분할 필요가 있다. 먼저, 업종이란 소매상이 판매하는 상품군에 따른 전통적인 분류방법으로 식품점, 의류점, 가전점, 가구점, 문구점,

1. 소매란? — • 재화나 서비스를 비영리적 목적으로 구매하려는 최종소비자에게 판매하는 행위이며, 이러한 활동을 수행하는 자를 소매상이라고 한다.
2. 업 종 — • 소매상이 판매하는 상품군에 따른 전통적인 분류방법으로 식품점, 의류점, 가전점, 가구점, 문구점, 잡화점 등이 여기에 해당된다.
3. 업 태 — • 소매상이 마케팅전략에 따른 분류방법으로 점포의 규모, 입지, 상품구색, 서비스, 가격, 판매방식, 점포의 특성, 영업시간 등 여러 가지 기준에 따라서 백화점, 할인점, 슈퍼마켓, 편의점, 인터넷 쇼핑몰, 카테고리 킬러 등으로 구분하는 것이다.

업종과 업태의 비교

	분류기준	주요 유형
업 종	제품성격	식품별, 가구점, 의류점, 문구점, 잡화점 등
업 태	소비전략	구멍가게, 슈퍼마켓, 할인점, 백화점, 인터넷 쇼핑몰, 카테고리 킬러 등

[그림 8-6] 업종과 업태의 비교

잡화점 등이 여기에 해당된다. 업태는 소매상의 마케팅전략에 따른 분류방법으로, 점포의 규모, 입지, 상품구색, 서비스, 가격, 판매방식, 점포의 특성, 영업시간 등 여러 가지 기준에 따라서 백화점, 할인점, 슈퍼마켓, 편의점, 인터넷 쇼핑몰, 카테고리킬러 등으로 구분하는 것이다. [그림 8-6]은 업종과 업태의 개념을 자세히 비교하고 있다.

2.2 소매상의 종류

소매상은 일반적으로 점포의 특징과 규모, 입지, 상품구색, 서비스, 가격 등에 따라서 구분되는 업태분류에 의해 구분하는 것이 소매상의 전략을 이해하는 데 도움이 된다. 가장 많이 이용하는 소매상의 구분방법은 점포의 유무에 따라 점포소매상과 무점포소매상으로 구분하는 것이다. 점포소매상에는 구멍가게, 슈퍼마켓, 편의점, 백화점, 대형할인점 등이 대표적이며, 무점포소매상에는 자동판매기, 인터넷 쇼핑, 방문판매, 통신판매 등이 있다(그림 8-7).

소매상의 종류
: 가장 많이 이용하는 소매상의 구분방법은 점포의 유무에 따라 점포소매상과 무점포소매상으로 구분하는 것이다.

점포소매상과 무점포소매상

		소매상의 마케팅전략에 의한 분류
점포유무에 의한 구분	점포소매상	독립소매상, 재래시장, 편의점, 슈퍼마켓 수퍼스토어, 할인점, 하이퍼마켓, 수퍼센터 회원제 창고 도매클럽, 대중양판점 백화점, 전문점 팩토리 아울렛, 카테고리 킬러
	무점포소매상	자동판매기, 방문판매 통신우편판매, 텔레마케팅, 다이렉트메일 마케팅 텔레비젼 홈쇼핑, 인터넷 상거래

1) 독립소매상

한 개인이 독립적으로 소유하고 경영하는 점포들로 일반적으로 '자영업'라고 일컫는 경우를 말하고, 일명 '구멍가게'라고 하는 것도 여기에 해당된다.
→ 제품 수도 적고 수량을 많이 못 사므로 할인이 어렵다.
소비협동조합에서 최근 대량 구매하고 있다.

[그림 8-7] 소매상의 종류 / 독립소매상

2.3 점포소매상

2.3.1 독립소매상

독립소매상은 한 개인이 독립적으로 소유하고 경영하는 점포들로 일반적으로 '자영업자'라고 일컫는 경우를 말하고, 일명 '구멍가게'라고 하는 것도 여기에 해당된다(그림 8-7). 식료품이나 잡화 등 생활용품을 주로 취급하며 점포주가 직접 경영하거나 가족 중심의 소수인원이 경영에 참여한다. 대체로 영세하여 매장면적이 작고 구색이 다양하지 못하여 생계유지형으로 운영된다. 주로 주거지역에 분포하여 영업시간이 길다. 신업태의 등장과 대규모 소매상들의 출현으로 점차 경쟁력을 잃어가고 있다.

2.3.2 재래시장

재래시장은 식품, 의류, 잡화 등 일상생활용품을 주로 취급하며 소매업자들이 일정한 지역에 상가나 시장을 형성하여 상시 또는 정기적으로 상품을 매매하거나 용역을 제공한다(그림 8-8). 대부분 소매기능이 중심이지만 부분적으로 도매기능을 겸하기도 하는데, 유통단계에 따라서 소매 위주의 재래시장, 도매 위주의 재래시장, 도소매 혼재시장으로 구분할 수 있다. 취급상품의 구색에 의해 종합시장과 전문시장으로 나누기도 한다.

우리나라의 재래시장은 대체로 시설이 노후화되어 개 · 보수 또는 정비가 필요하거나 유통기능이 취약하게 경영개선이 필요한 상태이다. 재래시장은 소규모 상인들이 오랫동안 집단을 형성하여 자발적으로 생성된 전통시장을 지칭하는 경우가 많다.

재래시장은 주거지나 교통요지에 인접하여 발달하였기 때문에 입지는 좋으나, 대형할인점 등 강력한 경쟁력을 갖춘 신업태들의 출현으로 일부 특화된 재래시장을 제외하고는 점차 경쟁력을 상실해 가고 있다.

2.3.3 편의점

편의점(Convenience Store)은 이름 그대로 소비자들이 이용하기 편리한 소매상이다. 편의점이 편리하다는 것은 공간편의성, 시간편의성, 구색편의성을 소비자에게 제공하기 때문이다. 공간편의성은 [그림 8-8]에서와 같이 주거지역이나 유동인구가 많은 지역에 입지 하여 접근하기 쉽다는 것이고, 시간편의성은 24시간 연중무휴로 영업하여 시간적 제약을 받지 않기 때문이며,

2) 재래시장

식품, 의류, 잡화 등 일상생활용품을 주로 취급하며 소매업자들이 일정한 지역에 상가나 시장을 형성하여 상시 또는 정기적으로 상품을 매매하거나 용역을 제공한다.
→ 취급상품의 구색에 의해 종합시장과 전문시장으로 나누기도 한다.
→ 최근은 표준화된 시설(돔), 주차공간 확보 등을 하려고 노력하고 있다. 그러나 차라리 옛 장터에 흥정하는 부분을 차별화하는 것이 옳은 방향이라고 판단이 된다.

3) 편의점

이름 그대로 소비자들이 이용하기 편리한 소매상이다. 편의점이 편리하다는 것은 공간편의성, 시간편의성, 구색편의성을 소비자에게 제공하기 때문이다.
→ 편의점은 비교적 좁은 소규모 점포로 운영되며 재고회전율이 높은 제품들을 위주로 대체로 3,000여 가지를 판매하는데 슈퍼마켓보다는 높은 가격 수준을 유지한다.

4) 슈퍼마켓

식료품과 가정용품을 주로 취급하는데 점포 규모가 크고 제품 구색이 다양하다. 셀프서비스 등으로 비용절감과 저마진 고회전율 전략을 구사하여 비교적 저가격으로 판매한다는 특징을 가진다.
→ 최근에는 기업형 대형 슈퍼마켓(SSM; Super Supermarket)이 급격히 성장하고 있다.

[그림 8-8] 재래시장 / 편의점 / 슈퍼마켓

구색편의성은 소비자들이 빈번하게 구매하는 식품과 생필품을 주로 취급하여 일상적 제품들을 쉽게 구매하도록 돕는다는 의미이다. 즉 소비자 입장에서 볼 때 가까이에서 언제나 웬만한 것은 구매할 수 있어서 편한 것이다.

편의점은 비교적 좁은 소규모 점포로 운영되며 재고회전율이 높은 제품들을 위주로 대체로 3,000여 가지를 판매하는데 슈퍼마켓보다는 높은 가격 수준을 유지한다.

또한 편의점 업계는 서비스기능의 확대, 식품으로부터 잡화 및 일상소비용품으로 PB상품의 확대를 통해 재성장을 추구하고 있다. 은행자동화기기의 설치, 공공요금의 수납, 택배 서비스, 디지털사진인화 서비스, 영화티켓/사이버머니 판매 등은 서비스기능 확대의 예들이다.

또한 출점지역에 따라 카페형, 이동형, 무인형 등 점포형태를 다각화하고 있다. 가령, GS25는 슈퍼형, 베이커리형, 카페형, 무인형 편의점을 선보였으며, 편의점 내부에 BBQ 치킨 매장을 들인 '숍인숍(Shop-in-shop)' 매장을 도입했다. 또한 대형마트를 운영하는 유통업체들이 슈퍼마켓 사업을 강화하는 등 동네상권에서의 시장경쟁이 치열해 짐에 따라 편의점 업체들도 슈퍼마켓 사업으로 그 영역을 확대하고 있다. 편의점 업계는 별개 슈퍼마켓을 내기보다는 슈퍼마켓형 편의점을 통해 사업영역을 확대했다. 슈퍼형 편의점은 기존의 편의점 상품은 물론 청과류와 야채 등 신선식품도 취급하는 등 슈퍼마켓과 비슷한 형태를 갖고 있다. 먼 곳에 있는 대형마트에 가는 대신 가까운 슈퍼마켓에서 필요한 물량만 구입하는 소비자들이 늘어남에 따라 이들을 타깃으로 슈퍼형 편의점을 오픈한 것이다.

2.3.4 슈퍼마켓

슈퍼마켓(Supermarket)은 식료품과 가정용품을 주로 취급하는데 점포규모가 크고 제품구색이 다양하다. 셀프서비스 등으로 비용절감과 저마진 고회전율 전략을 구사하여 비교적 저가격으로 판매한다는 특징을 가진다(그림 8-8).

슈퍼마켓은 대공항으로 인한 극심한 불황으로 절약소비 패턴이 확산되던 시기였던 1930년 마이클 커렌이 미국의 뉴욕에 킹 커렌(King Kullen)을 개점한 것이 효시이다. 슈퍼마켓이란 새로운 형태의 소매상이 생겨날 수 있었던 이유는 당시 미국의 역사적 배경에 있다. 자동차와 냉장고 보급의 확산은 소비자로 하여금 1회 대량구매가 가능하게 만들었고, 대도시 거주자의 교외지역으로의 거주지 이동은 교외의 저렴한 지역에 입지를 정할 수 있는 여지를 제공해 주었다. 또한 제조업자상표(National Brand)의 증가로 인해 전국적으로 제품의 질이 균등하게 되었다는 점도 한 원인이 되었다. 이러한 배경하에 슈퍼마켓은 셀프서비스에 의한 쇼핑을 도입함으로써 저렴한 가격을 실현할 수 있었다.

국내의 경우에는 1960년대[한국 슈퍼마켓(1964), 뉴서울 슈퍼마켓(1968)] 들어 슈퍼마켓이 처음으로 생성되었으나 본격적인 슈퍼마켓의 도입은 1971년 8개의 독립점포가 기업형 슈퍼마켓 체인인 새마을슈퍼 체인본부를 결성하면서부터이다. 1970년대 들어 럭키, 한양, 삼양 등 대기업의 슈퍼마켓 시장진출로 인해 슈퍼마켓 업태는 본격적인 도입기를 맞이 하였으며, 아파트 단지의 지속개발과 백화점 내 슈퍼스토아의 성장 등에 힘입어 1980년대까지 지속적인 성장을 하였다. 이러한 양적 성장에 힘입어 슈퍼마켓은 백화점과 더불어 우리나라 소매업의 대표적인 업태 중의 하나로 자리를 잡았다.

2000년대 중반에 들어 대형할인점들이 대규모 부지확보의 어려움으로 인해 슈퍼마켓과 할인점의 중간 형태를 띤 소매업태인 SSM(Super Super Market)의 형태로 점포수를 확대하고 있다. 최근 생필품 구매를 위해 대형마트보다는 집에서 가까운 슈퍼를 찾는 소비자들이 늘면서 대형 유통업체들도 슈퍼사업에 대한 대규모 투자와 확장에 나서고 있는 것이다. 대형 유통업체들이 슈퍼사업에 역점을 두는 것은 인터넷 보급의 영향으로 유통매장 간 가격차이가 줄면서 편리하게 생필품을 사려는 소비자들이 늘어난 데 따른 것이다. 몇 년 전만 하더라도 생필품 구매를 위해 값이 싼 대형마트를 먼저 찾았으나, 최근에는 가격차가 줄면서 시간절약을 위해 슈퍼나 인터넷을 찾는 경우가 증가하고 있다.

그러나 최근 들어 대형 유통업체들은 지역상권의 반발을 살 수 있는 직영매장의 오픈을 가능한 한 자제하는 대신 지역상인들과의 협력이 가능한 가맹점 방식으로 점포를 확대해 나가려고 한다. 가령, 홈플러스는 지역 소상인을 가맹주로 하는 프랜차이즈 모델을 도입했다.

2.3.5 백화점

백화점(Department Store)은 의류, 가정용 설비용품, 신변잡화류 등의 각종 상품을 부문별로 구성하여 마치 여러 개의 전문점을 집합해 놓은 효과를 내므로 소비자들이 일괄구매를 할 수 있다. 외국의 백화점은 주로 직영으로 운영하는 대규모 소매점포를 의미하며, 실질적으로 패션에 관련된 제품을 주로 취급하는 데 비하여 국내 백화점은 여성의류, 남성의류, 아동의류, 가전, 가구, 생필품, 신변잡화류 부문 이외에 슈퍼마켓과 식당가도 포함하고 있는 것이 특이한 점이다.

백화점이 소비자에게 제공할 수 있는 가장 큰 효용은 많은 수의 제품계열과 다양한 제품구색, 편리한 입지, 쾌적한 쇼핑공간, 폭넓은 서비스이다. 백화점이 제공하는 서비스는 매장 곳곳에 충분히 배치된 종업원의 제품설명과 안내, 포장, 배달, A/S, 주차 등 제품구매와 관련한 광범위한 서비스를 받을 수 있다. 또한 소비자에게 백화점에서의 제품구매가 사회적 지위와 관련된 만족을 줄 수 있다는 것이 현재까지 백화점의 주요 경쟁우위의 원천이다(그림 8-9).

이러한 백화점의 원천과 다른 성향으로 최근 국내 백화점들은 주로 중산층을 주 고객으로 하고 있고 매출의 많은 부분이 세일기간에 발생하고 있는 특징을 갖고 있다. 이러한 특징은 과거 국내 소매시장이 재래시장과 백화점으로 양분되어 발전해 왔기 때문에 가격에 민감한 중산층 이하의 소득층이 선택할 마땅한 대안적 소매업태가 없었던 데에서 기인하였다. 그러나 최근 들어 백화점과 재래시장 사이에 존재하는 저가격 소구의 전문할인점, 할인점, 아울렛 등의 신업태가 급속하게 성장하고 백화점의 매출성장이 둔화됨에 따라 백화점은 이에 대처한 새로운 성장전략을 모색하고 있다.

국내의 백화점은 롯데 · 현대 · 신세계 중심의 빅 3 과점구도가 오랫동안 지속되고 있다. 최근의 외형 성장은 할인점에 밀려 부진한 편이지만, 과점구도에 힘입어 수익성은 지속적으로 증가되어 왔다. 최근 들어 백화점 업체들은 점포 대형화와 복합몰 사업을 적극 추구하고 있다. 롯데백화점 부산 광복점, 신세계백화점 센텀시티점과 영등포 타임스퀘어점 등이 그 예이다. 쇼핑뿐 아니라 외식, 오락 등 여가생활을 한 곳에서 모두 즐길 수 있는 몰링(Malling)이 향후 소비시장의 주역으로 떠오르고 있기 때문이다. 미래성장을 위해 기존점포를 대형화하고 복합쇼핑몰 시장을 선점하는 것이 백화점들의 주요 과제이다.

5) 백화점

의류, 가정용 설비용품, 신변잡화류 등의 각종 상품을 부문별로 구성하여 마치 여러 개의 전문점을 집합해 놓은 효과를 내므로 소비자들이 일괄구매를 할 수 있다.
→ 백화점이 소비자에게 제공할 수 있는 가장 큰 효용은 많은 수의 제품계열과 다양한 제품구색, 편리한 입지, 쾌적한 쇼핑공간, 폭넓은 서비스이다.

6) 할인점

다양한 상품을 저가격으로 판매한다는 기본적 특징이 있다. 할인점이 저가격을 실현할 수 있는 것은 셀프서비스의 적용과 같이 서비스 수준을 낮추어 인건비를 줄이고 도시외곽 등 점포 임대료가 낮은 곳에 위치하며, 평범한 매장분위기를 조성하여 점포내부와 외부의 시설투자를 절감하고 다점포 전략에 의한 대량구매, PB(Private Brand) 상품의 확대 등 특유한 전략을 구사하기 때문이다.

7) 카테고리킬러

전문할인점이라고 하는데 한정된 제품군 즉 특정 카테고리 하나를 집중적으로 깊게 취급하며 할인점, 더욱더 저렴한 가격으로 판매하는 소매점이다(예 하이마트(전자제품), ABC마트(신발) 등).
→ 제품 카테고리를 선정하고 그 카테고리에 속하는 제품의 다양한 브랜드를 한 매장에서 비교하고 구매할 수 있는 소매점을 의미한다.

[그림 8-9] 백화점 / 할인점 / 카테고리킬러

2.3.6 할인점

할인점(Discount Store)은 다양한 상품을 저가격으로 판매한다는 기본적 특징이 있다. 할인점이 저가격을 실현할 수 있는 것은 셀프서비스의 적용과 같이 서비스 수준을 낮추어 인건비를 줄이고, 도시외곽 등 점포 임대료가 낮은 곳에 위치하며, 평범한 매장분위기를 조성하여 점포내부와 외부의 시설투자를 절감하고, 다점포 전략에 의한 대량구매, PB(Private Brand) 상품의 확대 등 특유한 전략을 구사하기 때문이다(그림 8-9).

할인점은 대량구매에 의해 구입비용을 절감하여야 하므로 다점포화는 할인점의 성공에 필수적이다. 미국 할인점과 비교하면 국내 할인점의 특징은 상품구성에서 식품의 비중이 높다는 것과 비싼 지가로 인해 단층식의 넓은 매장보다는 복층식의 매장구조를 갖는다는 점에서 차이가 있다.

2000년대 중반 들어 국내외 할인점 기업들은 가격경쟁력에서 진일보하여 고객욕구에 대한 이해를 바탕으로 한 다양한 고객서비스의 제공, 고객정보기술에 대한 과감한 투자 등을 통해 고객서비스에서의 경쟁우위를 강화하고 있다. 예를 들어 가치지향적 할인점을 추구하는 홈플러스는 2007년에 오픈한 서울 잠실점을 제3세대 마트라 부른다. 초기 창고형 할인점을 1세대로, 문화센터, 푸드코트, 어린이 놀이터 등 원스톱 생활서비스가 가미된 대형마트를 2세대로, 그리고 웰빙, 아트, 하이테크가 추가된 대형마트를 3세대로 정의한 것이다. 이에 따라 서울 잠실점은 식품, 생활용품, 가전, 의류 및 스포츠 웨어뿐 아니라 미술갤러리, 와인바, 고급외식브랜드, 문화센터, 헬스클럽, 골프연습장 등 고객의 감성을 충족시키는 서비스를 제공함으로써 차별화를 추구한다.

2.3.7 카테고리킬러

카테고리킬러(Category Killer)는 전문할인점(Special Discount Store)이라고도 하는데 한정된 제품군, 즉 특정 카테고리 하나를 집중적으로 깊게 취급하며 할인점보다도 더 저렴한 가격으로 판매하는 소매점이다(그림 8-9). 제품카테고리를 선정하고 그 카테고리에 속하는 제품의 다양한 브랜드를 한 매장에서 비교하고 구매할 수 있는 소매점을 의미한다. 전문점과 같은 깊은 상품구색을 갖추고, 제조업체와 직거래를 통한 대량구매로, 파격적인 저가격으로 판매하는 품목별 전문 할인매장의 역할을 하는 것이다.

미국에서는 대표적으로 완구의 토이저러스(Toys'r'us), 전자제품의 베스트 바이(Best Buy), 가정용 건축자재와 공구의 홈디포(Home Depot) 등이 있는데, 토이저러스는 장난감 전문매장으로 미국을 비롯한 전 세계 36개국에서 1,500여 개 매장을 운영하고 있다.

우리나라에서도 카테고리킬러는 급성장한 업테인데, 하이마트(전자제품)와 ABC마트(신발), B&Q(가구), 코즈니(생활용품), 킹코스(복사), IKEA(가구) 등이 여기에 해당된다.

2.4 무점포소매상

2.4.1 인터넷쇼핑

PC보급과 통신기술, 결제를 위한 금융서비스의 발달을 배경으로 급격하게 성장하고 있는 인터넷쇼핑은 무점포소매상(Nonstore Retailing)의 대표적 사례이다. 인터넷쇼핑은 소비자의 입장에서는 비교적 저렴한 가격으로 제품을 구매할 수 있으며, 일정한 시간에 점포를 방문해야 하는 시간과 공간적 제약을 받지 않는다는 장점을 누릴 수 있다.

제조기업이나 소매상의 입장에서도 다양한 장점을 가지는데 첫째, 점포를 이용하지 않기 때문에 점포개설 및 유지비용이 필요 없다. 둘째, 오프라인 거래를 이용하는 경우보다 상대적으로 재고유지 비용도 절감할 수 있어 저렴한 가격으로 소비자에게 판매할 수 있다. 셋째, 소비자와의 쌍방향 커뮤니케이션이 가능하여 소비자에게 제품에 관한 다양한 정보를 제공할 수 있으며, 제품에 대한 소비자들의 반응을 신속하고 저렴하게 수집할 수 있다. 넷째, 시간 및 공간상의 한계가 없이 소비자로부터 주문을 받을 수 있다. 다섯째, 온라인상에서 소비자의 구매행동을 관찰할 수 있는 자료의 수집이 용이하고, 소비자 특성에 관한 정보를 이용한 다양한 분석이 가능하다(그림 8-10).

인터넷 쇼핑
소비자의 입장에서는 비교적 저렴한 가격으로 제품을 구매할 수 있으며 일정한 시간에 점포를 방문해야 하는 시간과 공간적 제약을 받지 않는다는 장점을 누릴 수 있다.
→ 무점포 소매상들은 여성의 사회진출이 늘어남에 따라 맞벌이 부부의 증가, 교통난 등의 환경변화에 힘입어 급격히 성장하고 있다.

1 점포를 이용하지 않기 때문에 점포개설 및 유지비용이 필요 없다.

2 오프라인 거래를 이용하는 경우보다 상대적으로 재고유지 비용도 절감할 수 있어 저렴한 가격으로 소비자에게 판매할 수 있다.

3 소비자와의 쌍방향 커뮤니케이션이 가능하여 소비자에게 제품에 관한 다양한 정보를 제공할 수 있으며 제품에 대한 소비자들의 반응을 신속하고 저렴하게 수집할 수 있다.

4 시간 및 공간상의 한계가 없이 소비자로부터 주문을 받을 수 있다.

5 온라인상에서 소비자의 구매행동을 관찰할 수 있는 자료의 수집이 용이하고 소비자 특성에 관한 정보를 이용한 다양한 분석이 가능하다.

[그림 8-10] 인터넷쇼핑

2.4.2 TV 홈쇼핑

TV 홈쇼핑은 전문적인 프로그램 진행자(일명 쇼핑호스트)들이 상품들을 소개하고 설명하면 TV 시청자들이 전화로 주문하는 판매방식이다(그림 8-11). 국내에서 GS홈쇼핑, CJ홈쇼핑, 현대홈쇼핑, 롯데홈쇼핑, 농수산홈쇼핑이 전문 홈쇼핑 채널로 운영되고 있다. 국내 홈쇼핑 방송국들은 우수 중소기업 제품을 자체 브랜드(PB)로 개발하여 시판하고 있으며, 환경보호 및 환경마크 부착상품을 적극적으로 소개하며, 소비자에게 다양한 상품정보를 제공하고 있다.

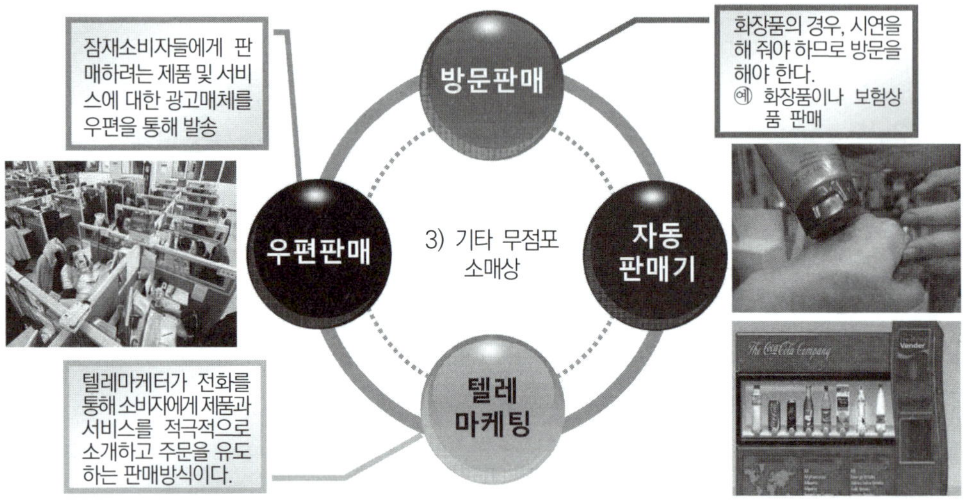

[그림 8-11] TV 홈쇼핑 / 기타 무점포 소매상

2.4.3 기타 무점포 소매상

그 밖에도 점포를 이용하지 않는 무점포소매상에는 방문판매, 우편판매, 텔레마케팅, 자동판매기 등이 있다(그림 8-11). 이들 무점포 소매상들은 여성의 사회진출이 늘어남에 따라 맞벌이 부부의 증가, 교통난 등의 환경변화에 힘입어 급격히 성장하고 있다.

방문판매는 화장품이나 보험상품 판매 등이 대표적인데 영업사원들이 소비자를 직접 방문하는 직접판매 방식을 말한다.

우편판매는 잠재소비자들에게 판매하려는 제품 및 서비스에 대한 광고매체를 우편을 통해 발송하고 이를 받은 소비자들이 전화나 우편주문 등으로 주문하는 방식이다. 취급상품은 주로 변질가능성이 적고, 표준화된 제품이 주요 대상이다.

텔레마케팅(Telemarketing)은 텔레마케터가 전화를 통해 소비자에게 제품과 서비스를 적극적으로 소개하고 주문을 유도하는 판매방식이다.

03 도매상

3.1 도매상의 개념

도매(Wholesaling)는 재판매 또는 사업을 목적으로 구입하는 고객에게 상품이나 서비스를 판매하는 활동을 말한다(그림 8-12). 그러므로 도매상(Wholesaler)은 생산자로부터 제품을 구입하고 이를 다시 재판매를 목적으로 하는 소매상이나 다른 도매상 또는 기타 사업의 목적으로 구매하는 다른 생산자에게 판매하는 개인이나 조직체를 의미한다.

1. 도매상의 개념

개 념

1. 도매는 재판매 또는 사업을 목적으로 구입하는 고객에게 상품이나 서비스를 판매하는 활동을 말한다.
2. 도매상은 생산자로부터 제품을 구입하고 이를 다시 재판매를 목적으로 하는 소매상이나 다른 도매상 또는 기타 사업의 목적으로 구매하는 다른 생산자에게 판매하는 개인이나 조직체를 의미한다.

2. 도매상의 종류

상인도매상

상인도매상은 취급하는 제품의 소유권을 가지며 제조업자와 소매상과는 독립적 사업체를 유지하는 경우로 가장 일반적이다.

대리도매상

대리도매상은 제품의 소유권을 가지지 않고 마케팅기능만을 수행하여 제조업자와 고객 간의 거래를 돕는 역할을 하는데 보험, 부동산, 증권, 식료품 거래에서 중개인 또는 대리인으로 불리기도 한다.

생산자영업점

생산자영업점은 생산자가 소유하는 도매상으로 생산자가 직접 도매점을 운영하여 재고를 보유하면서 소매상 또는 다른 도매상들에게 제품을 판매하는 경우이다.

[그림 8-12] 도매상의 개념 / 도매상의 종류

3.2 도매상의 종류

도매상의 종류에는 상인도매상, 대리도매상, 생산자 영업점이 있다(그림 8-12). 상인도매상(Merchant Wholesaler)은 취급하는 제품의 소유권을 가지며 제조업자와 소매상과는 독립적 사업체를 유지하는 경우로 가장 일반적이다. 대리도매상(Agent Wholesaler)은 제품의 소유권을 가지지 않고 마케팅기능만을 수행하여 제조업자와 고객 간의 거래를 돕는 역할을 하는데 보험, 부동산, 증권, 식료품 거래에서 중개인(Broker) 또는 대리인으로 불리기도 한다. 생산점 영업점(Manufacturer's Sales Branches)은 생산자가 소유하는 도매상으로 생산자가 직접 도매점을 운영하여 재고를 보유하면서 소매상 또는 다른 도매상들에게 제품을 판매하는 경우이다. 우리나라에서는 전자제품을 생산하는 기업들이 각 지역별로 운영하는 대리점들이 대표적 사례이다.

3.3 도매상의 기능

소매상과 함께 유통과정의 효율성을 향상하는 역할을 수행하는 도매상의 기본적 기능은 조달(Sourcing)과 분배(Distribution)로 볼 수 있다.

3.3.1 생산자를 위한 도매상의 기능

첫째, 시장을 확대한다. 생산자의 최종소비자들은 광범위한 지역에 널리 분산되어 있으므로 생산자는 도매상을 이용함으로써 많은 수의 소비자와 거래할 수 있도록 돕는 것이다.

둘째, 재고를 유지한다. 생산자가 소매상이나 최종소비자들이 원하는 제품을 제때에 공급하기 위해 막대한 재고를 유지해야 하는 부담을 분담한다.

셋째, 주문처리를 효율화한다. 영세 소매상들이 소량으로 생산자에게 주문하게 되면 거래가 복잡하고 관련 비용이 많이 증가한다. 도매상은 소량주문들을 생산자를 대신하여 처리하는 역할을 한다.

넷째, 시장정보를 제공한다. 지리적으로 분산되어 있는 소매상이나 최종소비자들로부터 확보한 정보를 생산자에게 전달한다(그림 8-13).

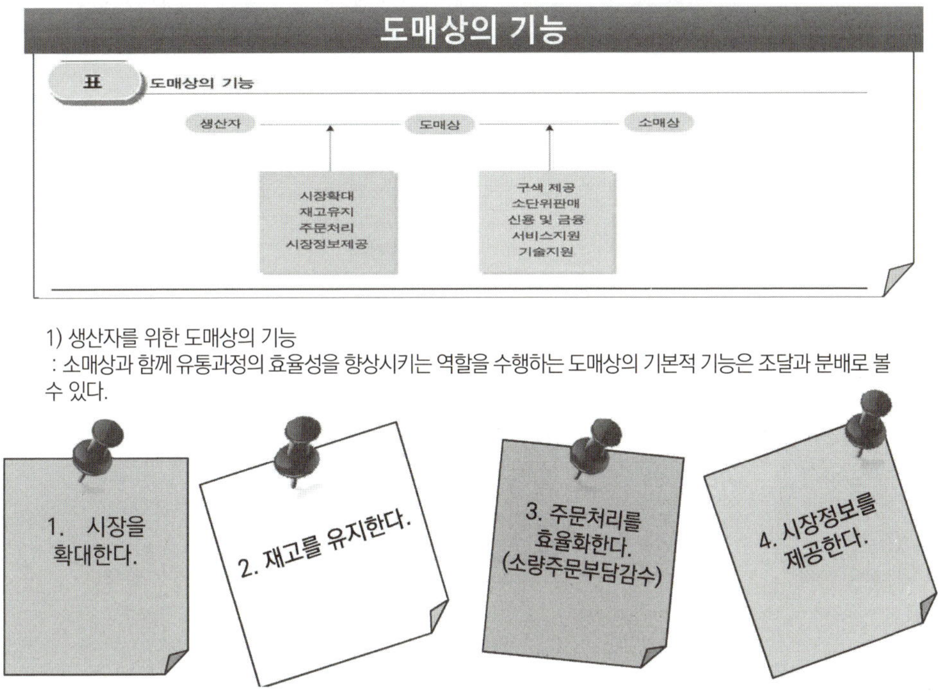

[그림 8-13] 생산자를 위한 도매상의 기능

3.3.2 소매상을 위한 도매상의 기능

첫째, 구색을 제공한다. 다수의 생산자들에게서 제품을 공급받아 다양한 제품구색을 갖추어 소매상이 제품 확보를 돕는다.

둘째, 소단위로 판매한다. 규모가 영세한 소매상들이 품목별로 또는 생산자별로 소량을 주문하여 거래하는 효과를 거두게 한다.

셋째, 신용 및 금융을 제공한다. 외상판매를 통해 소매상들이 구매대금을 지급하지 않고도 제품을 우선 공급받을 수 있게 한다.

넷째, 다양한 서비스를 지원한다. 배달, 수리, 보증 등 다양한 서비스를 생산자를 대신하여 제공하여 생산자와 직접 접촉해야 하는 불편을 해결해 준다.

다섯째, 기술을 지원한다. 도매상은 숙련된 판매원을 통해 소매상에게 기술적 지원과 조언을 통해 지원한다(그림 8-14).

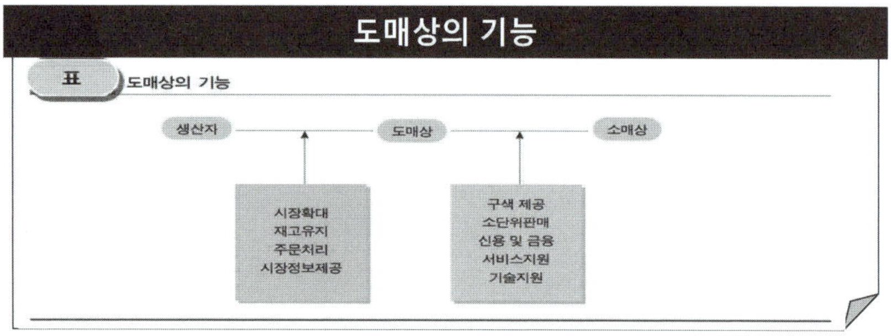

2) 소매상을 위한 도매상의 기능

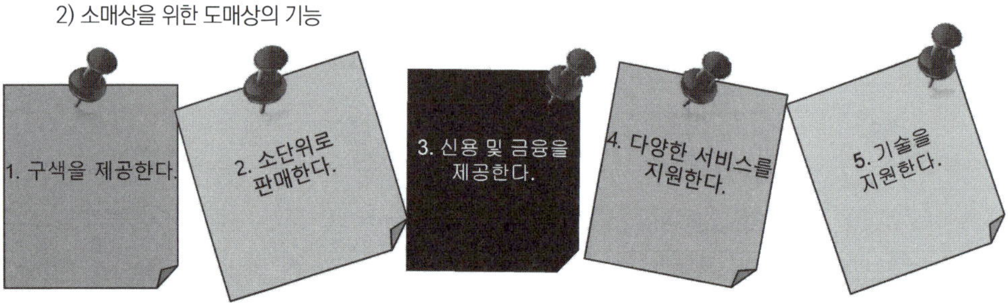

[그림 8-14] 소매상을 위한 도매상의 기능

학습정리

이번 장에서 이해해야 할 내용을 정리해 보겠다.

1. 유통과 유통경로

1) 유통의 개념

(1) 제품이나 서비스를 생산자로부터 소비자에게 이전하는 과정으로 생산기능과 소비기능을 연결한다.

(2) 마케팅믹스(4PS) 중 하나로 유통경로를 선택하고 관리하는 다양한 활동을 말한다.

㉧ 은행 창구 → 은행도 창구인 오프라인에서만 업무를 하다가 온라인으로 바뀌었다.

2) 유통경로

마케팅채널이라고도 하며 생산자와 소비자를 연결하는 여러 가지 경로를 의미하며 기업은 하나 또는 복수의 유통경로를 선택하여 제품을 유통시키게 된다.

㉧ 한국야쿠르트, 정수기, 가정용 학습교재 → 일반적인 도매점과 소매점을 통하지 않고 소비자의 욕구에 의해 우편주문이나 전화주문을 통해 소비자들에게 직접적으로 상품을 판다.

3) 유통기관

생산자와 소비자를 연결하는 과정에 참여하는 모든 조직체나 개인들의 집합을 의미한다.

(1) 유통기관의 종류

① 물류업체 : 도매상과 소매상 같은 중간상이 외에도 운송, 하역, 포장, 보관서비스를 제공한다.

② 정보통신업체 : 유통경로의 효율성을 높여주고 신업태의 출현을 가능하게 해준다.

③ 금융업체 : 생산자와 소비자의 자금 흐름을 원활하도록 서비스를 제공해 준다.

(2) 분업의 원칙

생산은 생산자가 유통은 유통업체가 한다. → 유통업체는 어떻게 하면 소비자들이 사 갈 수 있을지 연구한다.

2. 유통경로의 필요성

☞ 총 거래 수 최소의 법칙 : 최소의 유통단계의 단순화한다.

☞ 생산자들이 중간상을 이용하게 만드는 이유들은 다음과 같다.

1) 유통경로의 필요성

(1) 생산자들은 소비자들에게 직접 판매할 만큼의 충분한 자원이 부족하기 때문이다.

① 생산자들이 직접 전국 판매망을 만들고 운영하려면 상당수의 인력과 자금이 필요하므로 중간상을 이용하여 한계를 극복한다.

② 제한된 자원을 자신의 핵심역량을 개발하는 데 집중할 수 있다.

(2) 중간상을 이용하면 더 높은 생산성을 얻을 수 있기 때문이다.

① 생산자들은 기업의 핵심역량에 투자를 집중함으로써 더 많은 이윤을 창출할 수 있다. 대량유통을 하는 유통전문기업에 맡기고서 자신의 생산성을 극대화할 수 있는 것이다.

(3) 중간상은 생산자와 소비자 간의 거래를 단순화시킨다.

중간상을 이용하는 경우 얼마나 거래관계가 단순해지는가를 잘 보여준다.

2) 유통경로의 효용

(1) 시간효용

소비자가 구매하기를 원하는 시간에 제품이나 서비스를 제공함으로써 발생하는 효용을 말한다.

㉖ 편의점의 24시 → 효용을 주는 대신 인건비의 증감으로 물건값 상승

(2) 장소효용

소비자가 편리한 장소에서 제품이나 서비스를 제공함으로써 발생되는 효용이다.

㉖ 유통업은 부동산으로 이윤을 창출하기 위해 백화점은 역에 만든다. 그러므로 물건을 파는 것보다 상권을 만들어 백화점의 가지를 올린다.

→ 롯데 유통은 대기업으로 부동산이 가장 많은 회사이다.

(3) 소유효용

생산자로부터 소비자에게 제품이나 서비스가 이전되어 소비자가 제품이나 서비스를 사용하고 소비할 수 있는 소유권이 이전되도록 중간상이 도와줌으로써 발생되는 효용이다.

㉖ 전자제품 판매점에서 청소기를 구매하면 소비자 마음대로 개조 폐기할 수 있다.

3. 유통경로의 기능

4. 유통경로의 종류

1) 소매상

(1) 소매의 개념

① 소매 : 재화나 서비스를 비영리적 목적으로 구매하려는 최종소비자에게 판매하는 행위이며 이러한 활동을 수행하는 자를 소매상이라고 한다.

② 업종 : 소매상이 판매하는 상품군에 따른 전통적인 분류방법으로 식품점, 의류점, 가전점, 가구점, 문구점, 잡화점 등이 여기에 해당된다.

③ 업태 : 소매상이 마케팅전략에 따른 분류방법으로 점포의 규모, 입지, 상품구색, 서비스, 가격, 판매방식, 점포의 특성, 영업시간 등 여러 가지 기준에 따라서 백화점, 할인점, 슈퍼마켓, 편의점, 인터넷쇼핑몰, 카테고리 킬러 등으로 구분하는 것이다.

(2) 소매상의 종류

(3) 점포소매상

① 독립소매상

② 재래시장

③ 편의점

④ 슈퍼마켓
⑤ 백화점
⑥ 할인점
⑦ 카테고리킬러

(4) 무점포소매상

① 인터넷쇼핑 : 소비자의 입장에서는 비교적 저렴한 가격으로 제품을 구매할 수 있으며 일정한 시간에 점포를 방문해야 하는 시간과 공간적 제약을 받지 않는다는 장점을 누릴 수 있다.

→ 무점포 소매상들은 여성의 사회진출이 늘어남에 따라 맞벌이 부부의 증가, 교통난 등의 환경변화에 힘입어 급격히 성장하고 있다.

② TV 홈쇼핑 : 전문적인 프로그램 진행자(일명 쇼핑호스트)들이 상품들을 소개하고 설명하면 TV시청자들이 전화로 주문을 하는 판매방식이다.

③ 기타 무점포소매상

2) 도매상

(1) 도매상의 개념

① 도매는 재판매 또는 사업을 목적으로 구입하는 고객에게 상품이나 서비스를 판매하는 활동을 말한다.

② 도매상은 생산자로부터 제품을 구입하고 이를 다시 재판매를 목적으로 하는 소매상이나 다른 도매상 또는 기타 사업의 목적으로 구매하는 다른 생산자에게 판매하는 개인이나 조직체를 의미한다.

(2) 도매상의 종류

① 상인도매상 : 상인도매상은 취급하는 제품의 소유권을 가지며 제조업자와 소매상과는 독립적 사업체를 유지하는 경우로 가장 일반적이다.

② 대리도매상 : 대리도매상은 제품의 소유권을 가지지 않고 마케팅기능만을 수행하여 제조업자와 고객간의 거래를 돕는 역할을 하는데 보험, 부동산, 증권, 식료품 거래에서 중개인 또는 대리인으로 불리기도 한다.

③ 생산자영업점 : 생산자영업점은 생산자가 소유하는 도매상으로 생산자가 직접 도매점을 운영하여 재고를 보유하면서 소매상 또는 다른 도매상들에게 제품을 판매하는 경우이다.

(3) 도매상의 기능

① 생산자를 위한 도매상의 기능 : 소매상과 함께 유통과정의 효율성을 향상하는 역할을 수행하는 도매상의 기본적 기능은 조달과 분배로 볼 수 있다.

② 소매상을 위한 도매상의 기능

연습문제

✎ 정답 및 해설

1. 다음 유통전략의 정의 중 무엇에 관한 설명인가?

> 생산자와 소비자를 연결하는 과정에 참여하는 모든 조직체나 개인들의 집합을 의미한다.

① 유통 ② 유통경로
③ 유통기관 ④ 소매상, 도매상

[정답] ④
유통기관에 관한 정의로서 유통기관의 종류에는 소매상, 도매상, 물류업체, 정보통신업체, 금융업체들이 있다.

2. 다음 '유통기관의 종류'에 해당하지 않는 것은?

① 물류업체 ② 유통경로
③ 정보통신업체 ④ 금융업체

[정답] ②
유통경로와 유통기관의 종류와는 아무런 상관이 없다.

3. 다음 소비자가 중간상이 필요한 이유가 아닌 것은?

① 경로효용 ② 시간효용
③ 장소효용 ④ 소유효용

[정답] ①
소비자의 입장에서 중간상이 필요한 이유는 언제든지 제품을 살 수 있는 시간적인 효용을 주고 어디서든 살 수 있는 장소효용을 주며 제품을 소유할 수 있는 소유에 대한 효용을 준다.

4. 다음 중간상이 수행하는 기능이 아닌 것은?

① 생산자와 소비자의 연결 ② 교환과정의 비효율화
③ 제품구색 제공 ④ 고객서비스 제공

[정답] ②
중간상이 수행하는 기능은 교환과정의 비효율화가 아니고 효율화이다.

5. 다음 유통경로가 길어지면 나타나는 장점을 고르세요?

① 여러 단계를 거치므로 서비스 수준이 높아진다.
② 여러 단계를 거치게 되므로 생산자의 통제력이 약화된다.
③ 생산자 스스로 유통기능을 수행해야 하는 부담을 가지게 된다.
④ 생산자와 소비자 사이에 개입되는 유통업체들이 줄어들어 생산자의 통제력이 커진다.

[정답] ①
유통경로가 길어지면 중간상들이 많으므로 소비자의 서비스 수준이 높아진다.

6. 다음 유통경로의 유형으로 '업태의 유형'에 해당하지 않는 것은?

① 식품점 ② 구멍가게
③ 슈퍼마켓 ④ 할인점

[정답] ①
업태란 마케팅전략에 따른 분류방법으로 점포의 규모, 입지, 상품구색, 서비스, 가격, 판매방식, 점포의 특성, 영업시간 등 여러 가지 기준에 따라서 백화점, 할인점, 슈퍼마켓, 편의점, 인터넷쇼핑몰, 카테고리 킬러 등으로 구분하는 것이다.

7. 다음 점포소매상의 종류가 아닌 것은?

① 독립소매상 ② 재래시장
③ 편의점 ④ 인터넷쇼핑

[정답] ④
인터넷쇼핑은 무점포소매상의 종류 중 한 가지이다.

8. 다음 점포소매상의 종류 중 무슨 소매상의 정의인가?

소비자들이 이용하기 편리한 소매상으로 공간편의성, 시간편의성, 구색편의성을 제공하며 재고회전율이 높은 제품들을 위주로 대체로 3,000여 가지를 판매한다.

① 재래시장 ② 편의점
③ 슈퍼마켓 ④ 할인점

[정답] ②
편의점의 정의에 관한 설명이다.

9. 다음 '기타 무점포소매상'의 종류인 것은?

① 인터넷쇼핑 ② TV홈쇼핑
③ 자동판매기 ④ 슈퍼마켓

[정답] ③
기타 무점포소매상의 종류에는 방문판매, 자동판매기, 우편판매, 텔레마케팅이 있다.

10. 다음 '도매상의 종류'가 아닌 것은?

① 공인도매상 ② 상인도매상
③ 대리도매상 ④ 생산자영업점

[정답] ①
도매상의 종류에는 상인도매상, 대리도매상, 생산자영업점이 있다.

제 9 장

촉진전략

이 장에서 학습하는 내용

- 촉진과 통합적 마케팅 커뮤니케이션
  촉진믹스와 통합적 마케팅 커뮤니케이션
  마케팅 커뮤니케이션 과정
  마케팅 커뮤니케이션 전략 수립
- 광고
  광고의 개념
  광고의 유형
  광고전략 수립
- 인적판매
- 판매촉진
  판매촉진의 의미와 차이점
  판매촉진의 유형
- PR
  PR의 의미와 중요성
  PR의 방법

이 장의 학습목표

- 촉진의 정의에 대해서 이해한다.
- 마케팅 커뮤니케이션 전략수립의 과정에 대해서 이해한다.
- 촉진믹스의 정의에 대해서 이해한다.
- 광고의 개념과 유형, 광고전략 수립과 인적판매의 의미와 강점, 약점에 대해서 이해한다.
- 판매촉진의 의미와 차이점, 소비자판매촉진 유형과 중간상판매촉진 유형에 대해서 이해한다.
- PR의 의미와 중요성을 이해한다.
- PR의 방법에 대해서 이해한다.

마케팅(Marketing)의 BIG PICTURE

마케팅의 BIG PICTURE는 4단계로 구성된 마케팅 부서에서 마케팅전략 계획서를 작성하는 마케팅 과정 모형을 보여준다. "BIG PICTURE로 보는 마케팅원론"은 Step 1에서 Step 4까지의 단계로 내용의 구성이 진행되며 4단계를 통한 이론에만 머무는 것이 아니라 4단계를 공부하게 되면 마케팅 부서에서 하는 핵심적인 실무인 기업의 마케팅전략 보고서를 만들 수 있으며 본 교재의 마지막 단원에는 4단계를 통해 작성된 마케팅전략 보고서를 제시할 것이다.

마케팅관리의 정의

☑ 전략 Tool Model

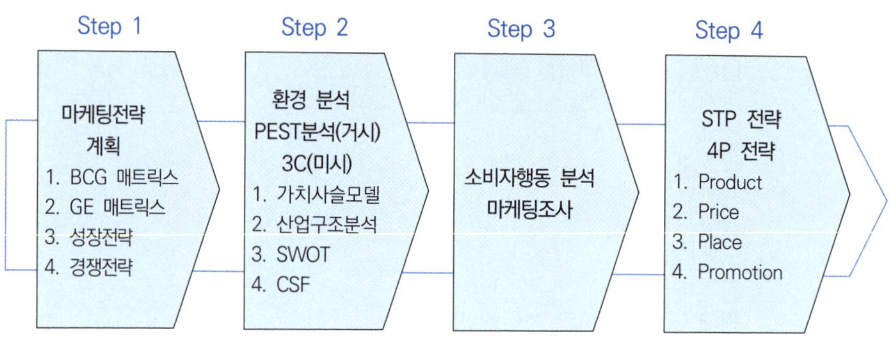

- 전략 TOOL MODEL은 4단계로 정리
- 고객의 욕구 충족과 기업 이윤 창출의 목표를 위하여 주어진 환경을 분석하고 시장, 고객, 경쟁사와 관련된 자료를 수집 분석하여 표적시장을 선정하여 고객을 확보, 유지 증대시키는 전략을 수립 실행하며 평가하고 통제하는 행위

마케팅의 BIG PICTURE

Step 4단계에서는 타깃팅(Tarketing) 한 시장에 어떠한 제품으로 가격은 얼마를 받고 유통은 어떻게 시키며 촉진은 어떤 방법으로 했을 때 현재의 매출보다 몇 % 이상을 더 신장시킬 수 있는지에 대한 4P 전략에 대해서 공부해 볼 것이다.

본 교재에서는 마케팅에 관한 Step 1에서 Step 4 단계 중에 특히 Step 1, Step 2, Step 4단계에 대한 마케팅 부서의 마케팅 전략보고서를 작성하여 선별된 사업부가 기존의 매출에 비해 경영진이 세운 목표에 대해 얼마만큼의 매출을 더욱 극대화할 수 있는지와 관련한 보고서를 작성하는 방법에 대해서 구체적인 전략 도구(Tool)를 사용하여 작성하는 방법에 대해서 살펴볼 것이다.

01 촉진과 통합적 마케팅 커뮤니케이션

1.1 촉진믹스와 통합적 마케팅 커뮤니케이션

기업은 자사의 제품이나 서비스를 생산해서 소비자에게 판매하는 일상적인 기업활동을 수행하는 과정에서 소비자, 중간상, 그리고 일반 대중들과 다양한 커뮤니케이션을 하게 된다. 이러한 커뮤니케이션 활동을 효과적으로 전개하고 관리하는 촉진이야말로 기업에게는 다른 마케팅 믹스 관리와 더불어 매우 중요한 과업일 것이다.

1.1.1 촉진(Promotion)

제품이나 서비스, 아이디어, 혹은 사람에 대한 우호적인 성향을 창출하기 위해서 이용되는 마케팅 커뮤니케이션 과정이다. 다시 말해서 촉진활동은 소비자에게 제품이나 서비스에 대한 정보를 제공하여 제품이나 서비스에 대해 알게 하는 인지과정, 소비자들이 알게 된 제품에 대하여 설득하여 호의적인 감정을 갖게 하는 태도형성과정, 그리고 제품의 구매를 유도하는 행동과정으로 나눌 수 있다. 이러한 세 가지 단계를 거치면서 촉진활동을 수행하는데, 물론 촉진믹스가 가장 중요한 요소이다(그림 9-1).

1.1.2 촉진믹스(Promotional Mix)

표적시장에 직접적으로 의사소통하는 촉진과정을 수행하기 위해서 이용되는 커뮤니케이션 수단들이다. 이러한 커뮤니케이션 수단들에는 광고, 인적판매, 판매촉진, PR을 비롯해서 인터넷 웹사이트, 직접마케팅(Direct Marketing), POP 디스플레이, PPL 등이 포함된다(그림 9-1).

1.1.3 통합적 마케팅 커뮤니케이션(IMC; Integrated Marketing Communication)

기업이 소비자들에게 커뮤니케이션할 때 시너지효과를 창출하기 위해서 통합된 방법으로 촉진수단들을 이용하는 과정이다. 즉 이용가능한 모든 커뮤니케이션 수단은 분명하고 일관성 있는 메시지를 의도된 청중들에게 커뮤니케이션하도록 해야 한다(그림 9-1, 그림 9-2).

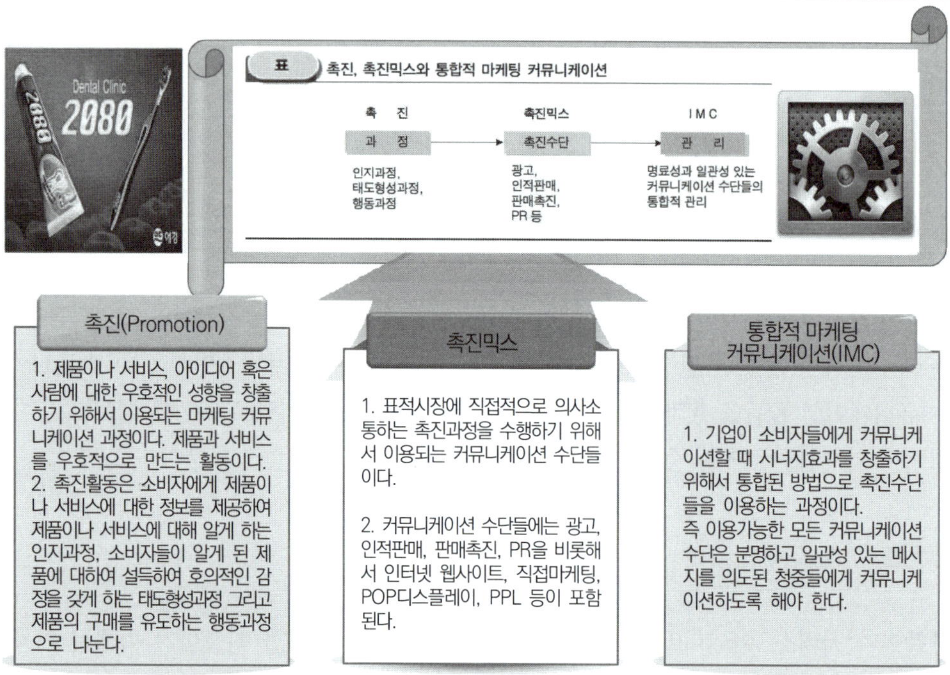

[그림 9-1] 촉진, 촉진믹스와 통합적 마케팅 커뮤니케이션

통합적 마케팅 커뮤니케이션
: 촉진수단들이 서로 통합하고 조정해서 시너지효과를 창출할 수 있도록 커뮤니케이션 과정이나 활동들을 관리하는 방법을 말한다.

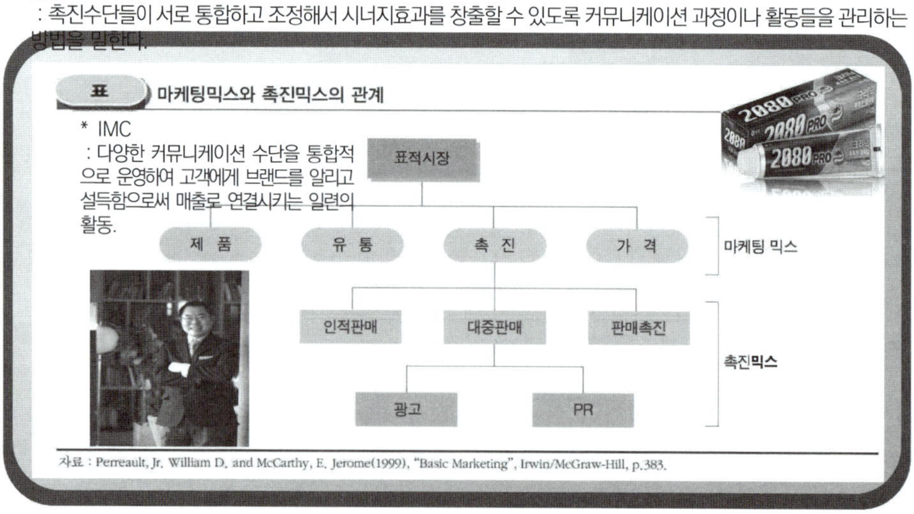

[그림 9-2] 통합적 마케팅 커뮤니케이션

이와 같이 촉진, 촉진믹스와 통합적 마케팅 커뮤니케이션 간의 관계를 요약하면 [그림 9-1]과 같이, 촉진은 커뮤니케이션 과정 그 자체를 말하며, 촉진수단은 촉진수단과 활동들을 나타낸다. 그리고 통합적 마케팅 커뮤니케이션은 촉진수단들이 서로 통합하고 조정해서 시너지효과를 창출할 수 있도록 커뮤니케이션 과정이나 활동들을 관리하는 방법을 말한다.

1.2 마케팅 커뮤니케이션 과정

촉진활동을 이해하기 위해서 마케팅관리자는 우선 커뮤니케이션 과정을 이해할 필요가 있다. 커뮤니케이션은 다른 사람과 정보를 교환하고 의미를 전달하는 과정이다. 그래서 커뮤니케이션의 목표는 정보의 수신자가 메시지의 발신자(정보원)에 의해 의도된 의미를 가능한 한 가깝게 이해하는 데 있다.

일반적인 커뮤니케이션 과정은 [그림 9-3], [그림 9-4]와 같이 여덟 개의 구성요소로 이루어져 있다.

1.2.1 발신자(Sender)

커뮤니케이션 과정에서 다른 개인이나 집단에게 메시지를 보내는 당사자를 말하며, 정보원(Source)이라고도 한다. 발신자가 의도한 반응을 수신자가 나타내도록 하려면 발신자의 신뢰성이 매우 중요한데, 이런 신뢰성은 메시지전달자의 전문성, 신뢰성, 호감 등에 의해 많은 영향을 받는다.

1.2.2 부호화(Encoding)

발신자가 전달하려고 하는 메시지를 보다 효과적으로 전달하기 위해 메시지내용을 문자, 그림, 소리, 상징 등을 이용하여 시각적 혹은 청각적, 언어적 혹은 비언어적 부호화나 상징화시키는 과정을 말한다. 예를 들어 광고메시지를 만들 때, 표적청중에 따라 그 대상자들이 쉽게 이해할 수 있는 광고카피나 음악, 기호 등으로 만들고, 또한 그들이 선호하는 광고모델과 적절하게 연관시켜 광고물을 제작하는 것이 훨씬 더 효과적일 것이다.

1.2.3 커뮤니케이션 경로(Channel of Communication)

발신자가 부호화한 것, 즉 메시지를 전달하는 경로를 말한다. 커뮤니케이션 경로는 흔히 광고물을 수신자에 전달할 수 있는 매체를 지칭하며, 인적매체와 비인적매체로 구분한다. 인적매체는 인적판매, 구전커뮤니케이션 등이며, 비인적매체는 TV, 라디오, 신문, 잡지, 인터넷 등의 매체를 말하기도 하고, 구체적으로 'SBS의 백종원의 골목식당'과 같은 특정프로그램을 이야기할 수도 있다.

1.2.4 해석(Decoding)

발신자가 부호화해서 보낸 메시지를 수신자가 해석하는 과정을 말한다. 흔히 매체를 통해 노출된 광고메시지는 소비자(Receiver)에게 전달하면, 발신자가 제시한 부호화된 메시지의 의미를 소비자 자신이 나름대로 이해하고 받아들이게 된다. 이런 해석과정은 수신자의 특성에 따라 많이 달라질 수 있다.

1.2.5 수신자(Receiver)

메시지를 전달받는 당사자로 자신에게 전달된 메시지를 해석하여 의미를 부여한다. 발신자의 전달내용이 수신자에게 정확하게 전달되기 위해서는 해석과정을 통해서 수신자에게 전달된 메시지가 부호화하기 이전의 내용으로 정확하게 해석되어야 한다. 따라서 메시지의 부호화과정과 해석과정이 조화를 이루면 커뮤니케이션의 목적을 달성할 수 있을 것이다.

1.2.6 반응(Response)

메시지에 노출된 이후에 일어나는 수신자의 인지적, 감정적, 행동적 대응을 말한다. 인지적 반응은 메시지가 주장하는 내용에 대한 신념을 형성하는 과정이며, 감정적 반응은 형성된 신념을 기초로 특정 대상(기업, 제품, 브랜드 등)에 대해 가지는 호의적 · 비호의적 감정을 형성하는 과정이다. 그리고 행동적 반응은 특정 제품이나 서비스에 대한 호의적 · 비호의적 감정의 구매의도로 나타나며, 차후에 구매에 영향을 미치는 과정을 의미한다.

1.2.7 피드백(Feedback)

수신자의 반응이 발신자에게 다시 전달되는 것을 말한다. 수신자들의 반응을 파악함으로써 커뮤니케이션 과정이 효과적으로 잘 수행되었는지를 평가할 수 있다. 이런 평가를 통해 문제점이 있으면 수정 · 보완해서 차기 커뮤니케이션과정을 수행한다면 훨씬 더 성공적인 커뮤니케이션 활동을 수행할 수 있다.

1.2.8 잡음(Noise)

커뮤니케이션 과정에서 전달되는 메시지가 예측할 수 없는 요인으로 인해 의도된 의미와 다르게 수신자에게 전달되게 하는 여러 가지 방해요소를 말한다. 잡음의 요소는 메시지 수신 중에 발생하는 것으로 매우 다양한데, 외적잡음(주변소음, 타인과 대화, 전달매체의 문제 등), 내적잡음(수신자의 수면부족, 피로, 긴장, 부정적 감정상태 등), 경쟁잡음(경쟁사 혹은 타사 광고 등) 등의 유형으로 구분할 수 있는데, 대부분 발신자가 통제하기 어려운 요소들이다. 예를 들어 TV를 통해 드라마를 볼 때, 드라마 내용, 채널변경, 소음, 타인과 대화, 이탈행동 등으로 광고에 집중하기가 쉽지 않다. 이는 시청자들이 본질적으로 광고를 보기 위해서 TV를 보는 것이 아니기 때문에 잡음의 영향력이 크다고 할 수 있다.

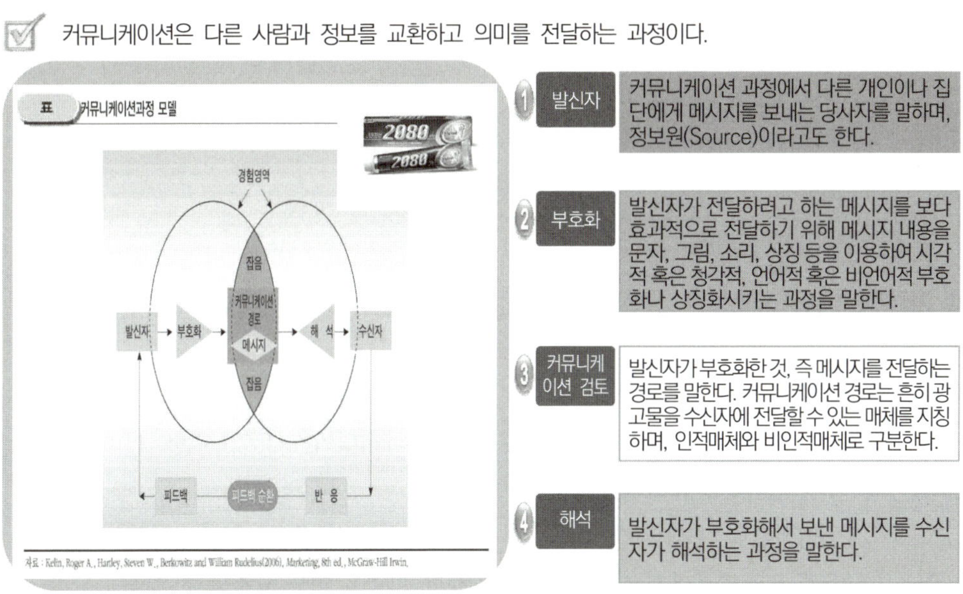

[그림 9-3] 마케팅 커뮤니케이션 과정 1

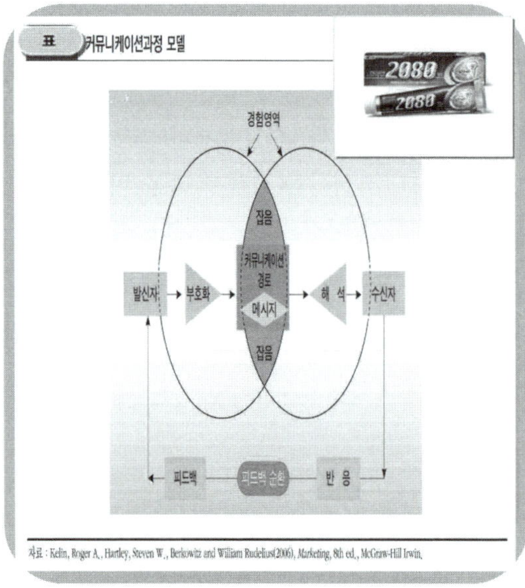

5 **수신자**
메시지를 전달받는 당사자로 자신에게 전달된 메시지를 해석하여 의미를 부여한다.

6 **잡음**
- 메시지에 노출된 이후에 일어나는 수신자의 인지적, 감정적, 행동적 대응을 말한다.
  1) 인지적 반응 : 메시지가 주장하는 내용에 대한 신념을 형성하는 과정이다.
  2) 감정적 반응 : 형성된 신념을 기초로 특정 대상(기업, 제품, 브랜드 등)에 대해 가지는 호의적, 비호의적 감정을 형성하는 과정이다.
  3) 행동적 반응 : 특정 제품이나 서비스에 대한 호의적, 비호의적 감정이 구매 의도로 나타나며, 차후의 구매에 영향을 미치는 과정을 의미한다.

7 **피드백**
- 수신자의 반응이 발신자에게 다시 전달되는 것을 말한다.

8 **잡음**
- 커뮤니케이션 과정에서 전달되는 메시지가 예측할 수 없는 요인으로 인해 의도된 의미와 다르게 수신자에게 전달되게 하는 여러 가지 방해요소를 말한다.
  1) 외적잡음(주변소음 등) 2) 내적잡음(수신자의 수면부족 피로 등) 3) 경쟁잡음(타사 광고)

[그림 9-4] 마케팅 커뮤니케이션 과정 2

1.3 마케팅 커뮤니케이션 전략 수립

마케팅 커뮤니케이션 전략은 마케팅믹스 전략의 일환이기 때문에, 기업의 마케팅전략 측면에서 일관성을 갖기 위해서는 우선 마케팅 목표, 표적시장, 마케팅믹스 등의 전반적인 마케팅전략을 검토하는 것이 무엇보다 중요하다고 할 수 있다.

그리고 광고, 인적판매, 판매촉진, PR 등의 촉진믹스 요소들은 각각 소비자들에게 커뮤니케이션하는 방법이나 효과 측면에서 다를 수 있기 때문에 기업은 이들 요소를 적절하게 잘 조정하고 통합해서 효과적인 커뮤니케이션이 될 수 있도록 마케팅 커뮤니케이션 전략을 수립해야 할 것이다.

• 마케팅 커뮤니케이션 전략은 마케팅믹스 전략의 일환이기 때문에, 기업의 마케팅전략 측면에서 일관성을 갖기 위해서는 우선 마케팅 목표, 표적시장, 마케팅믹스 등의 전반적인 마케팅전략을 검토하는 것이 무엇보다 중요하다.
• 촉진믹스 요소(광고, 인적판매, 촉진판매 PR)들은 각각 소비자들에게 커뮤니케이션하는 방법이나 효과 측면에서 다를 수 있기 때문에 기업은 이들 요소들을 적절하게 잘 조정하고 통합해서 효과적인 커뮤니케이션이 될 수 있도록 마케팅 커뮤니케이션 전략을 수립해야 한다.

[그림 9-5] 마케팅 커뮤니케이션 전략 수립

1.3.1 상황분석

마케팅 커뮤니케이션 전략수립을 위한 상황분석 단계에서 고려해야 할 주요 요인들은 표적청중, 제품수명주기, 구매의사결정단계, 마케팅믹스 요소 등을 고려해야 한다. 이러한 사항들은 마케팅 커뮤니케이션과 밀접한 관련성이 높기 때문에 기업의 마케팅활동을 통해 긍정적인 효과를 나타낼 수 있을 것이다.

1.3.1.1 표적청중 결정

표적청중은 마케팅 전략수립단계에서 시장세분화 전략을 통해서 선정된 표적시장의 청중들이 되는 것이다. 표적청중은 현재 혹은 잠재소비자나 중간상들이 될 수 있는데, 이들은 마케팅 조사나 시장세분화를 통해서 파악할 수 있다(그림 9-6).

1.3.1.2 제품수명주기

제품수명주기는 앞서 살펴본 바와 같이, 일반적으로 도입기, 성장기, 성숙기, 쇠퇴기 등 네 단계를 나타내는데, 이들 단계별로 촉진믹스의 비중이나 효과도 달라질 수 있다(그림 9-6).

도입기에는 소비자들에게 일차적으로 자사제품에 대한 다양한 정보를 제공해서 시장에 출시되었음을 인지시키는 것이 촉진의 주요 목적이 될 수 있다.

성장기는 소비자들이 제품이나 서비스를 구매하도록 설득시키는 것이 목적이 될 수 있기 때문에 마케팅관리자는 브랜드선호도를 강화시키려고 노력해야 한다.

성숙기는 잠재고객들이 신규로 제품이나 서비스를 구매하는 것도 중요하지만, 한 번이라도 구매한 적이 있는 기존 구매자들을 유지시켜 반복구매를 자극하는 것이 더 중요하다. 그래서 광고는 제품이 시장에 아직 존재하고 있다는 사실을 고객들에게 회상시키는 데 목적을 두어야 한다.

쇠퇴기는 경쟁력이 없는 제품계열이나 품목들을 단계적으로 철수하는 시기이기 때문에 촉진믹스를 위해서는 거의 자금을 사용하지 않는다.

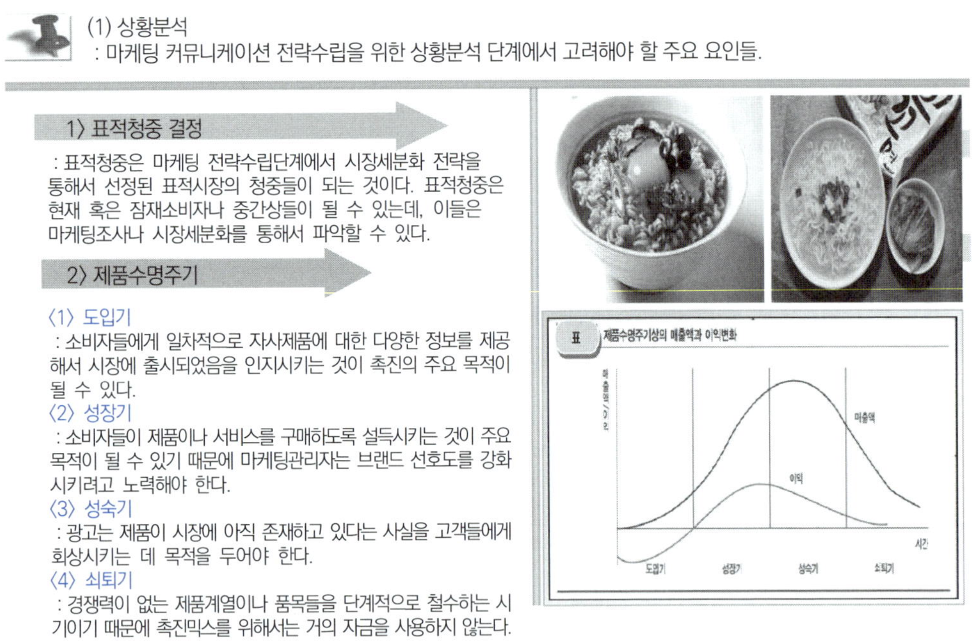

[그림 9-6] 마케팅 커뮤니케이션 전략 – 상황분석 1

1.3.1.3 구매의사결정단계

소비자들의 구매의사결정단계는 촉진믹스에 영향을 미칠 수 있다. 다시 말해서 [그림 9-7]과 같이 구매 전 단계, 구매단계, 구매 후 단계에 따라 촉진믹스 요소들의 중요도 정도가 다르기 때문에 마케팅관리자는 이러한 점들을 촉진믹스 전략수립에 고려해야 한다. 첫째, 구매 전 단계는 많은 잠재고객이나 판매업자들에게 자사의 제품이나 서비스가 시장에 존재한다는 정보를 알려주어야 하기 때문에 광고가 인적판매보다도 더 유용할 수 있다. 둘째, 구매단계에서는 광고의 영향이 가장 낮은데 비해 인적판매의 중요성이 가장 높고, 쿠폰제공 · POP전시 · 리베이트 등의 판매촉진은 수요를 자극하는 데 매우 유용하다. 셋째, 구매 후 단계에서는 고객이 구매 이후에 흔히 인지부조화를 느낄 수 있는데, 이럴 경우에 광고나 인적판매는 고객이 인지적 부조화를 줄이고 구매에 대해 확신을 갖게 하고 만족을 느낄 수 있게 하는 데 중요한 역할을 한다.

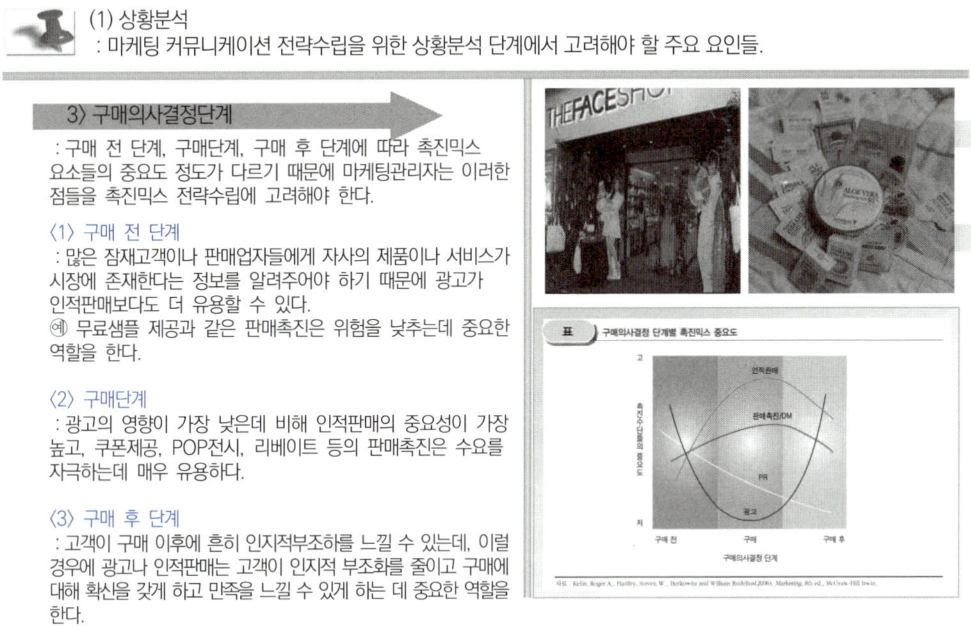

[그림 9-7] 마케팅 커뮤니케이션 전략 - 상황분석 2

1.3.1.4 마케팅믹스 요소 분석

마케팅 커뮤니케이션 전략은 제품, 가격, 유통 등 다른 마케팅믹스 전략과 함께 연계해서 수립해야 한다(그림 9-8).

1. 제품의 경우

기술적으로 복잡한 제품은 TV광고나 작은 잡지광고로 많은 정보를 전달하기 어렵기 때문에 인적판매를 이용하는 것이 훨씬 더 유용할 수 있다.

2. 가격의 경우

제품과 마찬가지로 고가품은 구매의사결정이 잘못되었을 때 받을 수 있는 재무적 위험, 심리적 위험 등으로 인해 인적판매가 훨씬 더 유용할 것이고, 반대로 저가품은 판매촉진이 효과가 있을 것이다.

3. 유통의 경우

자사의 유통경로 상에서 푸시전략과 풀전략 중에서 어떤 전략을 사용할 것인지에 대한 중요한 의사결정을 내려야 한다.

① 푸시전략(Push Strategy)은 제조업체가 유통경로를 통해 최종소비자에게 제품을 '밀어내는 것'을 말한다. 이 전략은 제조업체가 유통경로 상에 있는 중간상들에게 자사제품이나 서비스를 많이 취급해서 판매하도록 협력을 구하는 것이다.

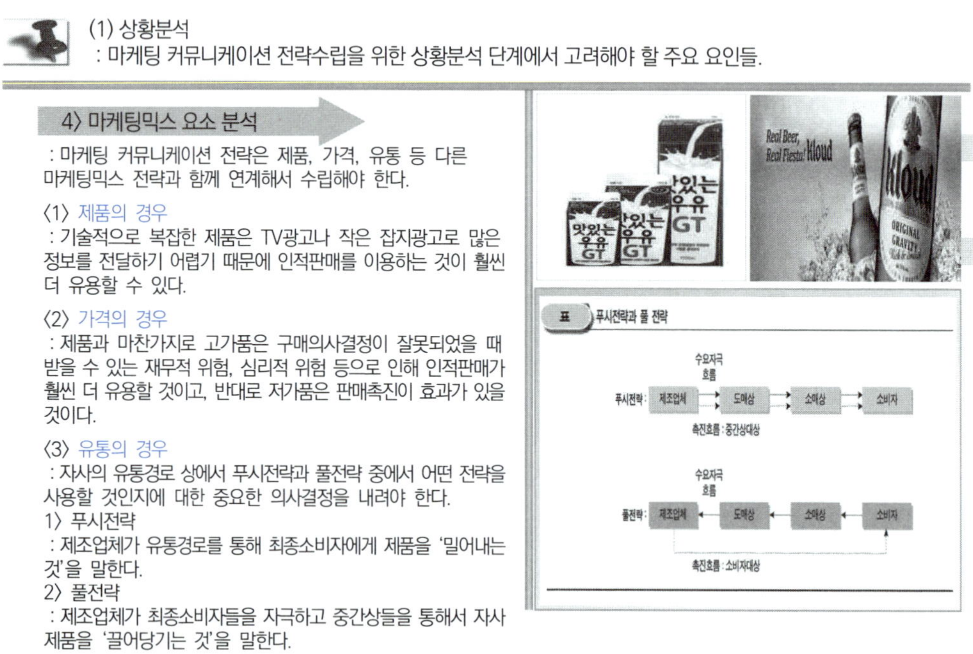

[그림 9-8] 마케팅 커뮤니케이션 전략-상황분석 3

② 풀전략(Pull Strategy)은 제조업체가 최종소비자들을 자극하고 중간상들을 통해서 자사제품을 '끌어당기는 것'을 말한다. 다시 말해서 자사의 신제품이나 기존제품 취급을 원하지 않는 중간상들이 많은 경우에 최종소비자를 촉진해서 소비자들이 중간상을 찾게 하고 중간상은 제조업체로부터 그 제품을 구입하게 하는 전략이다. 이 경우에는 소비자를 대상으로 하는 광고나 판매촉진이 매우 중요한 역할을 한다.

1.3.2 커뮤니케이션 목표 설정

마케팅 커뮤니케이션 전략수립단계에서 상황분석을 통해 표적청중이나 PLC, 구매의사결정단계, 마케팅믹스 분석 등이 파악되고 나면, 마케팅관리자는 다음 단계로 마케팅 커뮤니케이션 목표를 설정해야 한다. 마케팅 커뮤니케이션 목표는 마케팅목표를 토대로 설정되지만 반드시 마케팅 목표와 동일하지 않을 수도 있다.

일반적으로 커뮤니케이션 목표의 유형은 매출목표와 커뮤니케이션효과 목표 두 가지 기준으로 구분할 수 있다(그림 9-9).

1.3.2.1 매출목표

대부분의 마케팅관리자들은 커뮤니케이션 활동의 주요 목표는 궁극적으로 매출액 증대에 있기 때문에 커뮤니케이션 목표도 매출액을 기준으로 목표를 설정해야 된다는 주장이 많다. 그러나 매출액 기준으로 목표를 설정하는 경우에 기존에 마케팅 목표와 중복되거나 유사할 수 있다. 즉 마케팅목표는 일반적으로 판매량, 수익, 시장점유율 등 계량적이고 구체적인 변수를 이용해 표적시장에서 달성 가능한 기간을 명시해서 제시한다. 이러한 마케팅 목표는 마케팅 커뮤니케이션 수단들을 포함해서 다른 믹스요소들을 효과적으로 잘 실행하고 통합·조정했을 때 가능한 것이다.

1.3.2.2 커뮤니케이션효과 목표

마케팅관리자들은 커뮤니케이션 수단들을 통해 소비자에게 정보를 전달하고 설득하며, 구매행동에 영향을 미치는 것은 촉진의 고유한 역할로 단순히 매출액을 기준으로 목표를 설정하는 것보다 소비자들의 반응에 기초해서 목표를 설정해야 한다는 주장도 있다. 커뮤니케이션 효과를 창출하기 위한 목표는 계층적 효과모형에 그 토대를 두고 있으며, 인지율, 신념의 강도, 태도강화 등으로 효과를 측정할 수 있다. 커뮤니케이션효과 모형은 여러 가지가 있지만 대표적으로 AIDA모형이 대표적이다. AIDA모형은 소비자들은 제품을 구매하기 전에 주의(Attention), 관심(Interest), 욕구(Desire), 행동(Action)의 네 단계를 거치게 된다는 이론으로 앞의 첫 글자를 따서 AIDA모델이라 한다.

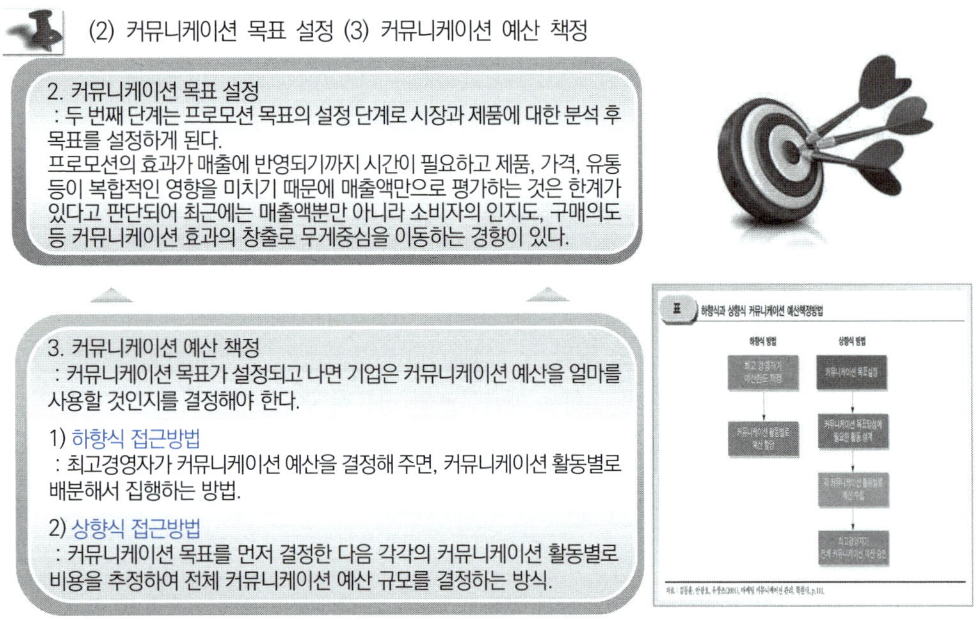

[그림 9-9] 커뮤니케이션 목표 설정 / 커뮤니케이션 예산 책정

1.3.3 커뮤니케이션 예산 책정

커뮤니케이션 목표가 설정되고 나면, 기업은 커뮤니케이션 예산을 얼마를 사용할 것인지를 결정해야 한다. 커뮤니케이션 예산을 설정하는 책정 방법에는 크게 하향식 접근방법과 상향식 접근방법으로 구분된다.

하향식접근방법(Top-down Approach)은 최고경영자가 커뮤니케이션 예산을 결정해 주면, 커뮤니케이션 활동별로 예산을 적절하게 배분해서 집행하는 방법이며 상향식접근방법(Bottom-up Approach)은 커뮤니케이션 목표를 먼저 결정한 다음 각각의 커뮤니케이션 활동별로 비용을 추정하여 전체 커뮤니케이션 예산 규모를 결정하는 방식이다.

1.3.4 커뮤니케이션 메시지 선택

커뮤니케이션 목표와 예산이 결정되면, 마케팅 커뮤니케이션 전략 수립과정의 다음 단계는 커뮤니케이션 메시지선택을 결정해야 한다. 그래서 마케팅관리자는 효과적인 메시지를 개발하기 위해 무엇을 전달할 것인가(메시지 내용)를 정해야 한다. 그리고 메시지 내용은 어떤 논리적인 설득방식(메시지 구조)으로 어떤 상징을 활용하여(메시지 형태) 표현할 것인지를 결정해야 한다(그림 9-10).

1.3.4.1 메시지내용

마케팅관리자는 표적청중을 설득해서 원하는 반응을 가져다줄 수 있는 소구방향이나 주제를 개발해야 한다. 이때 주로 사용하는 소구방법에는 이성적 소구, 감성적 소구, 도덕적 소구 등의 세 가지 유형이 있다.

1. 이성적 소구(Rational Appeals)

표적청중들의 제품이나 서비스에 대한 실용적이고 기능적인 욕구에 초점을 두고 제품이나 서비스 그 자체의 특성이나 편익을 강조하는 것이다. 이 소구방법을 사용하는 광고메시지들은 제품이나 서비스의 품질, 경제성, 가치, 성능 등을 강조하는 메시지를 담아 소비자들이 얻을 수 있는 혜택을 직접적으로 드러내야 한다.

2. 감정적 소구(Emotional Appeals)

표적청중들이 제품이나 서비스를 구매할 때 제품이나 서비스 그 자체를 강조하기보다는 제품이나 서비스의 이미지를 더 중요하게 생각하고 사회적 또는 심리적 욕구에 초점을 맞춘 것이다. 이 소구방법을 사용하는 광고메시지는 사랑, 정, 기쁨, 재미, 유머 등의 긍정적인 감성소구와 공포, 두려움, 죄의식, 수치심 등의 부정적인 감성소구로 나누어진다.

3. 도덕적 소구(Moral Appeals)

사회적으로 바람직하다고 생각하는 것에 대해 표적청중들의 의식에 호소하여 기업의 이미지와 연결시키는 소구방법이다. 이 소구방법을 사용하는 광고메시지는 환경보호, 여성의 권익, 불우이웃 돕기, 청소년보호, 사회봉사 등이 있다.

1.3.4.2 메시지구조

메시지를 작성할 때 메시지구조에 대한 사항을 결정해야 한다. 메시지 구조는 결론을 내릴 것인지 여부를 우선 결정해야 한다. 제품의 어떤 점이 좋다는 식으로 결론을 내리는 경우는 잘못하면 청중들의 거부반응을 유발할 수 있고, 결론을 내리지 않고 유보하는 경우는 관심정도가 낮은 청중들에게는 주의를 끌지 못해 효과가 떨어질 수 있다. 그다음은 결론을 앞부분에 제시할 것인지, 아니면 뒷부분에 제시할 것인지를 결정해야 한다. 앞부분에 제시하면 청중들의 주의를 유발할 수 있는 반면에, 뒷부분에 제시하면 기억에 남길 가능성이 높다.

1.3.4.3 메시지형태

메시지 형태는 메시지를 표현하는 양식을 의미하는 것으로, 마케팅관리자는 메시지를 효과적으로 전달하는 표현방법들을 알아야 한다. 예를 들어 TV광고의 경우 모델의 얼굴표정, 움직임, 의상, 헤어스타일 등에도 주의를 기울여야 하며, 제품의 모양, 크기, 색상, 음향, 배경 등 모든 구성요소를 어떤 방식으로 배열하여 스토리를 제시할 것인지에 관한 사항에 대해서도 관심을 가져야 한다.

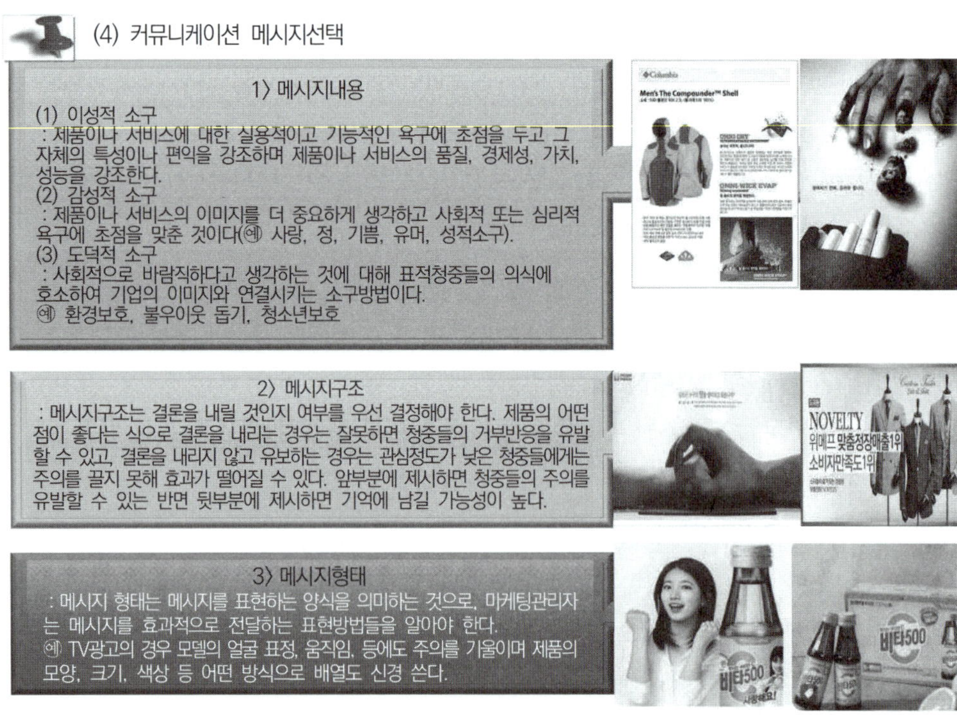

[그림 9-10] 커뮤니케이션 메시지 선택

1.3.5 커뮤니케이션 믹스 결정

커뮤니케이션 메시지 수립과 동시에, 표적청중들에게 전달해야 할 커뮤니케이션 수단을 선택해야 한다. 커뮤니케이션 수단은 흔히 광고, 인적판매, 판매촉진, PR 등이 많이 이용되지만 직접마케팅과 같은 다양한 방법이 개발되어 활용되고 있다(그림 9-11).

1.3.5.1 광고(Advertising)

특정 광고주가 대가를 지불하고 제품, 서비스, 아이디어를 비인적 매체를 통하여 널리 알리고 구매를 설득하고 유인하기 위한 촉진활동의 한 형태이다. 광고에는 TV, 라디오, 신문, 잡지 등의 주요 4대 매체를 이용한 광고, 인터넷 광고, 교통광고, 옥외광고 등 다양한 유형들이 있다.

1.3.5.2 인적판매(Personal Selling)

판매원이 현재 또는 잠재고객과의 직접접촉을 통해서 자사의 제품, 서비스, 아이디어 등에 대한 정보를 제공하고, 구매하도록 설득하는 개인적인 커뮤니케이션 활동을 말한다.

[그림 9-11] 커뮤니케이션 믹스 결정

1.3.5.3 판매촉진(Sales Promotion)

제품, 서비스, 아이디어 등의 판매를 증가시키기 위하여 단기간에 중간상이나 최종소비자를 대상으로 하는 광고, 인적판매, PR 등을 제외한 대부분의 촉진활동을 말한다. 판매촉진은 비인적 촉진수단으로써 샘플·쿠폰·경품 제공, 점포 내 진열, 세일행사, 전시회 등을 포함한다.

1.3.5.4 PR(Public Relations)

기업이 언론 등의 비인적 매체를 통하여 소비자가 속한 지역사회나 단체 등과 우호적인 관계를 형성하고 유지함으로써 자사제품을 구매하도록 간접적으로 소비자를 유도하는 커뮤니케이션 활동을 의미한다.

02 광고

2.1 광고의 개념

광고란 확인된 광고주가 표적청중들에게 자사의 제품이나 서비스에 대한 정보를 제공하여, 그들을 설득하고 유인하기 위해 일정한 대가를 지불하고 대중매체를 이용하는 비인적 커뮤니케이션 과정이라고 한다(그림 9-12).

이러한 광고의 정의를 바탕으로 해서 광고의 일반적인 특성을 살펴보면 다음과 같다. 첫째, 광고를 하는 광고주는 일정한 광고비를 지불함으로써 광고의 소구방법, 매체결정 등 광고에 대한 통제력을 가질 수 있다. 이는 PR과 구분되는 가장 중요한 개념 중의 하나다. 둘째, 광고는 고객들에게 메시지를 전달하기 위해 TV, 라디오, 신문, 잡지 등과 같은 각종 대중매체를 이용하는 매스커뮤니케이션(Mass Communication)이라는 점에서 직접고객을 대면하는 인적판매와도

광고의 개념과 유형

1) 광고의 개념	• 광고란 확인된 광고주가 표적청중들에게 자사의 제품이나 서비스에 대한 정보를 제공하여 그들을 설득하고 유인하기 위해 일정한 대가를 지불하고 대중매체를 이용하는 비인적 커뮤니케이션 과정이다. • 광고의 일반적 특성 (1) 광고를 하는 광고주는 일정한 광고비를 지불함으로써 광고의 소구방법, 매체결정 등 광고에 대한 통제력을 가질 수 있다. 이는 PR과 구분되는 가장 중요개념이다. (2) 광고는 고객들에게 메시지를 전달하기 위해 TV, 라디오, 신문 등과 같은 대중매체를 이용하는 매스커뮤니케이션이라는 점에서 직접고객을 대면하는 인적판매와도 구분된다. (3) 광고물에 반드시 광고주를 명시함으로 서 고객들에게 광고후원자가 누구인지를 확인할 수 있도록 하였다.
2) 광고의 유형	• 광고의 형태 (1) 제품광고 : 특정한 제품에 대한 비인적판매로서 기업의 제품을 소개하여 소비자들의 구매를 유발하고자 만들어지는 광고라고 할 수 있다. (2) 기업광고 : 제품보다는 기업의 비전, 사회에 대한 기여, 선행 등을 광고를 통해서 널리 알림으로써 기업에 대한 호의적인 이미지를 만들고자 하는데 목적을 두고 있다.

[그림 9-12] 광고의 개념과 유형

구분된다. 셋째, 광고물에 반드시 광고주를 명시함으로써 고객들에게 광고후원자가 누구인지를 확인할 수 있도록 하였다.

2.2 광고의 유형

광고의 형태는 크게 두 가지로 나누어 볼 수 있는데, 하나는 제품광고이고, 다른 하나는 기업광고이다(그림 9-12). 제품광고는 특정한 제품에 대한 비인적 판매로서 기업의 제품을 소개하여 소비자들의 구매를 유발하고자 만들어지는 광고라고 할 수 있다. 반면에 제품이 드러나지 않는 광고를 볼 수 있는데, 제품보다는 기업의 비전, 사회에 대한 기여, 선행 등을 광고를 통해서 널리 알림으로써 기업에 대한 호의적인 이미지를 만들고자 하는 데 목적을 두고 있다. 이러한 광고를 기업광고라 하며, 기업의 PR(Public Relation) 기능과 연관되기도 한다.

2.3 광고전략 수립

마케팅의 주요 기능이 구매자와 판매자 간에 교환을 촉진하는 것이라면, 광고는 이를 실현하는 데 적합한 수단이다. 기업이 소비자를 대상으로 효과적인 광고전략을 수립하고 실행해 나간다면 이러한 마케팅 기능을 효과적으로 수행할 수 있게 된다. 최근에 마케팅관리자들에 의해 이용될 수 있는 광고전략으로는 비교광고, 유명인광고, 쌍방향광고 등을 들 수 있으며, 이외에도 소매광고, 협동광고 등과 같이 유통채널 중심의 광고전략도 생각해 볼 수 있다(그림 9-13).

2.3.1 비교광고(Comparative Advertising)

기업이 속한 산업에서 경쟁브랜드들과 직·간접적으로 비교해서 광고메시지를 강조하고 소비자를 설득하기 위한 광고전략이다.

2.3.2 유명인광고(Celebrity Advertising)

메시지 전달자를 유명인으로 하는 광고이며, 마케팅관리자들이 광고메시지의 효과를 향상하기 위해 이용하는 보편적인 기법이다.

2.3.3 쌍방향광고(Interactive Advertising)

메시지 수용자가 능동적으로 촉진과정에 참여할 수 있도록 커뮤니케이션 경로를 통해 쌍방향적인 메시지를 전달하는 광고를 의미하며, 주로 인터넷의 웹상에서 많이 볼 수 있는 광고이다.

2.3.4 소매광고(Retail Advertising)

제품이나 서비스를 소비자에게 판매하는 소매상에 의해 소매점을 방문한 고객들을 대상으로 실행되는 광고를 의미한다.

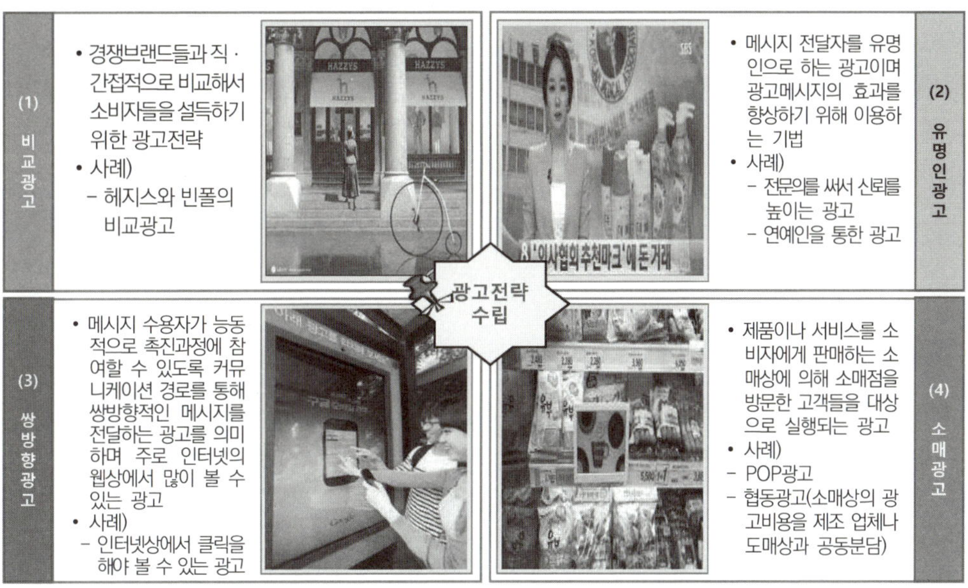

[그림 9-13] 광고전략 수립

03 인적판매

인적판매는 판매사원이 잠재고객에게 대면접촉하여 판매활동을 하는 마케팅 커뮤니케이션의 한 수단이다. 비인적 매체가 아니라 판매원이 직접 대면하여 판매를 목적으로 한다는 점에서 광고나 PR, 판매촉진 등과는 차이가 있다.

다른 커뮤니케이션 수단과 달리 인적판매가 지니는 특징을 강점과 약점으로 구분하면 다음과 같다(그림 9-14).

인적판매의 강점은 첫째, 직접대면에 의한 방법으로 고객들의 욕구를 포함한 정보를 정확하게 수집할 수 있다.

둘째, 고객의 태도와 행동, 그리고 반응에 대해 유동적이며 즉각적인 대응을 할 수 있다.

셋째, 고객특성에 맞는 커뮤니케이션 메시지의 조절과 판촉의 다양한 수단을 적용시킬 수 있다.

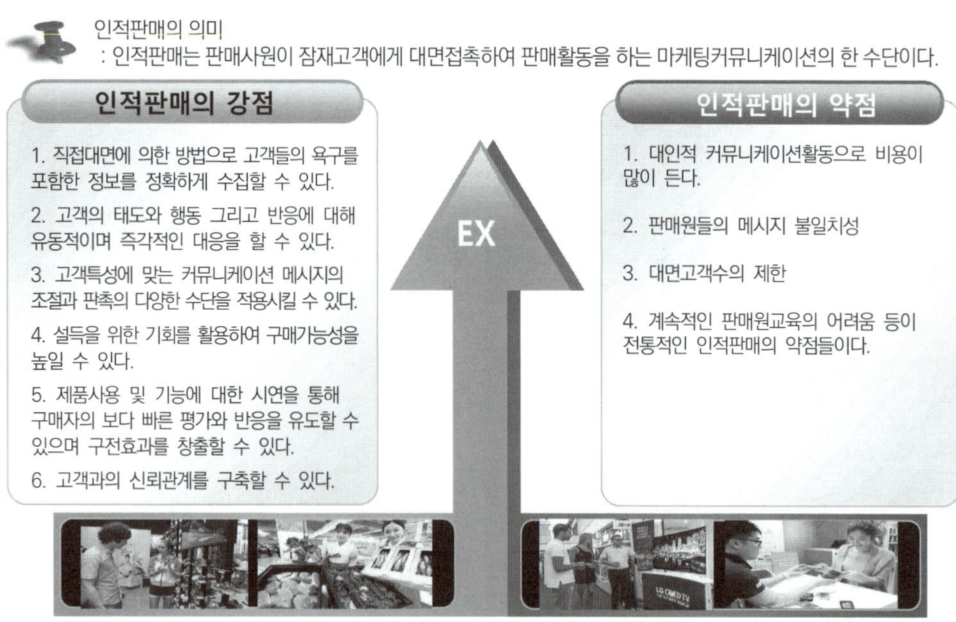

[그림 9-14] 인적판매

넷째, 설득을 위한 기회를 활용하여 구매가능성을 높일 수 있다.

다섯째, 제품사용 및 기능에 대한 시연을 통해 구매자의 보다 빠른 평가와 반응을 유도할 수 있으며, 구전효과를 창출할 수 있다.

여섯째, 고객과의 신뢰관계를 구축할 수 있다.

이에 반하여, 인적판매는 다음과 같은 약점을 지니고 있다.

첫째, 대인적 커뮤니케이션활동으로 비용이 많이 들고, 둘째, 판매원들의 메시지 불일치성, 셋째, 대면고객수의 제한, 넷째, 계속적인 판매원교육의 어려움 등이 전통적인 인적판매의 약점들이다. 또, 최근에는 인터넷의 활성화로 제품의 정보수집 및 가격노출이 쉽기 때문에 대면접촉상황에서 즉시 판매성과로 이어지기가 쉽지 않다.

04 판매촉진

4.1 판매촉진의 의미와 차이점

판매촉진(Sales Promotion)은 소비자의 구매동기를 직접 자극하여 즉각적으로 제품과 서비스에 대한 구매를 유인하거나, 유통경로에 참여하는 중간상을 지원 또는 자극하여 마케팅활동의 효율성을 높이는 활동으로 대부분 단기적 수단으로 활용된다(그림 9-15).

판매촉진은 광고나 다른 촉진활동과 마찬가지로 제품과 서비스의 판매를 촉진하기 위해 활용된다는 점에서는 공통점을 갖지만 차이점도 지닌다(그림 9-15).

1) 판매촉진의 의미
: 소비자의 구매동기를 직접 자극하여 즉각적으로 제품과 서비스에 대한 구매를 유인하거나 유통경로에 참여하는 중간상을 지원 또는 자극하여 마케팅활동의 효율성을 높이는 활동으로 단기적 수단으로 활용한다.
2) 판매촉진과 다른 촉진활동과의 차이점

1. **즉각적 구매행동을 목표** — • 예 "잠시 후 10분간 어떤 과일이나 생선을 특별 할인한다"라는 안내방송에 소비자는 즉각적인 의사결정을 해야 하는 압박감을 느끼게 된다.
2. **일시적 행사** — • 예 음료수 제조업체에서 신제품이 출시 되었을 때 경품행사를 1개월 실시하는 경우, 인지도를 단기간에 높이고 시용을 최대한 늘리는 효과를 기대하는 것이다.
3. **결과는 가시적** — • 예 광고는 장기간 수행되는 경우가 많지만, 판촉은 결과가 즉각적으로 나타나고 단기간에 걸쳐 수행되기 때문에 매출의 변화를 통해 판매촉진의 결과를 가시적으로 측정할 수 있는 것이다.
4. **광고나 다른 촉진활동을 지원** — • 예 광고에서 경품이나 경연행사의 내용을 포함시켜 다루면, 광고 메시지와 브랜드에 대한 소비자의 관여도가 한층 더 높아지게 된다.

판매촉진과 다른 촉진믹스와의 비교

	판매촉진	광 고	인적판매	PR
기본목적	매출증대	이미지 · 선호도 · 태도개선, 포지셔닝	판매 및 관계형성	신뢰형성
소구방법	이성적	감성적	이성적	감정적
기 간	단 기	장 기	단기 · 장기	장 기
이익기여도	높 음	보 통	높 음	낮 음

[그림 9-15] 판매촉진의 의미와 차이점

첫째, 판매촉진은 즉각적 구매행동을 목표로 한다. 광고는 소비자의 인지과정에 영향을 미치기 위한 정보와 이미지를 전달하여 브랜드에 대한 호의적인 태도를 형성하게 하고, 장래 어느 시점에 소비자가 구매의사결정과정을 거칠 때 긍정적인 영향을 주어 구매 가능성을 높이는 촉진 수단이다.

둘째, 판매촉진은 대체로 일시적 행사이다. 광고는 소비자 태도변환을 꾀하기 때문에 대부분 연속성을 갖고 오랫동안 꾸준하게 이루어진다. 하지만, 판매촉진은 매출에 긍정적인 결과를 가져오지만, 제품 단위당 이익률을 낮추는 희생이 동반되는 경우가 많아 대체로 일정기간에 행해지는 이벤트 성격을 갖는다. 즉 제한된 예산을 일정 기간에 집중적으로 집행하는 행사인 경우가 많다.

셋째, 판매촉진의 결과는 가시적이다. 광고는 장기간에 수행되는 경우도 많고, 특정기간에 일정한 광고예산을 투자했다 할지라도 달라진 소비자의 태도가 곧바로 매출증가로 나타나지는 않는다. 그러나 판매촉진의 결과는 즉각적으로 나타나고 단기간에 걸쳐 수행되기 때문에 매출의 변화를 통해 판매촉진의 결과를 가시적으로 측정할 수 있는 것이다.

넷째, 판매촉진은 광고나 다른 촉진활동을 지원할 수 있다. 광고에서 경품이나 경연행사의 내용을 포함시켜 다루면, 광고 메시지와 브랜드에 대한 소비자의 관여도가 한층 더 높아지게 된다.

4.2 판매촉진의 유형

판매촉진은 크게 보면 제조업체가 행하는 경우와 소매상이 행하는 경우가 있다. 즉 판매촉진의 주체에는 제조업체와 소매상이 있는 것이다. 반면에 판매촉진의 대상을 분류해 보면 소비자, 중간상 그리고 제조업체가 직접 고용하는 판매원으로 나눌 수 있다.

일반적으로 판매촉진의 유형은 판매촉진의 대상자를 기준으로 두 가지로 구분한다. 첫째, 소비자를 대상으로 하는 소비자 판매촉진과 둘째, 도매상이나 소매상을 대상으로 하는 중간상 판매촉진으로 나누어 볼 수 있다. 이러한 두 가지 유형에 따라 각 판매촉진의 내용과 구체적 방법이 달라진다(그림 9-16).

4.2.1 소비자 판매촉진

소비자를 대상으로 하는 판매촉진의 도구에는 가격할인, 쿠폰, 리베이트, 보너스 팩, 샘플, 사은품, 경연과 경품, 마일리지 프로그램, 구매시점 디스플레이, 시연회 등의 방법이 있다. 마케팅관리자는 각 판매촉진 도구의 전략적인 의미와 내용을 파악하고, 주어진 환경에서 가장 적절한 판매촉진 도구들을 선택하고 적용해야 한다.

4.2.1.1 가격할인

가격할인(Sale, Discount, Price-offs)은 일정기간 동안 제품의 가격을 일정비율로 할인하여 판매하는 것을 의미한다(그림 9-16). 대표적으로 백화점 등에서 일정기간을 정해놓고 '세일'한다고 하는 것이 여기에 해당한다. 이 방법은 단기적으로 가격을 인하하여 제품에 대한 매출액을 늘리는 한편, 재고를 처분하여 재고유지비용을 감소시키는 효과를 가질 수 있다.

4.2.1.2 쿠폰

쿠폰(Coupon)은 구매시점에서 쿠폰을 소지한 소비자에게 쿠폰에 표시한 내용에 따라 가격할인, 현금적립, 선물제공의 혜택을 주는 판매촉진 수단이며, 할인쿠폰(Discount Coupon)이 가장 일반적으로 쓰인다(그림 9-16). 쿠폰은 신제품의 시용과 반복구매를 유발하거나 경쟁사의 소비자를 유인하는 목적으로도 활용된다.

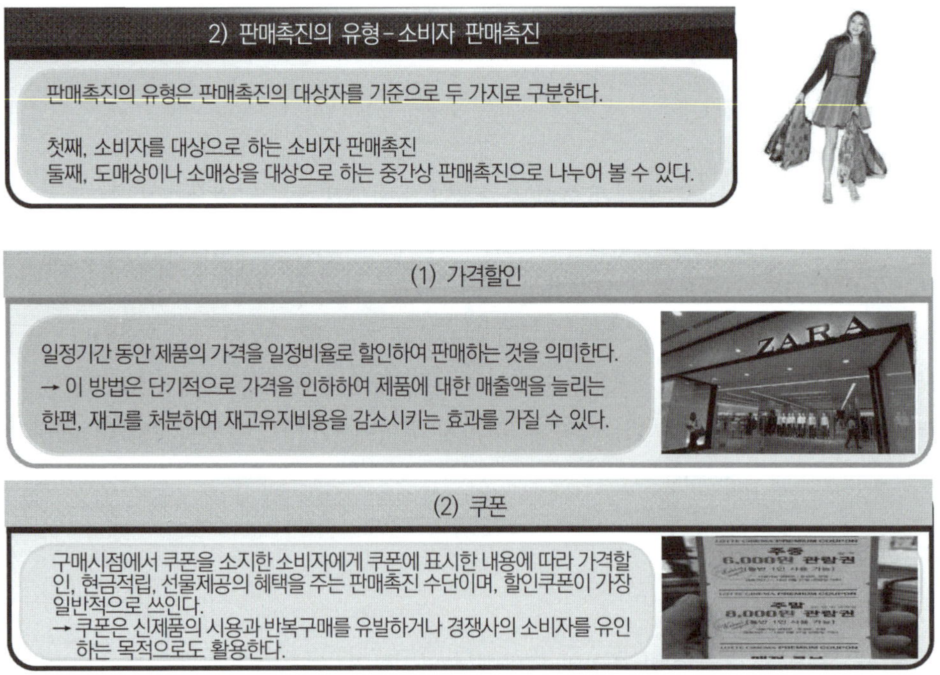

[그림 9-16] 판매촉진의 유형-소비자 판매촉진 1

4.2.1.3 샘플

샘플(Sample)은 '견본품'이라고도 하는데 제품을 소량으로 포장하여 무료로 소비자들에게 배포하는 것을 말한다(그림 9-17). 샘플은 소비자들이 제품을 사용해 볼 수 있는 기회를 줄 수 있으므로 신제품을 판매촉진하기 위한 수단으로 적합하다. 신제품의 경우에는 소비자들이 경험이나 정보가 부족하여 느끼는 불안감이 발생하기 쉬우므로 이를 해소하는 방법으로 샘플을 배포하고 사용하여 제품에 대한 신뢰를 갖도록 할 수 있다.

4.2.1.4 사은품

사은품(Premium)은 일정기간에 제품이나 서비스를 구매하는 소비자들에게 다른 제품을 무료로 제공하거나 저렴하게 할인가격으로 구입할 수 있는 기회를 제공하는 것을 말한다(그림 9-17). 사은품은 감사의 뜻을 담은 기념품이라는 명목으로 제공되는 경우가 많아 기업과 제품의 이미지를 개선하여 호의적 태도를 형성하며 브랜드에 대한 충성도를 높이는 긍정적 효과를 가져온다.

(3) 샘플

샘플은 '견본품'이라고도 하는데 제품을 소량으로 포장하여 무료로 소비자들에게 배포하는 것을 말한다.
→ 샘플은 소비자들이 제품을 사용해 볼 수 있는 기회를 줄 수 있으므로 신제품을 판매촉진하기 위한 수단으로 적합하다.
㉹ 자동차 제조사의 시승프로그램, 화장품, 식품, 생활용품

(4) 사은품

사은품은 일정기간에 제품이나 서비스를 구매하는 소비자들에게 다른 제품을 무료로 제공하거나 저렴하게 할인가격으로 구입할 수 있는 기회를 제공하는 것을 말한다.
→ 사은품은 감사의 뜻을 담은 기념품이라는 명목으로 제공되는 경우가 많아 기업과 제품의 이미지를 개선하여 호의적 태도를 형성하며 브랜드에 대한 충성도를 높이는 긍정적 효과를 가져온다.
㉹ 열쇠고리 같은 장식품, 위생용품, 필기구, 컵, 병따개 등

(5) 리베이트

리베이트는 컴퓨터, 핸드폰, 자동차와 같이 비교적 고 가격에 마진이 큰 제품에 적용하는 판매촉진 수단이다. 일정기간에 제품을 구매했다는 증명을 제조업체에 보내면 제품가격 일부를 환불해 주는 방법이다.
→ 리베이트는 반복구매, 다량구매, 조기구매를 유인하며 소비자들의 브랜드전환을 목적으로 한다.

[그림 9-17] 판매촉진의 유형 – 소비자 판매촉진 2

4.2.1.5 리베이트

리베이트(Rebate)는 컴퓨터, 소프트웨어, 핸드폰, 자동차와 같이 비교적 고 가격에 마진이 큰 제품에 적용하는 판매촉진 수단이다. 일정기간에 제품을 구매했다는 것을 증명하는 영수증이나 포장지 등의 증거물을 제조업체에 보내면 제품가격의 일부를 환불해 주는 방법이다(그림 9-17). 우리나라에서는 비교적 사용하는 사례를 찾기 어렵다. 리베이트는 소비자들의 반복구매, 다량구매, 조기구매를 유인하거나 경쟁자의 소비자들을 흡수하는 브랜드전환을 목적으로 사용한다.

4.2.1.6 보너스 팩

보너스 팩(Bonus Pack 또는 Price Pack)은 관련된 제품들 여러 개를 하나의 세트로 묶어서 저렴하게 판매하거나 같은 제품을 커다란 포장에 덤으로 더 많은 수량이나 용량을 담아 같은 가격으로 판매하는 경우를 말한다(그림 9-18). 여행에 필요한 세면도구들인 비누, 치약, 칫솔, 샴푸, 면도기 등을 하나의 포장에 담아 저렴하게 판매하거나, 같은 라면을 5개 정도로 묶어서 포장하고 싼 값으로 판매하는 것이 좋은 사례이다. 보너스 팩은 소비자로 하여금 다량구매, 조기구매를 유발하는 목적으로 사용된다. 보너스 팩은 가격이 저렴하며 빨리 소모되고 자주 구매하는 제품을 적용하기 쉬운 판매촉진 수단이다.

4.2.1.7 경연과 경품

경연(Contest)은 기업에서 주관하는 대회에 소비자가 참여하게 하는 것이다. 경영에 참여한 소비자는 자신의 노력을 통해 또는 지식이나 기술과 같은 능력을 이용하여 대회에서 제시하는 작품을 만들거나 문제를 풀어서 다른 참여자들과 경쟁하게 된다. 경쟁에서 일정한 성과를 거둔 소비자는 상금이나 상품을 타게 된다.

경연과 유사한 경품(Sweepstake)은 추첨이라고도 하는데, 경연과 같이 소비자의 노력과 능력으로 당첨자를 선정하지 않고, 단지 참여한 응모자 모두를 대상으로 추첨에 의해 당첨자를 선정한다는 차이가 있다. 경품은 카드를 동전 등으로 긁어서 당첨여부를 확인하는 스크래치카드(Scratch Card)를 이용하거나 음료수의 병뚜껑 속에 일정한 표시를 하는 방법과 인터넷 추첨 등이 활용되기도 한다.

경연과 경품은 판매촉진의 대상자를 폭넓게 적용하여 누구나 참여하기 쉽다는 장점이 있다. 그러나 소매상 등이 행사에 적극적으로 참여하고 지원해야만 성공적인 결과를 얻을 수 있다는 단점이 있다(그림 9-18).

4.2.1.8 마일리지 프로그램

마일리지 프로그램(Mileage Program)은 고정고객 우대 프로그램(Patronage Awards)이라고도 한다. 이것은 자주 구매하는 소비자들을 대상으로 구매금액이나 구매량에 비례하여 마일리지를 적립해 주고 소비자는 누적된 마일리지를 이용해 가격을 할인받거나 다른 제품을 구매할 수 있게 하는 판매촉진 방법이다(그림 9-18). 마일리지 프로그램은 반복구매를 유도하여 소비자의 충성도를 높이고, 경쟁사의 제품과 경쟁 점포를 이용할 기회를 줄일 수 있어서 소비자의 이탈을 방지하는 효과를 갖는다. 마일리지 프로그램은 반복구매에 대한 보상의 폭이 큰 경우가 많아 비교적 고가의 제품이나 서비스에 적용되는 경향이 있다.

(6) 보너스 팩

보너스 팩은 관련된 제품들 여러 개를 하나의 세트로 묶어서 저렴하게 판매하거나 같은 제품을 커다란 포장에 덤으로 더 많은 수량이나 용량을 담아 같은 가격으로 판매하는 경우를 말한다.
→ 보너스 팩은 소비자로 하여금 다량구매, 조기구매를 유발하는 목적으로 사용된다.

(7) 경연과 경품

경연은 기업에서 주관하는 대회에 소비자가 참여하게 하는 것이다.
→ 경연과 유사한 경품은 추첨이라고도 하는 데 참여한 응모자 모두를 대상으로 추첨에 의해 당첨자를 선정하는 차이가 있다.
장점 판매촉진의 대상자를 폭넓게 적용하여 누구나 참여하기 쉽다.
단점 소매상 등이 행사에 적극적으로 참여하고 지원해야만 성공적인 결과를 얻을 수 있다.

(8) 마일리지 프로그램

마일리지 프로그램은 고정고객 우대 프로그램이라고도 한다. 자주 구매하는 소비자들을 대상으로 구매량에 비례하여 마일리지를 적립해 주고 누적 마일리지로 가격을 할인받는 판매촉진 방법이다.
→ 마일리지 프로그램은 반복구매를 유도하여 소비자의 충성도를 높인다.

[그림 9-18] 판매촉진의 유형 - 소비자 판매촉진 3

4.2.1.9 구매시점 디스플레이

구매시점 디스플레이(Point-of-purchase Displays)는 소비자들이 소매점에 들어가 구매하는 구매시점에서 제품의 구매를 촉진하기 위해서 눈에 잘 보이고, 고르기 좋으며, 만지기 좋게 하는 각종 장치나 진열방식을 말한다(그림 9-19). 소비자들의 시각과 청각을 자극하거나 주의를 끌어서 경쟁제품보다 더 많은 매출이 일어나게 하고 충동구매를 유발하는 것이다.

4.2.1.10 시연회

시연회(Demonstration)는 소비자들을 초청하여 참여시킨 상황에서 실연을 통해 제품의 사용법과 특이점들을 실제로 보여주고 설명하는 일시적 방법이다. 시연회는 샘플을 제작하여 소비자들에게 배포할 수 없는 전문품이나 고 가격의 제품이나 기술적으로 자세하게 사용법을 설명하는 과정이 필요한 제품 등에 적합하다. 시연회는 각종 전시회의 참여나 제품발표회의 형식을 활용하여 구매의욕을 자극하기도 한다(그림 9-19).

(9) 구매시점 디스플레이

구매시점 디스플레이는 제품의 구매를 촉진하기 위해서 눈에 잘 보이고, 고르기 좋으며, 만지기 좋게 하는 각종 장치나 진열방식을 말한다.
→ 소비자들의 시각과 청각을 자극하거나 주의를 끌어서 경쟁제품보다 더 많은 매출이 일어나게 하고 충동구매를 유발하는 것이다.

(10) 시연회

시연을 통해 제품의 사용법과 특이점들을 실제로 보여주고 설명하는 일시적 방법이다. 사용법을 설명하는 과정이 필요한 제품 등에 적합하다.
→ 시연회는 각종 전시회의 참여나 제품발표회의 형식을 활용하여 구매의욕을 자극하기도 한다.

[그림 9-19] 판매촉진의 유형 – 소비자 판매촉진 4

4.2.2 중간상 판매촉진

중간상 판매촉진(Trace Sales Promotions)은 중간상인 도매상이나 소매상과 같은 유통업체를 대상으로 하는 판매촉진 활동을 말한다. 제조업체는 중간상으로 하여금 자신들의 제품을 더 많이 취급하게 하거나, 취급하고 있는 제품의 판매를 위해 보다 적극적으로 협조하기를 원하는 목적으로 중간상 판매촉진을 전개한다.

4.2.2.1 중간상 할인

중간상 할인(Trade Allowances)은 제조업체가 중간상에게 지원하는 구매할인, 신제품 지원금, 판매촉진 지원금 등을 말한다(그림 9-20). 먼저, 구매할인(Buying Allowances)은 도매상 또는 소매상이 일정기간 안에 일정수량 이상으로 구매하였을 경우에 구매금액의 일부를 공제해 주거나 일정 비율의 제품을 무료로 제공하는 것이다. 신제품 지원금(Slotting Allowances)은 아직 소비자들의 반응에 대한 확신이 없는 상태에서 소매상이 신제품을 취급해 주는 것에 대한 보상으로 지원하는 위험부담금의 성격이다. 판매촉진 지원금(Promotional Allowances)은 중간상이 제조업체를 대신하여 실시하는 판매촉진 활동에 대해 지불하는 지원금이다.

4.2.2.2 리베이트

제조업체가 중간상에게 지급하는 리베이트(Rebate)는 제조업체가 소비자들을 대상으로 리베이트를 지급하는 것과 같이 중간상의 구매금액에서 일정비율을 다시 돌려주는 것이다(그림 9-20).

4.2.2.3 광고보조금과 진열수당

광고보조금(Advertising Allowances)은 소매상 자신의 광고물에 제조업체 제품을 광고하는 데에 따른 광고비를 지원하거나 총 구매금액에 대한 일정비율을 광고를 위한 고정적 보조금으로 지원하는 것이다. 진열수당(Display Allowances)은 소매상이 자신의 점포에서 상대적으로 좋은 위치에 진열하여 주는 대가로 제조업체가 지원금을 지급하는 것이다(그림 9-20).

4.2.2.4 판촉물 제공 및 판매원 파견

판촉물 제공은 제조업들은 자신들의 브랜드명이나 로고 등이 부착된 판촉물을 소매상에게 배포하고 소매상이 이 판촉물을 이용하여 판매량을 늘리도록 하는 방법이다. 예를 들어, 코카콜라와 칠성사이다 같은 음료수의 경우라면 유리컵이나 아이스박스 등을 제작해서 소매상에게 제공하는 것이다.

판매원 파견은 소매상 점포에 제조업체의 사원들을 판매도우미로 파견하여 일상적 판매활동에 참여시키거나 일시적인 판매촉진 행사를 지원하는 것이다(그림 9-20).

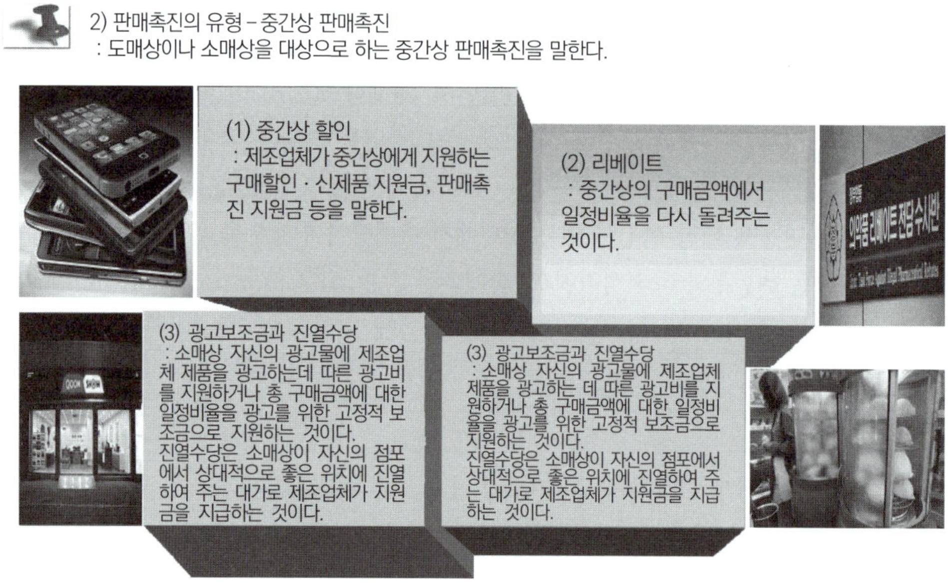

[그림 9-20] 판매촉진의 유형 - 중간상 판매촉진

05 PR

5.1 PR의 의미와 중요성

PR은 제품이나 기업과 직 · 간접적 이해관계에 있어 대상들에게 영향을 미치어 호의적 관계를 형성하는 커뮤니케이션 도구라고 할 수 있다(그림 9-21).

PR에는 '공중'과 '관계'라는 개념이 포함되어 있다. 먼저, '공중'이란 기업과 이해관계를 갖고 있어서, 기업의 메시지를 수용하는 커뮤니케이션의 대상자를 말한다.

'관계'의 개념은 기업과 공중과의 관계형성을 말하는 것으로서, 기업 및 마케팅목표에 부합하는 긍정적 관계형성으로 이해할 수 있다. 기업의 메시지 전달을 통한 호의적 이미지 형성을 기본목표로 하여, 제품 및 브랜드의 인지도를 높이거나, 신뢰구축을 통한 태도변화, 제품구매 및 다양한 기업 활동에 대한 긍정적 수용 등이 관계형성의 직 · 간접적 목표이다.

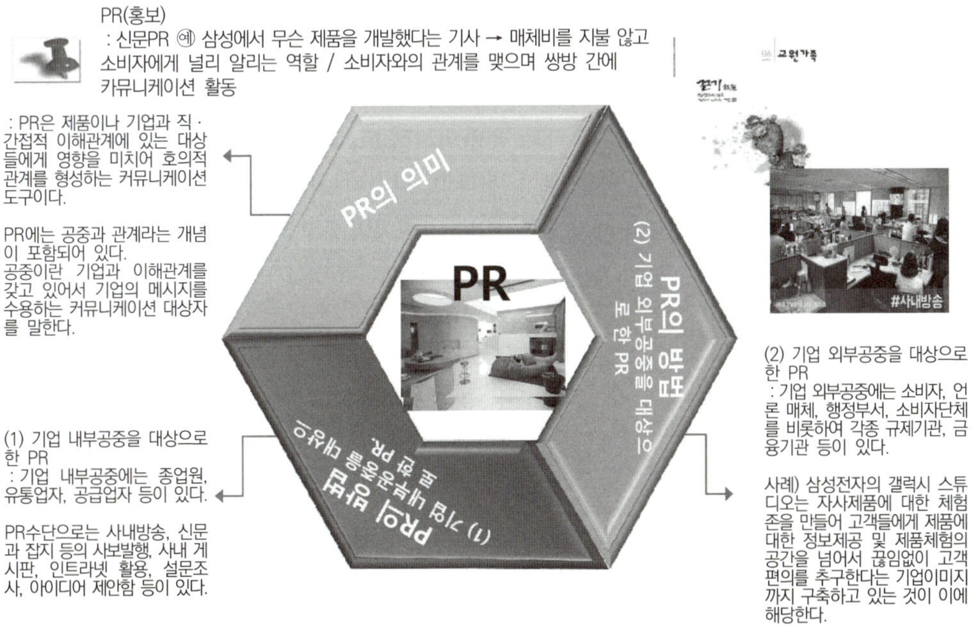

[그림 9-21] PR의 의미와 중요성

최근 제품수명주기가 짧아지면서 제품 간 경쟁이 치열해지고, 경쟁사들의 촉진행위의 다양화를 통한 메시지의 혼잡은 기업 커뮤니케이션 도구들의 신뢰도와 효과를 저해요소가 되고 있다. 그리하여 차별화 이미지를 전달하면서도 고객과의 신뢰를 형성하기 위한 기업의 노력이 절실히 요구되고 있어서 PR의 중요성은 더욱 높아지고 있다.

5.2 PR의 방법

5.2.1 기업 내부공중을 대상으로 한 PR

기업 내부공중(Internal Publics)에는 종업원, 유통업자, 공급업자 등이 있다. PR수단으로는 사내방송, 신문과 잡지 등의 사보 발행, 사내 게시판, 인트라넷 활용, 설문조사, 아이디어 제안함 등이 있다(그림 9-21).

5.2.2 기업 외부공중을 대상으로 한 PR

기업 외부공중(External Publics)에는 소비자, 언론 매체, 행정부서, 소비자단체를 비롯하여 각종 규제기관, 금융기관 등이 있다. 사례로, SK텔레콤은 TTL존을 만들어 소비자들에게 편의를 제공하며 제품을 체험하기도 하고 기업정보도 제공하는 체험존을 운영하고 있다.

기업이 자사의 정보, 즉 기업이나 제품에 관한 정보를 언론매체(방송매체나 인쇄매체 등)의 기사를 통해 시장에 전달하는 것을 PR 내의 퍼블리시티(Publicity)라고 말한다. 퍼블리시티는 언론매체가 지닌 신뢰성과 시장에 대한 빠른 전파력, 감시감독의 기능과 객관성이라는 장점을 지니고 있지만, 기업이 능동적으로 통제하기 어려우며, 기업과 관련한 부정적 메시지가 전달될 시에는 큰 타격을 입기도 한다.

학습정리

이번 장에서 이해해야 할 내용을 정리해 보겠다.

1. 촉진

1) 촉진의 정의

제품이나 서비스, 아이디어 혹은 사람에 대한 우호적인 성향을 창출하기 위해서 이용되는 마케팅 커뮤니케이션 과정이다. 제품과 서비스를 우호적으로 만드는 활동이다.

2) 촉진의 분류

촉진활동은 소비자에게 제품이나 서비스에 대한 정보를 제공하여 제품이나 서비스에 대해 알게 하는 인지과정, 소비자들이 알게 된 제품에 대하여 설득하여 호의적인 감정을 갖게 하는 태도형성과정 그리고 제품의 구매를 유도하는 행동과정으로 나눈다.

2. 마케팅 커뮤니케이션 과정

커뮤니케이션은 다른 사람과 정보를 교환하고 의미를 전달하는 과정이다.

1) 발신자

커뮤니케이션 과정에서 다른 개인이나 집단에게 메시지를 보내는 당사자를 말하며, 정보원(Source)이라고도 한다.

2) 부호화

발신자가 전달하려고 하는 메시지를 보다 효과적으로 전달하기 위해 메시지 내용을 문자, 그림, 소리, 상징 등을 이용하여 시각적 혹은 청각적, 언어적 혹은 비언어적 부호화나 상징화시키는 과정을 말한다.

3) 커뮤니케이션 경로

발신자가 부호화한 것, 즉 메시지를 전달하는 경로를 말한다. 커뮤니케이션 경로는 흔히 광고물을 수신자에 전달할 수 있는 매체를 지칭하며, 인적매체와 비인적매체로 구분한다.

4) 해석

발신자가 부호화해서 보낸 메시지를 수신자가 해석하는 과정을 말한다.

5) 수신자

메시지를 전달받는 당사자로 자신에게 전달된 메시지를 해석하여 의미를 부여한다.

6) 반응

메시지에 노출된 이후에 일어나는 수신자의 인지적, 감정적, 행동적 대응을 말한다.

(1) 인지적 반응 : 메시지가 주장하는 내용에 대한 신념을 형성하는 과정을 의미한다.

(2) 감정적 반응 : 형성된 신념을 기초로 특정 대상(기업, 제품, 브랜드 등)에 대해 가지는 호의적, 비호의적 감정을 형성하는 과정을 의미한다.

(3) 행동적 반응 : 특정 제품이나 서비스에 대한 호의적, 비호의적 감정이 구매 의도로 나타나며, 차후에 구매에 영향을 미치는 과정을 의미한다.

7) 피드백

수신자의 반응이 발신자에게 다시 전달되는 것을 말한다.

8) 잡음

커뮤니케이션 과정에서 전달되는 메시지가 예측할 수 없는 요인으로 인해 의도된 의미와 다르게 수신자에게 전달되게 하는 여러 가지 방해요소를 말한다.

(1) 외적잡음(주변소음 등)

(2) 내적잡음(수신자의 수면부족 피로 등)

(3) 경쟁잡음(타사 광고)

3. 마케팅 커뮤니케이션 전략 수립

1) 상황분석

(1) 표적청중 결정

표적청중은 마케팅 전략수립단계에서 시장세분화 전략을 통해서 선정된 표적시장의 청중들이 되는 것이다. 표적청중은 현재 혹은 잠재소비자나 중간상들이 될 수 있는데, 이들은 마케팅조사나 시장세분화를 통해서 파악할 수 있다.

(2) 제품수명주기

① 도입기 : 소비자들에게 일차적으로 자사제품에 대한 다양한 정보를 제공해서 시장에 출시되었음을 인지시키는 것이 촉진의 주요 목적이 될 수 있다.

② 성장기 : 소비자들이 제품이나 서비스를 구매하도록 설득시키는 것이 주요 목적이 될 수 있기 때문에 마케팅관리자는 브랜드 선호도를 강화시키려고 노력해야 한다.

③ 성숙기 : 광고는 제품이 시장에 아직 존재하고 있다는 사실을 고객들에게 회상시키는 데 목적을 두어야 한다.

④ 쇠퇴기 : 경쟁력이 없는 제품계열이나 품목들을 단계적으로 철수하는 시기이기 때문에 촉진믹스를 위해서는 거의 자금을 사용하지 않는다.

(3) 구매의사결정단계

구매 전 단계, 구매단계, 구매 후 단계에 따라 촉진믹스 요소들의 중요도 정도가 다르기 때문에 마케팅관리자는 이러한 점들을 촉진믹스 전략수립에 고려해야 한다.

① 구매 전 단계 : 많은 잠재고객이나 판매업자들에게 자사의 제품이나 서비스가 시장에 존재한다는 정보

를 알려주어야 하기 때문에 광고가 인적판매보다도 더 유용할 수 있다.

㉮ 무료샘플 제공과 같은 판매촉진은 위험을 낮추는 데 중요한 역할을 한다.

② 구매단계 : 광고의 영향이 가장 낮은 데 비해 인적판매의 중요성이 가장 높고, 쿠폰제공, POP전시, 리베이트 등의 판매촉진은 수요를 자극하는 데 매우 유용하다.

③ 구매 후 단계 : 고객이 구매 이후에 흔히 인지적부조하를 느낄 수 있는데, 이럴 경우에 광고나 인적판매는 고객이 인지적 부조화를 줄이고 구매에 대해 확신을 갖게 하고 만족을 느낄 수 있게 하는 데 중요한 역할을 한다.

(4) 마케팅믹스 요소 분석

마케팅 커뮤니케이션 전략은 제품, 가격, 유통 등 다른 마케팅믹스 전략과 함께 연계를 해서 수립해야 한다.

① 제품의 경우 : 기술적으로 복잡한 제품은 TV광고나 작은 잡지광고로 많은 정보를 전달하기 어렵기 때문에 인적판매를 이용하는 것이 훨씬 더 유용할 수 있다.

② 가격의 경우 : 제품과 마찬가지로 고가품은 구매의사결정이 잘못되었을 때 받을 수 있는 재무적 위험, 심리적 위험 등으로 인해 인적판매가 훨씬 더 유용할 것이고, 반대로 저가품은 판매촉진이 효과가 있을 것이다.

③ 유통의 경우 : 자사의 유통경로 상에서 푸시전략과 풀전략 중에서 어떤 전략을 사용할 것인지에 대한 중요한 의사결정을 내려야 한다.

- 푸시전략 : 제조업체가 유통경로를 통해 최종소비자에게 제품을 '밀어내는 것'을 말한다.
- 풀전략 : 제조업체가 최종소비자들을 자극하고 중간상들을 통해서 자사제품을 '끌어당기는 것'을 말한다.

2) 커뮤니케이션 목표설정

두 번째 단계는 프로모션 목표의 설정 단계로 시장과 제품에 대한 분석 후 목표를 설정하게 된다. 프로모션의 효과가 매출에 반영되기까지 시간이 필요하고 제품, 가격, 유통 등이 복합적인 영향을 미치기 때문에 매출액만으로 평가하는 것은 한계가 있다고 판단되어 최근에는 매출액뿐만 아니라 소비자의 인지도, 구매의도 등 커뮤니케이션 효과의 창출로 무게중심을 이동하는 경향이 있다.

3) 커뮤니케이션 예산책정

(1) 하향식 접근방법

최고경영자가 커뮤니케이션 예산을 결정해 주면, 커뮤니케이션 활동별로 배분해서 집행하는 방법이다.

(2) 상향식 접근방법

커뮤니케이션 목표를 먼저 결정한 다음 각각의 커뮤니케이션 활동별로 비용을 추정하여 전체 커뮤니케이션 예산 규모를 결정하는 방식이다.

4) 커뮤니케이션 메시지선택

(1) 메시지 내용

① 이성적 소구 : 제품이나 서비스에 대한 실용적이고 기능적인 욕구에 초점을 두고 그 자체의 특성이나 편익을 강조하며 제품이나 서비스의 품질, 경제성, 가치, 성능을 강조한다.

② 감성적 소구 : 제품이나 서비스의 이미지를 더 중요하게 생각하고 사회적 또는 심리적 욕구에 초점을 맞춘 것이다(㉮ 사랑, 정, 기쁨, 유머, 성적소구).

③ 도덕적 소구 : 사회적으로 바람직하다고 생각하는 것에 대해 표적청중들의 의식에 호소하여 기업의 이미지와 연결시키는 소구방법이다.

㉮ 환경보호, 불우이웃 돕기, 청소년보호

(2) 메시지 구조

메시지구조는 결론을 내릴 것인지 여부를 우선 결정해야 한다. 제품의 어떤 점이 좋다는 식으로 결론을 내리는 경우는 잘못하면 청중들의 거부반응을 유발할 수 있고, 결론을 내리지 않고 유보하는 경우는 관심정도가 낮은 청중들에게는 주의를 끌지 못해 효과가 떨어질 수 있다. 앞부분에 제시하면 청중들의 주의를 유발할 수 있는 반면 뒷부분에 제시하면 기억에 남길 가능성이 높다.

(3) 메시지 형태

메시지 형태는 메시지를 표현하는 양식을 의미하는 것으로, 마케팅관리자는 메시지를 효과적으로 전달하는 표현방법들을 알아야 한다.

㉮ TV광고의 경우 모델의 얼굴 표정, 움직임, 등에도 주의를 기울이며 제품의 모양, 크기, 색상 등 어떤 방식으로 배열도 신경 쓴다.

5) 커뮤니케이션 믹스결정

(1) 광고

특정 광고주가 대가를 지불하고 제품, 서비스, 아이디어를 비인적 매체를 통하여 널리 알리고 구매를 설득하고 유인하기 위한 촉진활동의 한 형태이다.

(2) 인적판매

판매원이 현재 또는 잠재고객의 직접접촉을 통해서 자사의 제품, 서비스, 아이디어 등에 대한 정보를 제공하고, 구매하도록 설득하는 개인적인 커뮤니케이션 활동이다.

(3) 판매촉진

제품, 서비스, 아이디어 등의 판매를 증가시키기 위하여 단기간에 중간상이나 최종소비자를 대상으로 하는 광고, 인적판매, PR 등을 제외한 대부분의 촉진활동을 말한다(샘플, 경품, 세일, 쿠폰).

(4) PR

기업이 언론 등의 비인적 매체를 통하여 소비자가 속한 지역사회나 단체 등과 우호적인 관계를 형성하고 유지함으로써 자사제품을 구매하도록 간접적으로 소비자를 유도하는 커뮤니케이션 활동이다.

4. 광고

1) 광고의 개념

광고란 확인된 광고주가 표적청중들에게 자사의 제품이나 서비스에 대한 정보를 제공하여 그들을 설득하고 유인하기 위해 일정한 대가를 지불하고 대중매체를 이용하는 비인적 커뮤니케이션 과정이다.

☞ 광고의 일반적 특성

(1) 광고를 하는 광고주는 일정한 광고비를 지불함으로써 광고의 소구방법, 매체결정 등 광고에 대한 통제력을 가질 수 있다. 이는 PR과 구분되는 가장 중요개념이다.

(2) 광고는 고객들에게 메시지를 전달하기 위해 TV, 라디오, 신문 등과 같은 대중매체를 이용하는 매스커뮤니케이션이라는 점에서 직접고객을 대면하는 인적판매와도 구분된다.

(3) 광고물에 반드시 광고주를 명시함으로 서 고객들에게 광고후원자가 누구인지를 확인할 수 있도록 하였다.

2) 광고의 유형

(1) 제품광고

특정한 제품에 대한 비인적판매로서 기업의 제품을 소개하여 소비자들의 구매를 유발하고자 만들어지는 광고라고 할 수 있다.

(2) 기업광고

제품보다는 기업의 비전, 사회에 대한 기여, 선행 등을 광고를 통해서 널리 알림으로써 기업에 대한 호의적인 이미지를 만들고자 하는데 목적을 두고 있다.

3) 광고전략 수립

5. 인적판매

인적판매는 판매사원이 잠재고객에게 대면 접촉하여 판매활동을 하는 마케팅커뮤니케이션의 한 수단이다.

1) 인적판매의 강점

(1) 직접대면에 의한 방법으로 고객들의 욕구를 포함한 정보를 정확하게 수집할 수 있다.

(2) 고객의 태도와 행동 그리고 반응에 대해 유동적이며 즉각적인 대응을 할 수 있다.

(3) 고객특성에 맞는 커뮤니케이션 메시지의 조절과 판촉의 다양한 수단을 적용시킬 수 있다.

(4) 설득을 위한 기회를 활용하여 구매가능성을 높일 수 있다.

(5) 제품사용 및 기능에 대한 시연을 통해 구매자의 보다 빠른 평가와 반응을 유도할 수 있으며 구전효과를 창출할 수 있다.

(6) 고객과의 신뢰관계를 구축할 수 있다.

2) 인적판매의 약점

(1) 대인적 커뮤니케이션활동으로 비용 증대

(2) 판매원들의 메시지 불일치성

(3) 대면고객수의 제한

(4) 계속적인 판매원교육의 어려움

6. 판매촉진

1) 판매촉진의 의미와 차이점

(1) 판매촉진의 의미

소비자의 구매동기를 직접 자극하여 즉각적으로 제품과 서비스에 대한 구매를 유인하거나 유통경로에 참여하는 중간상을 지원 또는 자극하여 마케팅활동의 효율성을 높이는 활동으로 단기적 수단으로 활용한다.

(2) 판매촉진의 차이점

2) 판매촉진의 유형

판매촉진의 유형은 판매촉진의 대상자를 기준으로 두 가지로 구분한다.

첫째, 소비자를 대상으로 하는 소비자 판매촉진

둘째, 도매상이나 소매상을 대상으로 하는 중간상 판매촉진으로 나누어 볼 수 있다.

(1) 소비자 판매촉진

(2) 중간상 판매촉진

① 중간상 할인 : 제조업체가 중간상에게 지원하는 구매할인, 신제품 지원금, 판매촉진 지원금 등을 말한다.

② 리베이트 : 중간상의 구매금액에서 일정비율을 다시 돌려주는 것이다.

③ 광고보조금과 진열수당 : 소매상 자신의 광고물에 제조업체 제품을 광고하는 데 따른 광고비를 지원하거나 총 구매금액에 대한 일정비율을 광고를 위한 고정적 보조금으로 지원하는 것이다.
진열수당은 소매상이 자신의 점포에서 상대적으로 좋은 위치에 진열하여 주는 대가로 제조업체가 지원금을 지급하는 것이다.

④ 판촉물 제공 및 판매원 파견 : 판촉물 제공은 제조업체들은 자신들의 브랜드명이나 로고 등이 부착된 판촉물을 소매상에게 배포하고 소매상이 이 판촉물을 이용하여 판매량을 늘리도록 하는 방법이다.

7. PR

신문PR

㉮ 삼성에서 무슨 제품을 개발했다는 기사 → 매체비를 지급하지 않고 소비자에게 널리 알리는 역할 / 소비자와의 관계를 맺으며 쌍방 간에 카뮤니케이션 활동

1) PR의 의미와 중요성

PR은 제품이나 기업과 직 · 간접적 이해관계에 있는 대상들에게 영향을 미치어 호의적 관계를 형성하는 커뮤니케이션도구이다.

PR에는 공중과 관계라는 개념이 포함되어 있다.

공중이란 기업과 이해관계를 갖고 있어서 기업의 메시지를 수용하는 커뮤니케이션 대상자를 말한다.

2) PR의 방법

⑴ 기업 내부공중을 대상으로 한 PR

기업 내부공중에는 종업원, 유통업자, 공급업자 등이 있다.

PR수단으로는 사내방송, 신문과 잡지 등의 사보발행, 사내 게시판, 인트라넷 활용, 설문조사, 아이디어 제안함 등이 있다.

⑵ 기업 외부공중을 대상으로 한 PR

기업 외부공중에는 소비자, 언론 매체, 행정부서, 소비자단체를 비롯하여 각종 규제기관, 금융기관 등이 있다.

사례) 삼성전자의 갤럭시 스튜디오는 자사제품에 대한 체험존을 만들어 고객들에게 제품에 대한 정보 제공 및 제품체험의 공간을 넘어서 끊임없이 고객편의를 추구한다는 기업이미지까지 구축하고 있는 것이 이에 해당한다.

연습문제

정답 및 해설

1. 다음 촉진믹스의 유형이 아닌 것은?

① 인적판매 ② 판매촉진
③ 광고 ④ 제품수명주기

[정답] ④
촉진믹스의 유형으로는 인적판매, 판매촉진, 광고, PR이 있다.

2. 다음 마케팅커뮤니케이션 과정에 해당하지 않는 요인은?

① 발신자 ② 부호화
③ 상황분석 ④ 잡음

[정답] ③
상황분석은 마케팅커뮤니케이션 전략수립과정의 한 단계이다.

3. 다음 마케팅커뮤니케이션 전략수립과정에 해당하지 않는 요인은?

① 목표설정 ② 상황분석
③ 믹스결정 ④ 반응

[정답] ④
반응은 마케팅커뮤니케이션 과정의 한 단계이다.

4. 다음 마케팅커뮤니케이션 전략수립 과정에서 메시지를 선택할 때 메시지의 내용에 초점을 두어야 하는 메시지내용에 해당하지 않는 것은?

① 이성적 소구 ② 감성적 소구
③ 도덕적 소구 ④ 메시지형태

[정답] ④
마케팅커뮤니케이션 전략수립과정 중 메시지의 내용에 초점을 두어야 하는 메시지내용에 해당하는 것으로는 이성적 소구, 감성적 소구, 도덕적 소구가 있다.

5. 다음 광고전략 수립 시 광고의 종류가 아닌 것은?

① 비유광고 ② 비교광고
③ 쌍방향광고 ④ 유명인광고

[정답] ①
광고전략 수립 시 광고의 종류가 아닌 것은 비교광고, 유명인광고, 쌍방향광고, 소매광고가 있다.

6. 다음 소비자 판매촉진 유형이 아닌 것은?

① 가격할인 ② 쿠폰
③ 리베이트 ④ M&A

[정답] ③
소비자 판매촉진 유형에는 M&A는 들어가지 않는다.

7. 다음 소비자 판매촉진 유형 중 무엇에 관한 설명인가?

- 비교적 고 가격에 마진이 큰 제품에 적용하는 판매촉진 수단
- 제품가격 일부를 환불해 주는 방법
- 반복구매, 다량구매, 조기구매를 유인하며 소비자들의 브랜드전환을 목적으로 함

① 샘플 ② 사은품
③ 리베이트 ④ 경연과 경품

[정답] ③
리베이트에 대한 정의이다.

8. 다음 소비자 판매촉진 유형 중 무엇에 관한 설명인가?

- 실연을 통해 제품의 사용법과 특이점을 실제로 보여주고 설명하는 일시적 방법
- 각종 전시회의 참여나 제품발표의 형식을 활용하여 구매 의욕을 자극

① 보너스팩 ② 경연과 경품
③ 마일리지 프로그램 ④ 시연회

[정답] ④
시연회에 관한 정의를 서술해 놓았다.

9. 다음 소비자 판매촉진 유형 중 무엇에 관한 설명인가?

- 여러 개를 하나의 세트로 묶어서 저렴하게 판매하거나 같은 제품을 커다란 포장에 덤으로 더 많은 수량이나 용량을 담아 같은 가격으로 판매
- 다량구매, 조기구매를 유발하는 목적

① 보너스팩 ② 경연과 경품
③ 마일리지 프로그램 ④ 구매시점 디스플레이

[정답] ①
보너스팩에 관한 설명이다.

10. 다음 중간상 판매촉진 유형에 해당하지 않는 것은?

① 중간상 할인
② 리베이트
③ 경연과 경품
④ 판촉물 제공 및 판매원 파견

[정답] ③
경연과 경품은 소비자 판매촉진 유형 중 한 가지 유형이다.

제 5 부
사업계획서의 이해

제5부 제10장에서는 사업계획서에 대한 부문이다. 사업계획서란 계획한 사업의 추진방향과 목표를 달성하기 위한 수단으로 사업 성공 여부를 결정하는 매우 중요한 문서로써 기업이 영위하고자 하는 특정 사업의 내용과 목표에 대해 타당성과 전망을 객관적이며 계량적으로 분석하고 이의 성공적인 달성을 위해 동원해야 할 여러 가지 경영자원의 조달계획과 일정계획을 제시한 사업설계도라고 할 수 있다. 제5부에서는 사업계획서의 개요에서부터 출발하여 사업계획서의 유형과 사업계획서의 작성에 이르기까지 제1부에서 제4부까지 배운 내용을 토대로 실질적인 사업계획서 작성 내용으로 구성하였다.

제 10 장

사업계획서의 작성

이 장에서 학습하는 내용

- 사업계획서의 개요
  사업계획서의 목적과 기능
- 사업계획서의 유형
- 사업계획서의 작성

이 장의 학습목표

- 사업계획서의 개요를 이해한다.
- 사업계획서의 목적과 기능을 이해한다.
- 사업계획서의 유형과 용도를 이해한다.
- 사업계획서의 구성요소를 이해한다.
- 사업계획서의 작성방법을 이해한다.

01 사업계획서의 개요

사업계획서란 계획한 사업의 추진방향과 목표를 달성하기 위한 수단으로 사업 성공 여부를 결정하는 매우 중요한 문서로써 기업이 영위하고자 하는 특정사업의 내용과 목표에 대해 타당성과 전망을 객관적이며 계량적으로 분석하고 이의 성공적인 달성을 위해 동원해야 할 여러 가지 경영자원의 조달계획과 일정계획을 제시한 사업설계도라고 할 수 있다.

오늘날과 같이 복잡하고 다양한 경제 환경 속에서 많은 사람이 단순히 어떠한 사업을 하겠다는 생각만을 가지고 사업에 뛰어드는 경향이 있다. 그러나 계획 없이 시작하는 사업은 언젠가는 처음으로 되돌아가서 계획을 다시 세우고 모든 것을 새로 시작하게 되며, 설령 계획 없이 출발이 가능했다 할지라도 운영 중에 많은 어려움에 처하기 쉽다. 따라서 제5부에서는 제1부에서 제4부까지 배운 마케팅원론의 이론을 가지고 사업계획서에 관하여 구체적으로 알아보고자 한다.

사업계획서를 작성하는 목적은 크게 두 가지로 구분할 수 있다. 첫째는 기업 내부용으로 기업이 사업방향을 설정하고 조직이 사업목표를 달성할 수 있도록 전략을 설정하고, 수립한 목적을 향하여 모든 의사결정이 이루어지도록 기업을 견인해 갈 수 있는 지침서로서의 사업계획서와, 둘째로 외부용으로 기업의 성장에 필요한 자본을 외부에서 조달하기 위한 목적으로 사업계획서를 작성하게 된다. 사업계획서란 계획된 사업과 관련된 모든 외적 · 내적 요소를 문서로서 작성한 것으로 기업을 둘러싸고 있는 외적인 요소인 법규 · 경쟁 · 사회적 변화 · 소비자 욕구의 변화 · 새로운 기술 등을 고려하는 동시에 제조 · 마케팅 · 인적자원 등과 같은 기업 내부의 내적요소를 고려해서 계획을 세워야 한다.

1.1 사업계획서의 목적과 기능

사업타당성 분석을 통해 사업 진출에 관한 의사결정이 완료되면 그다음으로 구체적인 신규사업계획서를 작성해야 한다. 또한 모든 기업은 한 해가 시작되기 전에 연도사업계획을 수립하게 되며, 더 나아가 기업전략에 기초한 중 · 장기 사업계획을 수립한다. 사업계획서에는 사업개요에서부터 자금조달 및 수지계획 등에 이르기까지 세부적이고 구체적인 계획이 포함되어야만 한다.

사업계획서를 작성하는 목적은 제품과 서비스를 고객에게 제공함에 따른 고객만족을 이끌어

냄으로써 목표로 한 이윤을 획득할 수 있다는 것을 보여줄 뿐만 아니라 보다 효율적이고 경제적인 방법으로 사업을 지속적으로 추진하는 데 있다. 이를 위해서는 다음과 같은 조건을 갖추어야 한다.

사업계획서는 많은 이해관계자에게 다양한 기능을 수행하나, 크게 내적 기능과 외적 기능으로 나누어 볼 수 있다. 사업계획서가 수행하는 내적 기능은 기업내부의 관리목적에서 수행하는 기능을 말하며, 외적 기능은 외부투자자들에게 투자의사결정에 참고할 정보를 제공하는 기능을 말한다.

02 사업계획서의 유형

사업계획서는 그 기업을 정확히 알리고 영위하고자 하는 사업의 비전과 성공 가능성을 입증하는 데 중점을 둔다. 반면, 신사업이나 프로젝트의 경우 전문가그룹에 의하여 작성되는 사업타당성 분석형 사업계획서는 비즈니스의 설계도를 그리는 것과 같다. 따라서 여기서는 사업에 대한 실질적인 분석의 틀이 적용된다. 즉 산업의 분석, 외부환경과 자사의 역량 분석, 경쟁분석, 인적·물적 자원, 생산, 마케팅, 재무관리, 기술개발, 경제성 및 기술성, 운영전략 등이 실질적이고 객관적인 기준으로 작성돼야 하는 것이다.

사업계획서는 그 유형에 따라서 다음과 같이 구분할 수가 있다.

- 연도 사업계획서
- 투자유치 사업계획서
- 기술 사업계획서
- 중장기 경영계획서
- 출연자금용 사업계획서
- 정책자금용 사업계획서

03 사업계획서의 작성

HULKBOX
MARKETING STRATEGY

CONTENTS

1)회사소개
2)거시환경 분석
3)미시환경분석
4)마케팅전략
5)소비자행동분석
6)마케팅 STP전략
7)마케팅 4P전략

회사소개

HULKBOX

PACKAGE DESIGN www.hulkbox.co.kr

회사소개

HULKBOX

PACKAGE DESIGN www.hulkbox.co.kr

SEOUL AD

PACKAGE DESIGN www.seoul-ad.co.kr

설립년월일 : 1990년
대　표 : 남 기 동
주　소 : 디자인 : 서울시 중구 충무로 5가 20-40번지
　　　물류센타 : 경기도 파주시 조리읍 장곡리 57번지
전　화 : 대표)02-2269-5844
Homepage : www.hulkbox.co.kr - 기성품 박스 판매
　　　www.seoul-ad.co.kr - 인쇄관련 기획 디자인
　　　www.seoulbox.co.kr- 기성품 박스 판매
　　　www.mintbox.co.kr- 고급품 박스 판매

Mission & Vision

미션

고객의 믿음과 신뢰를 받으며 사회적기업으로 성장

비전

최고수준의 디자인과 제품을 개발하여 고객감동 서비스를 제공하며
상생의 소통으로 변화하고 노사 협력하여 직원들의 후생 복지시설이 잘된 회사를 만들어
직원들에게 회사를 직접 경영하게 만드는 혁신적 기업 창조

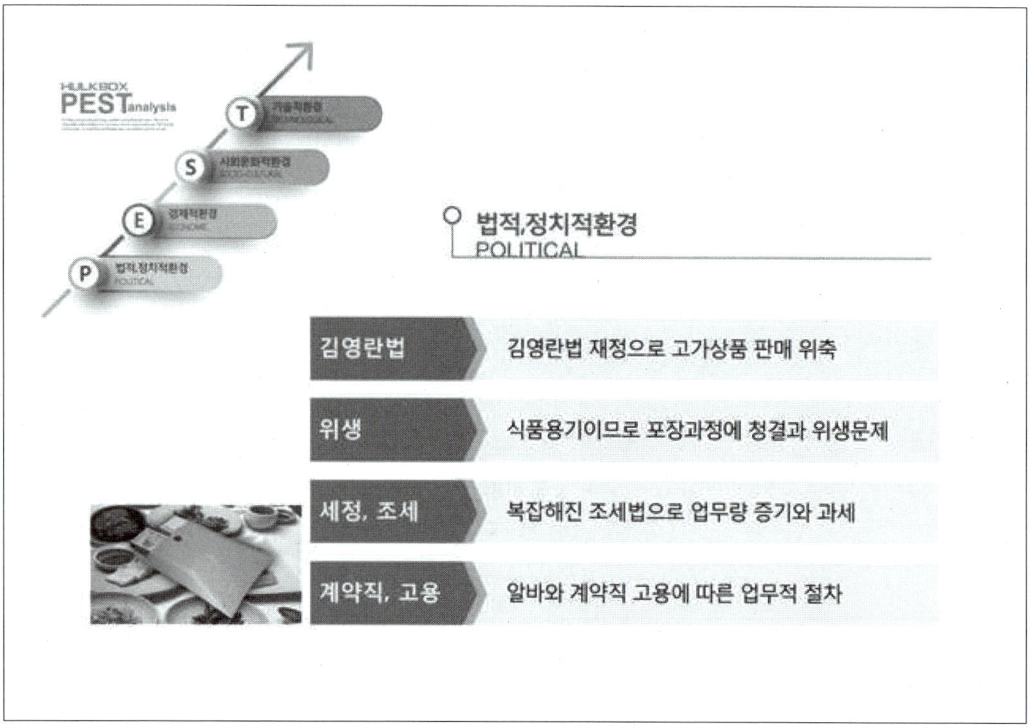
PEST analysis
T
S
E
P
법적,정치적환경
POLITICAL
김영란법
김영란법 재정으로 고가상품 판매 위축
위생
식품용기이므로 포장과정에 청결과 위생문제
세정, 조세
복잡해진 조세법으로 업무량 증기와 과세
계약직, 고용
알바와 계약직 고용에 따른 업무적 절차

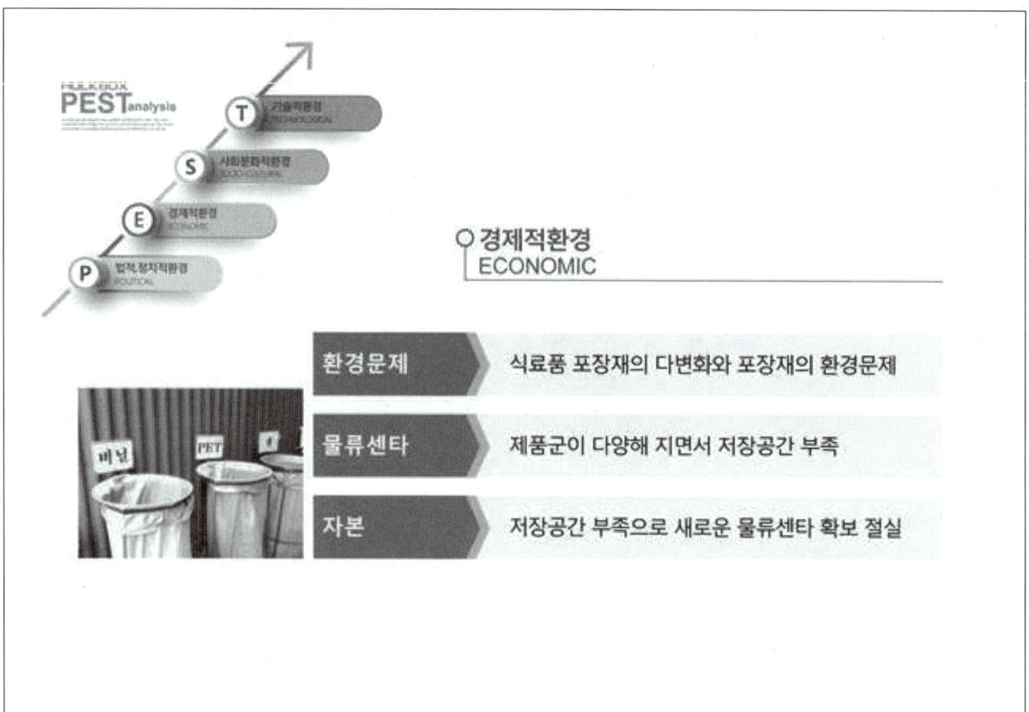
PEST analysis
T
S
E
P
경제적환경
ECONOMIC
환경문제
식료품 포장재의 다변화와 포장재의 환경문제
물류센타
제품군이 다양해 지면서 저장공간 부족
자본
저장공간 부족으로 새로운 물류센타 확보 절실
비닐
PET

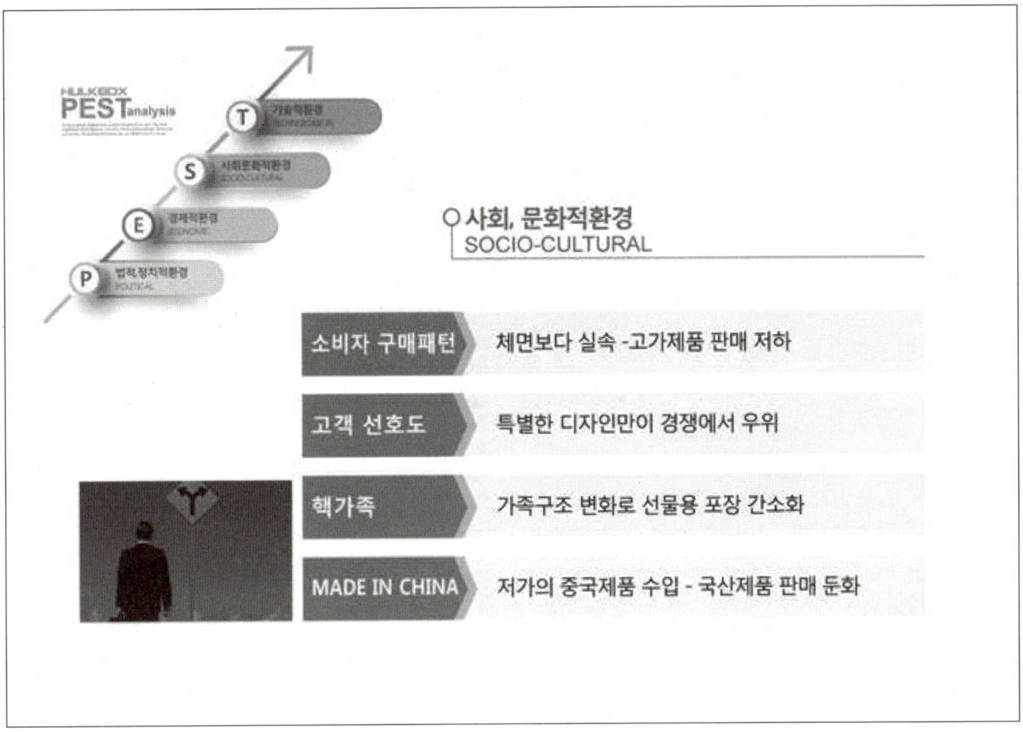
HULKBOX
PEST analysis
T 기술적환경
S 사회문화적환경
E 경제적환경
P 법적,정치적환경
사회, 문화적환경
SOCIO-CULTURAL
소비자 구매패턴
체면보다 실속 -고가제품 판매 저하
고객 선호도
특별한 디자인만이 경쟁에서 우위
핵가족
가족구조 변화로 선물용 포장 간소화
MADE IN CHINA
저가의 중국제품 수입 - 국산제품 판매 둔화

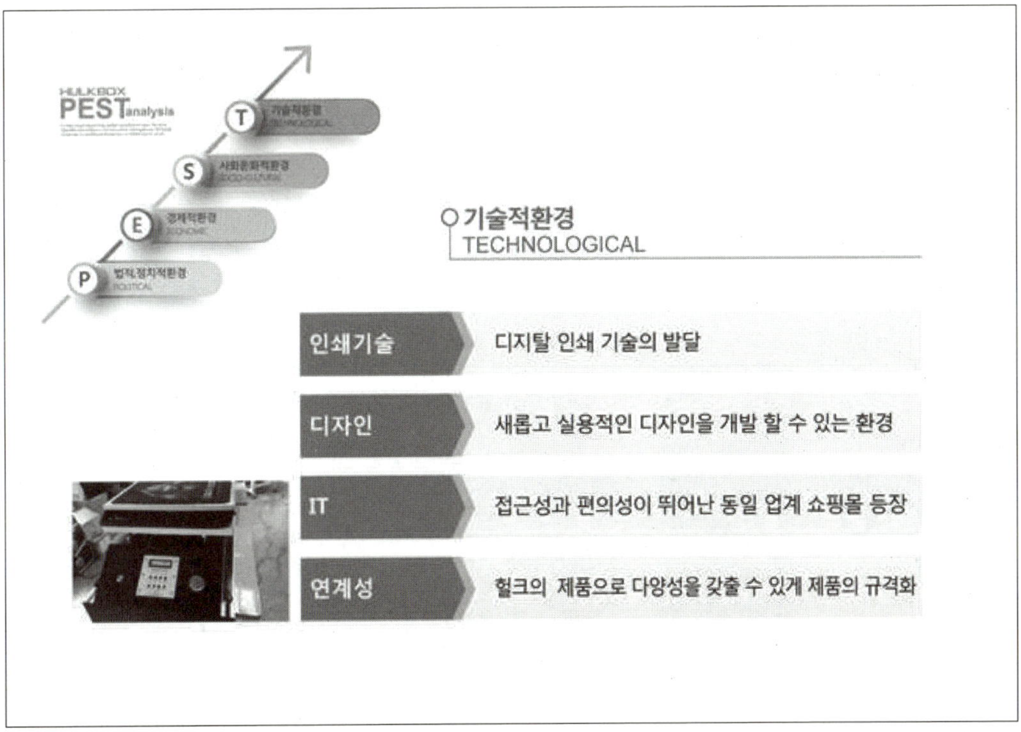
HULKBOX
PEST analysis
T 기술적환경
S 사회문화적환경
E 경제적환경
P 법적,정치적환경
기술적환경
TECHNOLOGICAL
인쇄기술
디지탈 인쇄 기술의 발달
디자인
새롭고 실용적인 디자인을 개발 할 수 있는 환경
IT
접근성과 편의성이 뛰어난 동일 업계 쇼핑몰 등장
연계성
헐크의 제품으로 다양성을 갖출 수 있게 제품의 규격화

미시환경분석
HULKBOX
3Canalysis

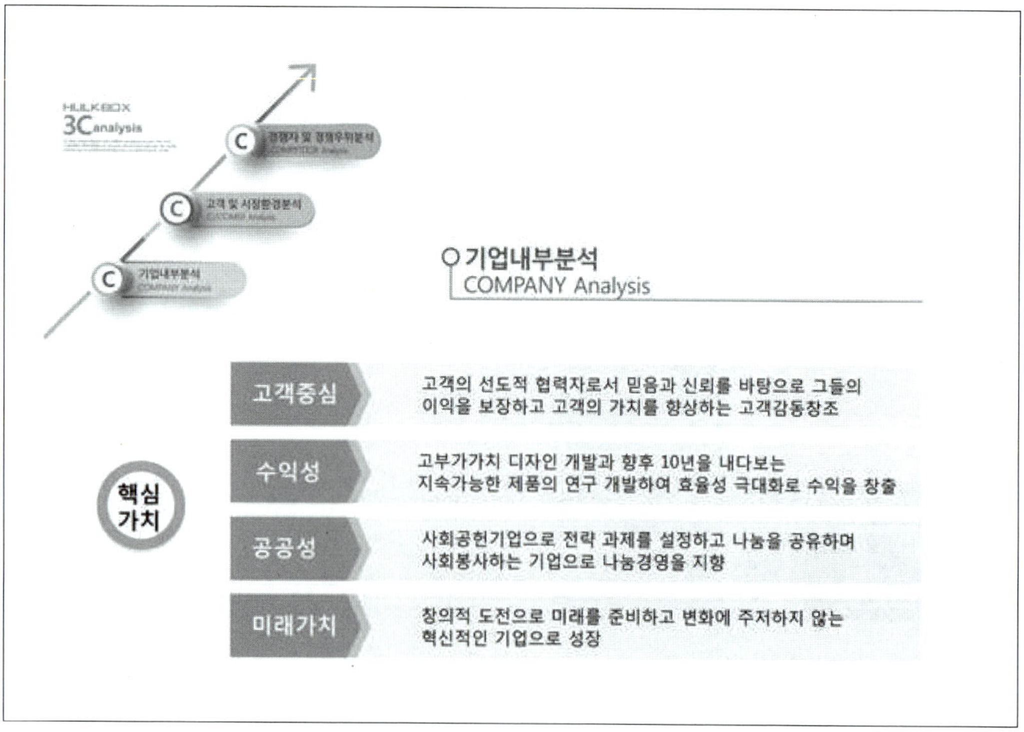
HULKBOX
3Canalysis
C 경쟁자 및 경쟁우위분석
C 고객 및 시장환경분석
C 기업내부분석
기업내부분석
COMPANY Analysis
핵심 가치
고객중심
고객의 선도적 협력자로서 믿음과 신뢰를 바탕으로 그들의 이익을 보장하고 고객의 가치를 향상하는 고객감동창조
수익성
고부가가치 디자인 개발과 향후 10년을 내다보는 지속가능한 제품의 연구 개발하여 효율성 극대화로 수익을 창출
공공성
사회공헌기업으로 전략 과제를 설정하고 나눔을 공유하며 사회봉사하는 기업으로 나눔경영을 지향
미래가치
창의적 도전으로 미래를 준비하고 변화에 주저하지 않는 혁신적인 기업으로 성장

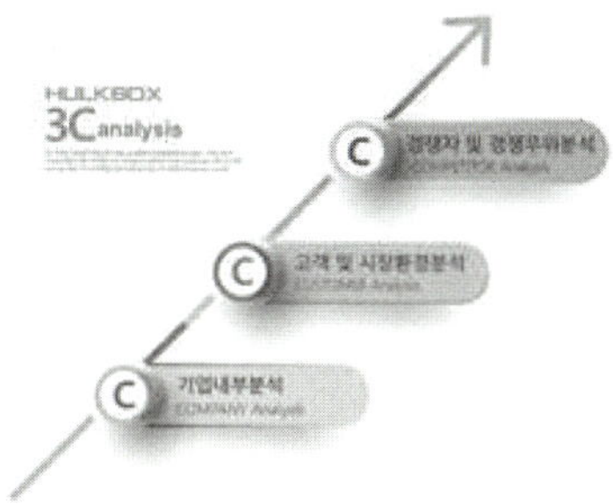

기업내부분석
COMPANY Analysis

경영 방침

책임중심경영	권한과 책임의 명확화, 업무프로세스 최적화
고객중심경영	고객을 우선으로 하는 사람중심의 서비스경영
변화지향경영	트렌드를 반영한 전략을 수립하고 실행, 파트너십 강화로 기업역량제고

고객 및 시장환경분석
CUSTOMER Analysis

온라인 고객	온라인 고객의 경우 고객의 정보 및 취향을 쉽게 파악할 수 있고 구매 패턴을 쉽게 기록 할 수 있는 반면 제품구매 변심이 많고 반품 확율이 높아 제품 훼손이 심하고 제품충성도가 매우 낮은편이다.
오프라인 고객	전화나 매장에서 구매하는 고객의 경우 제품 충성도가 높으며 현장 판매로 물류비 및 택배용 포장의 간소화로 별도의 포장비가 들어가지 않는다. 재래시장 고객의 경우 기타소득(VAT)이 발생하기도 한다.

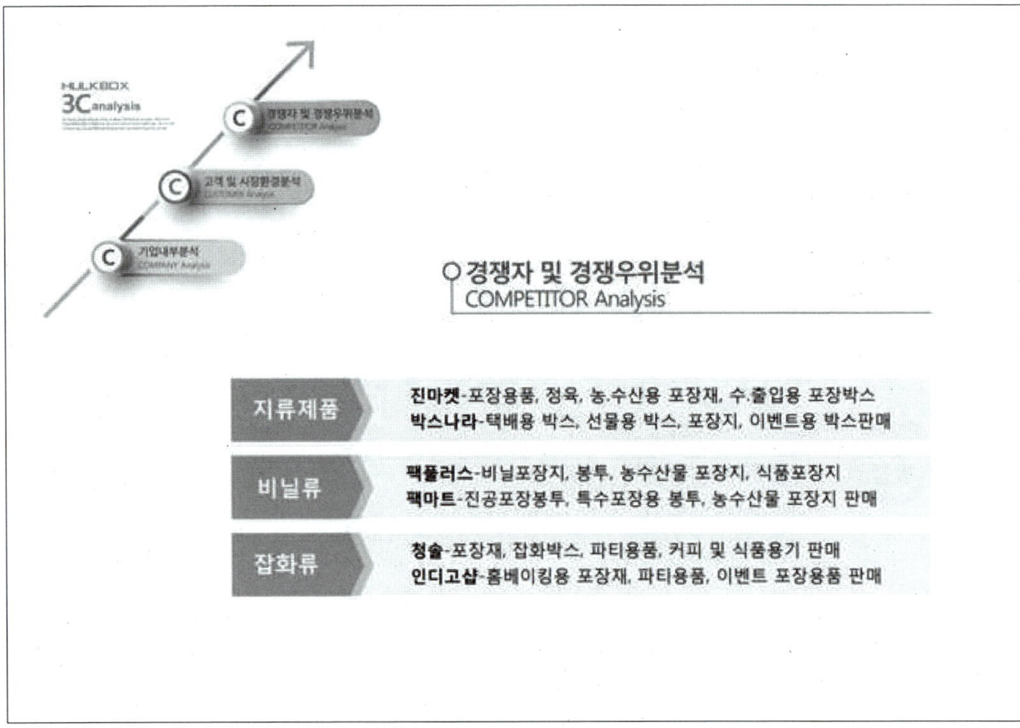
HULKBOX
3Canalysis
경쟁자 및 경쟁우위분석
고객 및 시장환경분석
기업내부분석
경쟁자 및 경쟁우위분석
COMPETITOR Analysis
지류제품
진마켓-포장용품, 정육, 농.수산용 포장재, 수.출입용 포장박스
박스나라-택배용 박스, 선물용 박스, 포장지, 이벤트용 박스판매
비닐류
팩플러스-비닐포장지, 봉투, 농수산물 포장지, 식품포장지
팩마트-진공포장봉투, 특수포장용 봉투, 농수산물 포장지 판매
잡화류
청솔-포장재, 잡화박스, 파티용품, 커피 및 식품용기 판매
인디고샵-홈베이킹용 포장재, 파티용품, 이벤트 포장용품 판매

미시환경분석
HULKBOX
SWOT analysis

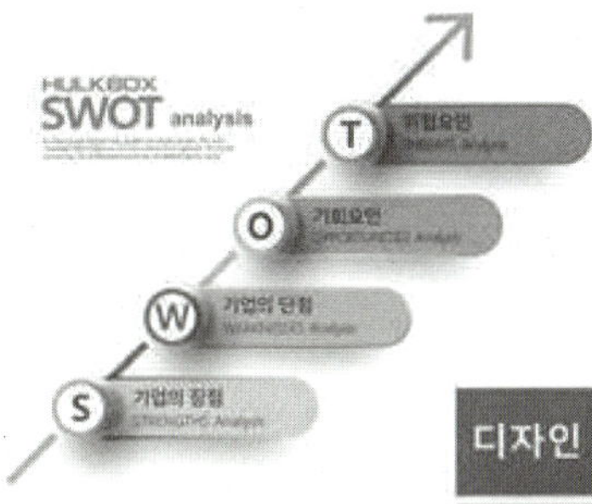

기업의 장점
STRENGTHS Analysis

디자인	타사 제품과 차별화된 디자인
다양한 상품	사용 목적에 따른 다양한 상품군 보유
온.오프라인	온라인 오프라인을 통한 빠르고 신속한 구매
당일출고	포장, 택배 시스템 구축으로 빠른 배송
소량판매	100매 단위소량 구매 가능
서비스	대량생산 제품 보관 서비스, 불량 및 파손 교체 서비스

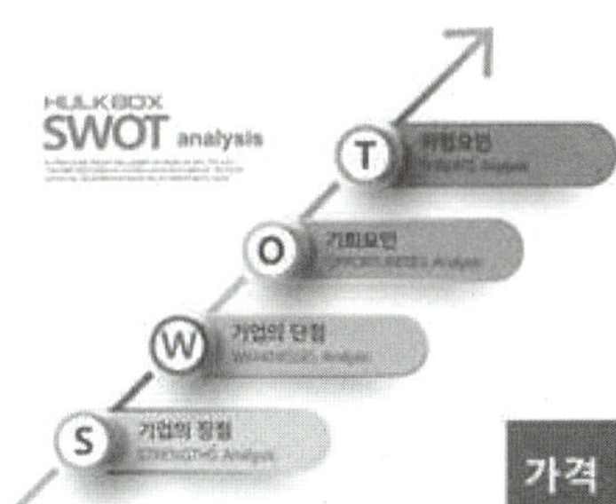

기업의 단점
WEAKNESSES Analysis

가격	고급스런 디자인과 후가공으로 원가 상승
공장, 사무실	공장과 사무실 분리되어 사무적 일처리 지연
고가상품비중	다양한 상품 구성중 고가상품 비중이 너무 많음
상품광고부재	온라인 배노 광고등 온오프라인 광고 필요
브랜드 인지도	헐크박스의 낮은 브랜드 인지도
택배시스템	택배박스가 커서 택배업체와의 협상이 어려움

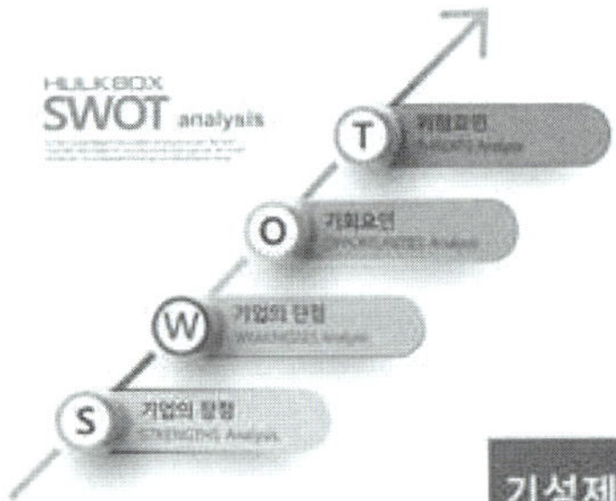

기회요인
OPPORTUNITIES Analysis

기성제품확대	불특정 다수가 사용할 수 있는 기성품박스 개발
원재료	원재료 수급업체의 난립으로 재료수급 용이
광고	온라인 매체의 경쟁으로 매체의 다양성과 광고비 인하
김영란법	김영란법완화 예정으로 고가 상품 판매예상
기술발달	디지탈 프린트 개발로 제품의 균일화와 간소화

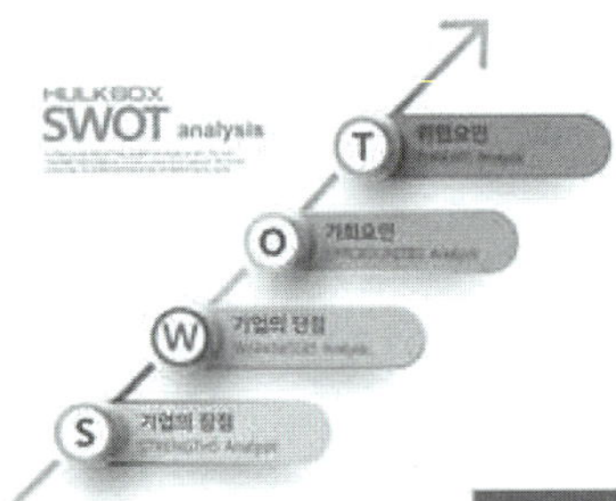

위협요인
THREATS Analysis

무한경쟁	낮은 진입장벽, 신규업체의 저렴한 시장진입
대체재	포장용기의 다양한 소재와 개발로 지류제품 시장축소
경기둔화	경기둔화로 선물에 대한 인식변화
기후변화	열대성 기후 변화로 농,수산물의 수급, 생산의 변화

마케팅전략

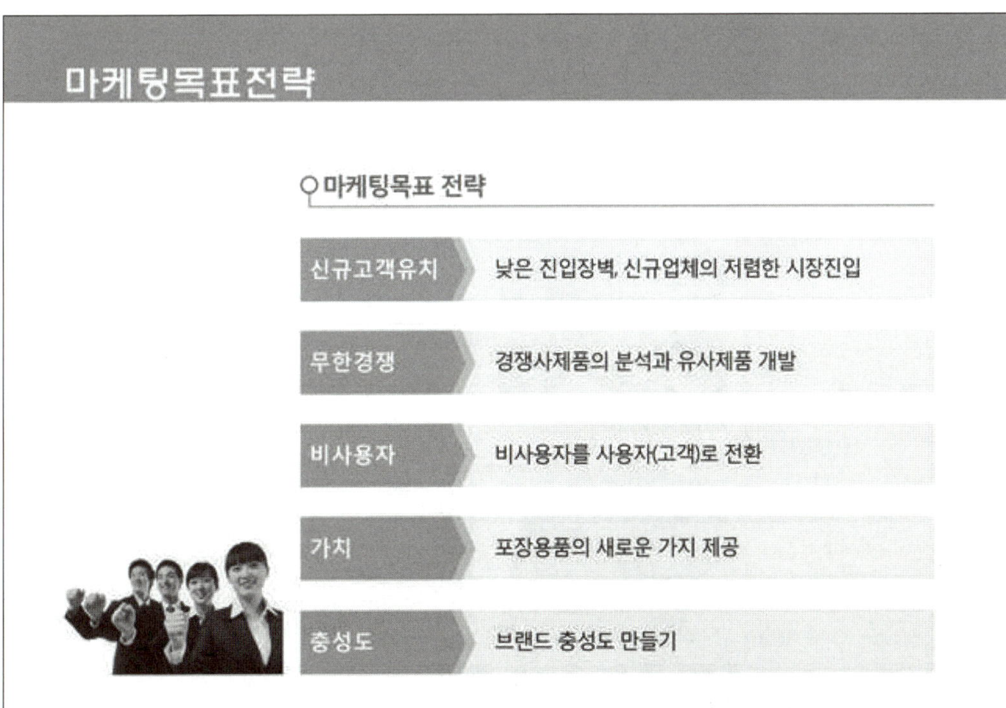
마케팅목표전략
마케팅목표 전략
신규고객유치
낮은 진입장벽, 신규업체의 저렴한 시장진입
무한경쟁
경쟁사제품의 분석과 유사제품 개발
비사용자
비사용자를 사용자(고객)로 전환
가치
포장용품의 새로운 가지 제공
충성도
브랜드 충성도 만들기

디자인차별화 전략

디자인차별화 전략

- 전문가 수준의 경쟁력있는 디자이너 인재 스카우트
- 기능성을 강조한 디자인으로 시장 우위선점
- 실속있는 구성과 가격으로 소비자 만족도를 높임
- 고객이 요구하는 제품으로 고객중심 디자인
- 디자인만 의뢰하는 고객확보 및 판매, AS 차별화

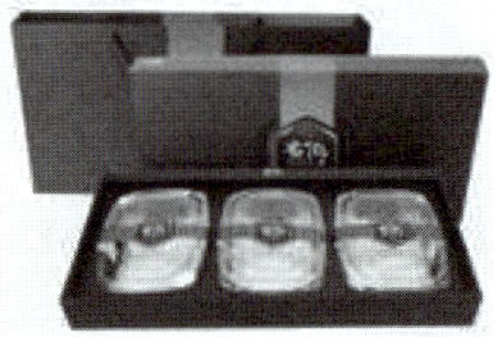

BCG매트릭스

제품의 BCG matrix

High

시장성장제품

Low

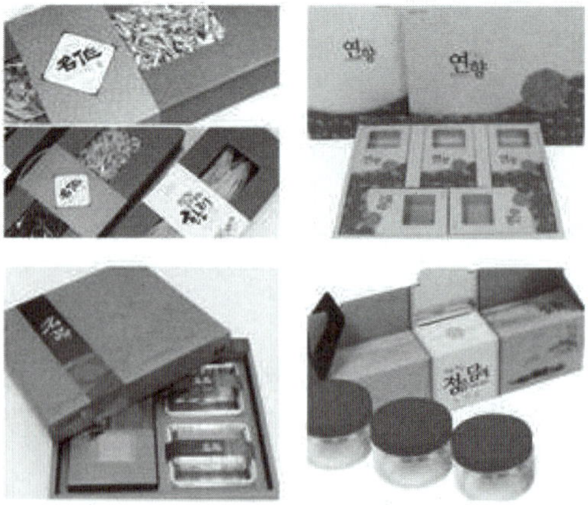

High　　제품의 점유율　　Low

GE 매트릭스

○ 제품의 GE matrix

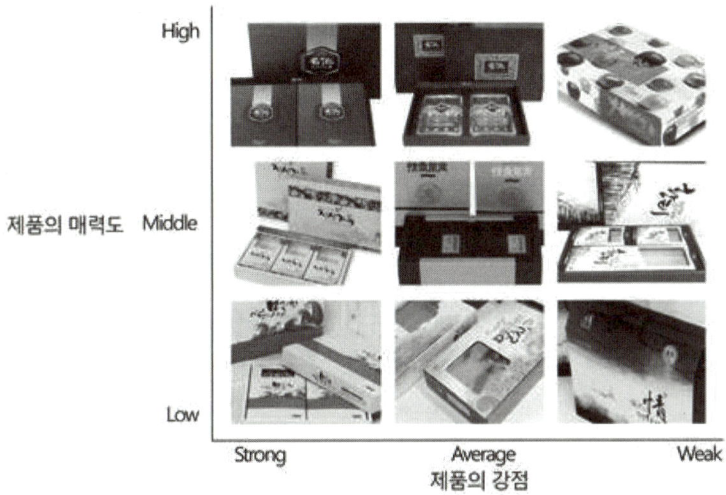

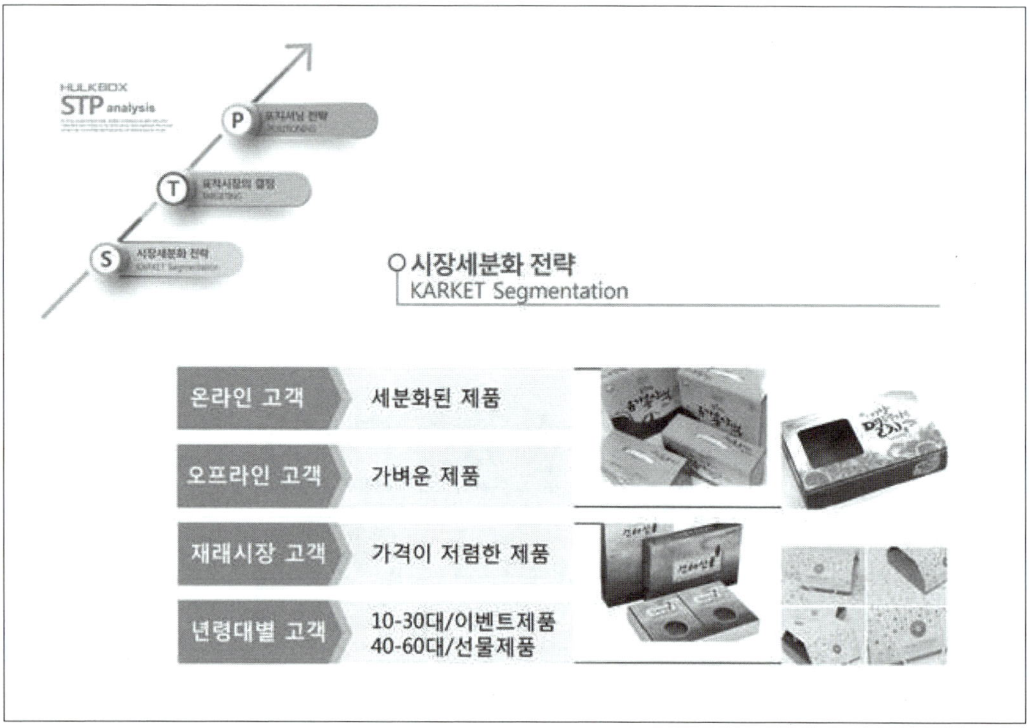
HULKBOX
STP analysis
P
T
S
시장세분화 전략
KARKET Segmentation
온라인 고객
세분화된 제품
오프라인 고객
가벼운 제품
재래시장 고객
가격이 저렴한 제품
년령대별 고객
10-30대/이벤트제품
40-60대/선물제품

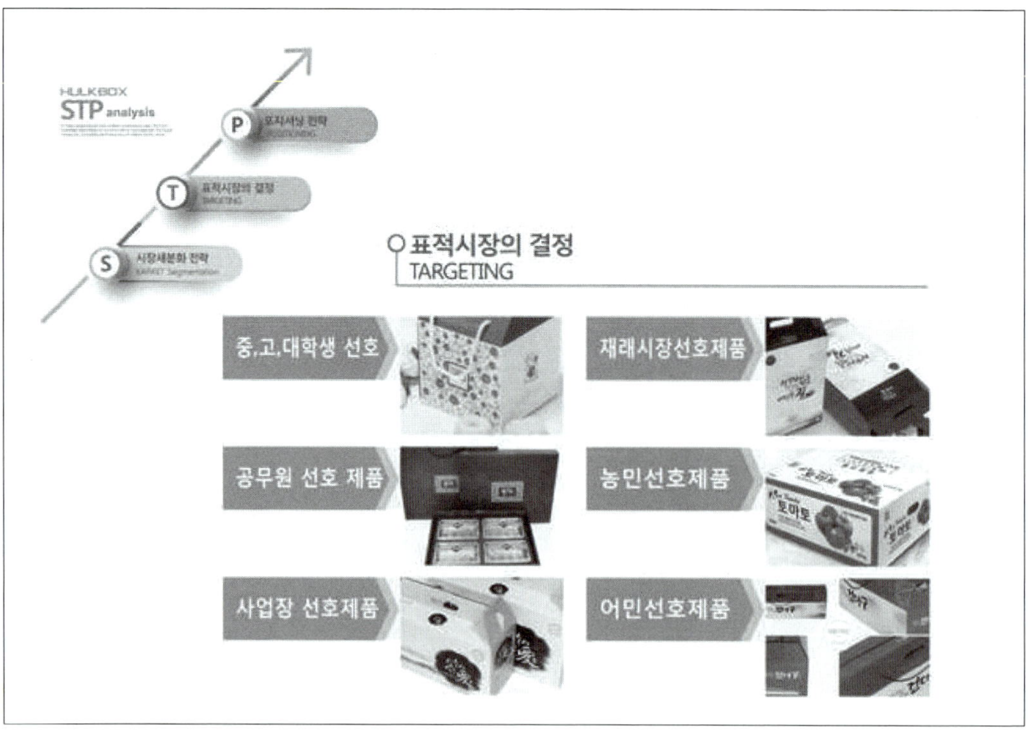
HULKBOX
STP analysis
P
T
S
표적시장의 결정
TARGETING
중,고,대학생 선호
재래시장선호제품
공무원 선호 제품
농민선호제품
사업장 선호제품
어민선호제품

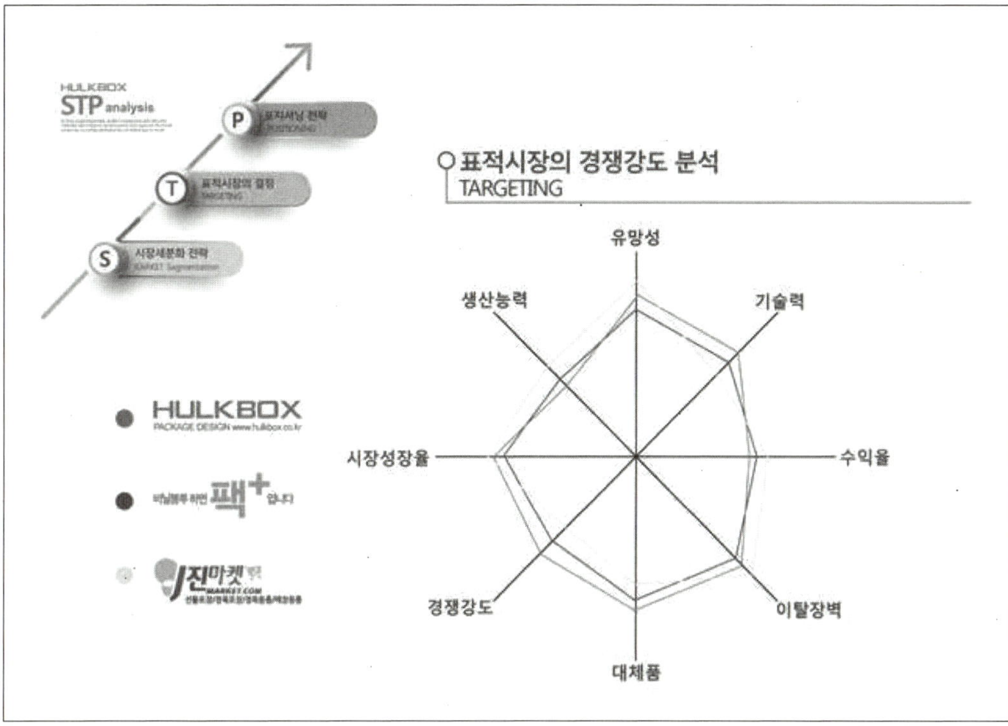
HULKBOX
STP analysis
표적시장의 경쟁강도 분석
TARGETING
유망성
기술력
수익율
이탈장벽
대체품
경쟁강도
시장성장율
생산능력
HULKBOX

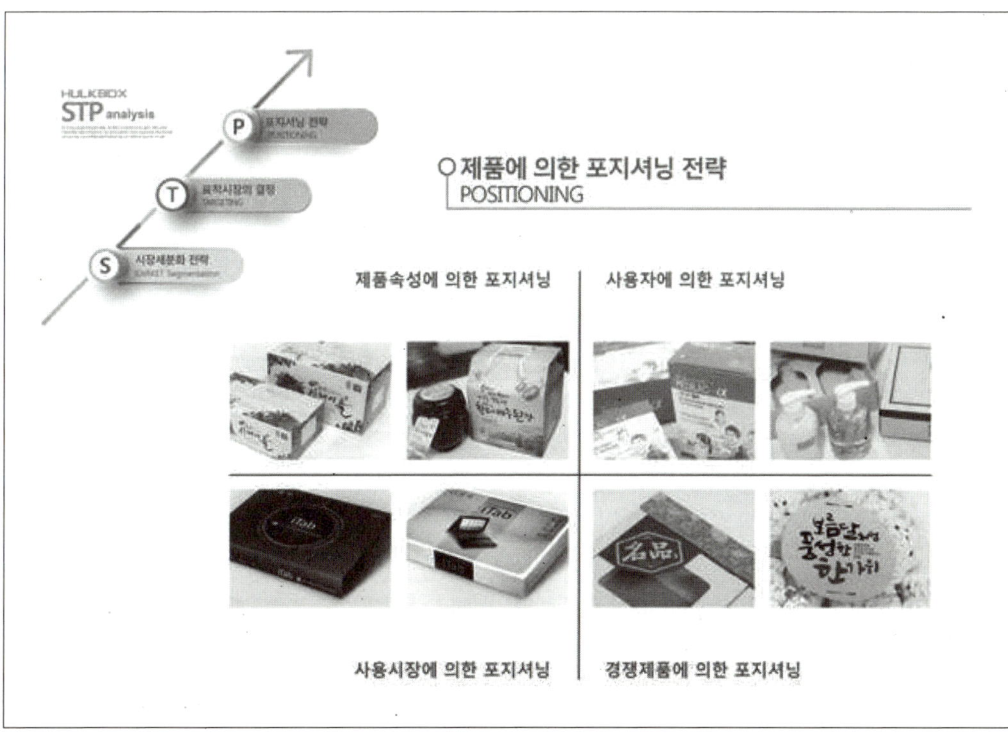
HULKBOX
STP analysis
제품에 의한 포지셔닝 전략
POSITIONING
제품속성에 의한 포지셔닝
사용자에 의한 포지셔닝
사용시장에 의한 포지셔닝
경쟁제품에 의한 포지셔닝

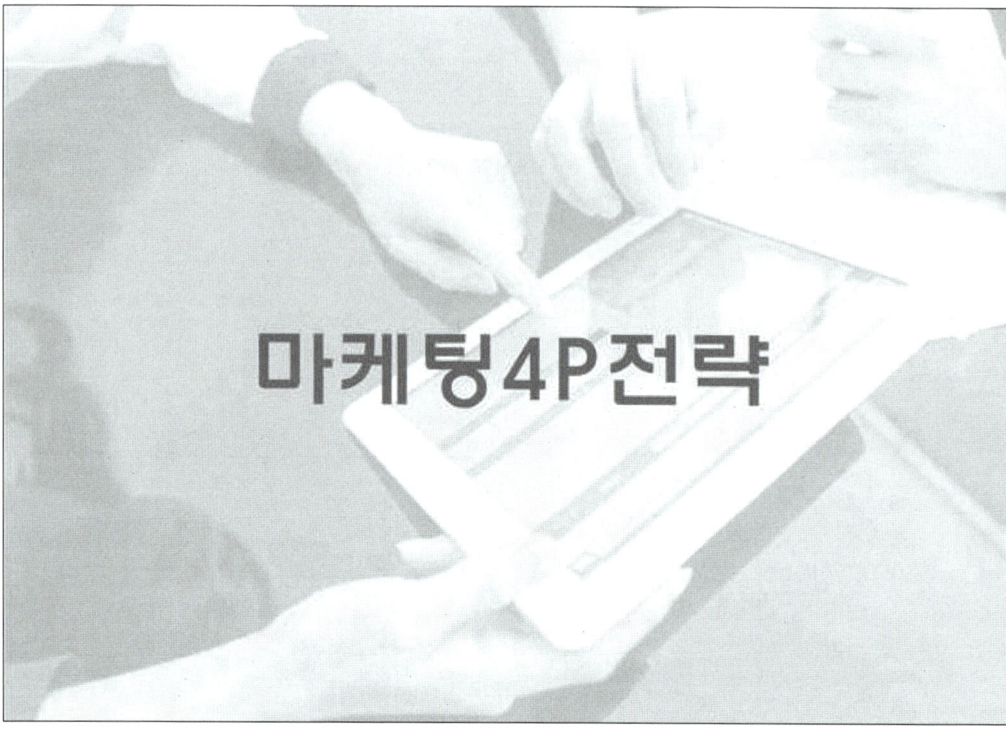
마케팅4P전략

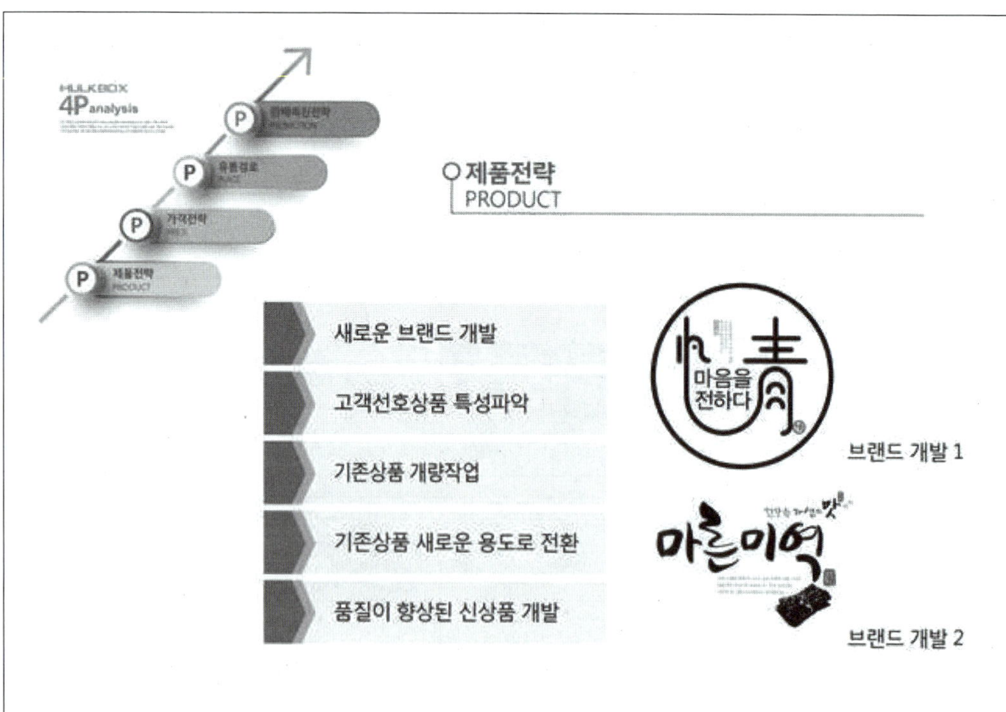
HULKBOX
4P analysis
P
P
P
제품전략
PRODUCT
P
제품전략
PRODUCT
새로운 브랜드 개발
고객선호상품 특성파악
기존상품 개량작업
기존상품 새로운 용도로 전환
품질이 향상된 신상품 개발
마음을 전하다
브랜드 개발 1
마른미역
브랜드 개발 2

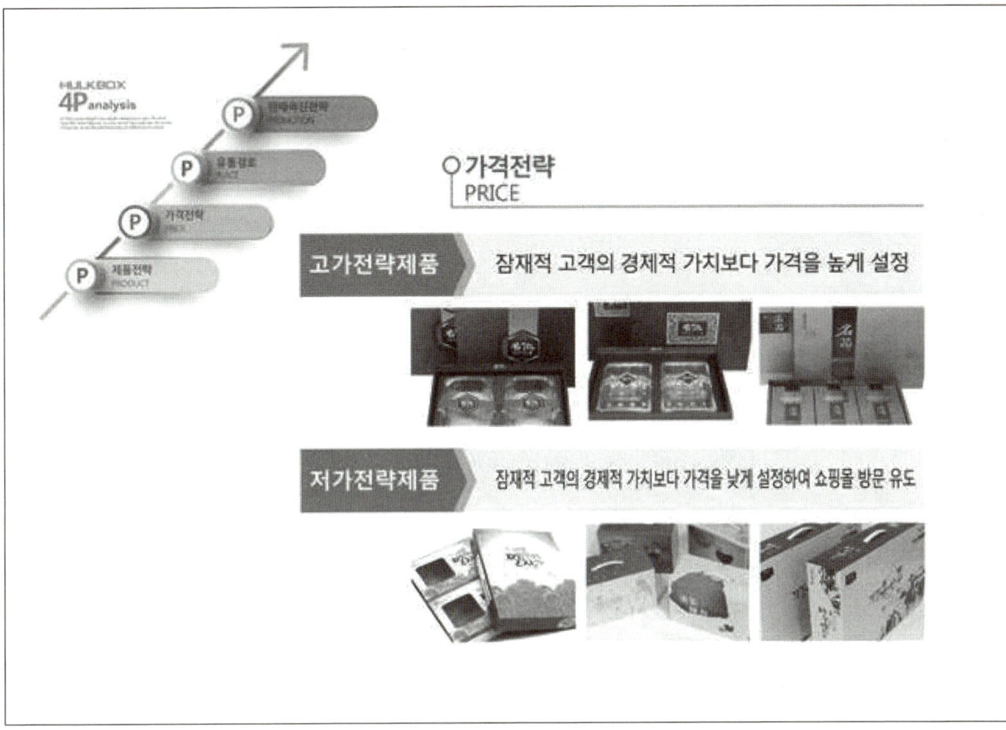
HULKBOX
4P analysis
판매촉진전략
유통경로
가격전략
제품전략
가격전략
PRICE
고가전략제품
잠재적 고객의 경제적 가치보다 가격을 높게 설정
저가전략제품
잠재적 고객의 경제적 가치보다 가격을 낮게 설정하여 쇼핑몰 방문 유도

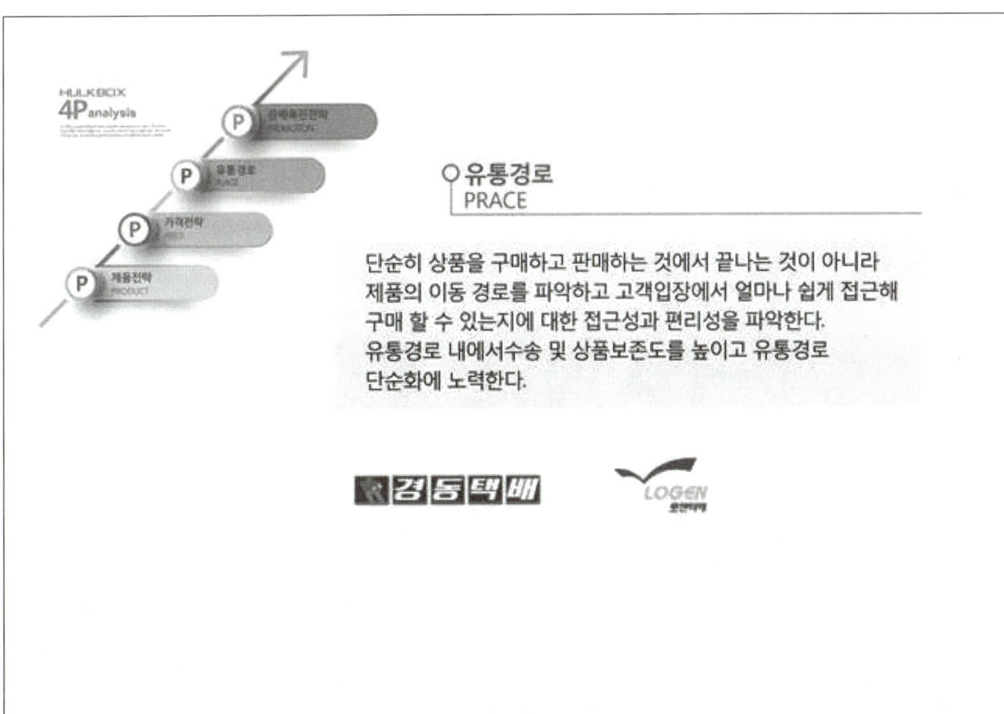
HULKBOX
4P analysis
판매촉진전략
유통경로
가격전략
제품전략
유통경로
PRACE
단순히 상품을 구매하고 판매하는 것에서 끝나는 것이 아니라
제품의 이동 경로를 파악하고 고객입장에서 얼마나 쉽게 접근해
구매 할 수 있는지에 대한 접근성과 편리성을 파악한다.
유통경로 내에서수송 및 상품보존도를 높이고 유통경로
단순화에 노력한다.
경동택배
LOGEN

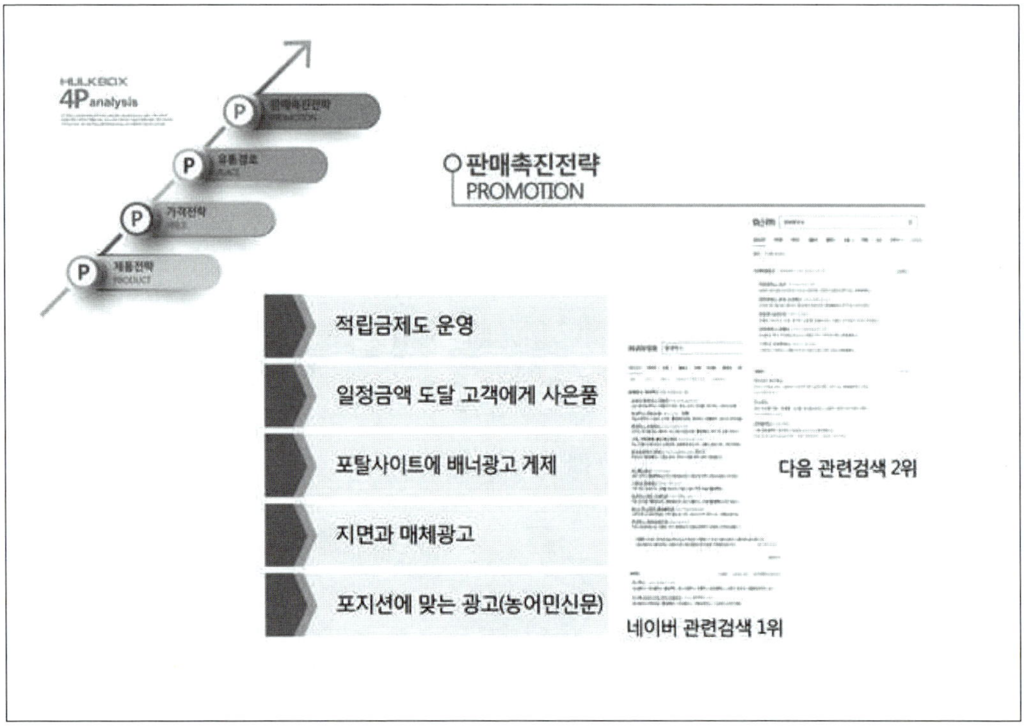
4P analysis
판매촉진전략
PROMOTION
적립금제도 운영
일정금액 도달 고객에게 사은품
포탈사이트에 배너광고 게제
지면과 매체광고
포지션에 맞는 광고(농어민신문)
다음 관련검색 2위
네이버 관련검색 1위

THANK YOU

■ 참고문헌 ■

1. 김동철 공저, 경영전략 수립 방법론, SIGMA INSIGHT.
2. 김동훈 공저, 촉진관리, 학현사.
3. 남영호 공저, 전략기획실무, 세명서관.
4. 박기안 공저, 마케팅, 무역경영사.
5. 박종오 공저, 마케팅, 북넷.
6. 신지용, 제8판 현대마케팅, 탑북스.
7. 안광호 공저, 제6판 마케팅원론, 학현사.
8. 이종명 공저, 경영학원론, 좋은기업위드.
9. 이종명, BIG PICTURE로 보는 소비자행동론, 세명서관
10. 최정권 공저, 마케팅, 동방의 빛.
11. 황안숙, 혁신전략, 형설출판사.
12. Americus Reed Ⅱ, "Activating the Self-Importance of Consumer Selves : Exploring Identity Salience Effects on Judgments," Journal of Consumer Research 31, no.2, 2004, pp. 286-295.
13. As quoted in John J. Burnett, Nonprofit Marketing Best Practices(New York : John Wiley & Sons, 2008), p. 21.
14. Benjamin Spillman, "Shiny New Shoppes at Palazzo," Las Vegas Review-Journal, January 18, 2008, http://www.lvrj.com/business/13890922.html.
15. C. Miguel Brendl, Arthur B. Markman, and Claude Messner, "The Devaluation Effect : Activating a Need Devalues Unrelated Objects," Journal of Consumer Research, March 2003, pp. 463-473.
16. Catherine A. Cole and Gary J. Gaeth, "Cognitive and Age-Related Differences in the Ability to Use Nutrition Information in a Complex Environment," Journal of Marketing Research, May 1990, pp. 175-184.
17. Cynthia Crossen, "Merry Christmas to Moi' Shoppers Say," Wall Street Journal, December 11, 1997, p. B1, B14.
18. Deborah J. Macinnis and C. Whan Park, "The Differential Role of Characteristics of Music on High-and Low-Involvement Consumers' Processing of Ads," Journal of Consumer Research, September 1991, pp. 161-173.
19. Eric J.Johnson and J. Edward Russo, "Product Familiarity and Learning New Information," Journal of Consumer Research, June 1984, pp. 542-550.
20. Giles D'Sousa and Ram C. Rao, "Can Repeating an Advertisement More Frequently Than the Competition Affect Brand Preference in a Mature Mardet?" Journal of Marketing 59, no.2, 1995, pp. 32-43.
21. Gilles Laurent and Jean-Noel Kapferer, "Measuring Consumer Involvement Profiles," Journal of Marketing Research, February 1985, pp. 41-53.
22. John T. Cacioppo and Richard E. Petty, "The Need for Cognition," Journal of Personality and Social Psychology, February 1982, pp. 116-131.
23. Jennefer Gregan-Paxton and Deborah Roedder John, "Are Young Children Adaptive Decision

Makers? A Study of Age Differences in Information Search Behavior," Journal of Consumer Research, March 1995, pp. 567-580.

24. Joseph W.Alba and J.Wesley Hutchinson, "Dimensions of Consumer Expertise," Journal of Consumer Research, March 1987, pp. 411-454.
25. Judy Harris and Michael Lynn, "The Manifestations and Measurement of the Desire to Be a Unique Consumer," Proceedings of the 1994 AMA Winter Educators' Conference, Chicago.
26. Margaret C. Campbell and Kevin Lane Keller, "Brand Familiarity and Advertising Repetition Effects," Journal of Consumer Research, September 2003, pp. 292-304.
27. Oscar Suris, "New Data Help Car Lessees Shop Smarter," Wall Street Journal, July 11, 1995, p. 1, B12.
28. Philip Kotler, Gary Armstrong, Principles of Marketing, PEASON.
29. P.S.Raju, "Optimum Stimulation Level : Its Relationship to Personality, Demographics, and Exploratory Behavior," Journal of Consumer Research, December 1980, pp. 272-282.
30. Richard Yalch and Rebecca Elmore-Yalch, "The Effect of Numbers on the Route to Persuasion," Journal of Consumer Research, June 1984, pp. 522-527.
31. Russell W. Belk, Guliz Ger, and Soren Askegaard, "The Fire of Desire : A Multisited Inquiry into Consumer Passion," Journal of Consumer Research, December 2003, pp. 351-632.
32. Banwari Mittal, "I, Me, and Mine : How Products Become Consumers' Extended Selves," Journal of Consumer Behaviour5, no.6, 2006, pp. 550-562.
33. Wayne D. Hoyer and Deborah J. MacInnis, Fifth Edition Consumer Behavior, SOUTH-WESTERN CENGAGE Learning.

저자 소개

문천 이종명 교수는 중앙대학교 경영학과를 졸업하고 경희대학교 경영대학원에서 경영학석사(MBA), 경희대학교 교육대학원 교육학석사, 연세대학교 정경대학원(AMP) 과정을 수료하였으며 경희대학교 일반대학원에서 경영학박사학위(Ph.D.)를 취득했다. 유한공업고등학교에서 교편생활을 하였으며 현재는 경희대학교와 한양대학교에서 경영학과 교수로 재직하고 있으며 한국생산성본부 전문위원, 국토교통과학기술진흥원 자문위원, 경기도경제과학진흥원 평가위원, 중소기업기술정보진흥원 평가위원, 한국디자인진흥원 평가위원, 대한상공회의소 전문위원 및 지성산업개발(주) 경영고문으로 활동하고 있다. 수행과제로는 산업통상자원부 국가 R&D 사업과제 '복합외피시스템 실증사업' 참여연구원, 현대산업개발 녹색경영확산사업 수행위원으로도 활동하였으며 한국마케팅학회, 한국소비문화학회, 한국상품학회, 한국전략마케팅학회 등의 학회 활동 및 한국광고학회 이사로 재직하고 있으며 서울한영대학교 교수, 서울호서전문대학교 경영학과 교수/학과장과 IGM 세계경영연구원 교수/부본부장으로 재직한 바 있다. 연구논문으로는 'Analysis of Significance Difference According to Advertisement Location by TV Advertisement Type : Reliability, Positiveness, Negativeness, Disappointment' 외 다수가 있으며 최근에는 마케팅과 보복 소비, 정서 심리학 분야에도 관심을 두고 연구를 진행하고 있다.

[개정판] 이종명 교수의 BIG PICTURE로 보는 마케팅원론

2024년 5월 8일 1판 1쇄 인쇄
2024년 5월 16일 1판 1쇄 발행

지은이 | 이 종 명
발행인 | 오 영 환
발행처 | 세명서관
등행록 | 1989. 2. 20. 제2-409호

주 소 | 서울특별시 중구 다산로 87-1(지층)
전 화 | (02) 2238-9055, 2235-9601
FAX | (02) 2234-9291
E-mail | semyoungbook@hanmail.net

값 35,000원 ISBN 978-89-89097-61-7 93320

• 잘못 만들어진 책은 교환해 드립니다.